LE COMPOSITEUR, SON OREILLE ET SES MACHINES À ÉCRIRE

DÉCONSTRUIRE LES GRAMMATOLOGIES DU MUSICAL POUR MIEUX LES COMPOSER

Dans la même collection

L'essor du romantisme : la fantaisie pour clavier. De Carl Philipp Emanuel Bach à Franz Liszt, par Jean-Pierre BARTOLI et Jeanne Roudet, 2013, 400 pages.

Analyses et interprétations de la musique. La mélodie du berger dans le Tristan et Isolde *de Richard Wagner*, par Jean-Jacques NATTIEZ, 2013, 402 pages.

Bruxelles, convergence des arts. 1880-1914, sous la direction de Malou Haine et Denis Laoureux en collaboration avec Sandrine Thieffry, 2013, 408 pages.

Du politique en analyse musicale, sous la direction de Esteban Buch, Nicolas Donin et Laurent Feynerou, 2013, 256 pages.

Écrits de compositeurs aux XIXe et XXe siècles. Contextes et enjeux, sous la direction de Michel Duchesneau, Valérie Dufour et Marie-Hélène Benoit-Otis, 2012, 440 pages.

SERGE DIAGHILEV, *Danse, musique, beaux-arts : lettres, écrits et entretiens*, présentés et annotés par Jean-Michel Nectoux, 2012, 544 pages

CAMILLE SAINT-SAËNS, *Écrits sur la musique et les musiciens 1870-1921*, par Marie-Gabrielle Soret, 2012, 1200 pages

Franz Liszt et la France : Musique, culture et société dans l'Europe du XIXe siècle, sous la direction de Malou Haine, Nicolas Dufetel, Dana Gooley et Jonathan Kregor, 2012, 616 pages.

Généalogies du romantisme musical français, sous la direction d'Olivier Barra et Alban Ramaut, 2012, 284 pages.

Le Conservatoire national de musique et de déclamation 1900-1930. Documents historiques et administratifs, par Anne BONGRAIN, 2012, 752 pages.

La symphonie dans la Cité. Lille au XIXe siècle, par Guy GOSSELIN, 2011, 504 pages.

Le style de Claude Debussy, par Sylveline BOURION, 2011, 514 pages.

Lettres de Franz Liszt à la princesse Marie de Hohenlohe-Schillingsfürst, née de Sayn-Wittgenstein, présentées et annotées par Pauline POCKNELL, Malou HAINE et Nicolas DUFETEL, 2010, 464 pages.

Charles Koechlin, Compositeur et humaniste, sous la direction de Philippe CATHÉ, Sylvie DOUCHE et Michel DUCHESNEAU, 2010, 624 pages.

Composer au XXIe siècle, sous la direction de Sophie STÉVANCE, 2010, 208 pages.

LE COMPOSITEUR, SON OREILLE ET SES MACHINES À ÉCRIRE

DÉCONSTRUIRE LES GRAMMATOLOGIES DU MUSICAL POUR MIEUX LES COMPOSER

par
Fabien Lévy

Préfaces de
Hugues Dufourt et Jean-Claude Risset

Ouvrage publié avec le concours du Centre national du livre et de la « bourse des muses » de la fondation ACDA

VRIN

La collection *MusicologieS* présente des ouvrages qui répondent aux attentes des mélomanes, des musiciens, des musicologues mais aussi à celles de toutes les personnes qui s'intéressent à la musique et qui souhaitent découvrir et explorer son histoire, son langage, sa place et son rôle au cœur des sociétés occidentales et non occidentales.
La musicologie contemporaine possède de multiples orientations disciplinaires : histoire, histoire de l'art, philosophie, psychologie, psychanalyse, esthétique, sociologie ou anthropologie, pour ne citer qu'elles. Les ouvrages de la collection puiseront à ces univers et contribueront à la connaissance et à la compréhension des musiques savantes et populaires de toutes les époques.

MusicologieS
collection dirigée par
Malou Haine et Michel Duchesneau

imprimé en France
ISSN 2114-169X
ISBN 978-2-7116-2511-6
www.vrin.fr

FABIEN LÉVY OU L'IMMÉDIATETÉ RÉINSTAURÉE

HUGUES DUFOURT

C'est un redoutable privilège que d'introduire le lecteur à la pensée de Fabien Lévy tant l'auteur a la faculté de renouveler ou de transformer les sujets qu'il aborde. Mathématicien, compositeur formé à la meilleure école – il a suivi notamment l'enseignement de Gérard Grisey au Conservatoire National Supérieur de Musique de Paris – Fabien Lévy a également tôt fréquenté l'Ircam où il s'est inséré dès ses années d'étude dans les milieux de la recherche. Sa vocation est celle d'un artiste qui, dans la descendance de Léonard et non moins de Galilée « critique d'art », est mû par la conviction que la pratique de l'art ne saurait se dissocier ni se dispenser d'une interprétation de l'activité créatrice. L'auteur livre précisément dans cet ouvrage une somme de réflexions qui font le point sur sa théorie de la création artistique, sur sa conception de la fonction de l'art ainsi que sur ses vues concernant le rapport de l'art aux diverses cultures et à l'histoire.

Pour autant ce livre échappe à toutes les catégories reçues, et ne se laisse ranger dans aucune rubrique répertoriée, que ce soit l'esthétique, la musicologie, l'histoire culturelle de l'art ou la sociologie de la connaissance. Si l'ouvrage conserve des attaches à toutes ces disciplines, la cohérence de son propos tient à d'autres facteurs et d'autres motifs.

L'expérience décisive est sans doute celle qu'au cours de ses années de formation, l'auteur a été amené à partager avec toute une époque. Au cours des années soixante-dix, la psychophysique, la physiologie sensorielle, la psychologie cognitive de la musique ont pris forme sur l'arrière-fond constitué par la nouvelle philosophie de la nature. Les techniques numériques de traitement du son ont porté l'audition normale à l'échelle de l'audition microscopique et permis de déceler l'information utile dans les replis du signal. Dès les années soixante, sur la base d'artifices expérimentaux que lui procurait l'ordinateur et qu'il avait institués en autant de ruses théoriques, Jean-Claude Risset avait découvert la signification des illusions auditives, qui s'assimilent en quelque sorte à des mécanismes d'intégration psychophysiologique perturbés, privés de leurs corrélats physiques naturels et soumis à des protocoles de distorsion, voire à des sollicitations antagonistes ou contradictoires. L'illusion auditive est la marque d'une déconvenue des sens, mis aux prises avec un milieu physique déconcertant. L'oreille est soumise à un ensemble d'excitations, qui ont valeur de signaux, mais dont la construction est expérimentale. Et du fait même, la singularité paradoxale de la réponse sensorielle ainsi provoquée est amenée à livrer le secret d'un fonctionnement normal, à révéler les performances de l'organisme et leur signification vitale ainsi que leur aptitude à l'anticipation et à la défense. Risset avait souligné la nature évolutive de la perception, un rapport dominé par la rencontre du milieu et du monde intérieur : l'identité d'un timbre tient moins par exemple à la présence d'un invariant physique qu'à une corrélation fonctionnelle entre plusieurs facteurs évolutifs conjugués. En compliquant les critères de repérage et d'identification des sources physiques, la sensorialité préserve ainsi les conditions de transmission et de réception des messages.

Le son, pour Risset, se caractérise par son dynamisme interne, il porte en lui sa loi de structure dont le compositeur aura latitude d'exploiter les virtualités de développement. Le traitement numérique des sons sait non seulement opérer dans le domaine des sensations connues, mais invite surtout à en créer d'autres, renouvelant, accroissant et organisant notre patrimoine sensible. Le sens de l'ouïe a été perfectionné et multiplié par l'ordinateur qui a proposé des sensations nouvelles – timbres insolites, paradoxes de hauteur ou de durée, perception de mouvements sans déplacement des sources. La science a pour ainsi dire permis de réaliser des synthèses artificielles d'impressions sensibles. Cette extension constitue un phénomène culturel sans précédent, d'une véritable portée philosophique car certaines fonctions du système nerveux se trouvent, en quelque façon, extériorisées.

En outre, la science informatique introduit et reconnaît le dynamisme de la qualité comme son domaine propre. Elle sait en épouser la structure et en saisir intérieurement la réalité. En mathématisant les phénomènes, la science du XXe siècle n'a pas éliminé l'altération, la qualité, le devenir. Au contraire, elle s'est annexé ce que l'on appelait jadis le domaine des qualités secondes – qui comprenait le son, les couleurs, les odeurs, les saveurs. Ainsi la sensation n'est-elle plus considérée comme une traduction déformée des choses, elle ne se réduit pas à une cascade d'événements évanescents, réputés instables, mobiles et fugaces, mais possède, à une certaine échelle – celle de l'infime –, une loi de constitution interne dont on peut apprécier la consistance et identifier les principes d'intégration progressive. Jean-Claude Risset a montré que les associations caractéristiques du son, avec leur éventail de possibilités différentielles, tenaient toutes au temps, qui est l'agent d'organisation des données qualitatives. Il a également soutenu que le mouvement adaptatif que constitue le phénomène d'intégration auditive, n'est pas séparable d'une forme d'organisation du flux auditif qui s'exerce avant l'opération consciente de la perception et lui est préalable. D'un point de vue philosophique, Risset a en quelque sorte embrassé l'horizon poïétique de la psychophysique.

Les artifices de perception construits par l'informatique musicale ont été parfois considérés comme relevant, pour ainsi dire, du genre de la « tératogenèse expérimentale ». Ils produisaient des anomalies inclassables – sons qui montent et qui descendent, glissandi sans fin, diffraction du timbre en harmonie, liquéfaction d'un son métallique ou cuivré – qui remettaient en question les divisions traditionnelles de la pratique et de la théorie musicales. Ils abrogeaient le système des catégories sur la base duquel on avait jusque-là conçu le monde sonore. De fait, les modes de pensée combinatoires ou statistiques qui avaient prévalu jusqu'alors parurent soudain vétustes et comme figés dans une sorte d'universalité abstraite. Et surtout, les techniques les plus avancées de l'orchestration, encore pour la plupart tirées des modèles de l'électroacoustique traditionnelle, accusèrent aussi leurs limites. Leurs déterminations étaient devenues à la fois rigides et labiles, trop approximatives et inopérantes pour donner vraiment prise sur le phénomène sonore. Tandis qu'en changeant d'échelle, l'informatique musicale a projeté la perception dans un nouvel espace primordial, un infini présent. Elle a donné naissance à un monde de modulations et d'inductions mutuelles, où la musique est solidaire des distensions et des condensations du son. Elle a plongé le volume dans la lumière, l'espace sonore s'est même transfiguré en une perpétuelle effusion de lumière. Les formes n'étaient plus que des flux indépendants de tout contour. Un nouveau langage en est issu, jouant sur le contraste de l'opacité et de la transparence, de la proximité et de l'infini lointain. Ce qui est donné à percevoir n'est plus une polyphonie musicale, mais un espace vibrant, constitué de foyers d'émanation et d'effets expansifs. Les masses lumineuses émergent ainsi des profondeurs obscures. Le son de synthèse a suscité l'essor d'un nouveau régime de configurations signifiantes, avec des végétations de formes diffuses, ou, à l'extrême opposé, des formes polarisées, des tensions dirigées, à la fois nettes et concertées, qui ne pouvaient pas s'obtenir par le seul truchement des instruments de musique mécaniques. Il fut pour la plupart difficile d'admettre que le traitement numérique du signal eût pu provoquer cette épiphanie du monde. Certains même ont voulu restreindre cette mutation à une simple révolution technologique, sans s'aviser qu'il s'agissait aussi d'un recommencement imprévisible de l'art. Car c'est un nouveau champ de qualités sensibles qui s'offrait à l'audition, introduisant en musique l'intuition de l'espace profond. L'œuvre musicale elle-même se mue en une totalité de résonance. Il est incontestable que les fondateurs de l'informatique musicale n'ont jamais été les tenants de théories scientifiques de l'art. Ils n'ont jamais pratiqué de positivisme réducteur. Leur art n'est pas une didactique des vérités de la perception ni un inventaire de possibilités métaphoriques de l'apparence sensible.

De son côté Gérard Grisey montrait que la vocation de l'écriture musicale est de rendre sensible le flux du devenir dans l'écoulement du temps : l'art, selon Grisey, n'a pas pour fin d'exprimer une idée et ne passe pas par les formes de la représentation. La musique s'absorbe pour lui dans la continuité intérieure d'une conscience qualitative. Le processus musical, qui s'engendre selon sa nécessité interne, tend vers une complète analyse, un entier développement, une ultime transparence. L'abolition des frontières entre les sensations qualitatives et le domaine de la représentation était une façon d'inscrire l'intelligence dans un mouvement qui la dépasse. La musique est appelée de la sorte à se concentrer sur la conscience du mouvement intérieur, dont l'unité synthétique est celle d'un déploiement. Ces deux personnalités, qui ont exercé une grande influence sur Fabien Lévy, n'ont d'ailleurs accordé aucun prestige particulier au calcul ni à la structure. L'art, pour Grisey comme pour Risset, a pour fin de suggérer le mouvement en tant que tel, un mouvement intérieur à l'œuvre, réduit à une pure genèse ou à une condensation en profondeur. Il est non moins remarquable que ces deux musiciens, qui furent les protagonistes d'une révolution de pensée, se soient toujours refusés à toute vision triomphaliste ou prométhéenne des changements auxquels ils avaient pu contribuer.

De cette méditation initiale sur la perception, Fabien Lévy a toutefois tiré des conclusions sensiblement différentes, sinon opposées. L'auteur considère en effet l'effort intellectuel comme la manifestation d'une activité autonome qui ne s'apparente en rien à la logique des processus. La composition musicale, selon lui, ne peut faire l'économie des structures de la représentation et ne saurait s'en remettre, pour concevoir et produire la durée, au mouvement spontané d'un dynamisme générateur. L'unité du temps ne se résume pas à des rapports de continuité ou de succession. L'esprit ne se confond pas avec la sensation évolutive, avec la durée sensible. La composition musicale n'est pas une synthèse sans sujet. La forme ne peut être ramenée au niveau des contraintes psychiques ou biologiques. Le compositeur ne saurait donc se rabattre sur une philosophie des types perceptifs et devra se tourner vers une recherche des formes dynamiques de l'expérience humaine. Sans revenir à une épistémologie idéaliste qui sépare l'acte de la réceptivité, l'intellection de la sensation, Fabien Lévy invite le compositeur à ne pas négliger la structure temporelle dans sa spécificité. Il lui offre à considérer la durée comme le produit d'une organisation active. Il écrit expressément : « *La musique est une expérience cognitive du temps* ». Le concept d'écoute cognitive, qui est au cœur de l'ouvrage, expose par exemple les initiatives d'une logique en acte, encore implicite mais déjà capable d'envisager, de combiner ou de calculer les possibles, d'intégrer ses moments à un schème organisateur et de développer des réseaux de connexions relativement indéterminées.

Il en va de même de la composition musicale que Fabien Lévy définit comme une « *stratégie formelle* » qui « *voyage continuellement entre intuition, réflexion et aubaine* ». L'exercice de la composition musicale introduit les conjectures de la représentation dans l'acte de la création artistique. Il s'agit d'une conquête historique et culturelle tardive de la tradition occidentale, qui suppose la possession de l'idée de permanence et la conscience que l'esprit a pu prendre de sa puissance d'anticipation et de développement. L'auteur apporte des vues originales et pénétrantes sur cette activité hermétique entre toutes qu'est l'art de composer. Il montre notamment que la composition n'atteint jamais le niveau de la formalisation pure. Ses objets se caractérisent par leur ambivalence, par une oscillation permanente entre deux pôles extrêmes, l'état concret et l'état formel des structures. La musique se meut dans un univers de formes mitoyennes. Il est d'ailleurs souvent difficile de faire le départ, d'opérer effectivement le discernement entre le modèle concret et sa reprise dans un contenu formalisé. L'une des énigmes que pose le fonctionnement de la pensée musicale résulte ainsi de l'équivoque dans laquelle elle maintient ses structures fondamentales, lesquelles se situent constamment à la frontière d'un type d'expression non-thématique, non-réflexif, et d'une formulation distincte et explicite. La surprise en musique est souvent provoquée par la mutation qui s'impose aux modèles, par la transformation des formes en systèmes, par le va-et-vient entre l'appréhension confuse de mouvements naissants et la représentation nette de phénomènes explicitement conscients. Il arrive à l'inverse qu'un procédé conscient soit à ce point assimilé et intégré qu'il en devienne un élément de langage, un mode d'expression spontané, comme affecté d'une immédiateté interne.

La composition musicale entre ainsi dans une dialectique des conditions de la détermination qui lui permet, à l'instar de la science mais sur un tout autre terrain et avec des visées radicalement différentes, d'atteindre les couches les plus profondes de l'expérience en développant une appréhension dynamique du monde. Faire de la musique c'est renforcer la solidarité des moments de la perspective temporelle, en supprimant notamment les facteurs d'inertie ainsi que les rapports d'extériorité – analogues à ceux de l'identité et de la différence, de l'antécédent et du conséquent, de la distinction et de la conjonction, de l'alternative ou de l'assemblage. Les types de liaison propres à la musique s'apparentent plutôt à des situations intermédiaires. Ce sont des dynamiques transitives, des états oscillant entre plusieurs formes possibles, des conjonctions de rythmes d'évolution ou, plus simplement, un régime de visées, un concours d'intentionnalités. Le propre de la pensée musicale est de produire et d'intégrer les différences, de soutenir le progrès interne d'une articulation. L'épistémologie de la musique dont l'auteur jette les bases montre comment les formes sensibles, les types opératoires et les règles de la représentation intellectuelle convergent parfois, entrent en conflit souvent, se recouvrent partiellement et trouvent des solutions de compromis ponctuelles. En musique, les possibles sont limités et les actualisations toujours incomplètes. Car les facteurs de prégnance et de tension du matériau résistent à leur reprise dans des structures catégorisées et peuvent d'ailleurs recevoir plusieurs niveaux de détermination. Des exigences du métier d'aujourd'hui, le compositeur retient trois critères essentiels : « La multiplicité des niveaux de perception, la créativité, la précision de l'écriture. »

La réflexion de Fabien Lévy concernant les rapports de l'écriture musicale et de la composition s'attache à une thèse sur laquelle l'auteur reviendra à plusieurs reprises. Celle-ci consiste à montrer comment, dans la tradition d'écriture occidentale, les changements sont absorbés par des règles de transformation. L'écriture musicale en Occident a tendu à se constituer en un continuum de transformations, par la juxtaposition de parties congruentes et l'institution d'une loi de répétition indéfinie de l'identique qui s'appliquera successivement aux hauteurs, aux rythmes, à la dynamique, la métrique et au timbre. Cette loi de composition des intervalles permettra à la musique occidentale d'expliciter ses procédés de construction et d'atteindre, dans ses formulations, la précision des règles opératoires. Les traits distinctifs de l'écriture musicale occidentale peuvent, selon l'auteur, s'énumérer ainsi : « *Séparation des paramètres, alphabets finis ou ordonnés, taxonomie, hiérarchisation, abstraction* ». Une telle systématisation ne se borne pas à rassembler ni à consolider des pratiques antérieures. Elle illustre une ambition de détermination qui intègre la mesure et l'explication causale. Cette coordination instaure en fait un ordre nouveau, qui ouvre la possibilité d'une histoire, fondée sur l'intériorisation toujours plus autonome des moyens techniques et symboliques. Aujourd'hui la pensée musicale contrôle la formation de ses règles opératoires, mais elle est en revanche entièrement tributaire des moyens formels et techniques dont la science dispose. Et il y aurait quelque naïveté à opposer la pensée vivante au jeu mécanique des symboles, car c'est le propre de la pensée symbolique que de réveiller les contradictions endormies.

Fabien Lévy poursuit sa réflexion sur l'essence de la composition musicale en s'interrogeant sur le travail de l'analogie, de l'assimilation analogique qui groupe les opérations, ordonne et classe les règles d'articulation, différencie les structures fonctionnelles. Il montre dans l'œuvre une activité qui spécifie son contenu tout en trouvant, chemin faisant, ses règles. La rationalité musicale poursuit sans doute un dessein d'unification, guidé par les types relationnels ou opératoires qui sont communs à ses contenus, mais elle n'en est pas moins confrontée à des facteurs d'émergence et de dispersion dont il lui faut assumer le caractère accidentel. Le principal ressort des tensions de la musique savante provient sans doute de l'antagonisme propre au projet même d'écriture, qui affronte une exigence de cohérence interne – une exigence systématique – et une nécessité d'ouverture du système aux situations contingentes, aux formes de l'altérité. La réflexion s'achève sur l'examen du rôle du formalisme en musique. Lecteur de Piaget, Fabien Lévy oppose comme ce dernier la disponibilité et la souplesse des schèmes opératoires à la relative fixité des formes de la perception, voire de l'imagination. L'auteur connaît mieux que quiconque la puissance de renouvellement dont est capable la théorie formalisée qui, au lieu d'effacer les différences, les affirme ou les accentue en diversifiant ses modèles d'objets.

C'est sans doute parce qu'il est familier des sciences et de l'épistémologie que Fabien Lévy a pu exprimer les plus vives réserves quant au mésusage d'un certain discours scientiste appliqué à la musique. L'auteur n'a pas de peine à dénoncer, dans la plupart des entreprises de modélisation, dans les protocoles, dans les théories générales de la musique une méconnaissance de la rationalité spécifiquement scientifique. Fabien Lévy estime que la recherche musicale est encore dominée par une conception purement formaliste de la pensée abstraite, reposant principalement sur des techniques logiques – un lointain héritage en quelque sorte de la tradition du logicisme empiriste. Cette pensée inadéquate en sciences trouve évidemment sa réplique dans le domaine de la composition musicale où, depuis plus de cinquante ans, elle exerce un ascendant contestable. Ainsi du structuralisme des années cinquante – un mythe de parthénogenèse – pour lequel le système assure sa propre génération formelle et fonctionne comme une totalité qui réengendre ses propres conditions. L'inclination scientiste n'a pas épargné non plus les compositeurs contemporains de l'*Itinéraire*, qui ont pu concevoir la musique sur le modèle cybernétique d'automates autoreproducteurs. Fabien Lévy décrit avec humour et sans acrimonie la crise qui frappe aujourd'hui la musique savante, contestée dans sa légitimité, doutant d'elle-même et en butte aux tracasseries incessantes de la nouvelle Inquisition culturelle. Il montre une période de scepticisme, résignée à la dissolution des déterminations, une période de soumission au présent où le syncrétisme fait bon ménage avec l'érudition et la spécialisation. Il montre aussi la limite des entreprises solitaires et radicales, vouées à la surenchère et inexorablement condamnées, à terme, à prendre la pose. Le formalisme intransigeant se mue alors en un solipsisme hirsute ou, à l'inverse, se pare de nouvelles grâces et s'absorbe dans la jouissance unique de sa propre singularité. L'art savant de notre temps s'est-il vraiment replié dans la certitude abstraite de soi et retranché dans l'absolu ineffable ? Se borne-t-il à produire des contenus objectifs sophistiqués et vides de sens ? Fabien Lévy ne le pense pas et son livre tend précisément à soutenir le contraire.

L'auteur souligne l'urgence de la constitution d'une épistémologie de la musique, devenue indispensable pour comprendre la transformation des cadres sensibles de l'expérience. Il construit les assises de cette épistémologie, en étudiant l'élaboration de certaines structures, schèmes de représentation ou normes d'organisation qui soustendent la production musicale depuis les années cinquante. Il met en particulier l'accent sur la fonction des schèmes intermédiaires entre l'ordre des intuitions sensibles et celui des formes logiques, découvrant une hiérarchie de paliers d'organisation, d'ordres de propriétés ainsi que de niveaux de formalisation et d'objectivation des modèles. Mais cette rationalité là ne se confond nullement, dans son principe, avec les objectifs de la rationalité scientifique et technique. L'art est irréductible à la science.

S'il reconnaît l'autonomie créatrice des arts, Fabien Lévy ne s'attarde pas à une conception de l'art qui réduirait ce dernier à une fonction de production universelle, dominée par une raison formelle et coupée de ses attaches à la culture. L'auteur est également réfractaire au dilettantisme d'une histoire universelle. Tout l'ouvrage est sous-tendu par l'idée selon laquelle les catégories de la pensée musicale dépendent de facteurs culturels. L'approche de Fabien Lévy pourrait s'inscrire à cet égard dans une tradition de pensée qui remonte à l'anthropologie philosophique de Wilhelm von Humboldt, et qui se poursuit avec la recherche des principes du style d'Aloïs Riegl, certaines vues de Worringer et les thèses de l'anthropologue américain Benjamin Lee Whorf, dont les écrits sont d'ailleurs mentionnés. Si l'expérience sensorielle est entièrement déterminée par l'équipement psychophysique de l'homme, en revanche les catégories culturelles et linguistiques semblent avoir une incidence structurelle sur les symboles représentatifs de la perception. L'*a priori* du savoir consisterait dans la liaison directe du locuteur au langage. L'approche culturelle s'illustre notamment en ethnomusicologie, avec l'étude des pratiques turques, arabes et persanes, dont Fabien Lévy fait un compte-rendu documenté. Son intérêt s'étend à la Chine et à l'Afrique, et conduit à une relation précise des recherches de la musicologue et sinologue Véronique Alexandre-Journeau, ou des travaux désormais classiques de Simha Arom sur la musique de Centrafrique. Ce qui conduit Fabien Lévy à l'examen des transformations que la théorie musicale arabe a pu imprimer au paradigme pythagoricien. Celle-ci a en effet préféré la logique des rapports *épimores* instituée par Archytas, et reprise par Ptolémée, à l'histoire canonique de la tradition grecque officielle, représentée par Philolaos, Platon, Euclide, Nicomaque, Théon de Smyrne, Gaudence et Boèce. Or la division du tétracorde en rapports épimores privilégie les rapports d'intervalles mobiles et propose une autre conception, plus souple et plus fragile, des notions de note, d'intervalle, d'harmonie et de consonance. Cette hypothèse s'élargit à une épistémologie relativiste des modèles de la consonance et du calcul des intervalles. Ce sont en fait des conventions culturelles qui, pour Fabien Lévy, sont appelées à se formaliser et à revendiquer ultérieurement un statut d'objectivité théorique. « La sensation de consonance est subjective et culturelle ».

Ce livre est une méditation sur la signification de la fonctionnalisation des conduites humaines, que les formules objectives ne réduisent pas pour autant à des événements de la nature. Il s'interroge sur le rôle du symbolisme dans l'art et dans la science. Tout en récusant les thèses du « Structuralisme », Fabien Lévy en reprend néanmoins sur le fond la problématique, car ce dont il est essentiellement question dans cet ouvrage est la confrontation des manifestations du savoir humain aux contextes symboliques de la culture dans lesquels elles s'enracinent.

REÉXAMINER LA MODERNITÉ MUSICALE : UN JEU ENGAGÉ

JEAN-CLAUDE RISSET

Voici un ouvrage qui ne ressemble à aucun autre. Fabien Lévy nous fait visiter son atelier de musicien : bien mieux, il partage avec nous son questionnement sur la musique, ses racines anciennes, ses aventures récentes et son avenir. Une étude lucide, mais qui traduit un engagement.

Le titre intrigue : *Le compositeur, son oreille et ses machines à écrire*. Fabien Lévy est compositeur : c'est de l'intérieur qu'il parle de la création musicale. Sa musique traduit son ouverture, sa curiosité et son exigence : elle est vivante et sensible, diverse et personnelle. Elle met souvent en œuvre des processus élaborés, tout en conservant une aura poétique et une vraie sensibilité sonore. Elle tire parti de pratiques instrumentales nouvelles aussi bien que de technologies informatiques avancées. Ainsi a-t-il proposé des « méta-œuvres » pour lesquelles un programme d'ordinateur peut agencer une disposition dans le temps à partir d'éléments précomposés, permettant à l'auditeur d'intervenir. Un exemple de la musique comme expérience plutôt que comme structure : la perception en acte.

Pour Fabien Lévy, l'activité créatrice ne peut faire l'économie d'une réflexion profonde et documentée sur la problématique de la composition aujourd'hui. Aussi expose-t-il ses analyses avec une grande clarté et une argumentation très riche qui n'est jamais absconse. Le fil rouge est sa quête passionnée d'une voie musicale neuve et personnelle qui ne soit pas gratuite, mais ancrée – dans la tradition, mais aussi dans la partie inexplorée de notre fond commun de connaissances et de capacités.

Fabien Lévy ne renie pas son héritage : élève de Gérard Grisey, il se situe dans le courant de la musique « spectrale », qui se soucie, au delà d'une musique de notes, d'agencer le son comme une totalité sensible. Le résultat auditif est essentiel : l'oreille est invoquée comme critère incontournable. Mais la composition est une aventure, renouvelée chaque fois par chaque auditeur : décisive est la dynamique de l'écoute d'une œuvre, expérience cognitive où importent l'anticipation et la surprise.

Le titre mentionne les *machines à écrire*. Ce jeu de mots – Fabien Lévy souligne l'importance du *jeu* – évoque des techniques d'écriture qu'on peut mettre en œuvre avec une rigueur extrême, à l'instar d'une machine : Michel Philippot parlait à ce propos de ses « machines imaginaires ». Mais Fabien Lévy prend aussi en compte les technologies nouvelles et leur intervention dans la réalisation sonore : il revendique pleinement la situation historique de la musique, qui a vu l'irruption de l'électricité dans la production du son – l'évènement musical le plus important du XXe siècle selon

Olivier Messiaen. L'avènement de cette « révolution électrique », suivant l'expression d'Hugues Dufourt, a marqué les enjeux de la composition, même limitée aux instruments traditionnels.

Les technologies électroniques et informatiques apportent la possibilité d'exercer un contrôle compositionnel sur la facture du son musical et d'effacer la frontière entre grammaire et vocabulaire. La synthèse numérique des sons, introduite par Max Mathews dès 1957, a permis d'envisager de composer le son lui-même et d'aller au delà de l'agencement de notes dans le temps pour faire jouer le temps dans le son. Cette perspective m'a attiré, m'amenant à explorer les ressources sonores de l'ordinateur, qui est davantage qu'un outil : un atelier, selon l'expression de François Bayle, qui permet de concevoir et réaliser des outils matériels aussi bien qu'intellectuels.

Fabien Lévy maîtrise ce champ informatique qui peut offrir au compositeur des bancs d'essai de processus – de nouvelles machines à écrire. Parmi les diverses analyses qui illustrent son ouvrage, je lui sais gré de la pénétration dont fait preuve sa description de mes *Mutations*. Dans cette œuvre, j'ai tiré parti de la synthèse par ordinateur pour perturber le jeu traditionnel des paramètres en les corrélant pour composer des timbres comme des accords et pour façonner des glissandi qui paraissent monter indéfiniment – suivant Fabien Lévy, « une écriture déjouée par les paradoxes ».

Cependant ni dans sa musique ni dans ses analyses Fabien Lévy ne se cantonne aux ressources ouvertes par l'électricité et l'informatique. Son exposé renouvelle l'histoire de la théorie musicale en redonnant une actualité vivace à des débats anciens sur l'évolution de la notation et de l'écriture en Occident, sans omettre d'envisager les pratiques non occidentales, notamment les musiques de tradition orale. Une étude détaillée et savante des intervalles et de la consonance est vivifiée par la quête du sens.

L'auteur a effectué une recherche approfondie sur la complexité musicale, en invoquant les méthodes scientifiques de mesure du contenu informationnel des messages. Sa compétence scientifique exceptionnelle ne lui fait jamais perdre de vue la spécificité du musical, et elle lui donne autorité pour discréditer des schémas normatifs intimidants par leur prétendue scientificité en mettant en question leur validité perceptive – leur pertinence pour l'oreille et le cerveau.

Fabien Lévy examine les enjeux théoriques avec un regard précis et incisif. Il envisage la musique comme expérience sensible plutôt que comme structure quasi-linguistique. L'émotion musicale prend naissance à travers une réception cognitive, qui se projette hors du présent par la mémoire et l'anticipation. Fabien Lévy va plus loin que Leonard Meyer et Eugene Narmour dans son évocation des opérations cognitives à l'œuvre dans la musique, qui semblent se jouer du temps et de son déroulement implacable.

Après la seconde guerre mondiale, la démarche innovante des compositeurs de musique savante s'est faite plus radicale. Pendant quelques années, un consensus s'est formé autour de techniques rédactionnelles sans précédent par leur complexité et leur caractère péremptoire, excommuniant facilité, nostalgie et complaisance. Il faut y voir sans doute la volonté de tourner le dos à un héritage qui n'avait pas empêché des faits de guerre niant la civilisation. En tout cas cette exigence intransigeante de rigueur formelle a fait apparaître un nouveau continent musical, déjà entrevu par Schoenberg, et parsemé de chefs d'œuvres se situant « aux confins du pays fertile », comme le reconnaissait Pierre Boulez faisant allusion à une toile de Paul Klee.

C'est un lieu commun chez les adversaires de cette musique savante contemporaine de la disqualifier comme purement cérébrale. Or on peut objecter au contraire que l'auditeur d'une musique élaborée suivant un formalisme qui lui échappe totalement ne peut dépasser une écoute cognitive assez grossière : il apprécie les articulations dynamiques, l'invention instrumentale, la richesse sensorielle, mais il ne peut appréhender les structures fines et profondes visées par l'écriture (d'où les tentations pour le compositeur d'écrire « gros » ou aléatoire). Dans un tel cas le paradigme linguistique est inopérant, et il importe de le relativiser, de le subvertir, de le dénoncer.

De ce point de vue le sous-titre est révélateur : *Déconstruire les grammatologies du musical pour mieux les composer*. Le recours au vocabulaire sémiotique introduit par Jacques Derrida peut intimider : mais l'usage qu'en fait Fabien Lévy est parfaitement clair, et il manifeste son souci de se déprendre des points de vue structuralistes qui ont marqué l'après-guerre au point d'imposer un conformisme intellectuel. Le terme de *grammatologie* désigne la pensée de l'écriture, celui de *graphémologie* l'ensemble de ses moyens. La démarche de *déconstruction* vise à désassembler les parties d'un tout, à les séparer pour analyser les structures sédimentées qui forment le discours, en revisitant leur origine, leur contexte, leur interprétation, leur devenir.

Après des décennies de dictature sémiologique, Fabien Lévy ouvre les fenêtres sans renoncer à son ambition créative. Le réexamen auquel il se livre remet en question les systèmes conceptuels. En faisant apparaître des sens multiples, il conteste la pertinence des oppositions traditionnelles entre signifiant et signifié, et il montre les lacunes interprétatives des analyses issues de la linguistique. Suivant ses propres termes, il tente « une déconstruction systématique des opérateurs de la modernité des musiques occidentales ».

On pourrait douter de l'opportunité d'une telle déstabilisation à un moment où la musique contemporaine subit des anathèmes dédaigneux : le but poursuivi n'est pas de l'accabler, mais de la raviver, de la renouveler, de lui insuffler un sang nouveau. Fabien Lévy dévoile également les faux semblants de la post-modernité et les ambiguïtés d'une attitude « anti-savante » qui, certes, lève des inhibitions et qui révèle de nouveaux territoires fertiles, mais qui peut aussi se faire complice du mercantilisme ambiant, du règne de l'applaudimètre et de l'indice d'écoute, et de la « misère culturelle » que dénonce Bernard Stiegler.

Les analyses de Fabien Lévy sont précises et précieuses, elles prennent en compte histoire et tradition, mais elles en renouvellent les perspectives par leur ambition créative : l'ouvrage est aussi un manifeste tourné vers l'avenir. La préface d'Hugues Dufourt analyse magistralement enjeux théoriques et orientations musicales. Dans le dernier chapitre de son monumental essai sur les principes de la musique *Mathesis et subjectivité*, Hugues Dufourt écrit : « La musique est cet affrontement perpétuel à l'insaisissable, au mouvant, à l'informe »; il critique le formalisme musical du XXe siècle comme « combat d'arrière-garde », et il termine par ce trait : « La musique savante, si elle ne veut pas tenir le rôle de la précieuse ridicule, doit surmonter son aversion aristocratique pour le devenir ». Si Fabien Lévy prolonge Gérard Grisey et ses stases sonores, sa démarche s'inscrit dans ce programme ambitieux : gérer les aventures de matériaux et faire naître jaillissement et musicalité des rencontres et des entrechocs. La vie circule dans l'ouvrage de Fabien Lévy comme elle doit, selon lui, circuler dans la musique.

Remerciements

Cet ouvrage est publié grâce au soutien financier de la *Bourse des Muses*, octroyée par la fondation ACDA et son directeur Claude Samuel. Qu'ils en soient remerciés.

Je souhaite également exprimer ma gratitude à mes étudiants en composition Yoshi Onishi, Paul Clift et Steve Lehman, ainsi qu'aux spécialistes Véronique Alexandre-Journeau, Moreno Andreatta, Simha Arom, Jérôme Baillet, Amine Beyhom, Markus Böggemann, Laurence Bouckaert, David Cohen, Marie-Noelle Colette, Arshia Cont, le très regretté Julien Copeaux, Jean-Paul Delahaye, Aaron Einbond, Anas Ghrab, Nicola de Giorgi, Volker Helbing, Yves Hellegouarch, Martin Kaltenecker, Gilles Léothaud, Fred Lerdahl, Shireen Maalouf, Mikhaïl Malt, Pol-Louis Martin, Nicolas Meeùs, Pierre-Michel Menger, Thomas Noll, Emmanuel Pedler, Daniel Pressnitzer, Lydia Rilling, Xavier Rodet, Yizhak Sadaï, Marco Stroppa, Frédéric Voisin et Bernard Walliser, pour leurs divers conseils et clarifications scientifiques

Je suis profondément reconnaissant à mes amis et collègues Gérard Assayag, Marc Chemillier, Jean-Marc Chouvel, Hugues Dufourt, François Picard, Jean-Claude Risset et Mathilde Vallespir pour leur relecture attentive, leurs commentaires judicieux et leurs encouragements critiques.

Enfin, ce livre n'aurait pu voir le jour sans le soutien patient et infaillible d'Elisa. Il est dédié à Alba, née alors que j'apposais la double barre à l'ouvrage.

Note au lecteur

Certains passages emploient un vocabulaire ou des formalismes techniques (acoustiques, mathématiques ou sémiologiques). Ces passages sont mentionnés comme tels au lecteur qui pourra, s'il le souhaite, les éluder.

Toutefois, dans son ensemble comme dans son propos, cet ouvrage se veut accessible aux lecteurs non familiers avec les outils scientifiques, intéressés par les questions d'écriture musicale.

De plus, les concepts fondamentaux ou régulièrement utilisés sont recensés dans un index en fin d'ouvrage qui indique la page de leur définition.

INTRODUCTION

On a souvent reproché à la « musique contemporaine », terme un peu trop générique, d'avoir favorisé la spéculation intellectuelle au détriment de l'expérience sensible. Il serait pourtant naïf de condamner les principes et les résultats d'un mouvement très diversifié et qui a produit des œuvres extraordinaires. D'une part, son esprit s'est inscrit dans l'élan structuraliste d'après-guerre, commun à de nombreuses disciplines, qui attribuait une valeur primordiale à la science et à l'intelligence des structures sur leur perception. D'autre part, cette attitude compositionnelle n'a été que la continuation d'une longue pratique occidentale de la musique fondée, depuis Pythagore, sur le logos, l'écriture, et la paramétrisation.

La fin des années 60 a marqué, dans de nombreux domaines, une remise en cause générale des méthodes structurales et de certains principes intrinsèques à la modernité occidentale. C'est aussi à cette époque que s'étendent à tous les aspects de la pratique et de la réflexion musicales, notamment à l'interprétation et à l'écriture, certaines innovations issues des musiques extra-occidentales, des musiques concrètes et électroniques, des musiques improvisées et de la révolution cagienne. De nouvelles formes musicales émergent : free jazz, musiques minimalistes, musiques de processus, installations sonores, musiques mixtes, musiques spectrales, musiques bruitistes, improvisations libres, nouvelle simplicité, nouvelle complexité, et autres musiques « postmodernes ».

Certes, nous le verrons, ces stratégies musicales « post-modernes » sont parfois fragiles : Comment renouveler une pensée musicale sans recourir aux opérateurs traditionnels de la modernité, notamment les représentations classiques du musical ? Comment récuser les affres de la modernité sans sombrer dans une attitude anti-élitiste prônant l'hyper-relativisme des valeurs et la fin des hiérarchies ? Comment revenir à l'expérience sensible sans se fourvoyer dans des postures culturelles caricaturales ou se laisser prescrire ses goûts par son entourage ? Comment refuser l'eurocentrisme sans s'égarer dans le « multiculti » ? Comment contester le logocentrisme sans devenir misologue ?

Ce livre est un plaidoyer pour un retour à une écoute possiblement compréhensible, mais exigeante, curieuse de nouveautés, et n'acceptant aucune banalité. Tout comme la dernière vague d'écume que le jeune Mahler signalait ironiquement à un Brahms pessimiste pour l'avenir de la musique, l'histoire ne s'est arrêtée ni en 1945, ni avec le sérialisme généralisé, ni à la fin des années 60, ni aujourd'hui. Après 1968, un certain nombre d'artistes issus de différentes disciplines ont repris le flambeau idéaliste de leurs aînés. Ils ont entamé un lent travail de remises en question constructives afin d'échapper aux excès de l'idéal structuraliste sans tomber dans le postmodernisme : *prends des risques, mais prends également le risque que cela s'entende* ... Quarante années plus tard, à l'heure de l'hyper-relativisme et d'une crise de l'esthétique et de l'écoute, à l'heure de l'hétéronomisation du goût, de la marchandisation de la culture et d'un capitalisme externe qui se refuse à placer l'innovation et le savoir comme premiers principes de croissance, ces propositions esthétiques qui prônaient des expérimentations purement musicales focalisées sur l'écoute demandent à être réactualisées.

Cet ouvrage, que j'ai rédigé en compositeur, est une tentative de déconstruction des opérateurs de la modernité des musiques occidentales afin de mieux cerner à la fois les enjeux des écritures (pris au sens large d'organisation, de composition) libérées de leur obsession du signe, et les enjeux d'une écoute aspirant à se renouveler dans une époque redevenue « normale » : quelles sont les visées et les limites en musique de la spéculation analytique ? Perçoit-on et doit-on percevoir les intentions du compositeur ? Quelle est la relation entre structure sur le papier et forme perçue ? La complexité est-elle une condition de l'inouï, et de quelle complexité parle-t-on alors ? La musique doit-elle être consonante, pourquoi, pour qui, et comment ?

J'ai longtemps hésité à mettre en forme ce livre, issu à la fois d'une thèse de doctorat dont les réflexions ont duré plus de dix années, et d'une pratique de l'enseignement de la composition à Berlin puis à New York. Les réflexions sont certes nécessaires en composition, mais font partie de la cuisine interne. De plus, l'acte de composer doit rester, comme le soulignait déjà György Ligeti, ludique, futile, et irrationnel. Il faut jouer avec le matériau. Cet ouvrage n'aura pourtant rien de ludique ni de cabotin. Mon expérience de compositeur et de professeur de composition, les débats actuels sur la « musique contemporaine », l'art moderne, la complexité musicale, la consonance ou sur la perception, et des concepts un peu trop rapidement présentés comme antonymes dans ces différents débats (musiques écrites *vs.* musiques improvisées ; intuition *vs.* réflexion ; musiques savantes *vs.* musiques populaires, musiques complexes *vs.* musiques banales) m'ont encouragé à publier ces réflexions sur l'écriture, les formalismes et leur perception.

Ce travail est donc une tentative de déconstruire pour mieux reconstruire. Si cette tradition est abondante depuis les années 80, tant en philosophie que dans le féminisme ou en sociologie, et même dans les sciences exactes, elle reste rare en musique. Cet ouvrage s'inscrit plus directement dans le sillage tracé par deux éminents penseurs/déconstructeurs du musical : Max Weber [1] et Hugues Dufourt [2]. Qu'ils soient ici honorés pour leurs travaux.

Ce livre est destiné aux compositeurs, musicologues, musiciens et mélomanes intéressés par les problèmes d'écriture musicale et de composition, mais aussi à ceux qui souhaitent comprendre en quoi la musique se pose, avec son propre vocabulaire, des questions analogues à celles dans les autres disciplines de l'esprit.

---

1. Max Weber, *Sociologie de la musique. Les fondements rationnels et sociaux de la musique*, (1972), traduit de l'Allemand par Jean Molino et Emmanuel Pedler, Paris, Éditions Métailié, 1998.

2. Hugues Dufourt, *Mathesis et subjectivité. Essai sur les principes de la musique*, t. 1, Paris, Éditions MF, 2006.

CONTEXTES HISTORIQUES

(PROLOGUE)

On entend souvent dire que l'art a pour charge *d'exprimer l'inexprimable* : c'est le contraire qu'il faut dire (sans nulle intention de paradoxe) : toute la tâche de l'art est *d'inexprimer l'exprimable*, d'enlever à la langue du monde, qui est la pauvre et puissante langue des passions, une parole autre, une parole exacte.

Roland Barthes, *Essais critiques*

1968
ET LA CRISE DE LA GRAMMATOLOGIE MUSICALE TRADITIONNELLE

Sans prétendre à l'exactitude et à l'exhaustivité musicologiques, ce premier chapitre[1] *propose une introduction historique simplifiée à ceux qui ne sont pas au fait des récents développements de la musique, ainsi que quelques points de repère – mes points de repère –, afin d'éclairer les propos plus théoriques des chapitres suivants. Quelques compositeurs y sont outrageusement plus explicités que d'autres, dans le seul but de mettre en regard certains acteurs de la mutation de l'écriture et de la pensée analytique en musique avec la crise de la pensée structuraliste des années 65-75.*

L'APRÈS-GUERRE,
TERREAU FERTILE POUR UNE PRATIQUE D'ORDRE STRUCTURAL

Au lendemain de la deuxième guerre mondiale, un espoir commun traverse de nombreuses disciplines : mettre l'intelligence humaine au service de l'humanité. On tente de rationaliser la diplomatie afin d'éviter les conflits armés (création de l'ONU et des organismes internationaux); on met la science au service des hommes afin de mieux maîtriser les flux de populations (planification démographique), accroître les volumes de nourritures disponibles (programmes agronomiques), ou prévoir et éviter les crises économiques (modélisation économétrique). Là où la science et la rationalisation interfèrent, l'homme doit pouvoir vaincre la nature et s'améliorer[2]. En musique, on postule également qu'une œuvre bien construite, qui ne se « laisse pas aller à des sentiments peu rationnels », « sonne » mieux.

Ainsi, comme dans les autres disciplines, émerge entre 1948 et 1966 un véritable « structuralisme musical », établissant une deuxième apogée d'une *grammatologie*[3]

1. Ce chapitre reprend, en les étendant amplement, les articles : « Le tournant des années 70 : de la perception induite par la structure aux processus déduits de la perception », in *Le temps de l'écoute : Gérard Grisey ou la beauté des ombres sonores*, Paris, L'Harmattan/L'itinéraire, 2004, p. 103-133, (version imprimée comportant de nombreuses erreurs de la part de l'éditeur); « Mutations (1969) : une écriture déjouée par des paradoxes », *Portrait Polychrome n°2, Jean-Claude Risset*, Paris, INA/CDMC, nouvelle édition, 2008, p. 63-82.

2. Paradigme néanmoins rapidement contesté, par exemple par Max Horkheimer – Theodor Adorno (*Dialektik der Aufklärung*, Frankfurt, Suhrkampf, 1981).

3. Les termes *graphémologie* et *grammatologie* seront définis dans le chapitre suivant. Pour résumer, une écriture possède deux fonctions : la fonction *graphémologique* de l'écriture est celle de la transcription, à travers ses différents signes et signaux. Par la fonction *grammatologique* d'une écriture (de *gramma* = « lettre », en grec), les signes sont des substances autonomes interrogeant la pensée et le matériau de ce

centrée sur le signe, après celle de l'Ars Nova qui ouvrait l'ère d'une nouvelle *graphémologie*. Cette période dite « d'avant-garde » marque peut-être, paradoxalement, la fin de la suprématie de cette graphémologie musicale traditionnelle. Puis, de 1966 à 1975, lui succède une période de doutes. Durant cette période, on passe semble-t-il d'un « structuralisme musical » (terme qui sera précisé ultérieurement) à un « physicalisme musical ». Cela se traduit en particulier par le fait que les procédures compositionnelles, plutôt que *d'induire* la perception, seront de plus en plus *déduites* de phénomènes perceptifs.

Certes, il serait réducteur de rattacher des mouvements de création artistique à un courant collectif de pensée. Durkheim a mis en évidence la dialectique proprement artistique de l'individualisme du créateur confronté au jugement collectif du public, notamment pour ceux que le sociologue de l'art Howard Becker nomme les « *francs-tireurs* »[4]. La démarche « réductionniste », qui exprime l'art en termes de courants esthétiques, a tendance à estomper la diversité des comportements artistiques à une période donnée et nie une partie de l'acte créateur.

Il est également délicat et simpliste de généraliser des attitudes compositionnelles alors que les initiatives personnelles et novatrices abondent dans la deuxième moitié du XXe siècle. Une œuvre ne peut se résumer aux techniques et idées qu'elle utilise. Le principe sériel généralisé comme le principe spectral pourraient ainsi sembler extrêmement naïfs à l'amateur comme au théoricien le plus savant : « *c'est une erreur de croire que l'on peut déduire des règles de composition de phénomènes comme celui de la série des harmoniques* » écrit Dahlhaus[5]. Ce n'est que se méprendre sur l'importance de la procédure dans l'œuvre : seule l'expérience esthétique des œuvres résultant de ces principes importe et, éventuellement, marque son temps. Après tout, on ne pouvait trouver technique contrapuntique plus naïve que celle du canon.

Il ne s'agit pas non plus ici de critiquer, grâce au regard facile que procure l'histoire, les inventions parfois excessives des aînés, mais de comprendre les différentes articulations esthétiques d'une même époque. L'objectif est une construction et une compréhension par réduction et croisement historique, même si cette méthode musicologique réductrice[6] est critiquable et doit être appliquée avec nuances. Conscients de ces limites, nous tenterons de faire apparaître, sous la problématique particulière de la perception cognitive des processus compositionnels, quelques marques esthétiques communes partagées par les principales écoles de composition de cette époque, et nous mettrons en relation leur évolution avec celle des sciences, notamment des sciences humaines formalisées.

---

qu'ils expriment (Jean-Marie Klinkenberg, *Précis de sémiotique générale*, Paris, De Boeck et Larcier, 1996, p. 226-230). En d'autres termes, les signes permettent de transcrire des idées, mais induisent également une certaine façon de penser.

4. Howard Becker, *Les mondes de l'art*, traduit de l'anglais par J. Bouniort, Paris, Flammarion, 1988, p. 242.

5. Carl Dahlhaus, « Plaidoyer pour une théorie actuelle de la musique », in *Quoi, Quand, Comment, La recherche musicale*, Paris, Christian Bourgeois, Ircam, 1985, p. 76.

6. « *Toute tentative pour connaître quelque chose de l'homme doit d'abord passer par une réduction de l'expérience à un système de marques corrélatives* », Gilles Gaston-Granger, *Pensée formelle et science de l'homme*, Paris, Aubier-Montaigne, 1967.

Le structuralisme, une nouvelle méthode d'analyse

Les années 50 et 60 ont souvent été qualifiées de *structuralistes*. Certes, cette interprétation philosophique d'un objet organisé ou d'une discipline est apparue dès la fin du XIXe siècle dans les travaux de certains chercheurs en sciences humaines qui se sont référés à l'image biologique de l'organisation articulée d'un tout pour l'appliquer à leur discipline. En linguistique, Saussure définit la langue comme une *structure système* et son analyse du langage se donne pour objectif non le recensement, la taxonomie d'éléments empiriques, mais la détermination de relations entre ces éléments. Il s'agit pour la première fois d'une théorie de linguistique générale. Hjelmslev définira par la suite la linguistique comme une « *algèbre du langage* ». En musique, l'analyse de l'harmonie proposée par Hugo Riemann (1849-1919) et l'analyse schenkerienne vont dans ce sens.

Selon Jean Piaget, deux aspects au moins caractérisent le structuralisme :

> D'une part, un idéal ou des espoirs d'intelligibilité intrinsèque, fondés sur le postulat qu'une structure se suffit à elle-même et ne requiert pas, pour être saisie, le recours à toutes sortes d'éléments étrangers à sa nature ; d'autre part, des réalisations, dans la mesure où l'on est parvenu à atteindre effectivement certaines structures et où leur utilisation met en évidence quelques caractères généraux et apparemment nécessaires qu'elles présentent malgré leurs variétés [7].

La méthode structurale consisterait à analyser ou à créer un objet selon les seules lois internes qui le structurent, et éventuellement le modifient dans le temps, en s'abstrayant des paramètres externes. Pour Piaget, la notion de structure possède un caractère de *totalité* (elle permet à elle seule d'expliquer ou de gérer l'ensemble du fonctionnement de l'objet) et de *transformation* (elle explique ou gère à elle seule l'évolution de l'objet). Elle est *auto-réglée* (des lois internes, indépendantes de facteurs extérieurs, règlent la structure) et *formalisable* : « *la formalisation est l'œuvre du théoricien, tandis que la structure est indépendante de lui* » ajoute Piaget.

Le structuralisme, une nouvelle pratique scientifique

Si les origines du structuralisme prennent source au début du XXe siècle, les décennies succédant à la deuxième guerre mondiale semblent marquées par l'apogée de la pensée et de la pratique structurales dans les sciences. Les progrès scientifiques considérables effectués pendant la guerre permettent de nouveaux modes d'organisation de la société. L'industrie s'automatise. Les premières machines informatiques, calculateurs et autres automates, transforment les modes de production et de recherche. Les modèles tayloristes (travail à la chaîne, optimisation et spécialisation des tâches) se généralisent et modifient les modes de régulation de la société [8]. Les disciplines intellectuelles accompagnent ce mouvement : les laboratoires se modernisent et se spécialisent. Les mathématiques pénètrent des domaines connexes. En 1949, Claude Lévi-Strauss publie *les Structures élémentaires de la parenté* qui mettent

7. Jean Piaget, *Le structuralisme*, Paris, P.U.F., 1987.

8. Michel Aglietta, *Régulation et crises du capitalisme : l'expérience des États-Unis*, Paris, Calmann-Lévy, 1976.

en lumière certaines lois combinatoires régissant les mariages et les unions familiales, notamment chez des populations de petite taille démographique[9]. Cet anthropologue montre en particulier que ces lois d'apparence culturelle répondent à une logique mathématique universelle qui permet, quelle que soit la culture, d'éviter la consanguinité. En 1958, son *Anthropologie Structurale* généralise la méthode structurale aux sciences humaines. Cette recherche de structures invariantes se propage ensuite à de nombreuses autres sciences sociales : en sciences économiques, suite aux travaux de Jan Tinbergen et Ragnar Frisch, apparaît dans les années 60 la modélisation économétrique (Les premiers modèles concernent, avec quelques équations, l'économie des Pays-Bas, puis celle des Etats-Unis). La linguistique approfondit l'approche Saussuriene à travers les travaux de Hjelmslev sur la glossématique et ceux de l'École de Prague (Jakobson, Troubetskoy). La psychanalyse et la philosophie ne sont pas non plus insensibles à l'influence du structuralisme (Lacan).

Le structuralisme, une nouvelle démarche artistique

La méthode structurale, qui favorise l'analyse, la formalisation ou la création de structures en s'abstrayant de la conscience contextuelle du sujet (car l'idée prévaut à cette époque que seule cette méthode est objective et scientifique), n'épargne pas non plus l'art.

> Le structuralisme sert de nouvelle esthétique : Mondrian sur le plan pictural, Pierre Boulez dans le domaine musical, Michel Butor en littérature… La structure s'érige en méthode créative, en levain de la modernité. (…) Les tenants de la nouvelle critique structurale vont d'ailleurs se référer à cette nouvelle esthétique, et trouver chez Mallarmé et Valéry les antécédents à leurs recherches contemporaines[10]

écrit l'historien de la philosophie François Dosse.

La technique dodécaphonique de Schönberg et de ses étudiants n'affectait que les hauteurs, délaissant les autres paramètres. Cette technique était, pour Schönberg, non une finalité, mais un substitut à la trop grande liberté ouverte par l'atonalité, un outil pour mieux se concentrer sur l'expression de sa musique. En 1949, Olivier Messiaen compose les *Modes de valeur et d'intensité*, petite étude généralisant à tous les paramètres traditionnels (hauteurs, nuances, rythme) le principe de la série. Suivent immédiatement *Polyphonie X* [1950-51] et les *Structures I pour deux pianos* [1952] de Pierre Boulez, *Kreuzspiel*, *Formel*, *Spiel*, *Punkte-Kontrapunkte* et les *Klavierstücke I* à *IV* de Karlheinz Stockhausen, la *Sonate pour piano* [1950-1952] de Jean Barraqué, et les *Trois Chants Sacrés* de Henri Pousseur. Dans les années 50, le système sériel généralisé et les méthodes mathématiques (Xenakis, Philippot, Babbitt) représentent les réponses les plus adéquates à l'influence de la pensée structurale sur la musique. Ces techniques de composition se révèlent en effet *formalisables*, *autonomes* par rapport à leur objet de réalisation (l'œuvre), *auto-réglées*, et présentent un caractère de *transformation* et de *quasi-totalité* (gestion de tous les paramètres sonores).

---

9. Claude Lévi-Strauss, *Les Structures élémentaires de la Parenté*, 2e édition, Paris, Mouton and Co et Maison des Sciences de l'homme, rééd. 1967, appendice à la 1re partie.

10. François Dosse, *Histoire du structuralisme*, Paris, La Découverte, 1992, t. II, p. 256.

Les influences structuralistes sur les pratiques compositionnelles ne se résument pas à l'utilisation de techniques impliquant l'homogénéité et l'auto-organisation de la structure pour tous les paramètres sonores. Elles induisent un paradigme esthétique et épistémologique qui perdurera dans certaines musiques des années 60 et 70.

Il s'agit tout d'abord d'une *croyance dans la pensée.*

> Le son beau ou laid n'a pas de sens, ni la musique qui en découle; la quantité d'intelligence portée par les sonorités doit être le vrai critère de validité de telle ou telle musique [11].

affirme Xenakis.

> Disciplinons notre univers mental de telle façon que nous n'ayons pas devant nous des reniements à affronter, des désillusions à subir. (...) Organisons strictement notre pensée musicale.

réclame Boulez qui ajoute dans le même ouvrage :

> La musique n'est pas seulement destinée à exprimer, elle doit devenir le propre objet de sa réflexion [12].

La primauté de la théorie sur la pratique implique également la notion de *recherche musicale* liée à celle de *progrès.* Cette situation n'est pas neuve (voir XIIIe et XIVe siècles). La musique contribue à un progrès technique (ou progrès de ses propres techniques). Elle accepte de subir les contingences techniques de son époque et s'abstrait parfois du résultat perceptif dans la mesure où la technique et la structure restent valides.

Outre la subordination aux techniques les plus modernes, la place de la science dans la musique est symbolisée par les termes utilisés dans les titres de certaines œuvres et techniques musicales des années 50 et 60 : "valeur ajoutée", "multiplication", "densité", "figures isomorphes", "modulo-fixe", "structures de groupe", "cribles", etc. On utilise l'ordinateur, les théories stochastiques ou algébriques, que l'on valide par des démonstrations mathématiques. Cette place accordée aux analogies scientifiques est historiquement et esthétiquement assumée, voire voulue par les compositeurs :

> Nous n'ignorons pas que nous ne sommes pas encore arrivés à une cohérence inattaquable, à une évidence indiscutable. (...) Mais il est impossible de ne pas constater que les exigences de la musique actuelle vont de pair avec certains courants de la mathématique ou de la philosophie contemporaine [13].

Souci que Boulez reformule dix ans plus tard :

> Lorsqu'on étudie, sur les nouvelles structures, (...) la pensée des mathématiciens ou des physiciens de notre époque, on mesure, assurément, quel immense chemin les musiciens doivent parcourir avant d'arriver à la cohésion d'une synthèse générale [14].

---

11. Iannis Xenakis, *Musiques formelles*, Paris, Stock Musique, 1963, p. 10.

12. Pierre Boulez, *Penser la musique aujourd'hui*, Paris, Gallimard, 1963, p. 33.

13. Pierre Boulez, « Au près et au loin », publié en 1954, republié dans *Relevés d'apprenti*, Paris, Seuil, 1966, p. 186.

14. Boulez, *Penser la musique aujourd'hui*, *op. cit.*, 1963, p. 28.

Cette attitude positiviste, répandue surtout en France (pays cartésien et académique par excellence) et dans certains milieux universitaires américains, résulte d'un autre comportement mis en évidence par le structuralisme social, dans la tradition du déterminisme historique : la place de l'homme dans l'histoire et son adéquation à son époque.

> Le structuralisme donne un bain froid à la mythologie existentialiste. Il nous rappelle que l'impersonnel est un élément structurant de l'univers personnel et que toute richesse ne vient pas de l'homme, et que ce n'est pas moi tout seul qui, à chaque instant, invente la vie

écrit Jean-Marie Domenach dans le numéro de mai 1967 de la revue *Esprit.* À l'inverse de l'artiste individualiste du XIXe siècle, les compositeurs du XXe siècle tentent de se définir par rapport à leur époque et à la pensée scientifique de leur temps. Cela incite par exemple Pierre Boulez à refuser l'unité thématique chère à Schönberg, Brahms, ou Haydn, du fait que ce principe est un « *recours aux "modèles" newtoniens, qui est en contradiction avec les développements de la pensée actuelle* [la théorie de la relativité de A. Einstein] »[15]. Comme le note Hugues Dufourt à propos de Pierre Boulez, la plupart des compositeurs de cette époque sont des *technologues,* dans le sens où ils appliquent à tous les aspects du métier musical des « *normes de réflexion et d'élucidation* » propres à l'ère industrielle[16].

Un paradigme suprême, partagé inconsciemment par cette époque, reste la *fétichisation grammatologique du signe.* S'abstraire de l'objet sonore pour atteindre sa structure signifie considérer extensivement l'objet sonore par ses seules représentations abstraites. Que ce soient ceux de la partition ou des signes plus complexes (chiffres, vecteurs, séries, masses statistiques, symboles, icônes, index), l'objet n'est perçu, puis combiné que par son signe. La carte supplante le territoire.

Structuralisme et musique : un débat ancien

La musique sérielle des années 50 et 60 est-elle réellement conforme à la méthode structurale ? Ce débat surgit lorsque l'un des fondateurs de ce mouvement, Claude Lévi-Strauss, rédige dans l'introduction de son ouvrage *Le Cru et le Cuit*[17] une réfutation des méthodes de l'art moderne, et notamment de la musique sérielle et de la musique concrète. Sans prétendre apporter une nouvelle pierre à ce débat, déjà très enrichi par les travaux de Jean-Jacques Nattiez, Nicolas Ruwet, Celestin Deliège et Umberto Eco, on peut résumer les différentes positions en trois points :

* *L'abstraction* : Dans ce texte, Lévi-Strauss reproche à la pensée sérielle son intellectualisme[18] et y oppose « *les couleurs du matérialisme* » de la méthode structurale. Umberto Eco réplique[19] que la pensée sérielle cherche par essence à produire

---

15. Boulez, *Penser la musique aujourd'hui, op. cit.*, 1963, p. 114.

16. Hugues Dufourt, « Pierre Boulez, musicien de l'ère industrielle », *Inharmonique n°1*, « Le temps des mutations », Paris, Ircam/Christian Bourgeois, 1986.

17. Claude Lévi-Strauss, *Le cru et le cuit*, Paris, Plon, 1964.

18. *Ibid.*, p. 35.

19. Umberto Eco, « Pensée structurale et pensée sérielle », *Musique en jeu n°5*, « Sémiologie de la musique », 1971/IV, Paris, Seuil, 1971.

des réalités « *structurelles savantes* » alors que la pensée structuraliste étudie des « *réalités structurales* ». La seconde est une méthode d'analyse alors que la première est une méthode de création, ce qui la rend plus abrupte, plus monolithique et plus abstraite.

* *Les invariants naturels* : Lévi-Strauss met en avant l'absence de recours, dans la musique sérielle, à des structures générales et universelles. Eco rétorque que les pensées sérielles et structurales ont connu des cheminements opposés : la linguistique ou l'anthropologie ont tenté de déterminer, à partir des années 50, des structures invariantes après avoir étudié pendant des décennies les différences entre les peuples ou les langages. Au contraire, la musique sérielle s'est construite sur la conviction que la tonalité n'était pas un invariant universel, conviction en particulier étayée par les recherches historiques, scientifiques et ethnologiques qui ont réfuté ce dogme circulant depuis plus de deux siècles. La pensée sérielle chercherait donc à faire l'histoire quand les méthodes structurales tentent d'étudier les objets et d'en tirer des constantes universelles.

* *La relation au langage* : Ruwet et Deliège[20] avancent chacun que le sérialisme crée un langage avant même de s'interroger sur les conditions qui déterminent la possibilité de tout langage musical. Lévi-Strauss déplore que les techniques concrètes ou sérielles ne possèdent pas les trois niveaux propres à tout langage : un niveau sémantique, c'est-à-dire un vocabulaire; un niveau articulé, c'est-à-dire une grammaire; un niveau de sens. La musique concrète offre une sémantique et du sens par l'utilisation d'objets sonores, mais n'a pas, selon Lévi-Strauss, de règle d'articulation. La musique sérielle dispose d'une sémantique et d'une grammaire, par les techniques de dérivation, mais son vocabulaire n'a pas de sens, selon ce philosophe. Umberto Eco nuance cette critique en répliquant que si la pensée structurale est issue des concepts de linguistique (le code est commun au destinataire et à l'émetteur), le message de la pensée sérielle cherche, au contraire d'un langage de communication, à déstabiliser le code existant : l'œuvre est une remise en cause des fondements de son langage et la pensée sérielle est plus contestataire de ses origines que ne l'est la pensée structuraliste. On peut ajouter que le sens issu de l'agencement des notes, dans la musique sérielle, et les règles d'articulation reliant les objets sonores, dans la musique concrète, sont certes absents des principes théoriques régissant ces deux systèmes esthétiques, mais qu'ils font évidemment partie des préoccupations des compositeurs (la musique est un langage non clos, au contraire des langages de communication; l'un des trois niveaux peut donc être géré par le compositeur lors de l'acte créatif).

Ces trois points différencieraient le structuralisme, tel que l'a défini Lévi-Strauss, de la pensée musicale des années 50 et 60. Ces nuances soulignées, il semble toutefois adéquat de continuer à parler d'un structuralisme musical dans les années 60, dans le sens large donné par Piaget, supposant de rapporter tout objet à une structure plus générale et de donner priorité à l'ordre signifiant en refusant l'atomisation des systèmes.

20. Célestin Deliège, « En exil d'un jardin d'Eden, essai sur la relation entre l'invention musicale et ses théories », *Revue de musicologie n°81/1*, Paris, 1995.

Perception des structures et premiers doutes

Dans son ouvrage consacré à l'histoire du structuralisme[21], François Dosse place approximativement le point de rupture de l'évolution du paradigme structural entre 1966 et 1970. Pour cet historien de la philosophie, si les années antérieures à 1966 représentent une période de construction du « tout-structure », les années qui suivent marquent une diversification et une ouverture du mouvement qui aboutissent à son déclin au début des années 1970.

S'il est évidemment contestable qu'une date si nette puisse symboliser la rupture d'un mouvement aussi complexe et diversifié, il est en revanche étonnant de voir à quel point la musique a suivi une évolution semblable à celle des disciplines scientifiques. Est-ce le fait des influences réciproques, au XXe siècle, entre sciences et musique, ou est-ce le fait, ce qui semble plus probable, que l'art incarne à toute époque un certain reflet de la société dans laquelle il évolue ?

« L'effet Goulag » dans les sciences humaines

La fin des années 60 est marquée par une remise en cause croissante des systèmes. En musique comme dans les autres disciplines, le déclin des méthodes structurales qui se manifeste après 1966 résulte d'un essoufflement de ce mouvement à travers une volonté de renouvellement et de diversification.

L'origine est conjoncturelle : dans un dernier sursaut historique, l'idéalisme se révolte en mai 1968. « *Ce sont les structures qui sont descendues dans la rue* » dira Lacan[22]. On assiste à une explosion de ces structures et les divergences entre les étudiants et les partis politiques symbolisent à leur façon la méfiance naissante envers les systèmes. Dans un climat de guerre du Vietnam, l'économie des pays industrialisés se détériore à partir de 1967 (début d'inflation, fin de l'étalon-or et politiques de change flexible), jusqu'à la crise pétrolière de 1973, qu'aucun modèle économétrique n'avait évidemment prévue. Les années 1966 à 1975 deviennent une période de déconvenue des systèmes, de révolutions avortées et de philosophie empreinte de pragmatisme et de volonté.

Cette période perturbée se traduit par une contestation des méthodes d'essence structurale dans de nombreuses disciplines scientifiques, dans la mesure où le structuralisme abolit l'objet, le résultat ou l'individu au profit de la structure et des règles sous-jacentes. François Dosse, dans son histoire du structuralisme, met en parallèle les premières brèches de ce mouvement philosophique et les révélations de la réalité quotidienne en U.R.S.S. après la mort de Staline, qu'il nomme « *effet Goulag* », c'est-à-dire une réalité irréfutable ébréchant les utopies d'un système sans contradiction théorique apparente (*Le Premier Cercle* de Soljenitsyne est publié en 1968 et *l'Archipel du Goulag* en 1973, traduit en français en février 1974).

François Dosse écrit :

> [Le structuralisme] avait depuis longtemps récusé la validité scientifique de l'observation du visible, de l'explicite, pour mieux percevoir les logiques cachées, occultes et globales. Or, ce que révèle l'effet Goulag, c'est qu'il suffit d'entendre, de

21. Dosse, *Histoire du structuralisme, op. cit.*
22. *Ibid.*, t. II, p. 159.

lire, de voir pour comprendre, à l'inverse d'une certaine spéculation conceptuelle à prétention scientifique.

Ces parallèles peuvent paraître excessifs et réducteurs. Néanmoins, il est certain qu'entre 1966 et 1975, de nombreuses disciplines qui s'étaient inspirées des méthodes structurales ont progressivement réintroduit la perception du sujet et ses limites dans leur champ de recherches et ont partiellement remis en cause l'efficacité implicite de la structure ou du modèle extirpés de leur objet d'étude. Les sciences humaines connaissent des querelles d'écoles. La linguistique saussurienne se voit opposer la théorie générative de Chomsky basée sur des hypothèses plus cognitivistes. Les mathématiques des années 70 abandonnent l'utopie constructiviste de Bourbaki et s'ouvrent sur l'incertain, le chaos (la théorie du chaos est élaborée à partir de 1963 par Lorenz), le complexe (théories de la complexité de Chaitin et de Kolmogorov), ainsi que sur les limites des structures construites par le langage mathématique (applications du théorème de Gödel, réseaux de neurones en Intelligence Artificielle). En économétrie apparaissent, en réaction aux modèles déterministes aux variables entièrement endogènes, des modèles de prévision issus des statistiques, sans équations sous-jacentes interprétatives du passé (modèles *ARIMA*). La science économique se penche sur les limites et la non-objectivité de ses théories (*critique de Lucas*, 1976) et réintroduit la notion d'acteur externe dans les modèles par la prise en compte de la micro-économie dans la macro-économie (Malinvaud, Solow)[23] ou de la politique et de la sociologie avec l'école de la régulation (Michel Aglietta, André Orlean et Robert Boyer). De même, en théorie musicale, est introduite la sémiologie musicale (Ruwet, Stefani, Nattiez, etc.) réintégrant dans ses schémas d'analyse le point de vue du récepteur et le signe caché derrière le signifié. Contestant les diverses analyses structuralistes appliquées aux pays centralement planifiés, l'économiste hongrois Janos Kornaï[24] propose une analyse célèbre de la pénurie et des déséquilibres structurels touchant ces pays selon une méthode nouvelle totalement issue d'intuitions pragmatiques sur la réalité (files d'attente, pénuries), sans référence aux principes théoriques propres aux économies centralement planifiées, méthode d'observation qui débouche sur une logique scientifique et conceptuelle forte. On le comprend, cette méthode est très proche de celle, dans un autre domaine, utilisée par les compositeurs de "l'école spectrale", qui, partant de constats psychoacoustiques et acoustiques, vont déduire des modèles théoriques et prescriptifs de composition.

Les premières remises en cause internes en musique

Sur le modèle des sciences humaines, la musique va remettre en question certaines pratiques structurales. Certes, la volonté de renouvellement des règles sérielles généralisées ne date pas de 1966. Dès le milieu des années 50, c'est-à-dire dès ces règles maîtrisées, quelques compositeurs avaient imaginé des solutions plus personnelles pour les généraliser, restant en cela fidèles à l'axiome de "progrès" propre au structuralisme, mais en proposant involontairement et paradoxalement diverses issues. Pierre Boulez développe dans *Le Marteau sans maître* [1954] et dans *Pli selon*

23. Fabien Lévy, « Trente ans d'évolution des théories économiques à l'épreuve des faits », *Cahiers de Sociologie et de Démographie Médicale, XXXIV/4* (oct.-déc. 1994), Paris, C.S.D.M., p. 288.

24. Janos Kornaï, *Economics of shortage*, North Holland publishers company, 1980.

pli [1957-62] la technique de *multiplication d'accords*, technique de généralisation de la transposition d'un agrégat de hauteurs[25]. Jean Barraqué travaille sur des généralisations "horizontales" de techniques sérielles par sa méthode de *prolifération des séries*. Le milieu des années 50 est une période intense de remise en question pour ceux qui avaient été les précurseurs du sérialisme généralisé. Boulez, visionnaire, écrit dès 1954 dans l'article *Recherches maintenant* :

> Webern n'avait organisé que la hauteur; on organise le rythme, la dynamique; tout est pâture à cette monstrueuse organisation polyvalente dont il faudra rapidement déchanter si l'on ne se condamne pas à la surdité. On s'apercevra bientôt que composition et organisation ne peuvent être confondues sous peine d'inanité maniaque. Ce que Webern n'avait d'ailleurs jamais songé, lui. Néanmoins ...[26]

Et de conclure :

> Le grand effort, dans le domaine qui nous est propre, est de rechercher actuellement une dialectique (...) entre une organisation globale rigoureuse et une structure momentanée soumise au libre arbitre.

Cette citation reflète la nécessité, à la fin des années 50, d'introduire plus d'humanité dans le systématisme du sérialisme généralisé. Cette crise se traduit par des modifications locales dans la rigidité de l'écriture à travers la technique des inserts (*tropes*) et des parenthèses chez Boulez, et par l'introduction de libertés dans l'interprétation et de l'aléatoire : les « formes ouvertes » dans la *troisième Sonate* [1957] de Boulez, ou dans *Zeitmasse* [1955] et le *Klavierstück XI* [1957] de Stockhausen. Il faut cependant rappeler que ces techniques sont surtout inspirées des concepts inventés outre-Atlantique au début des années 50 par John Cage, Earle Brown (*Twenty-five pages*, [1953]) et Morton Feldman (*Intermission* 6, [1953]), en réaction au déterminisme de la musique savante européenne. En 1960, La Monte Young écrit *Composition 1960 n°7*, basée sur deux notes (supposant une réflexion sur la notion de temps).

Outre les contributions essentielles des grandes révolutions compositionnelles américaines et des musiques concrètes et électroniques, les critiques les plus vives et les plus constructives des compositeurs européens de musique instrumentale proviendront des « *outsiders* ». En 1954, Nono commence à se démarquer de Boulez et de Stockhausen lors des cours d'été de Darmstadt. Xenakis publie en 1955 *La Crise de la musique sérielle* et développe des techniques stochastiques d'écriture inspirées de l'idée de masses sonores. Il faut également remarquer les compositeurs et critiques conservateurs Jean-Yves Daniel-Lesur et Bernard Gavoty qui publient en 1957 le pamphlet *Pour ou contre la musique moderne*. À l'étranger, Scelsi compose en 1959 *Pièces sur une note* et, entre 1961 et 1964, sur le même principe, ses *Deuxièmes, Troisièmes et Quatrièmes Quatuors à cordes*. En Pologne, Krysztof Penderecki et Witold Lutoslawski abandonnent les techniques sérielles et s'aventurent vers des musiques plus bruitistes (*Thrène à la mémoire des victimes d'Hiroshima* [1960]) ou employant le hasard (*Jeux vénitiens – Gry weneckie –* [1961]). Néanmoins ces

---

25. Voir le paradoxe concernant cette technique établi à la fin de ce chapitre.

26. Pierre Boulez, « Recherches maintenant », republié dans *Relevés d'apprenti*, Paris, Seuil, 1966, p. 29-30.

compositeurs, sans système total et auto-réglé, ne seront découverts et acceptés en France qu'ultérieurement.

La fin des années 60 marquera une accélération de ces mises en doute successives. Après quinze ans de recherches actives, les méthodes sérielles généralisées et les autres méthodes formelles s'essoufflent. « *En 1966, tout compositeur qui n'avait pas compris la nécessité de sortir de l'impasse où nous avait engagés le sérialisme était en deçà des problèmes de la composition à cette époque* » écrit Michel Decoust[27]. Entre 1968 et 1975, les compositeurs vont progressivement réintroduire l'auditeur et la notion de perception dans leurs schémas théoriques.

> [Auparavant, le compositeur] n'avait plus à s'embarrasser des problèmes de perception auxquels, à vrai dire, il n'avait guère prêté attention, les trouvant secondaires par rapport au bon fonctionnement de ses systèmes. Du moment que la mécanique fonctionnait, la perception devait aussi fonctionner

reconnaît Pierre Boulez[28].

Dans les années 70, ce retour du sujet (l'auditeur) dans la structure (règles de composition) est sensible en France chez deux groupes de compositeurs : d'abord, un changement d'attitude de la part de la génération qui avait développé des méthodes structurales rigoureuses en musique. Ensuite, l'attitude de certains compositeurs arrivant à maturité dans les années 75 (nés autour de 1945), dont l'écriture prend comme grammaire principale l'acoustique ou la perception, que ce soit ceux qui formalisent cette attitude (école « spectrale »), les musiciens « acousmatiques », ou les « répétitifs ».

Le revirement des aînés

Les années 1968-74 sont marquées par un changement de style assez net chez la plupart des compositeurs à l'origine du sérialisme généralisé. Parti à l'étranger et préparant son retour en France en 1974, à l'apogée de sa célébrité de chef d'orchestre, Boulez opère un revirement dans son écriture. Certes, ainsi qu'il l'écrit dans l'article fondateur de l'Ircam au titre évocateur *Donc on remet en question*[29], il refuse les solutions faciles, « *caricaturant l'Histoire* » (le postmodernisme), ou les emplois injustifiés de techniques ethnomusicologiques ou de « *science comme excuse* », solutions qui, pour lui, « *correspondent à une angoisse, à un doute bien réels* ». Mais il se concentre dorénavant davantage sur les timbres, les modes de jeu, (*Domaines* [1968], *Eclat-Multiple* [1965] et [1970], bien que *Domaines* et *Éclat* gardent encore une gestion sérielle des hauteurs), l'électroacoustique et les polarisations de notes ou d'agrégats (*Explosante/fixe* [1972], *Rituel* [1974], *Messagesquisse* [1976]). En 1986, Boulez écrit :

> Nous sommes désormais bien loin du centralisme bureaucratique, de la hiérarchie théocratique qu'une génération avait considérés comme l'idéal absolu. (...) On peut bien se dire qu'un dogmatisme rigide est quelquefois un mal nécessaire, surtout dans

27. Cité par Pierre-Albert Castanet, « Impacts et échos des événements de 1968 dans la musique populaire et la musique savante », Université de Rouen, *Cahiers du CIREM n°14-15*, déc. 1989-Mars 1990.

28. Pierre Boulez, « Le système et l'idée », *Inharmonique n°1*, « Le temps des mutations », Paris, Ircam/Christian Bourgeois, 1986, p. 87.

29. Pierre Boulez, « Donc on remet en question », *La musique en projet*, Ircam/Gallimard, Paris, 1975, p. 15.

> les temps de “perdition” ; mais, en peinture comme en musique, cela a certainement donné des œuvres à la respiration restreinte. (…) Rien n’aurait pu aboutir si l’approche n’avait pas été radicale. Mais le dogmatisme a ses limites dont l’invention est la première à s’apercevoir [30].

Ce renouvellement est également visible chez Iannis Xenakis qui intègre les outils mathématiques (fractales, stochastique, mouvements browniens, cribles) de façon plus organique à ses œuvres (*Mikka* [1971], *Noomena* [1974], *Erikthon* [1974]). À l’étranger, des auteurs comme Penderecki, Stockhausen ou Berio modifient leur esthétique (*Sinfonia* [1969], *Coro* [1975] de Berio, *Stimmung* [1968] de Stockhausen). C’est aussi la reconnaissance tardive en France d’auteurs légèrement plus âgés que la génération des « 1925 », d’une redoutable et incontestable innovation perceptive sans l’utilisation stricte d’un « système » prescriptif et auto-réglé d’écriture (*Lontano* [1967] de Ligeti, *Tout un Monde lointain* – [1968/70] de Dutilleux, *Anahit* [1965] de Scelsi).

La révolution américaine

La rupture initiale proviendra surtout des Etats-Unis, notamment des expériences de John Cage (1912-1992) sur le silence et le hasard. Si ces tentatives de remplacer en composition le « faire » par le « accepter » [31], principes extrêmes d’archi-écriture, ne durèrent qu’une dizaine d’année, les résultats sonores parfois radicaux qui en découlèrent ont fortement inspiré la génération suivante de compositeurs américains, puis européens : certes, Earle Brown (1926-2002), en s’obstinant à n’utiliser que des notations graphiques, musicalement *non-correspondantes* [32], ne quittera jamais, il me semble, l’anecdote hétéronome, sans proposition réellement musicale, de cette méthode de distanciation. Morton Feldman (1926-1987) tire également en partie son style unique des expérimentations fondées sur les notations graphiques, de la liberté des musiciens de jouer leur partie à des tempi indépendants et de l’abandon de toute notion de métrique, de rythme, de forme et d’expression, mais en déduira une esthétique perceptive. La Monte Young (1935-) conservera certaines des conséquences sonores des aventures conceptuelles des *compositions 1960*, en particulier l’économie de moyen. *In C* [1964] de Terry Riley (1935-) est certainement à l’origine une œuvre conceptuelle innovante sur le « jouer ensemble », plutôt qu’une œuvre basée sur un accord [33], comme ses mauvais épigones et détracteurs (lui-même également) l’ont ensuite caricaturée. Et c’est en tentant de reproduire une aventure comparable, mais avec deux magnétophones mis en boucle qui devaient répéter l’un « *it gonna* » et l’autre « *rain* » et qui se sont fortuitement désynchronisés, que Steve Reich découvre la technique de déphasage. D’ailleurs, dans les premières œuvres de processus, Steve Reich préfère se laisser contrôler par ceux-ci plutôt que de calculer leur longueur et

30. Boulez, « Le système et l’idée », 1986, *op. cit.*, p. 104.

31. Pour reprendre les propres termes de John Cage dans « Lecture on Something » (1951) publié dans *Silence : Lectures and Writings*, Wesleyan University Press, 1961.

32. Un signe est dit de découpage *correspondant* lorsqu’il traduit clairement, et de façon délimitée, un signifié. Voir le chapitre « pour en finir avec les rétrogrades ».

33. Sans *In C* [1964], il n’y aurait certainement pas eu *Stimmung* [1968] de Stockhausen.

leur résultat[34]. Finalement, outre la démonstration crédible qu'hétéronomie et autonomie ne sont pas si indépendantes en art, et que la première peut enrichir la seconde, les principes prônés par John Cage sont devenus pour toute une génération non pas un outil musical à fabriquer des résultats esthétiques toujours viables, mais un formidable encouragement à prendre des risques au-delà des notes et à remettre en cause les catégories, sans que les résultats perceptifs ne se doivent de fonctionner immédiatement, ni que les méthodes pour les engendrer ne soient scientifiquement justifiées. Le « laisser aller » fut ainsi une antidote remarquable au « tout structurer »[35].

La seconde révolution que ces musiques encourageront face à l'écriture et à la structure est sans contestation le « minimalisme ». Loin de n'être qu'un encouragement à limiter son matériau et ses idées lors du processus de composition, il s'agissait plutôt, à ses débuts, de faire perceptivement surgir[36] des résultats musicaux inattendus, de façon calculée ou subie, sans que l'écriture n'indique explicitement ce jaillissement de sens : battements surgissant d'oscillations minimales de fréquences, déphasages générant des rythmes nouveaux, effets d'espace, etc. Jérome Baillet écrit à propos des premières œuvres de Steve Reich :

> Une flèche temporelle apparaît, sans que l'écriture musicale joue sur un principe d'articulation entre l'identique et le différent[37].

L'autre révolution américaine vient assurément des musiques dites « de jazz », qui obligeront enfin l'Occident à se confronter à des musiques non écrites qui pensent, jouent avec, et font évoluer leur matériau, grâce à de riches archi-écritures qui portent sur tous les paramètres du musical (les fonctions tonales, le rythme, et la mélodie, mais également, à partir de Charlie Parker puis de John Coltrane et Albert Ayler, les notions même de forme, d'atonalité, de consonance, de timbre, et parfois d'expérience collective).

Des considérations nouvelles perception / structure

Alors que, dans de nombreuses disciplines scientifiques, la réalité et ses imperfections non prévisibles réintègrent peu à peu le champ de recherche dans la déduction des modèles, la musique n'est pas exempte de ce phénomène. Les compositeurs commencent à s'intéresser de près aux travaux scientifiques sur la perception musicale et l'acoustique. On découvre les travaux de Robert Francès et de Terhardt. En 1969, Jean-Claude Risset montre au début de sa pièce *Mutations* qu'on ne peut dissocier trop fortement agrégat de notes et timbre : il s'agit d'une certaine façon d'une remise en cause de la méthode analytique cartésienne qui incitait les

34. « *Though I may have the pleasure of discovering musical processes and composing the musical material to run through them, once the process is set up and loaded it runs by itself* », Steve Reich, *Music as a Gradual process*, 1968, accessible sur internet, par exemple à http://www.austere.org/ProcessMusic.shtml ou http://ccnmtl.columbia.edu/draft/ben/feld/mod1/readings/reich.html [18/11/2010].

35. « *Structure without life is dead. But life without structure is unseen.* », John Cage, « lecture on nothing », *in* Cage, *Silence : Lectures and Writings*, *op. cit.*, 1961.p. 113.

36. Edgar Morin parle *d'émergence.*

37. Jérome Baillet, « Flèche du temps et processus dans les musiques après 1945 », *in* Fabien Lévy (dir.), *Les écritures du temps*, Paris, L'Harmattan/Ircam, 2001, p. 178.

compositeurs à travailler à partir d'*atomes* de hauteurs, de signes. De plus, grâce à la création de paradoxes musicaux issus des travaux de Shepard, Risset dévoile des possibilités acoustiques du son qu'une recherche symbolique « sur le papier » n'aurait pu prédire. Là encore, la méthode est nouvelle, en osmose avec la nouvelle pensée scientifique qui émerge : le paradoxe est un défi de la réalité (ici sonore) à l'analyse et à la raison d'une époque (ici, principalement, les raisons du signe). Ces changements sont appréciés par les compositeurs électroacoustiques du Groupe de Recherches Musicales (GRM) qui abandonnent de leur côté l'utopie schaefferienne de la construction d'une grammaire formelle du sonore. Bernard Parmegiani écrit en exergue de son œuvre *De Natura Sonorum* [1975] :

> C'est à l'écriture des sons que je m'attache, ces sons dont l'encre, pourrait-on dire, est extraite de toutes matières que je tente de conjuguer, de confronter afin d'en observer la nature.

En 1974 est également créé l'Institut de Recherche et de Coordination Acoustique/Musique (Ircam).

Tout naturellement habité par ces questionnements, le début des années 70 voit l'arrivée d'une nouvelle génération de compositeurs, issus pour la plupart de l'enseignement d'Olivier Messiaen, et ayant eu 20 ans dans ces années de changement de paradigme. La démarche de quelques uns, que l'on regroupe généralement et maladroitement sous l'appellation de « musique spectrale » [38], s'intéresse de près aux résultats scientifiques sur le son et la perception du temps. Certes, la science fournit, comme pour la génération précédente, une validité pseudo-objective de leurs œuvres, mais ici perceptive et non plus structurale, en leur offrant le matériau acoustique de base et en leur permettant de contrôler perceptivement, et non plus structurellement, les différents paramètres sonores. De l'autre côté du Rhin, Helmut Lachenmann réinterprète dans un geste politique les principes de la musique concrète et les applique à la musique instrumentale. Enfin, en Angleterre, Brian Ferneyhough sature les jeux formalistes sur les signes pour faire émerger un sens qui échappe à toute analyse.

Plus que des contestations épistémologiques, ces différents mouvements représentent les prémisses de nouvelles grammatologies du sonore et de nouvelles relations entre l'analytique et le perceptif. Afin d'en mesurer l'importance, étudions plus en détail les démarches de quatre compositeurs ayant participé, sur plusieurs décades, à cette rupture épistémique – Pierre Schaeffer, Jean-Claude Risset, Helmut Lachenmann et Gérard Grisey –, et en particulier leur contribution dans la rupture de certains principes des grammatologies traditionnelles et des compositions de nouvelles aperceptions. Certes, cette liste reste extrêmement limitée, et nous regrettons de ne pouvoir y inclure ces vents d'ouest révolutionnaires qu'ont été John Cage, Morton Feldman, Steve Reich, mais aussi Charlie Parker, John Coltrane, Carlos Jobim et de nombreux autres repenseurs de la composition et de son rapport à la structure et à l'écriture. Loin de vouloir être complet musicologiquement, il ne s'agit ici que de quelques exemples et modèles personnels de ce qui peut être accompli en repensant la *brisure* [39] du signe.

38. Après l'article fondateur de Hugues Dufourt, « musique spectrale », *Musique, pouvoir, écriture*, Paris, Christian Bourgeois, 1979; rééd. 1991.

39. Ces concepts seront étayés dans les chapitres suivants.

Pierre Schaeffer et Herbert Eimert, précurseurs de nouvelles écritures

En 1948, lorsque Pierre Schaeffer (1910-1995) s'approprie les moyens modernes de reproduction sonore (phonographe, radio, ultérieurement bande magnétique) pour en faire un outil de composition, il redéfinit le champ du musical au-delà des sons harmoniques, discrétisés et abstraits utilisés dans les musiques occidentales jusqu'alors. Trois ans après, en 1951, Werner Meyer-Eppler et Herbert Eimert créent avec Karlheinz Stockhausen le studio de musique électronique de la radio de Cologne afin de synthétiser, dans une approche plus analytique, de nouvelles sonorités.

Genèse d'un style

Trente-six ans après Braque et Picasso dans les arts visuels, Pierre Schaeffer adapte en musique, grâce aux techniques de reproduction analogique du son, la technique du collage qui détourne de leur contexte des objets trouvés, les transforme et les recompose[40]. Pour Pierre Schaeffer, la totalité du monde sonore est susceptible de devenir matériau musical : la *musique concrète* devient un principe grammatologique autant que le plaidoyer pour l'utilisation de matériaux musicaux nouveaux.

Notons que le terme « *musique concrète* » ne traduit pas, chez Schaeffer, le fait que des bruits concrets seraient la nouvelle source de la musique. Pierre Schaeffer souhaite, par ce terme, caractériser une nouvelle approche de la composition :

> Lorsqu'en 1948, j'ai proposé le terme de "musique concrète", j'entendais, par cet adjectif, marquer une inversion dans le sens du travail musical. Au lieu de noter des idées musicales par les symboles du solfège, et de confier leur réalisation concrète à des instruments connus, il s'agissait de recueillir le concret sonore, d'où qu'il vienne, et d'en abstraire les valeurs musicales qu'il contenait en puissance[41].

Pierre Schaeffer se démarque des spéculations de la musique écrite de son époque ainsi que de ses confrères des studios de la radio de Cologne qui élaborent les principes de la musique électronique à partir, eux, de générateurs sinusoïdaux et de grammaires sérielles[42].

Un compositeur n'est pas un technologue, un chercheur, ou un théoricien, mais plutôt celui qui réussit à tirer d'un concept ou d'une perception (que ce soit d'une technique musicale, ou d'une observation théorique ou auditive, etc.) une expérience

---

40. L'idée première fut inspirée par une erreur de manipulation : en coupant par méprise en 1948 l'attaque d'un son de cloche sur un enregistrement, Schaeffer comprend que cette transformation analytiquement et techniquement simple modifie considérablement la perception du son, en créant une sonorité proche du hautbois. « *J'ai obtenu, autre trouvaille, en faisant tourner à 33 tours un disque enregistré à 78 tours, des passages tout à fait intéressants. En passant le disque un peu plus de deux fois moins vite, on descend le tout d'un peu plus d'une octave, et le temps se ralentit d'autant. Or l'opération quantitative s'accompagne d'un phénomène qualitatif. L'élément Chemin de Fer deux fois plus lent n'est plus du tout chemin de fer, il devient fonderie et haut fourneau* » (notice de *l'Étude aux Chemins de fer*, issue des *cinq études de bruits*, 1948).

41. Pierre Schaeffer, *Traité des objets musicaux*, Paris, Seuil, 1966, p. 23.

42. « *À deux années de distance devaient se produire deux événements révolutionnaires qu'on pourrait qualifier d'égaux et de signes contraires, et tous deux dans des studios de radio-diffusion : l'un à Paris, à la R.T.F.en 1948, c'était la musique concrète; l'autre à Cologne, à la Nordwestdeutsche Rundfunk, en 1950, c'était la musique électronique* » (Pierre Schaeffer, *La musique concrète*, Paris, P.U.F., 1973).

esthétique forte. La rencontre entre Pierre Schaeffer et Pierre Henry, de dix-sept ans son cadet, fraîchement sorti de la classe d'Olivier Messiaen au Conservatoire de Paris, fut en ce sens déterminante. Après de nombreux essais[43] commence une collaboration musicalement faste entre le créateur et le théoricien, qui imposera un style (si ce n'est, malheureusement, une école).

> Bientôt, la vitre séparant studio et cabine sera aussi la ligne de partage des responsabilités des deux premiers chercheurs : en 1949, Pierre Henry me rejoint au Club d'essais... Comme deux explorateurs surpris par une crue, terrifiés par les éléments déchaînés, c'est "par la force des choses" que nous fûmes, Pierre Henry et moi, solidaires des années durant. Tout commença par une nouvelle série d'exercices, dont le plus fameux reste *le Bidule en ut*- sorte de "fugue" obtenue par superposition d'une fausse gamme de piano préparé avec ses propres variantes accélérées ou ralenties[44].

À partir de 1950 commence ce que Pierre Schaeffer appelle lui-même la « période poétique », de la *Symphonie pour un homme seul* [1950] à la *Messe pour le temps présent* [1967].

> Si ces œuvres demeurent vivantes après bientôt vingt années, malgré le caractère frustre de leur technique, c'est bien parce qu'elles bénéficient encore de l'élan spontané de la trouvaille[45].

Outils et grammaires de la musique concrète

Tout comme l'Ars Nova s'était appropriée la nouvelle graphémologie de signes musicaux proposée par Guido d'Arezzo et Franco de Cologne pour construire une nouvelle grammatologie combinant, si ce n'est composant, ces sémioses descriptives, la musique concrète va rapidement créer des grammaires issues de ces nouveaux moyens de reproduction et de transcription du sonore. L'objectif est, comme pour l'Ars Nova, de générer de nouveaux horizons sonores à partir d'une complexité technique et analytique relativement faible[46] (un rétrograde, une inversion de bande, une boucle).

Les principaux outils dont dispose Pierre Schaeffer pour « jouer » avec cette nouvelle graphémologie sont :

* *Le microphone* : il permet de capter puis de grossir le son, et de modifier ainsi les plans acoustiques naturels.

* *La réverbération* : initialement simple salle ou boîte carrelée avec haut-parleur et microphone, la boîte fut ensuite miniaturisée et munie de plaques à ressort.

* *Les disques souples et la bande magnétique* : Pierre Schaeffer utilise des disques souples jusqu'en 1951. Le premier magnétophone à bande arrive à Paris le 6 novembre 1950.

43. « *J'ai commencé mon œuvre avec Haut-Voltage (1956). Avant, c'étaient des études pour faire plaisir à Pierre Schaeffer* », Pierre Henry cité dans Laurence Bouckaert, *La production de la musique concrète à Paris de 1948 à la fondation du GRM en 1958*, Mémoire de maîtrise sous la direction de Jean-Marc Chouvel, Université de Lille III, 1998, p. 13.

44. Schaeffer, *La musique concrète*, *op. cit.*, 1973.

45. *Ibid.*

46. *Principe d'économie poïétique* : le terme sera défini dans le chapitre sur la complexité.

* *Le Phonogène* : appareil permettant de varier, grâce à un clavier agissant sur les vitesses de lecture de la bande magnétique, la hauteur perçue selon douze demi-tons. Il est l'ancêtre de l'échantillonneur.

* *L'ordinateur et les outils numériques* permettront ensuite de transcrire digitalement, d'analyser, de transformer et de re-synthétiser les sons.

De ces outils se déduisent des procédures grammatologiques adaptées à cette nouvelle graphémologie (transformations que nous tenterons, assez subjectivement, de classer par ordre de rapport [complexité aperceptive/complexité analytique]) :

* *La citation* : enregistrement sans modification autre que celle du volume sonore.

* *La spatialisation* : écriture sur le seul paramètre « espace ».

* *L'écho et la réverbération.*

* *Le filtrage* : initialement sommaire, la technique peut devenir assez élaborée (passe-haut, passe-bande, passe-bas, filtre résonnant, harpe éolienne, etc.), et peut considérablement modifier un son (mais sa complexité analytique n'est pas faible).

* *Le coupage/montage* : le résultat perceptif peut être plus ou moins complexe. La psychoacoustique a montré que la suppression d'une attaque peut modifier la perception du son. Le montage permet l'association temporelle de sons différents, le morphing, jusqu'à la synthèse granulaire (*Étude aux mille collants*, Stockhausen, [1952]).

* *La boucle* : grâce au sillon fermé, elle permet la répétition d'un élément, sans ou avec altération (dans la *boucle de réinjection* analogique, l'élément répété n'est pas l'original mais l'enregistrement de l'original, et la reproduction successive du processus entraîne son altération). Sans réorienter l'axe temporel, le bouclage modifie la perception temporelle et peut être de complexité perceptive relativement forte pour une complexité analytique relativement moyenne.

* *Le mixage* : monophonique à l'origine, le premier mixage stéréophonique concerne *Déserts* [1954] d'Edgar Varèse. La simple superposition de deux sons peut évidemment fortement modifier la perception, alors que la transformation est analytiquement simple.

* *La modulation d'un paramètre* : il s'agit de moduler un paramètre d'un son par une donnée extérieure (provenant éventuellement d'un autre son) : modulation en anneau, modulation d'un son par l'enveloppe d'un autre, modulation de phase, etc.

* *La variation de la vitesse de lecture* : les moyens numériques permettent aujourd'hui de distinguer le *time stretching*, intervenant uniquement sur l'échelle de temps, de *la transposition* intervenant sur celle des fréquences.

* *La lecture du son à l'envers* : cette opération inverse la flèche du temps et modifie considérablement la perception du son initial, alors que la transformation reste analytiquement simple. Comme pour le rétrograde de la musique écrite, elle est donc *d'économie poïétique* substantielle.

Il est étonnant de voir combien les techniques de la musique concrète sont restées à peu près les mêmes jusqu'à aujourd'hui, malgré la révolution technologique du numérique et de la technique de l'échantillonnage. D'ailleurs, trente années après, il nous semble que l'apparition du numérique n'a toujours pas permis une paramétrisation efficace du son complexe, capable d'induire une grammatologie praticable dépassant la seule intuition de son oreille.

Notons que, comme pour les grammatologies de la musique écrite, la complexité technique de certaines procédures de la musique concrète n'est pas proportionnelle à la complexité perceptive de la transformation. Une lecture à l'envers du son (comme un rétrograde en musique instrumentale), une synthèse granulaire ou une modulation en anneau sont de complexité technique bien moindre qu'une harpe éolienne ou un écho, mais de complexité perceptive plus élevée. *Ce principe de non bijection entre les complexités,* que nous étudierons dans le chapitre concernant la complexité, n'est pas propre à l'écriture mais symptomatique d'un décalage entre la pensée analytique et l'aperception cognitive, dans un domaine de création quelque peu technique et abstrait qui favorise ce que nous nommerons dans le même chapitre le *principe d'économie poïétique.*

L'apport de la musique électronique

Le studio pour la musique électronique de la NDWR à Cologne (qui deviendra WDR en 1956), créé en 1951 par Robert Beyer, Werner Meyer-Eppler et Herbert Eimert, visait des objectifs assez similaires à ceux de Pierre Schaeffer, exprimés cependant en des termes plus analytiques : créer des sons inouïs dépassant les catégories classiques en additionnant des sons périodiques simples issus de générateurs d'onde, ou en filtrant des générateurs de bruit. L'arrivée en 1953 de Karlheinz Stockhausen, qui s'était auparavant formé au studio d'Essai de Pierre Schaeffer, ne fera que renforcer cette approche sérielle. Eimert caractérise, en 1954, la « *Musique électronique, qui n'est pas "aussi" de la musique, mais de la musique sérielle* »[47]. Il surenchérit : « *la "musique concrète" de Paris n'a absolument rien à voir avec la musique électronique, car elle enregistre les sons et les bruits à partir d'un microphone* »[48]. Comme la musique concrète, il ne s'agit pas seulement de principes grammatologiques, de moyens, mais d'un genre et d'une esthétique. Les *vier Stücke* [1952-53] de Eimert et les *deux études* [1950] de Stockhausen en sont les premiers exemples. La distinction entre *musiques concrètes* et *musiques électroniques* deviendra cependant rapidement obsolète : à la fin des années 50, Stockhausen compose à Cologne les magnifiques *Gesang der Jünglige* [1956] et *Kontakte* [1959-1960] et Pierre Henry réalise *Haut-voltage* [1956] dans le studio d'essai parisien. Ces trois pièces mixent sons de synthèse électronique et sons concrets.

Le studio de Cologne et celui de Paris auront une influence déterminante sur la musique instrumentale, pas seulement par le biais de la musique mixte (dans *Désert* [1954] de Varèse sont « interpolés », c'est-à-dire alternés, des enregistrements sur bande magnétique de fonderies et de scieries de Philadelphie et des harmonies stridentes à l'orchestre; dans *Mantra* [1969] de Stockhausen, deux pianos sont transformés en temps-réel par des modulateurs en anneau pour « inharmoniser » leur sonorité). De nombreux compositeurs instrumentaux intégreront temporairement ces studios pour réfléchir plus avant au son : Boulez composera deux études au Studio d'Essai de Paris en 1951 ; Messiaen, Barraqué, Milhaud, Sauguet, Xenakis et Berio y travailleront également. Ligeti composera *Artikulation* [1958] et *Glissandi* [1957] à Cologne, pièces qui influenceront définitivement son style instrumental ultérieur (travail sur les glissandi et les micropolyphonies). Le studio de Cologne accueillera également des

47. Encyclopédie *Musik der Gegenwart (MGG)*, entrée « musique électroacoustique », p. 1756.
48. Conférence à la radio de la WDR le 9 déc. 1954 (citée par le MGG, *ibid.*).

compositeurs comme Goeyvaerts, Boulez, Pousseur et Fano en 1953, Koenig en 1954 (qui y travaillera dix ans, dans une orientation de composition algorithmique assistée par la technologie, et créera ensuite le studio de phonologie d'Utrecht), ou encore Krenek (1955) ou Kagel (1958). À partir de 1968 est créée au Conservatoire de Paris une classe d'électroacoustique avec pour premier professeur Pierre Schaeffer.

Malgré la création d'œuvres fascinantes et inouïes, les technologies de transcription et de synthèse analogique de la musique concrète et de la musique électronique n'offrent pas, à cette époque, d'outils de haut niveau symbolique et visuel permettant de dépasser une recherche grammatologique purement intuitive sur le son. Avec l'apparition du numérique et de l'informatique, au milieu des années 60, des précurseurs comme Risset ou Chowning conçoivent des œuvres de synthèse où une grammatologie plus contrôlée permet d'imaginer, d'expliciter et de travailler analytiquement de nouvelles catégories cognitives du sonore (les transitoires des sons, mais aussi des catégories qu'on appelle des « paradoxes », bien que de telles réalités non-usuelles en Occident, où par exemple l'évolution spectrale d'un son diffère de celle du fondamental, existent déjà dans de nombreux répertoires traditionnels d'Afrique et d'Asie). Peu après, avec la crise du structuralisme musical et le retour à des considérations sur le phénomène acoustique, des compositeurs de musique écrite comme Sciarrino, Lachenmann, Ferneyhough, Grisey ou Murail tenteront à leur tour, mais sur un plan instrumental, de détourner la graphémologie traditionnelle et de transcrire sur une partition classique, parfois après calcul sur ordinateur, la nature complexe et transitoire des sons à la manière des musiques électroniques et concrètes, soit en utilisant les instruments classiques comme générateurs de sons bruités, soit en complexifiant l'interprétation pour que le geste saturé produise des inharmonicités perceptives, soit en considérant la note comme une composante partielle d'un tout fusionné et inharmonique.

MUTATIONS DE RISSET : UNE ÉCRITURE DÉJOUÉE PAR DES PARADOXES

Écrite en 1969[49], *Mutations* de Jean-Claude Risset[50], est une œuvre électroacoustique qui deviendra célèbre pour ses paradoxes de l'audition : des sons dont on ne peut déterminer l'octave, un glissando montant sans fin, un agrégat dont on ne peut distinguer s'il s'agit d'un accord ou d'un timbre, un son qui descend mais qui est plus aigu à la fin qu'au départ, etc. Cette pièce est fortement inspirée par les premières

49. En 1968, Henri Chiarucci, du GRM, rencontre Jean-Claude Risset aux Bell Labs et suscite la commande d'une pièce électroacoustique par le GRM. *Mutations* a été composée aux Bell labs sur un ordinateur DDP224 d'Honeywell (Music V), peu après l'adaptation par Pierre Ruiz et Jean-Claude Risset de Music V sur cet ordinateur. *Mutations* est la première pièce entièrement numérique au répertoire du GRM. Créée au Moderna Museet de Stockholm en juillet 1970, *Mutations* fut primée dès 1970 au concours de musique électroacoustique de Darmouth.

50. Jean-Claude Risset est né le 13 mars 1938 au Puy (Haute-Loire). Il se situe ainsi entre deux générations, celle des « 1925 », et celle née autour de 1945, ayant entre 20 et 25 ans en 1968. Hugues Dufourt, théoricien du mouvement dit « spectral » (et à l'origine de cette dénomination) reconnait d'ailleurs en Jean-Claude Risset l'un des précurseurs de ce mouvement esthétique.

recherches scientifiques[51] de Jean-Claude Risset qui portaient sur la synthèse de textures sonores dont le spectre évolue dans le temps, difficilement synthétisables à l'époque, notamment les sons cuivrés à forte transitoire d'attaque[52]. On trouve trace de ces recherches dans *Mutations*, d'une part par la présence de nombreux sons pseudo-instrumentaux (trompettes, percussions, hautbois, orgue, cloches), d'autre part à travers les procédures sur des timbres dont le spectre évolue dans le temps.

Outil le plus propice, à la fin des années 60, pour réaliser ce genre de paradoxes, *Mutations* a été entièrement synthétisé sur ordinateur[53], sur le logiciel *Music V* développé par Max Mathews aux Bell Laboratories[54], où Risset travaille à cette époque au côté de compositeurs et de chercheurs. *Mutations* est cependant une œuvre de rupture dans le répertoire des œuvres composées sur ordinateur, dont on peut situer

51. On rappelle souvent la double formation musicale et scientifique de Jean-Claude Risset. Il semblerait plus judicieux d'évoquer sa triple formation de physicien (à l'École Normale Supérieure), de pianiste (auprès de Robert Trimaille et d'Huguette Goullon, deux élèves de Cortot), et de compositeur (avec André Jolivet). Risset écrit à propos de son apprentissage pianistique : « *Cette formation a beaucoup compté pour moi : il faut apprendre au piano à conduire un phrasé et doser les notes composant un accord pour atteindre à une certaine qualité de sonorité (un exercice de synthèse additive)* » (Communication écrite personnelle du 18 janvier 1998). André Jolivet, son professeur de composition, l'influence également dans cette nouvelle écriture des sons. Jolivet commentait à propos de son propre cheminement : « *Avant* [mon apprentissage chez] *Varèse, j'écrivais avec des notes, après Varèse, je composais avec des sons* » (Notes pour une conférence, dix pages manuscrites, citées dans Jérôme Baillet, *Le langage musical d'André Jolivet dans ses œuvres d'avant-guerre*, Maîtrise de musicologie, Lyon, Université Lumière Lyon II, sept. 1993, p. 5). Risset rencontre d'ailleurs Varèse lors de son premier séjour aux Etats-Unis, entre 1964 et 1965, qui va fortement l'influencer sur cette façon « *d'élaborer, organiser et composer le son lui-même* » (Jean-Claude Risset, « The liberation of sound, art-science and the digital domain : contacts with Edgard Varèse », *Contemporary Music Review, Special issue on Varèse*, vol. 23, n°2, p. 27-54(28), Routledge, June, 2004, p. 33). Enfin, Risset est un physicien, captivé par la matière elle-même, et non un mathématicien intéressé par les structures et les combinatoires.

52. Ces premières recherches s'inscrivaient encore dans une démarche de physicien et non de créateur : le chercheur s'intéresse ici à des sons existant comme terrain d'expérience, et la pertinence de l'analyse ne se vérifie qu'à la resynthèse sur ordinateur. « *L'enjeu principal n'était pas la réalisation d'ersatz, mais l'élucidation de ce qui faisait la vie et l'identité de certains sons instrumentaux, ceux dont l'imitation à partir des données disponibles dans les manuels d'acoustique donnait des résultats catastrophiques* » (Jean-Claude Risset, « Problèmes d'analyse : quelques clés pour mes premières pièces numériques, Little Boy et Mutations ». *Analyse en musique électroacoustique*, Bourges, Actes de l'Académie internationale de Musique Electroacoustique, 1996).

53. Pierre Schaeffer reste sceptique quant à l'utilisation de l'ordinateur dans la musique sur support et contestera ce moyen lors d'une rencontre organisée par l'Unesco à Stockholm en 1970, où il rencontre pour la première fois Jean-Claude Risset (rencontre à laquelle assistaient, en outre, Max Mathews, Jon Appleton, Murray Schafer et Gottfried-Michael Koenig). Pierre Schaeffer écrit néanmoins en 1971 : « *Quant à l'œuvre de Jean-Claude Risset,* Mutations, *commandée par le G.R.M., à la fois en tant qu'œuvre et en tant que démonstration des possibilités de MUSIC V, elle est intéressante à tous les points de vue, depuis la beauté des sons "inouïs", jusqu'à la variété et la souplesse des critères d'assemblage logique possible.* » (Pierre Schaeffer, « De l'expérience musicale à l'expérience humaine », *La Revue Musicale*, Paris, 1971, p. 95).

54. Lors de sa thèse de doctorat, Jean-Claude Risset tente de concilier sa vocation musicale et sa formation scientifique. Il prend d'abord contact avec le GRM. Cependant, l'art du collage des sons ne lui paraît pas assez rigoureux pour en extraire des recherches scientifiques. Ses rencontres avec Abraham Moles au CNRS, qui travaille sur la théorie de l'information appliquée à la musique, et avec Pierre Barbaud qui travaille sur la composition algorithmique ne l'attirent pas davantage (Anne Veitl, *Politiques de la musique contemporaine*, Paris, L'Harmattan, 1997, p. 55) : c'est le son qui l'intéresse. Sur les conseils de son directeur

la naissance du genre vers 1957. Jusqu'à *Little Boy* [1968], pièce de Risset précédant *Mutations*, l'ordinateur était utilisé comme calculateur de notes (Babbitt, Philippot, Xenakis) dont la réalisation sonore s'effectuait soit avec des instruments acoustiques (*Illiac Suite* [1957] pour quatuor à cordes de Hiller et Isaacson), soit à l'aide de générateurs de fréquences assez simples et quasi sinusoïdaux (Guttman, David Lewin) ou engendrant des bandes de bruit à partir du calcul de nombres aléatoires (James Tenney). Encouragés par Mathews, Risset et Chowning utiliseront l'ordinateur pour créer non plus des procédures combinatoires complexes et mathématisées sur des notes mais sur des timbres. *Mutations*, par cette qualité timbrique que l'on ne connaissait que dans les musiques instrumentales et en musique concrète marque également un tournant en électroacoustique.

Mutations : *entre procédures traditionnelles et paradoxes de l'analytique*

Mutations est une œuvre archétypale du cheminement intellectuel d'un artiste puisant ses sources dans les problématiques (ici, acoustiques) de son époque. C'est aussi une œuvre représentative du tournant épistémologique post-structuraliste des années 1966-1970. L'œuvre emprunte en effet aux deux mondes : des techniques combinatoires sur le signe, d'essence structurale, et des techniques sur le son déjouant l'analytique.

Une structure bipartite empruntant à chacun des deux paradigmes soutient d'ailleurs la pièce. Une première partie, plus traditionnelle sur le plan de l'écriture, use de sons d'imitation qui sont transformés par des procédures harmoniques et sérielles traditionnelles. La deuxième partie met au contraire en jeu des évolutions temporelles et timbriques combinées qui débouchent sur des paradoxes de la perception. La coda réemprunte aux deux types d'écriture en les superposant, en particulier le glissando sans fin et les champs harmoniques de la première partie [55].

---

de thèse, Pierre Grivet, Risset part rejoindre l'équipe de Max Mathews aux Bell Laboratories en septembre 1964. Max Mathews, qui dirige ce laboratoire, est le concepteur de la première famille des programmes de génération de sons par ordinateur Music IV, puis Music V, ancêtres de Csound. Mathews effectue également en 1957 le premier enregistrement numérique et la première synthèse de son par ordinateur. Après un retour succinct en France entre 1965 et 1967 (thèse, service militaire), Risset retourne aux Bell Labs et commence à travailler sur les composantes partielles du son. Il s'intéresse aux premiers paradoxes acoustiques et réalise en 1969 le *catalogue des sons* qui consiste à transcrire sur le papier, à dessein de reprogrammation, les programmes d'engendrement de certains sons singuliers (Jean-Claude Risset, *An introductory catalogue of Computer Synthesized Sounds*, CD + livret, Computer Music Currents, Wergo, 1969 ; rééd. 1995).

55. Sur le papier comme à la montre, les proportions des différentes parties restent équilibrées, chacune représentant deux cinquième de la partition, et la coda un cinquième. Le glissando sans fin occupe néanmoins [2'10"] + [2'40" de coda] = [4'50"], soit presque la moitié de la pièce. La perception phénoménale de l'œuvre est ainsi axée pour moitié sur ce paradoxe. En ce sens, *Mutations* a paru parfois trop démonstrative à certains auditeurs. Selon le compositeur, la forme de *Mutations* serait un « *passage graduel d'une échelle de hauteur discontinue vers un glissement continu (le glissando sans fin), par le biais de déviations et de mutations harmoniques de rang croissant de plus en plus serré* ».

Structure	« Projet »	Techniques utilisées
I-A	**Le discontinu, le sériel**	
I A 1 [0'0" à 0'50"]	De la note au timbre	Accord A, agrégats/timbres
I A 2 [0'50" à 1'20"]	Synthèse de sons instrumentaux (trompettes, batterie, hautbois)	Accords A et B, déploiement ascendant d'harmoniques
I A 3 [1'25" à 2'50"]	Synthèse et transformation des sons instrumentaux (orgue, gouttes, hautbois ; cloches)	Accords A et B, déploiement d'harmoniques, agrégats/timbres
I-B [2'50" à 4'05"]	**Épisode sériel**	
I-B 1[2'50" à 3'15"]	Série A à la clarinette	Processus de dérivation automatique
I-B 2 [3'15" à 3'30]	Série rythmique (percussions)	Processus de dérivation automatique
I-B 3 [3'30" à 4'05"]	Série B et série rythmique (percussions accordées, clarinette, clochettes)	Décalage *Talea* (rythmes de 15 unités) et *Color* (série de hauteurs dodécaphonique)
II-C [4'05" à 7'40"]	**Le continu, le temporel**	
II C 1 [4'05" à 4'20"]	« Un Sol sans octave »	Tuilage de partiels
II C 2 [4'20" à 5'30"]	Agrégat/timbre sur l'espace des fréquences	Agrégat/timbre, « diffraction », déploiement d'harmoniques, saturation des fréquences
II-D [5'30" à 7'40]	**Paradoxes de hauteur**	Glissando sans fin, glissando ascendant arrivant plus bas, double glissando sans fin
CODA [7'40" à 10'20"]	**Superposition continu/discontinu**	Modulation de fréquence, glissando sans fin, accords A et B, agrégats/timbres, déploiement d'harmoniques

Tableau 1 : *Structure de* Mutations

De ces deux types d'intention, phénoménale et structurale, découlent dans *Mutations* deux familles de matériaux et de procédures : d'une part un matériau de notes fixes et tempérées, transformé par des procédures combinatoires et sérielles; d'autre part un matériau jouant sur les partiels du son, et modifié par des procédures gérant simultanément les évolutions temporelles et spectrales du timbre. En affinant cette typologie, on observe une progression qui va du son réduit à la note aux évolutions spectro-temporelles continues et non discrétisables du timbre.

du plus au moins discrétisé et paramétré ↓

Réalisation	**Composantes spectrales**	**Évolution temporelle**
Note	Composantes spectrales réduites à la fondamentale	Évolution temporelle réduite à une durée
Accord (harmonique ou inharmonique)	Composantes spectrales réduites à quelques partiels	Évolution temporelle réduite à une durée
timbre fusionné (harmonique ou inharmonique)	Spectres composés	Évolution temporelle réduite à une durée
son paradoxal	Partiels évoluant indépendamment	Évolution temporelle liée à l'évolution spectrale

Tableau 2 : *Unités musicales utilisées dans* Mutations

Gestion traditionnelle des hauteurs et procédures sérielles

Bien que *Mutations* ait été entièrement composée par ordinateur, de nombreuses procédures classiques[56], fortement influencées par Jolivet[57], son professeur de composition, gouvernent l'organisation des hauteurs fondamentales en utilisant souvent, dans la première partie, des sons de synthèse imitant les instruments acoustiques (cuivres, vents) : *technique des accords complémentaires* et *fonctionnalisés*, technique des *notes réservées*, procédures sérielles, ou modulation d'une série de notes par une série de durées.

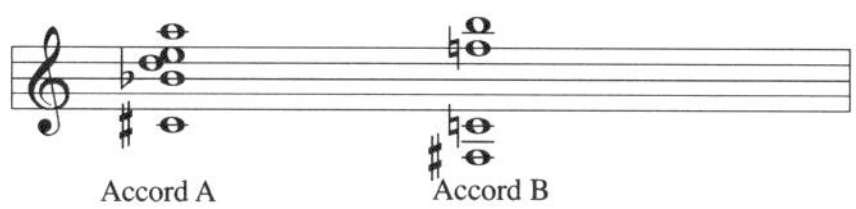

Figure 1 : *Accords A et B.*

Les accords A et B, *complémentaires*[58], suivent aussi le procédé des « *notes réservées* », technique également inspirée de Jolivet[59], c'est-à-dire que l'irruption de

56. Pour une analyse plus approfondie de l'œuvre, voir Lévy, « Mutations (1969) : une écriture déjouée par des paradoxes », *Portrait Polychrome n°2, op. cit.*, p. 63-82.

57. Pour une description des techniques de Jolivet, voir Baillet, *Le langage musical d'André Jolivet*, 1993, *op. cit.*, p. 72.

58. Les deux accords A et B qui jalonnent l'ensemble de la pièce sont, comme chez Jolivet, *complémentaires* et *fonctionnalisés*, c'est-à-dire qu'ils n'ont aucune note commune et que chaque accord incarne une fonction expressive propre (l'accord B, formé de deux tritons, serait, selon Risset, tendu, et l'accord A plus doux).

59. Tout comme la constitution de ces deux accords à base de quartes justes et augmentées. Voir par exemple le début de *Beaujolais* issu de Mana, de Jolivet, où l'apparition du *si*, note réservée complémentaire de la série à onze notes précédemment exposée provoque un changement de couleur, et les nombreux accords en triton, quarte juste et quarte diminuée dans *La Chèvre* de *Mana*, et le *Prélude de la Suite Delphique* basé sur le triton [*ré sol* dièse].

certaines notes du total chromatique non utilisées auparavant prend une valeur particulière : les notes *sol*, *sol* dièse et *mi* bémol sont ici manquantes, et *sol* et *sol* dièse servent de pôles respectivement au début de la partie II-C et au début de la coda, lors du retour du son paradoxal[60]. *Mutations* propose aussi un passage entièrement sériel (partie I-B), où une série dodécaphonique est énoncée entièrement, et de façon monodique, telle une mélodie[61]. Cette série est ensuite dérivée par un processus automatique géré par l'ordinateur.

Figure 2 : *Séries de hauteur A et B.*

La présence de passages combinatoires énoncés dans une échelle traditionnelle à douze degrés tempérés[62] avec des imitations de sons instrumentaux (clarinette, caisse claire, métallophone) peut surprendre au sein d'une œuvre travaillant sur le son[63]. Cependant, c'est l'aspect algorithmique du traitement sériel qui intéresse Jean-Claude Risset ici, comme d'autres compositeurs utilisant à l'époque l'ordinateur. De plus, Risset étend ensuite ce traitement au-delà de son domaine normal en l'appliquant à grande vitesse à des sons de percussion, ce qui le dénature et en fait un outil de spécification morphologique.

Une grammatologie nouvelle à l'intérieur du son

Malgré ces passages traditionnels, Jean-Claude Risset a certainement ouvert avec *Mutations* de nouvelles pistes pour les musiques, écrites comme électroacoustiques. Ce compositeur a en effet été l'un des premiers, avec John Chowning, à dépasser les catégories graphémologiques de notes et de durées dans une musique relativement écrite et symbolique, tout en créant une véritable grammatologie analytique du phénomène sonore, assez inégalée jusqu'à aujourd'hui.

Certes, la volonté de composer symboliquement de nouvelles dimensions du son est ancienne. Influencé par les travaux de Helmholtz, Schönberg écrivait :

> Je le répète : le son est le matériau de la musique. (...) Dans la série des sons harmoniques, laquelle représente une des particularités du son les plus marquantes, on perçoit – après la résonance plus forte de quelques harmoniques – un certain nombre d'autres harmoniques à résonance beaucoup plus faible. (...) Si les sons

60. Le *sol* dièse apparaît sous forme de modulations de fréquences, les seules utilisées dans cette pièce.

61. Comme chez Jolivet, et à la différence de l'école de Vienne qui utilisait plutôt la série comme matériau préliminaire.

62. Jean-Claude Risset précise toutefois qu'il ne s'agit pas d'un tempérament égal mais d'un tempérament de type zarlinien, où certains degrés correspondent aux harmoniques d'autres degrés privilégiés.

63. Outre l'influence des compositions algorithmiques de cette époque (Hiller, Babbitt, Koenig), le traitement sériel est ici similaire à celui employé par son professeur Jolivet qui fait souvent succéder à un passage polyphonique et assez vertical une section dodécaphonique sans traitement sériel rigoureux et exposée d'abord en monodie puis en polyphonie, par analogie, semble-t-il, au « prélude et fugue » : voir *Mana* pour piano : *L'Oiseau*, le début de *La Vache*, le début de *Beaujolais*.

harmoniques éloignés n'accèdent pas à la conscience de l'oreille analytique, ils n'en demeurent pas moins perçus comme timbres [64].

Certaines techniques anciennes d'orchestration sont également inspirées des principes de synthèse additive de plusieurs instruments [65], que l'on retrouve aussi dans le principe des *mixtures d'orgue*, également nommées *jeux de mutations*, terme qui inspire le titre de l'œuvre de Risset.

Le timbre non réductible

Contrairement à d'autres cultures, où l'imperfection, l'inharmonicité et le bruit sont garants de la richesse et de « l'humanité » du son, la plupart des sons instrumentaux restent harmoniques, fixes et entretenus dans la musique occidentale jusqu'au début du XXe siècle. L'Occident a ainsi cherché à atteindre le son le plus pur, le moins bruité et le plus fort. L'intérêt pour les sons inharmoniques et transitoires n'apparaît qu'à la fin du XIXe siècle, au contact des musiques slaves, d'Afrique et d'Asie (via les expositions coloniales et universelles), et avec le rôle croissant de l'orchestration et des percussions [66]. Dans *Boris Goudounov*, Moussorgsky tente de synthétiser à l'orchestre un timbre de deux cloches inharmoniques en utilisant l'enharmonie d'un triton commun à deux accords de dominantes non résolues et aux tons éloignés.

Figure 3 : *Moussorgsky,* Boris Godounov *(scène du couronnement, prologue).*

64. Arnold Schönberg, *Traité d'harmonie*, traduit par Gérard Gubisch, Paris, Media Musique, Lattès, 1922 rééd. 1983, p. 39.

65. Voir par exemple l'orchestration des 5e et 6e partiels harmoniques du thème du Boléro de Ravel au chiffre 13. Un très bel exemple de *mixtures* est également donné par le *concerto pour piano* de Ligeti.

66. Les percussions sont réintroduites au milieu du XVIIe siècle dans les orchestres militaires européens pour imiter leurs homologues turcs, les célèbres *Janissaires* (d'où l'expression « *turqueries* » pour nommer le groupe des percussions). *Ionisation* de Varèse est, en 1929-1931, la première pièce pour percussions seules en Occident.

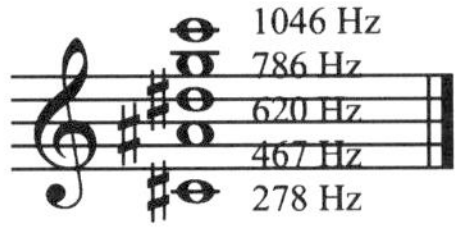

Figure 4 : *Analyse spectrale d'une cloche par John Pierce.*

Les avancées acoustiques du XXe siècle et le tournant post-structural de la fin des années 60 encourageront de nombreux compositeurs à imiter, avec les seuls instruments harmoniques de l'orchestre, des timbres transitoires inharmoniques[67]. *Mutations* en fut certainement un déclencheur.

Mélodie, harmonie, timbre

Dans *Mutations*, Risset s'interroge entre autres sur les limites de la réduction de la note à son fondamental et sur l'importance des partiels pour construire le timbre. Dans quel cas un agrégat s'entend-il comme timbre fusionné ou comme accord de notes ? Au début de l'œuvre, Risset élabore un paradoxe utilisant une courte mélodie de cinq notes, qui, superposée harmoniquement, s'entend non plus comme agrégat mais comme timbre fusionné, les notes de l'agrégat devenant les partiels d'un timbre sourd et grave de gong.

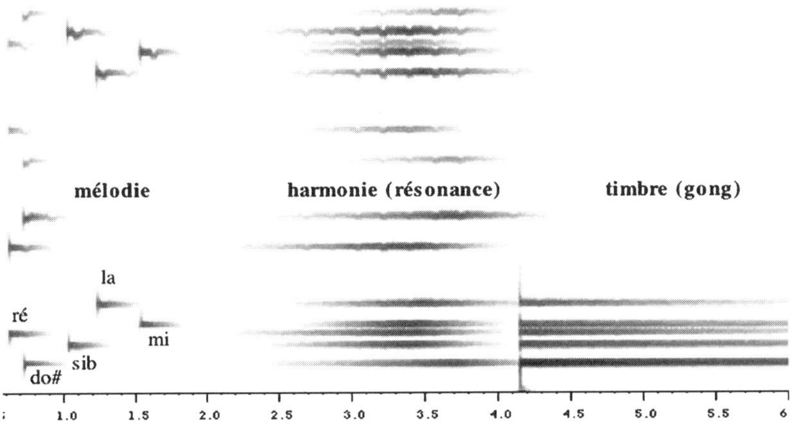

Figure 5 : *Début de* Mutations : *analyse sur sonagramme (Audiosculpt).*

Figure 6 : *Début de Mutations, transcription en notes.*

67. *Inharmonique* [1977], pour voix et bande, autre pièce de Risset. Le début de *Gondwana* [1980], de Tristan Murail, simule une cloche à l'orchestre par synthèse additive.

Ce genre de paradoxes mettant en avant l'ambiguïté entre timbre et harmonie est certainement novateur dans les musiques occidentales. Il est pourtant courant dans les répertoires de tradition orale, comme dans les chants diphoniques d'Asie centrale (Touva de Sibérie, Mongolie, Tibet) ou le répertoire *Nbaka* pour arc musical *Mbéla* en Centrafrique, explicité dans le prochain chapitre.

Déploiement d'harmoniques et Illusion d'octave

Dans *Mutations*, l'opération permettant de passer d'un agrégat à un timbre fusionné est également inversée : en apparaissant successivement et non simultanément, les différents partiels composant un timbre deviennent les notes d'un agrégat, selon une technique que Jean-Claude Risset nomme *déploiement d'harmoniques*[68].

Autre étrangeté, le *paradoxe d'octave* procède d'une évolution temporelle du spectre. Il contredit la perception traditionnelle d'un son harmonique ordinairement identifié à un fondamental (réel ou virtuel, ce que les psychoacousticiens appellent « tonie »). En filtrant un timbre et en amplifiant certains partiels, on peut au contraire troubler la perception de tonie, en particulier celle de son octave[69]. C'est le cas de certains partiels du [*sol* pédale], qui sert de transition entre le passage sériel et la deuxième partie de *Mutations*.

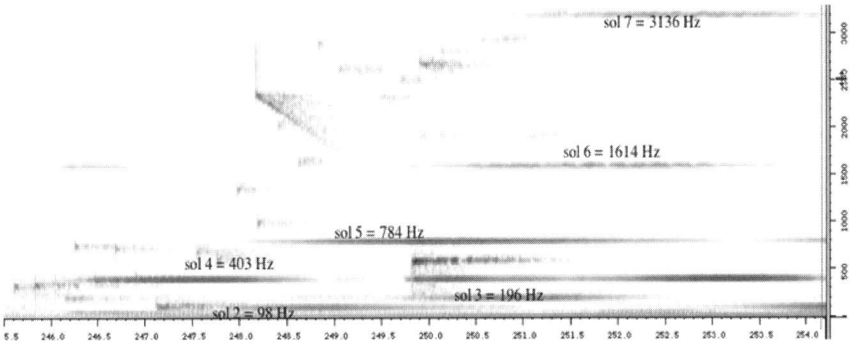

Figure 7 : *Illusion d'octave (sonagramme).*

68. Exemple 500 de Risset, *Catalogue de sons*, *op. cit.*, 1969. Cette procédure est souvent présentée par Risset des partiels les plus aigus aux partiels les plus graves. Son professeur André Jolivet écrivait de façon similaire : « *Il s'agit de présenter d'abord les harmoniques supérieures d'un son donné et de ne préciser que par la suite ce son générateur faisant office de basse* » (cité par Serge Gut, *Le groupe jeune France*, Paris, Champion, 1977, p. 52). Cette astuce de ne faire rentrer la fondamentale que tardivement sera réemployée par les « spectraux » (voir *Vortex Temporum* de Gérard Grisey, ou mon propre quatuor de saxophone *Durch, in memoriam G. Grisey*.

69. Ce phénomène acoustique est audible avec certains instruments acoustiques, comme les crotales, pour lesquels il semble parfois difficile de déterminer l'octave d'une note selon la place à laquelle l'auditeur se trouve (le rayonnement de l'instrument et les réverbérations de la salle filtrent certains partiels), et selon la baguette utilisée.

Synthèse additive par règles

Risset comprend, par sa formation scientifique et l'influence de Max Mathews, que contrairement aux techniques analogiques de synthèse additive du son, à l'époque laborieuses et coûteuses par le nombre d'oscillateurs requis, l'ordinateur permet de construire efficacement et économiquement l'intérieur du son. Il conçoit une technique économe[70], la *synthèse additive par règle*, par laquelle un oscillateur est utilisé non comme générateur de signaux simples mais comme modulateur d'un autre oscillateur. Cette technique influencera le compositeur John Chowning dans sa découverte du principe de *modulation de fréquence*[71] appliqué à la synthèse de sons[72].

Glissando sans fin

La transcription occidentale de l'écriture d'un son en note n'implique pas seulement la réduction du timbre à son fondamental. Elle induit également une séparation et une paramétrisation indépendante de l'axe du temps et de celui des fréquences, ainsi qu'une réduction de l'évolution temporelle du spectre à sa durée rythmique (segment statique et fini) et à l'évolution spectrale d'un son harmonique dans un espace à deux dimensions [grave/aigu]. Le glissando sans fin est un exemple saisissant de travail reliant le timbre au temps sans réduction ni discrétisation des éléments temporels et fréquentiels du son.

---

70. Dans le sens où elle permet d'obtenir avec deux oscillateurs seulement des sons riches en partiels et évoluant dans le temps.

71. « *Pour engendrer les cuivres dans "Mutations", j'ai utilisé une "synthèse additive par règles" dans laquelle je ne spécifie que la fonction spécifiant l'enveloppe du fondamental, les amplitudes des autres harmoniques s'en déduisant automatiquement comme des fonctions linéaires de la précédente, fonctions dont la pente est d'autant plus forte que le rang de l'harmonique est plus élevé : je mets ainsi en œuvre automatiquement ma règle des cuivres, suivant laquelle le spectre s'enrichit en fréquences aiguës lorsque l'intensité augmente. Cette méthode économise des spécifications – je ne spécifie qu'une enveloppe – mais non du temps de calcul, les harmoniques étant calculés séparément (au lieu d'être engendrés globalement comme dans la distorsion non linéaire ou la modulation de fréquence, méthodes "globales"). Cette règle d'enrichissement du spectre avec l'intensité est mise en œuvre de façon plus économique et plus élégante par la modulation de fréquence, en liant l'indice de modulation à l'enveloppe : mais John Chowning n'avait pas encore eu l'idée de faire varier l'indice de cette façon. En fait c'est mon article sur la synthèse des cuivres qui lui en a donné l'idée environ un an plus tard, comme il l'explique dans la notice de son disque monographique Wergo 2012-50. Mais à l'époque où j'ai réalisé Mutations, John Chowning avait commencé à explorer sa technique FM en réalisant des variations linéaires d'indice de modulation donnant lieu à des balayages spectraux. Il m'avait montré des exemples début 1969, en me laissant la partition Music V (ou plutôt Music 10, adaptation de Music IV pour le PDP 10). J'ai pu reconstituer ces exemples très vite, et j'ai utilisé certains de ces balayages par FM dans Mutations (de 7'40" à 8'10") pour faire le pont entre les glissandi sans fin et la coda qui mélange le continuum des glissandi et des rappels antérieurs (par exemple des échelles harmoniques)* » (lettre personnelle de Jean-Claude Risset, avril 2000). Inversement, signe d'amitié entre les deux compositeurs, la pédale de [*sol dièse*] au début de la coda de Mutations (7'40") est synthétisée selon le principe de modulation de fréquence.

72. Voir John Chowning, livret du disque monographique – *Turenas, Stria, Phoné, Sabelithe*, Disque Wergo 2012-50, Schott, 1988, p. 8. La technique de modulation de fréquence sera ensuite reprise dans les fameux synthétiseurs DX et SY de la firme Yamaha et, entre autres, à l'origine de la musique « funk », plus « rêche » que le disco par l'emploi de sons cuivrés et FM.

L'origine de ce paradoxe est une suite discrète de timbres imaginée en 1964 par le psychoacousticien Roger Shepard[73] : les douze sons d'une gamme chromatique semblent monter indéfiniment, tout en revenant à leur point de départ. En pratique, chaque son est constitué de partiels en relation d'octave qui se déplacent d'un demi-ton à chaque transposition, selon une courbe d'amplitude qui, elle, ne bouge pas. À la douzième transposition, le son revient à son état initial. Les sons obtenus semblent alors monter sans limite[74].

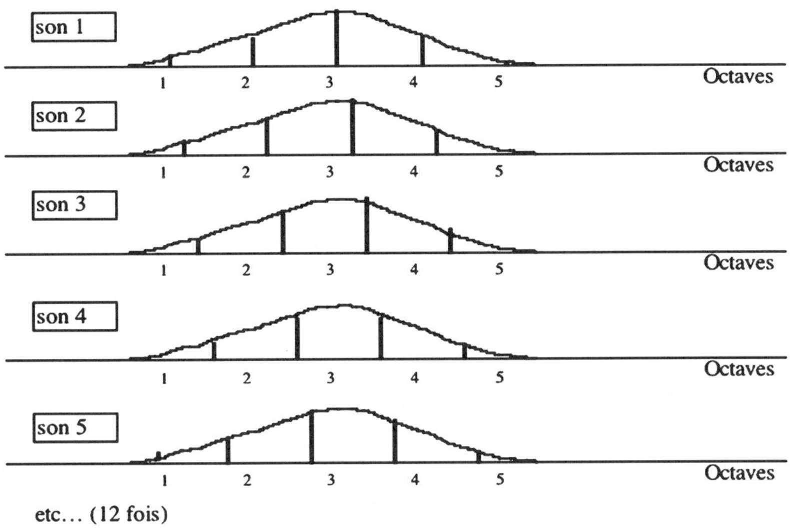

Figure 8 : *Le paradoxe de Shepard.*

Risset reprend cette idée sous forme d'un processus continu de transposition. La fin de *Mutations* est entièrement construite sur ce son paradoxal[75].

73. Roger Shepard, « Circularity in judgments of relative pitch », *Journal of the Acoustical Society of America n°36*, 1964, p. 2346-2353.

74. Ce paradoxe est similaire au célèbre dessin de Carl Escher reprenant l'illusion de Penrose d'un escalier qui monte en revenant sur lui-même.

75. Le *glissando sans fin* apparaît initialement dans *Little Boy* [1968], pièce évoquant la chute sans fin d'une bombe atomique sur Hiroshima. Il y a eu depuis plusieurs imitations instrumentales du glissando sans fin ou du paradoxe de Shepard : le *Concerto pour Violon* de Marc-André Dalbavie, deux opéras *Enrico* et *Was ihr wählt* de Manfred Trojahn (Barenreiter), les études 9 (*vertige*) et 14 (*Colonne infinie*) du deuxième livre des études de piano de Ligeti, *in Vain* [2000] de Georg-Friedrich Haas, ma pièce d'orchestre *Coïncidences* (mes. 60 et 82), et *Escalas* pour orchestre de Jean-Claude Risset lui-même. Citons deux antécédents avec le début de la scène 4 du troisième acte de *Wozzeck* de A. Berg, et un passage de la 4ᵉ région de *Hymnen* [1966-1967] de Stockhausen.

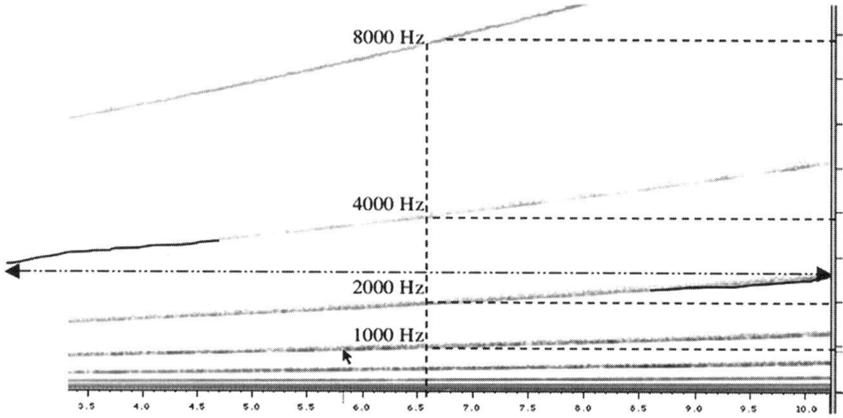

Figure 9 : *Analyse sur sonagramme du glissando sans fin.*
Chaque partiel a une courbe d'enveloppe propre (ligne plus ou moins noircie sur le sonagramme).

Risset élabore d'autres paradoxes selon ce principe : en changeant la fréquence fondamentale, il obtient des sons qui descendent tout en montant, ou des sons qui descendent en arrivant à une note plus aiguë qu'au départ (l'évolution spectrale induit un sentiment de descente alors que le fondamental monte).

Diffraction d'harmoniques et saturation de l'espace fréquentiel

Mentionnons deux autres procédures sur les partiels : à [4'50"], Risset fait diverger sur l'ensemble des fréquences un son de clochettes initialement polarisé autour de [si], telle la diffraction d'un faisceau lumineux.

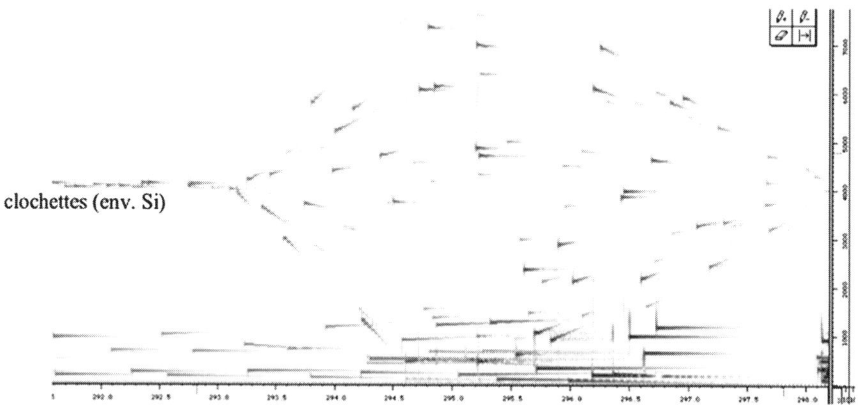

Figure 10 : *Diffraction d'harmoniques, analyse par sonagramme.*

À [6'20"], dans la coda, avant la reprise du double glissando, une procédure similaire sature subitement l'espace des fréquences (cluster total). Ces effets sont intéressants, car Risset utilise ici une analogie visuelle (si ce n'est une *grammatologie* visuelle), pour faire émerger une réalité perceptive différente [76].

Une pensée du paradoxe

En dehors de son aspect ludique, *Mutations* présente un enjeu pour l'écriture et la pensée analytique. D'une part, l'intention compositionnelle puise sa source directement dans toutes les composantes de l'objet musical et n'aurait pu être imaginée sur le papier avec une notation écrite traditionnelle. D'autre part, la plupart des procédures utilisées lient l'évolution des fréquences à celle du temps, que ces procédures agissent à l'intérieur du son (synthèse additive par règle, glissando sans fin) ou sur les notes (procédures combinatoires). En intervenant concomitamment sur toutes les composantes acoustiques, ces procédures sur les partiels remettent en cause la séparation en paramètres et leur discrétisation sous forme d'alphabets. *Mutations* implique une pensée du continu et du son complexe qui représente un défi pour l'analyse et la perception. Sur un plan perceptif, les paradoxes acoustiques contredisent ce qu'une raison du musical induit inconsciemment (perception de sons ordonnés du grave à l'aigu, à certaines octaves, etc.).

La méthode est nouvelle, en osmose avec la nouvelle pensée scientifique et le « retour à l'objet » qui émergent à la fin des années 60. Les paradoxes sont en effet des défis de la réalité (ici sonore) face à l'analyse et à la raison. S'agit-il néanmoins de paradoxes ? Le paradoxe est, philosophiquement, un raisonnement dont la conclusion contredit analytiquement les prémisses (« un son qui monte devient d'évidence plus aigu qu'au départ »), ou qui justifie deux conclusions contradictoires [77]. Le paradoxe, contrairement au sophisme, n'est pas un raisonnement erroné. Il questionne et appelle à reconstruire les systèmes analytiques dans lesquels il se développe (par exemple la catégorisation du son en [hauteur, nuance et durée] dans la musique occidentale). Chaque époque découvre, dans ses paradoxes, les difficultés liées à l'état de ses connaissances et représentations mathématiques, logiques, philosophiques ou scientifiques. Le paradoxe ouvre de nouvelles problématiques [78]. L'épistémologue

76. L'effet perçu n'a que peu de relations avec les propriétés géométriques de la figure symétrique. Un trait horizontal continu qui oblique correspond à l'oreille à une note tenue suivie d'un glissando, ce que l'oreille distingue. C'est plutôt l'effet « d'explosion subite » qui saisit ici l'oreille.

77. Les premiers paradoxes sont apparus au Ve siècle avant Jesus-Christ, lorsque Aristote reconnaît en Zénon d'Elée, inventeur de nombreux paradoxes (Achille et la tortue, la flèche qui vole, etc.) le père de la dialectique et le contradicteur des conceptions physiques du monde d'Héraclite d'Ephèse ou de Pythagore. Au IVe siècle avant Jésus-Christ, Eubeulide de Mégare met en défaut, avec son paradoxe du menteur, la conception aristotelicienne de vérité, soutenant que le paradoxe ne propose pas toujours une définition plus adéquate de la vérité (c'est aussi le cas du paradoxe du vote de Condorcet, du paradoxe sémantique des corbeaux de Carl Hempel et de Nelson Goodman, etc.).

78. Les paradoxes appelés « insolubles » de la *disputatio de obligationibus* ont permis au Moyen Age d'élaborer de nouvelles définitions de la signification des mots des langages naturels et de la notion de vérité chez Buridan, de Celaya, Heytesburg ou Shyreswood ; les paradoxes grecs comme celui du menteur ont permis de faire avancer à la fin du XIXe siècle des logiciens comme Frege, Tarski ou Bertrand Russell sur les notions d'ensemble et de cardinal.

Thomas Kuhn soutient ainsi qu'un paradoxe, tôt ou tard, se transforme en paradigme. En ce sens, les paradoxes de Risset ont défié la pensée analytique traditionnelle du musical et ouvert, à partir d'une réflexion scientifique sur le son, une nouvelle grammatologie du sonore, qui n'en est néanmoins qu'à ses prémisses du fait de l'absence, encore aujourd'hui (quarante-cinq ans après!), d'interfaces technologiques efficaces d'écriture et de composition du son inharmonique et transitoire.

Lachenmann et Grisey : deux tentatives pour dépasser la combinatoire de la note

Après les expériences de la musique concrète et les signes de crises qui marquèrent le structuralisme musical à la fin des années 60, les tentatives ont été nombreuses, en Europe et aux Etats-Unis, pour dépasser la grammatologie traditionnelle. Jean-Claude Risset et Brian Ferneyhough sont deux compositeurs symptomatiques de ce tournant : l'un a développé une écriture informatique sur l'intérieur du son issue de principes acoustiques sur les partiels et les transitoires. Son objectif était de développer de nouvelles catégories perceptives, paradoxales au regard des paramètres traditionnels de hauteur et de durée auxquels est habituée inconsciemment l'oreille de l'auditeur occidental. Les œuvres de Brian Ferneyhough déconstruisent au contraire la place accordée aux techniques compositionnelles en les sur-accumulant et en les dissociant de la perception à travers l'idée de musique informelle. Ferneyhough cherche aussi, par la complexité interprétative et perceptive de son écriture, à engendrer un bruit composé, instable, énergique, sans hauteur ni rythme. D'une approche moins cartésienne et plus insolente que Risset, son but est cependant à peu près le même : dépasser les paramètres classiques de l'écriture musicale.

Ces deux approches symptomatiques des années 70 et 80 ne sont évidemment pas uniques. Des compositeurs comme Sciarrino, Reich, ou Murail ont, à leur manière, développé de nouvelles techniques d'écriture dépassant les procédures combinatoires sur la note, dans l'héritage de compositeurs comme Schaeffer, Stockhausen, Ligeti, Xenakis, Feldman, Cage, Nono ou Scelsi. Bien avant, les bruitistes italiens, et surtout Varèse, s'étaient intéressés à une grammaire du son. Nous conclurons ce chapitre en évoquant deux compositeurs de musique instrumentale, Gérard Grisey et Helmut Lachenmann, qui ont eux aussi proposé des solutions originales. Ces deux compositeurs présentent une contradiction apparente singulière, car, s'ils emploient encore, à l'époque de l'électroacoustique, des instruments classiques, au son fixe, entretenu, et harmonique, ils proposent des réflexions et des techniques originales d'écriture instrumentale dépassant la note.

Construire l'inharmonique par la « musique de synthèse instrumentale »

En 1973, un groupe de jeunes compositeurs français (ils avaient une vingtaine d'année en 1968) Tristan Murail, Michaël Levinas, Roger Tessier et Gérard Grisey, que rejoindra en 1976 Hugues Dufourt, crée un collectif en opposition à certains compositeurs de la génération précédente qui, comme l'écrit Gérard Grisey, « *ont fini par confondre la carte et le territoire* »[79]. Ce jeune mouvement ne s'identifie pas non plus aux solutions trouvées à cette époque par d'autres compositeurs, comme les musiques conceptuelles, les happenings, et les musiques concrètes, approches pour lesquelles ces jeunes compositeurs, tous anciens étudiants de Messiaen, reprochent le manque de réflexion sur l'écriture. Hugues Dufourt, le « théoricien » du groupe, résume leur esthétique dans son article *musique spectrale*[80], nom qui sera repris comme qualificatif quelque peu simplificateur de ce mouvement :

> Ce travail de la composition musicale s'exerce directement sur les dimensions internes à la sonorité. Il prend appui sur le contrôle global du spectre sonore et consiste à dégager du matériau les structures qui prennent naissance en lui. Les seules caractéristiques sur lesquelles on puisse opérer sont d'ordre dynamique. Ce sont des formes fluentes, des milieux de transition dont la détermination des mouvements dépend des lois de transformation continue. On peut parler à cet égard d'une composition de flux et d'échanges. La musique se pense sous la forme de seuils, d'oscillations, d'interférences, de processus éloignés.

En janvier 1973 est donc créé, en réaction à l'ensemble instrumental du *Domaine Musical* qui est en train de disparaître, le collectif de l'*Itinéraire* autour des compositeurs Roger Tessier, Tristan Murail, Michael Levinas, Gérard Grisey et Hugues Dufourt. Le manifeste du groupe est explicite :

> Le langage et le syntagme musical s'attachent à présent à exploiter en profondeur le phénomène sonore dans toute sa complexité aussi bien harmonique qu'inharmonique.

On assiste aux créations d'*Appels* [1974] de Levinas, de *Dérives* [1973/74], *Périodes* [1974] et *Partiels* [1975] de Grisey, et de *La dérive des continents* [1973], de *Sables* [1974] et de *Mémoire-érosion* [1976] de Murail. Hugues Dufourt écrit en préface à son œuvre *Brisants* [1968] :

> Parce que l'écriture s'interpose entre le compositeur et le monde, la création se fourvoie en questions oiseuses. Et pour nous, la musique n'est pas ce majestueux dépotoir d'idéaux, ni cette pure grammaire du temps. C'est le monde qui inspire le créateur.

---

79. Gérard Grisey, « Tempus ex Machina », 1980, repris dans Gérard Grisey, *Écrits ou l'invention de la musique spectrale*, édition établie par Guy Lelong, Paris, Musica Falsa, 2008, p. 60.

80. Dufourt, « musique spectrale », *op. cit.*, 1979, rééd. 1991, p. 289-294. Selon une anecdote que Hugues Dufourt nous a confiée oralement, le groupe cherchait un nom résumant leur approche esthétique. Lors d'une rencontre scientifique à laquelle assistait Hugues Dufourt, Marvin Minsky, l'un des pionniers de l'intelligence artificielle, présenta une visualisation « spectrographique » du son continue, dynamique, transitoire, et intégrant tous les paramètres. Hugues Dufourt comprit que cela correspondait à leur approche et reprit le terme, avec toutes les connotations et caricatures que ce terme évoque. Tristan Murail nous a oralement nuancé cette version, affirmant que le mot *spectral* était déjà informellement présent chez les membres du collectif, mot que l'article de Dufourt a fixé. Si Murail s'est relativement contenté de ce terme, Grisey aurait préféré le terme *liminal*. *Dynamique*, *transitoire* ou *liminal* correspondent certainement mieux à ce qui préoccupait ces compositeurs, notamment Grisey. Cependant, les techniques sur les fréquences et le spectres se sont avérées les plus transmissibles, verbalisables, prospectives, et finalement séductrices sur un plan académique et journalistique.

Ce groupe de compositeurs, notamment Grisey et Murail, vont proposer non seulement des œuvres mais également de nouvelles techniques d'écriture, prospectives pour d'autres compositeurs : techniques d'orchestration et d'engendrement de matériau (in)harmonique issues d'analyse acoustique et de calculs sur les fréquences effectués avec l'ordinateur; techniques de transformation du matériau issues de l'acoustique, de la psychoacoustique et de la physique (contraction de spectres, modulation de fréquence, sons différentiels, morphing, …); techniques d'engendrement de processus de transformation, de structuration du temps et de la forme musicale, en analogie avec l'évolution du matériau sonore ou issus de principes de psychologie cognitive; etc.

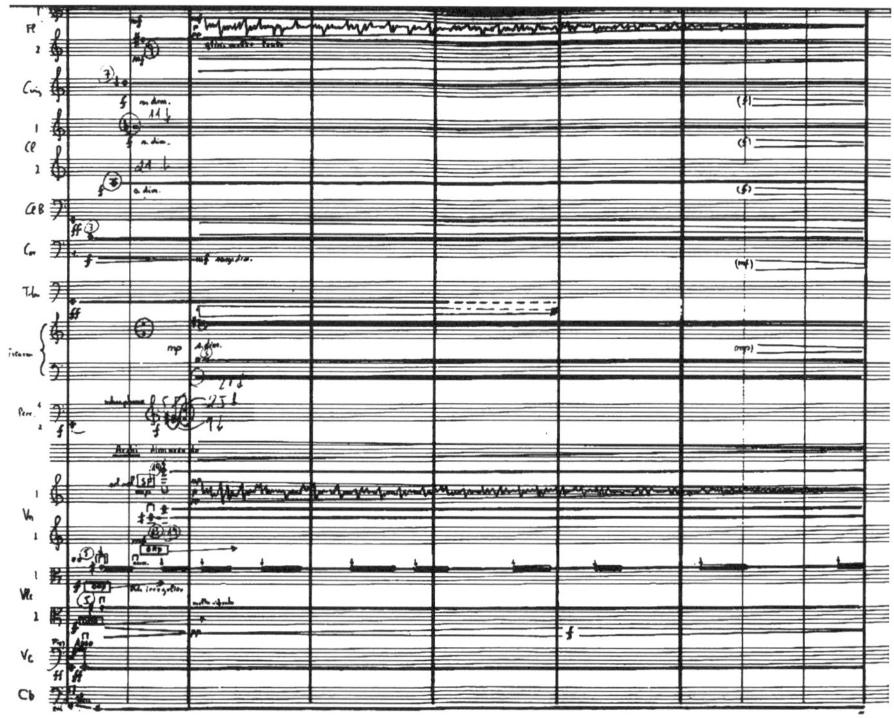

Figure 11 : *Gérard Grisey, Partiels, pour 18 musiciens (1975) : chiffre 9.*

Il ne faut cependant pas réduire cette musique, notamment celle de Grisey, à une accumulation de spectres acoustiques et à un travail naturaliste sur les partiels. Le temps est au centre des préoccupations de ce compositeur, l'utilisation de spectres et plus généralement du travail en fréquence n'étant qu'une conséquence annexe bien qu'essentielle liée au matériau. Il s'agit pour Grisey et Murail de construire une musique sur des principes de fusion et non d'accumulation (la note orchestrée n'est plus une unité, mais la partie d'un tout), et de penser le temps musical, comme l'écrit Grisey, en tant que « *devenir des sons* ». *Tempus ex Machina*, titre évocateur, est une œuvre de 1979 pour six percussionnistes. C'est également le titre d'un des articles fondamentaux[81] de ce compositeur, destiné aux conférences de Darmstadt de 1978, et peut-être la devise de sa musique[82]. Dans cet article, Grisey développe, à partir de considérations esthétiques et scientifiques, un certain nombre de conceptions prospectives sur le temps, sur les notions psychologiques de prévisibilité, de mémoire et d'anticipation, sur les concepts de périodicité, de continu, de dynamique, de microphonie et de macrophonie, et sur les notions de temps dilaté, de temps contracté et de processus de transformation.

> Par définition, *écrit-il en conclusion*, nous dirons que le son est transitoire. (...) Objet et processus sont analogues. L'objet sonore n'est qu'un processus contracté, le processus n'est qu'un objet sonore dilaté.

Les techniques originales d'engendrement du matériau qui découlent de cette esthétique naissent pour partie de ce refus de réduire le phénomène sonore en une durée, un fondamental et un son harmonique entretenu. Les techniques de transformation continue de ce matériau naissent du refus de simplifier le phénomène sonore en éléments musicaux discrets et d'y opérer une combinatoire abstraite. Si la notation est en apparence traditionnelle chez Grisey (bien que ce qui soit noté ne soit plus les notes mais des partiels qui fusionnent, et bien que de nombreux modes de jeu peu traditionnels et souvent inharmoniques ou transitoires soient employés), si la tentative semble, dans les premières œuvres de Murail ou de Grisey, parfois primitive et un peu démonstrative, tout comme l'étaient les expériences de musique électronique de Eimert, Stockhausen ou de Risset, il y a dans cette esthétique un objectif original d'élaborer une nouvelle grammatologie du sonore, qui, à travers les notions de processus de transformation, de continu, et de flèche du temps (surprises informationnelles, superposition de temps différents, etc.), dépasse la combinatoire de la note et demande à être développée.

Il faut noter que la notion de *processus de transformation*[83], au centre des préoccupations de Grisey, Murail et de l'école répétitive (Reich) est symptomatique, avec les lois issues de phénomènes acoustiques et psychoacoustiques, de ce retour du sujet et de sa perception dans l'acte compositionnel. Auparavant, dans la musique classique occidentale, le travail compositionnel nécessaire à l'élaboration du matériau était fait en amont de l'œuvre, et donc non accessible à l'auditeur. Pour reprendre les termes de la tripartition de Molino[84], le *niveau poïétique* (ébauches et activités du compositeur) était clairement séparé du *niveau neutre* (l'œuvre) et de sa perception par l'auditeur (*niveau esthésique*). Avec le processus de transformation, l'évolution

81. Gérard Grisey, « Tempus ex machina », *Neuland Jahrbuch n°3*, 1982-1983, Darmstadt, repris dans *Contemporary Music review*, 1987, vol. 2, part. 1, et dans *Entretemps n°8*, Genève, sept. 89.

82. Pour plus de renseignements sur cette esthétique, voir Jérôme Baillet, *Gérard Grisey, fondement d'une écriture*, Paris, l'Itinéraire-l'Harmattan, 2000.

83. Terminologie employée par Jérome Baillet (*ibid.*, 2000) pour les différencier des processus d'écriture.

84. Jean-Jacques Nattiez, *Fondements d'une sémiologie de la musique*, Paris, 10/18, 1975.

progressive du matériau est clairement perceptible pour l'auditeur. Un *niveau poïétique* virtuel (un compositeur virtuel en train de transformer le matériau) devient œuvre (*niveau neutre*), selon un temps souvent explicite pour l'auditeur (*niveau esthésique*). Avec la notion de processus de transformation, et à la différence de la dérivation, du développement et, dans une moindre mesure, de la variation [85], les trois niveaux se rejoignent.

Notons que le scientisme des compositeurs spectraux n'est pas moindre que celui des compositeurs post-sériels. Outre des modèles compositionnels empruntés à l'acoustique, Gérard Grisey se réfère aux travaux de Prigogine sur l'irréversibilité du temps et à ceux de Abraham Moles sur la théorie de l'information. Les formes de ses œuvres sont entièrement calculées et leurs titres ne sont pas exempts de référents scientifiques : "*Partiels*", "*Périodes*", "*Transitoires*", "*Vortex temporum*", "*tempus ex machina*", "*Le Noir de l'Étoile*" (composé en collaboration avec l'astrophysicien Jean-Pierre Luminet). Cette démarche positiviste est cependant différente de celle de Boulez, de Xenakis ou de Barraqué, par exemple. Le structuralisme musical avait trouvé dans la science et les mathématiques (théories des ensembles et des groupes, combinatoire, stochastique), les raisons de sa validité épistémologique. Chez Grisey et Murail, il s'agit d'une autre science, plus appliquée, plus physique et psychologique que mathématique. Alors que, dans les années 50 et 60, la science formalisait les organisations de la structure et donnait des indications *a posteriori* sur la réalisation pratique de l'œuvre, celle des musiciens spectraux est plutôt employée pour recenser et comprendre *a priori* la réalité perceptive et en déduire formellement, éventuellement, une structure. On passe dans les années 70, en simplifiant, d'une *perception induite par la structure* à une *structure déduite de la perception*. Ceci est également visible dans d'autres domaines, non artistiques : dans les sciences sociales en général, ce ne sont plus les courants de pensée qui projettent leur interprétation de la réalité, mais la réalité (statistique, sociologique) qui permet de déduire un modèle formalisé. Ce renouveau des démarches positivistes est cependant une caractéristique bien française (le « cartésianisme ») propre à un mouvement restreint (le « spectralisme »). Des compositeurs allemands ou ayant étudié en Allemagne, tels que Ferneyhough, Rihm ou Lachenmann, privilégient une autre voie plus « informelle », prônée par Adorno à cette époque.

85. Dans la variation, le niveau esthésique coïncide également au niveau poïétique, c'est-à-dire que l'auditeur « assiste à un acte créatif ». Cependant, la variation est un processus par palier. Cette composition « en temps-réel » n'est donc pas l'objet premier de l'écoute, contrairement au processus.

Helmut Lachenmann et la « musique concrète instrumentale »

Lachenmann[86] est d'une génération plus âgée que Grisey, et son adolescence a été fortement imprégnée des principes fondateurs de la musique allemande d'après-guerre, en particulier des concepts développés par Adorno, et de la musique sérielle. Cependant, si Lachenmann reconnaît les possibilités de renouvellement que ce système a offert après la guerre et en utilise de nombreuses techniques de dérivation, s'il loue des pièces comme *Les structures pour piano* ou *Le marteau sans maître* de Boulez, *Gruppen* de Stockhausen ou le *Canto Sospeso* de Nono, il oppose néanmoins la force créatrice de l'école de Vienne à l'autoritarisme et l'intellectualisme abscons des néo-sériels des années 60. « *La beauté, c'est le refus de l'habitude* » répète-t-il souvent. Dans son essai « Zum problem des musikalisch Schönen heute » [Au sujet du beau musical aujourd'hui][87], ce compositeur dénonce la pensée paramétrique des années 50 qui, en employant l'échelle tempérée, les développements linéaires et les formes connotées, se maintiendrait dans l'héritage de la pensée tonale harmonico-mélodique. Selon Lachenmann, il est important de rechercher une dialectique entre structure et son, entre structure du son et sonorité de la structure. Le concept de *Tabula Rasa* lui paraît une utopie puisque tout compositeur se forme à travers une histoire dont le terreau, en tout cas pour ce qui concerne les compositeurs occidentaux, puiserait irrémédiablement sa force à travers quatre héritages : a) la tonalité en tant que tradition, b) l'expérience acoustique du son, c) la structure, pas seulement en tant qu'ordre, mais aussi en tant qu'apprentissage du désordre, d) l'aura, en tant que royaume des associations, du souvenir et des archétypes[88].

86. Helmut Lachenmann est né en 1935 à Stuttgart (Allemagne). Il étudie la musique avec Nepomuk David dans cette ville, puis rencontre en 1957 aux cours d'été de Darmstadt Luigi Nono, dont il deviendra l'élève jusqu'en 1960. Nono, tout comme Cage et Stockhausen, ont eu une influence déterminante sur l'œuvre et l'esthétique de Lachenmann. Ce compositeur s'est fait connaître à la fin des années 60 avec *Notturno*, pour violoncelle et orchestre [1968] et *Air*, musique pour grand orchestre et percussion solo [1968/1969]. Suivent *Pression* [1969/1970] pour violoncelle, *Dal niente* [1970] pour clarinette solo, *Guero* [1970] pour piano solo, *Kontrakadenz* [1971] pour grand orchestre, *Klangschatten -mein Saitenspiel* [1972] pour orchestre à cordes et trois pianos, *Fassade* [1973] pour grand orchestre, *Schwankungen am Rand* [1974/1975] pour cuivres et cordes, et *Accanto* [1975], musique pour un clarinettiste solo avec orchestre. Ces pièces, inscrites aujourd'hui au répertoire, ont affirmé son style actuel.

87. Helmut Lachenmann, « Zum Problem des musikalisch Schönen heute », *Musik als existentielle Erfahrung*, « Écrits (1966-1995) », Wiesbaden, Breitkopf und Härtel, 1996, p. 104.

88. « Zum Problem des strukturalismus », *in* Lachenmann, *ibid.*, 1996, p. 88.

Figure 12 : *Helmut Lachenmann,* Mouvement (-vor der Erstarrung), *pour ensemble [1984], mes. 109, © 1985, by Breitkopf – Härtel, Wiesbaden.*

Air, musique pour grand orchestre et percussion solo [1968/1969], fut l'une des premières œuvres de *musique concrète instrumentale* de Lachenmann. Ce concept, propre à ce compositeur, est inspiré de celui de Pierre Schaeffer et adapté aux instruments traditionnels de l'orchestre romantique. Lachenmann qualifie par cette notion une musique qui provient

> du son comme résultat caractéristique et comme signal de sa production mécanique, et d'une façon plus ou moins économique, de son énergie interne [89].

L'instrument traditionnel occidental, conçu pour émettre un son harmonique et entretenu, est, chez Lachenmann, détourné, non reconnaissable, et transformé en générateur de bruits et de transitoires. Les vents et les cuivres sont employés comme générateurs de souffle, de slap, de son fendu, ou comme amplificateur de bruits extérieurs tels la percussion de la paume de la main sur l'embouchure ou les bruits de clefs. Les instruments à cordes produisent des sons écrasés sur les cordes et des bruits de souffle générés par l'archet glissant sur les chevilles, la table, le pont ou le cordier. L'extrémité métallique du talon de l'archet engendre des attaques cristallines en percutant délicatement les cordes. Ce détournement de l'instrument comme source de bruit induit un détournement de la notation musicale. Les notations rythmiques et dynamiques et l'axe temporel sont préservés, mais les signes conventionnels de hauteurs font place à un système de signes propres. Contrairement à Ferneyhough, le résultat ne prend pas en compte l'inconfort de lecture pour l'interprète, qui ne présente que peu d'intérêt pour Lachenmann, à part, à la rigueur, un rôle politique annexe.

Il ne faut cependant pas réduire l'esthétique de ce compositeur à une musique bruitiste. Pour Lachenmann, « *la composition ne vise pas à utiliser des sons, mais à épuiser* [l'idée musicale] *dans toutes ses ressources* » [90]. Dans la notice de *Kontrakadenz*, le compositeur note :

> Ce qui sonne ne sonne pas par sa sonorité et par son emploi structurel, mais par le signalement d'un contenu concret de l'énergie déclenché par l'action du musicien, ce qui rend les conditions mécaniques et les contradictions perceptibles, audibles, proches des actions auxquelles elles sont reliées.

À propos de son œuvre *Schwankungen am Rand* [1975], pour cuivres et cordes, il mentionne une musique

> dans laquelle les incidences acoustiques sont choisies et organisées de telle manière que l'on attache autant d'importance à leur genèse qu'aux qualités acoustiques qui en découlent.

La démarche est donc moins scientifique et moins formaliste que chez Grisey.

> Je m'y connais très peu sur [la musique spectrale]. Je déplore que les œuvres de Grisey, Dufourt, Murail, Levinas soient si peu jouées en Allemagne. Je m'enthousiasme de leur attrait plein d'esprit et de sensualité, comme je le suis aussi pour les cultures étrangères, auxquelles je n'appartiens pas. Je connais un peu mieux la musique de Gérard Grisey que j'apprécie beaucoup pour la force de l'intelligence créatrice. Mais je crois qu'aucun de ces compositeurs n'aurait apprécié d'être rangé sous le terme « musique spectrale ». (...) La « musique spectrale » comme projet

89. Cité par Rainer Nonnenmann, *Angebot durch Verweigerung, die Ästhetik instrumentalkonkreten Klangkomponierens in Helmut Lachenmanns Orchesterwerken*, Mainz, Schott, 2000, p. 21.

90. Cité par Clytus Gottwald, in *Musik-Konzept n°61/62*, Heinz-Klaus Metzger (dir.), numéro consacré à « Helmut Lachenmann », Münich, oct. 88, p. 4.

> stylistique ou esthétique me paraît en effet trop fermée. La pensée d'un art "hyperconsonant" avec ses formants d'où le matériau et la forme seraient tirés m'est sympathique et proche. (...) Mais lorsqu'un système d'hyperconsonance s'occupe autant d'intervalles et de fréquences, qui proviennent d'une conception "classique" des formants, ce qui me rappelle à la fois l'impressionnisme et le sérialisme, il me semble alors que l'idée d'une musique spectrale est une fuite vers une forme de sécurité magique, analogue à la tonalité. Et j'ai alors l'impression que derrière l'aspect merveilleux et intéressant se cache aussi un aspect plus régressif[91].

Si la graphémologie et les matériaux utilisés sont bien plus conséquents chez Lachenmann que chez Grisey, les principes d'accumulation et d'organisation des bruits restent en revanche intuitifs ou sériels[92]. Les sons sont mentalement représentés par leur courbe d'intensité (par exemple un gong est un pic suivi d'une résonance), puis additionnés intuitivement, sans recours à la technologie et sans prendre en compte les autres dimensions acoustiques. La partition est alors composée, horizontalement et verticalement, selon ce principe intuitif, se focalisant principalement sur la forme et l'énergie. Les techniques d'organisation et de succession des modes de jeu sont parfois plus graphiques ou combinatoires, comme dans *Klangschatten - Mein Saitenspiel* [1972]. Dans d'autres œuvres, des citations non reconnaissables (par exemple l'hymne allemand, une chanson enfantine *lieber Augustin*, ou la Sicilienne de l'oratorio de Noël de Bach dans *Tanzsuite mit Deutschlandlied*) servent de squelette à certains passages.

Comme Ferneyhough, Lachenmann est influencé par le concept de *musique informelle* d'Adorno. Ce concept qualifie une démarche esthétique pour laquelle toute préoccupation formaliste hors de la musique serait exclue.

> J'entends par "musique informelle" une musique qui se serait affranchie de toutes les formes abstraites et figées qui lui étaient imposées du dehors, mais qui, tout en n'étant soumise à aucune loi extérieure à sa propre logique, se constituerait néanmoins avec une nécessité objective dans le phénomène lui-même[93].

écrit Adorno

L'attitude informelle n'est pas une attitude déconstructive ou postmoderne mais une tentative de neutralité absolue à l'égard de la fascination formaliste et positiviste en musique (Xenakis, Boulez, Babbitt, Risset ou Grisey ont certainement une approche plus formaliste, de par l'importance et par le caractère de totalité qu'ils donnent à leurs calculs). Lachenmann nous faisait d'ailleurs, lors d'une rencontre privée, partager sa crainte que trop de positivisme et de calculs empêchait parfois le contrôle du résultat perceptif[94]. Adorno appelait de ses vœux une telle position esthétique en

---

91. Lachenmann, *Musik als existentielle Erfahrung*, *op. cit.*, 1996, p. 211.

92. Lachenmann en a explicité certains principes en 1966 dans une conférence pour la radio de Cologne publiée sous le titre « Klangtypen der Neuen Musik », *in* Lachenmann, *Musik als existentielle Erfahrung*, *op. cit.*, p. 6. Nous avons pu également consulter certaines copies d'esquisses provenant de la fondation Paul Sacher, instructives quant au travail de la forme et les techniques de hauteur, et Lachenmann a montré plusieurs exemples de sa méthode de composition lors du cours d'été Acanthes à Villeneuve-les-Avignons en 1998.

93. Theodor Adorno, *Quasi una fantasia*, traduit de l'allemand par Jean-Louis Leleu, Paris, Gallimard, 1982, p. 294.

94. Entretiens personnels à Berlin en 2002; Lachenmann prenait l'exemple de Xenakis qui, malgré une technique cohérente, sonnait parfois « *exotique, romantique, sériel, ou aléatoire* ».

opposition à la fois à la musique sérielle des années 60 qui semblait trop se préoccuper de ses seules intentions techniques, et à une musique au contraire basée sur la seule intuition [95]. L'attitude informelle doit se traduire par la volonté, chez le créateur, de ne pas dominer rationnellement le matériau mais de le laisser musicalement vivre, tout en restant à l'écoute de sa propre sensibilité. La logique doit, pour Lachenmann, rester purement musicale. « *Composer veut dire : a) réfléchir sur les moyens (...) b) construire un instrument (...) c) ne pas se laisser aller, mais se laisser venir* » [96].

Un autre aspect de l'esthétique de ce compositeur, lié au travail de déconstruction et d'élaboration informelle de la musique, est son message politique. En pleine révolte estudiantine de 1968, le détournement de l'orchestre dans *Air* et *Notturno* ne visait pas seulement, comme chez Grisey, une recherche positiviste pour dépasser le son classique, mais correspondait à « *un refus et une protestation contre l'orchestre culinaire endormi* » [97]. Il y a un sens moral affirmé dans la musique de cet ancien élève de Nono, fils de pasteur comme il l'affirme volontiers, pour qui l'artiste garde une responsabilité face à l'histoire et à la situation sociale. Chez Lachenmann, l'attitude de dissidence doit être esthétique : il faut détourner et provoquer le contexte bourgeois de la musique classique en utilisant et en déconstruisant des formations connotées, traditionnelles et bourgeoises (quatuor à cordes, concerto, orchestre), et des citations de référence dans la bonne société allemande. Pour Lachenmann, il faut toujours choisir le chemin le plus difficile, faire de la « *nicht-Musik* ».

> Vous [les artistes] savez que vous avez une mission à accomplir. C'est la conséquence inévitable d'un temps révolutionnaire de l'art, et il n'est pas possible de fuir ce temps pour se réfugier dans l'art pur, dans la tour des elfes, où il n'y a plus d'art pur

écrivait l'écrivain d'inspiration marxiste Christopher Caudwell, dont Lachenmann reprend le commentaire dans *Salut für Caudwell* [1977], pour deux guitaristes.

Lachenmann est certainement un compositeur symptomatique des années 70, héritier à la fois de Nono et de Schaeffer, relativement proche, dans sa démarche, de Ferneyhough comme de Grisey. Cependant, alors que Ferneyhough adopte une attitude ambiguë de fascination du signe jusqu'au-boutiste et pseudo-structuraliste, comme nous le verrons dans le chapitre sur la complexité, même s'il la justifie *a contrario* par le concept de « musique informelle », Lachenmann et Grisey s'inscrivent dans un désir de nouvelle écriture dépassant les signes classiques discrétisés et paramétrés de la note sur une partition et prenant en compte la perception et la complexité du phénomène sonore pour créer de nouveaux horizons auditifs. Les démarches de Grisey et de Lachenmann restent toutefois différentes : Lachenmann aborde frontalement, par les modes de jeu employés, les catégories du son non-

---

95. « *Celui qui, au nom de la probité, refuse de composer autrement que ne le lui permet sa sensibilité, ou qui s'insurge contre la contrainte des principes de construction, celui-là, loin d'avoir trouvé ainsi la voie de la liberté, n'a fait jusqu'ici que reproduire, sans s'en douter, l'attitude de tous ceux qui, à l'époque de la libre atonalité, tiraient vanité de n'être pas des snobs, mais qui, au lieu d'une œuvre réellement personnelle, n'ont produit que du rebut. Mais si, à l'inverse, un compositeur fait une croix, tranquillement, sur sa sensibilité, et croit pouvoir travailler, ses manches retroussées, sur le matériau, il se livre alors à la bêtise de la conscience réifiée.* » Adorno, *quasi una fantasia, op. cit.*, p. 299.

96. Lachenmann, *Musik als existentielle Erfahrung, op. cit.*, p. 74, également dans Christine Buci-Glucksmann – Danièle Cohen-Levinas, *L'idée musicale*, Saint-Denis, P.U.V, 1993, p. 239.

97. Lachenmann cité par Nonnenmann, *Angebot durch Verweigerung, op. cit.*, 2000, p. 55.

harmonique et transitoire. Le résultat perceptif est conséquemment inouï, enrichi par accumulation d'éléments bruités, totalement concret, avec presque aucune connotation de musique instrumentale classique, si ce ne sont les effectifs employés et certains rythmes utilisés. De plus, Lachenmann adapte la graphémologie de son écriture à son projet et élabore un système de notation propre. Enfin, il privilégie une démarche moins formaliste, moins scientifique. Sa grammatologie est plus intuitive que celle de Grisey, comme l'était celle de la musique concrète. Elle est également parfois plus traditionnelle, basée sur des techniques combinatoires et sérielles empruntées qu'il déconstruit ensuite comme Ferneyhough. La démarche de Grisey, comme celle de Risset ou des compositeurs allemands de musique électronique, semble au contraire plus positiviste[98]. L'inharmonique est atteint par construction scientifique, par synthèse d'éléments fusionnés souvent harmoniques. Chez Risset comme chez Grisey, les résultats restent plus proches de leur domaine de recherche de départ (les sons sont entretenus), parfois plus démonstratifs. Ces deux compositeurs ont également en commun d'ouvrir une pensée du continu. La graphémologie traditionnelle est en apparence conservée chez Grisey, bien que les systèmes de portée n'aient plus le rôle d'accumulation mais celui de transcription d'un sous-élément qui fusionne. En revanche, de nouvelles techniques grammatologiques sont, chez ces deux compositeur, explicitées, élaborées, validées scientifiquement (rendues réfutables), et prêtes à être développées par d'autres.

On peut s'interroger sur la raison pour laquelle Grisey et Lachenmann, tous deux pourtant conscients de la crise de la grammatologie traditionnelle et marqués par la musique électroacoustique, ont conservé les moyens traditionnels de notation (la partition) et de production de son (les instruments de l'orchestre – et particulièrement ceux de l'orchestre romantique –). Il est certain que leur formation de compositeur de musique instrumentale les incitait à demeurer dans ce domaine. Mais leur sens de la recherche et du dépassement ne peut se contenter d'une telle explication. Il faut plutôt la chercher, il nous semble, dans les capacités d'écriture (graphémologique comme grammatologique) encore trop limitées qu'offrent les nouvelles technologies. Si les moyens électro-acoustiques numériques proposent théoriquement la possibilité, aujourd'hui, de « tout écrire » et de « tout retravailler », les méta-techniques d'écriture restent encore pauvres, sauf pour les créateurs qui, comme Risset ou Chowning, acceptent de passer par le code informatique quelque peu abscons et nécessitant certaines expertises techniques[99]. En effet, les logiciels existants n'offrent pas encore d'interface généralisée aussi facilement manipulable pour un compositeur que la partition traditionnelle pour intervenir symboliquement ou visuellement, rapidement et musicalement, sur tous les paramètres du son[100]. L'enjeu, pour la jeune génération de compositeurs et de théoriciens, consiste donc à élaborer, à l'avenir, grâce à la

98. Noter, sur ce plan et sur ce plan seulement, le croisement franco-allemand d'une génération à l'autre : Lachenmann « héritier » (en simplifiant) de Schaeffer et de la musique concrète, et Grisey et Risset de Stockhausen et de la musique électronique.

99. Le compositeur, paresseux par nature en ce qui concerne la fabrication de son instrument, veut se concentrer sur ce qu'il en fait.

100. Les filtrages, mixages et transpositions se font par exemple encore « à la main » sur la plupart des logiciels de « montage du son » (protools, Logic Audio, Cubase). A part la stéréophonie pour laquelle il existe un outil grammatologique symbolique (la ligne <L-R>), une écriture de l'espace sur plus de trois canaux doit encore se faire par copiage/collage manuel ou en passant par des logiciels spécialisés.

technologie, de nouvelles graphémologies du sonore de niveau symbolique élevé, afin de réconcilier et développer plus avant à la fois les techniques de fusion du son et de transcription des partiels acoustiques de Grisey et de Murail, et le travail sur les sons bruités et inharmoniques de Lachenmann et Sciarrino. Cela permettra de s'affranchir définitivement de la pensée contraignante de l'intervalle, de la hauteur fixe et du son harmonique, sans passer par des « artifices » comme le faisaient Lachenmann ou Grisey. L'enjeu consiste ensuite à élaborer, grâce à l'ordinateur et la recherche, une nouvelle grammatologie issue de phénomènes acoustiques, psychologiques et des sciences cognitives (induction, surprise, apprentissage, etc.), et plus généralement des interfaces permettant à l'imagination particulière de tel ou tel compositeur singulier de s'accaparer ces nouveaux moyens de transcription et d'en faire un outil de création.

Aujourd'hui, vingt ans après les premières expériences de Risset, Ferneyhough, Lachenmann ou Grisey, et cinquante ans après celles de Schaeffer, où en est la problématique de dépasser la grammatologie traditionnelle? Il semble que la vague « post-moderne » ait touché jusqu'à la musique expérimentale, en particulier son rapport à la science et au progrès. Les compositeurs de musique savante ont perdu, dans les années 90, le monopole de la technologie musicale que s'accaparent brillamment les compositeurs de musique « populaire » [101]. De plus, la recherche sur les technologies musicales ne peut plus être effectuée par des « compositeurs-chercheurs », car les compétences nécessaires se spécialisent (la séparation est nette, par exemple à l'Ircam, entre scientifiques et compositeurs, et entre les centres d'intérêt de la recherche scientifique et ceux de la recherche musicale). La technologie se banalise, n'est plus gage de modernité, et son attrait s'amenuise parfois chez les compositeurs de musique écrite. Ainsi, un compositeur comme Lachenmann la refuse pour le symbole d'aliénation sociale qu'elle représente. Un autre changement touche à l'axiome de progrès. Après les luttes esthétiques des années 70 et 80, la décennie 90 vit à l'heure d'un certain pragmatisme et de la réconciliation, notamment du fait de l'arrivée d'une génération plus jeune (Philippe Hurel, Kaija Saariaho, Magnus Lindberg, Marc-André Dalbavie, Marco Stroppa, Philippe Leroux, Gérard Pesson, Georg Friedrich Haas, Beat Furrer, ...) se réclamant d'héritages multiples. Ceci se traduit par une attitude moins normative chez ces compositeurs revendiquant pourtant une attitude « moderniste », et par l'emprunt mieux accepté de gestes du passé (la harpe du deuxième mouvement des *Quatre Chants pour franchir le seuil* de Gérard Grisey ; le titre et l'utilisation madrigaliste de la voix dans cette œuvre; les concerti pour violon et piano de Ligeti ; les œuvres récentes de Marc-André Dalbavie, Kaija Saariaho ou Magnus Lindberg). Il s'agit de relativiser des systèmes plutôt que de les faire progresser. La fin de la deuxième guerre mondiale et sa "*tabula rasa*" datent maintenant de plus d'un demi-siècle. Les notions de recherche scientifique et de renouvellement en composition semblent s'essouffler, ou tout du moins s'individualiser et se relativiser, et ne sont plus les seuls critères de validité de l'œuvre de musique savante. Cependant, seul le recul permettra de mieux comprendre les évolutions épistémologiques des années les plus récentes.

101. Le phénomène n'est cependant pas nouveau. Des artistes comme Pink Floyd, Isao Tomita, ou Tangerine Dream sont allés très loin dans la maîtrise des technologies dans les années 70 et 80.

Annexe technique : un paradoxe réconciliateur

La question de la relation entre grammatologie et aperception, au centre de notre ouvrage, émerge nominalement dans le troisième quart du vingtième siècle avec la double crise de la graphémologie traditionnelle et du structuralisme. Appliquons un regard historique au *principe de non-bijection entre les complexités*, que nous étudierons dans le chapitre sur la complexité, en extrapolant un paradoxe où deux procédures aux logiques grammatologiques et esthétiques éloignées engendrent des résultats perceptifs proches : l'une, d'essence structuraliste, élaborée en France à la fin des années 50, qui utilise l'écriture dans sa fonction grammatologique traditionnelle en généralisant par combinatoire systématique la notion de transposition d'intervalles; l'autre, post-structuraliste, conçue également en France mais à la fin des années 70, qui transcrit en notation traditionnelle une technique issue de l'électroacoustique.

Une combinatoire de l'intervalle : la technique de multiplication d'accords

Dans les années 60, Pierre Boulez cherche à formaliser et à élargir les procédés utilisés dans les techniques sérielles. Il s'intéresse en particulier à la transposition d'un agrégat de notes et la généralise par la technique de *multiplication d'accords*[102]. Cette technique fut utilisée dans de nombreuses œuvres, dont le *Marteau sans maître* [1953/55] et *Pli selon pli* [1957/62].

La multiplication[103] de deux accords S et V consiste à transposer l'accord S selon les notes de V. En résultent trois agrégats, suivant la note de S choisie comme pivot de transposition. L'ensemble peut être agrégé en un accord S.V, total. Cette transformation, qui généralise la transposition, offre une certaine cohérence perceptive[104].

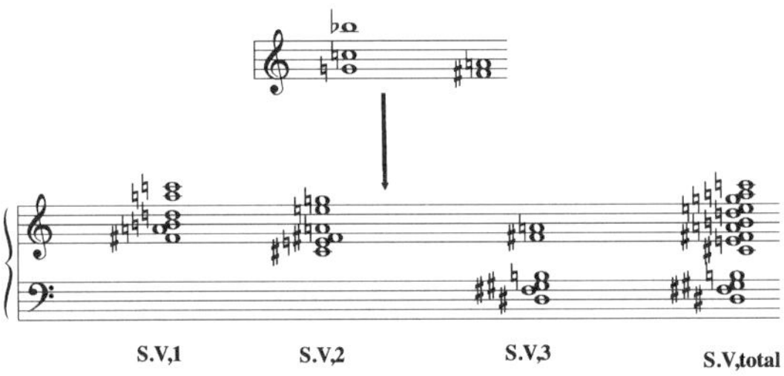

Figure 13 : *Multiplication de S par V.*

102. Boulez, *Penser la musique aujourd'hui*, *op. cit.*, p. 89, et Boulez, *Relevés d'apprenti*, *op. cit.*

103. Notons que le terme « multiplication » n'est mathématiquement pas exact, l'opération n'étant pas commutative, car S×V est différent de V×S.

104. Les agrégats résultants sont identiques à une transposition près. Les intervalles caractérisant ces transpositions d'agrégats correspondent en fait aux intervalles de S. De plus, chacun des agrégats obtenus contient l'accord V. Plus formellement, si l'accord S contient n notes, et V m notes, et si $\{s_i\}_{1\leq i\leq n}$ et $\{v_j\}_{1\leq j\leq m}$ sont les différentes notes constituant respectivement S et V, l'agrégat résultant de la multiplication S x V, en prenant s_p comme pivot de transposition dans S sera :

$S\times V$, (pivot de transposition s_p) $= \{v_i + \{s_p - v_j\}_{1\leq j\leq m}\}_{1\leq i\leq n}$ *(Formule a. 1)*

$S\times V_{total} = [\{v_i + \{s_k - v_j\}_{1\leq j\leq m}\}_{1\leq i\leq n}]_{1\leq k\leq p}$ *(Formule a. 2).*

Une procédure acoustique : les techniques de modulation d'onde

Au cours du XXe siècle, des acousticiens ont développé diverses techniques de modulation de signaux. Il s'agit de moduler un signal (onde *modulante*) par un autre signal (onde *porteuse*) suivant l'un de ses paramètres (fréquence, phase, amplitude, impulsions). Ces méthodes sont appliquées en radiotechnique pour des raisons d'économie technique et de communication d'un signal acoustique audible à travers des fréquences extrêmement élevées, bien au delà du seuil de perception.

La modulation au sens large

Au sens strict, la modulation signifie la modification d'un signal périodique acoustique par un autre signal (l'expression modulation provient du terme modulo). Au sens large, la notion de modulation est généralisable à de nombreux domaines, où la modulation d'un objet A par l'objet B consiste à l'interpénétration de A et de B. Cette technique est gestaltiste, c'est-à-dire qu'elle considère la forme du phénomène et pas son signifié. Notons que la modulation d'un objet par lui-même correspond à la fractalisation de cet objet.

La figure ci-dessous à gauche montre par exemple la lettre [B] « modulé » par la lettre « porteuse » [A], alors que le signe [A] est modulé par la lettre [B] dans la figure de droite.

```
        BBB                          AAAAAAAAAAA
       BBBBB                         AAAAAAAAAAAAA
      BBBBBBB                        AAA      AAAA
     BBB   BBB                       AAA       AAAA
    BBB     BBB                      AAA       AAAA
   BBBBBBBBBBBBB                     AAAAAAAAAAAAAAA
  BBBBBBBBBBBBBBB                    AAAAAAAAAAAAAA
 BBB           BBB                   AAAAAAAAAAAAAAA
BBB             BBB                  AAA      AAAA
BBB              BBB                 AAA       AAAA
                                     AAA      AAAA
                                     AAAAAAAAAAAAAA
                                     AAAAAAAAAAAAA
```

Figure 14 : *Modulation d'un signe graphique par un autre.*
À gauche : B modulé par A, à droite : A modulé par B.

On peut également moduler un rythme A par un rythme B [105] :

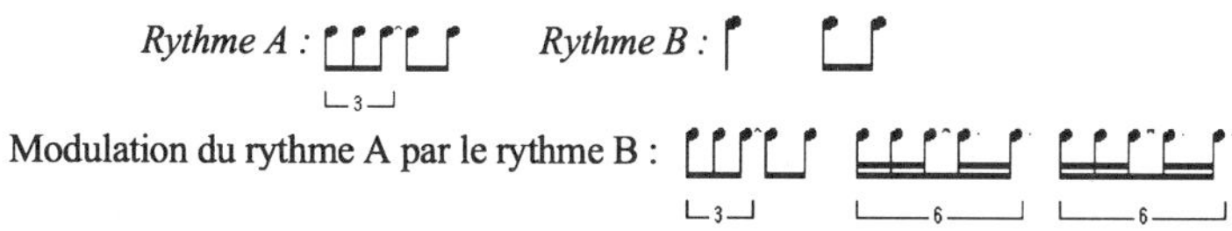

Figure 15 : *Modulation d'un rythme par un autre.*

105. Un rythme modulé par lui-même correspond à sa fractalisation : voir le troisième mouvement de ma pièce non éditée *Trois gestes pour estomper la larme anodine d'Ariane.*

Un accord modulé en intervalle par une fréquence correspond à une *transposition*.

Trois techniques furent particulièrement utilisées en musique électroacoustique, la *modulation d'amplitude*, la *modulation de fréquence* (FM) (par exemple dans *Stria* de Jown Chowning) et la *modulation en anneau*.

La modulation d'amplitude

La modulation d'amplitude[106] consiste à moduler une onde ou un signal par l'amplitude d'une autre onde. Acoustiquement, dans le cas de deux signaux simples (sinusoïdaux), si le signal A est de fréquence f_A et le signal B de fréquence f_B, l'onde C obtenue par modulation d'amplitude sera un son complexe (i.e. non sinusoïdal, voir figure ci-dessous), à deux fréquences[107] : $(f_A + f_B)$ et $|f_A - f_B|$.

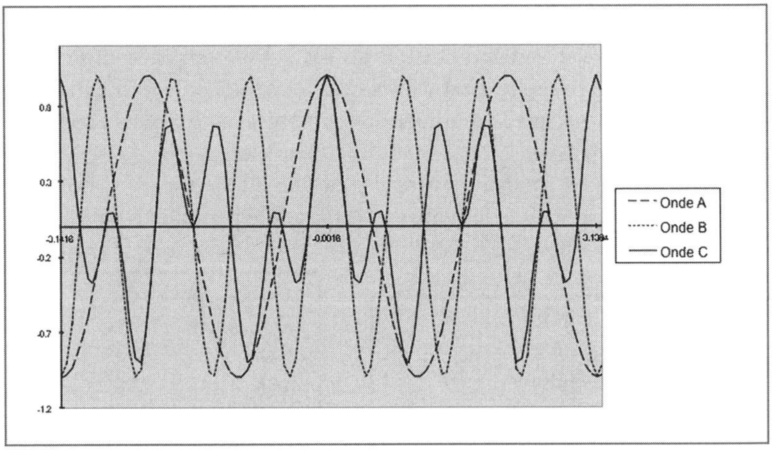

Figure 16 : *Modulation d'amplitude de deux sinusoïdes.*

Le modulateur en anneau

Appliquant la technique de la modulation d'amplitude à un machine physique, Le *modulateur en anneau* est un petit appareil électroacoustique qui reçoit en entrée deux signaux et effectue la somme et la différence de leur fréquence : $(f_A + f_B)$ et $|f_A - f_B|$. Très facile à fabriquer, il a été utilisé dans les musiques populaires, notamment en rock, et dans les musiques savantes (*Mantra* pour deux pianos de Stockhausen)[108]. Son avantage est de transformer à faible coût technique et économique deux signaux

106. Dans la *modulation d'amplitude*, l'opération est exceptionnellement commutative, c'est-à-dire que le résultat reste identique si A est l'onde modulante et B la porteuse.

107. Ainsi, un signal fondamental f_0 modulé avec sa quinte f_0 x 3/2 donnera un son à deux notes : la fondamentale f_0 transposée d'une octave inférieure $(f_0 \times (3/2 - 1)) = (f_0 /2)$ et sa tierce transposée d'une octave inférieure $(f_0 \times (3/2 + 1)) = (f_0 \times 5/2)$.

108. La *modulation en anneau*, tout comme la *modulation de fréquence*, furent simulées et transcrites par analogie sur le papier par des compositeurs tels Gérard Grisey (*Partiels* [1975], *Jour, contre-jour* [1979]) ou Tristan Murail (*Treize couleurs du soleil couchant* [1978], *Gondwana* [1980]). La transcription instrumentale de ces techniques leur offraient des procédures d'enchaînement des agrégats, alors que la plupart des autres techniques d'engendrement de spectres présentait des résultats uniquement verticaux (voir Marc-André Dalbavie, « Notes sur Gondwana », *Entretemps n°8* consacré à Grisey et Murail, Genève, sept. 1989, p. 139).

harmoniques en un signal généralement inharmonique (dû à l'opération de sommation)[109].

La modulation de fréquence

Connue antérieurement en radiotechnique, la *modulation de fréquence* ne fut appliquée qu'en 1973 à la musique par le physicien et compositeur John Chowning, dans les laboratoires américains Bell. Cette technique fut ensuite reprise par la firme Yamaha pour équiper les fameux synthétiseurs DX et SY.

Acoustiquement, dans le cas de deux signaux simples (sinusoïdes), si l'onde A porteuse, de fréquence f_A, module en fréquence l'onde B, de fréquence f_B, il résulte de la modulation de fréquence une onde C complexe (i.e. non sinusoïdal), décomposable en un nombre infini de fréquences[110]. Il s'agit donc d'un spectre *inharmonique*, obtenu en translatant sur la fréquence A le spectre harmonique de B. Cette technique est complexe à prédire (et, en ce sens, à simuler sur le papier)[111].

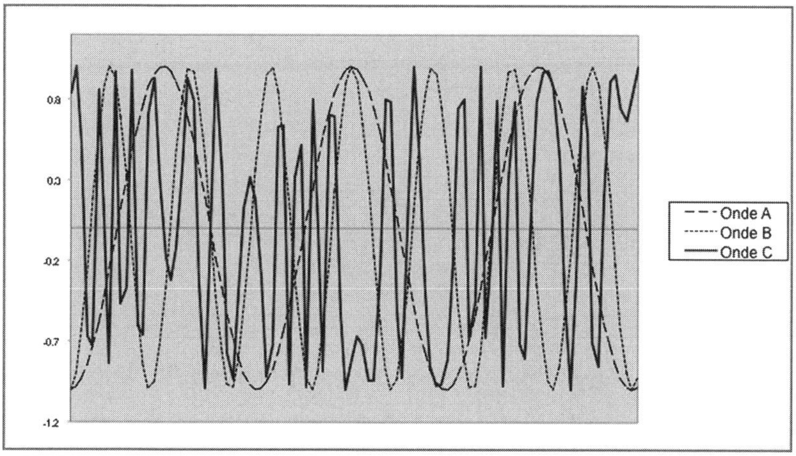

Figure 17 : *Modulation de fréquence de deux sinusoïdes.*

c. q. f. d.

Ces techniques, appliquées à l'écriture, furent mobilisées par deux écoles esthétiques assez opposées : l'esthétique post-sérielle, de type combinatoire et structuraliste pour la *multiplication d'accords*, dont la grammatologique repose sur le signe traditionnel (ici l'intervalle et la note), et l'esthétique spectrale, de type acoustique, « physicaliste » pour la *modulation en anneau* et la *modulation de fréquences*, dont les grammatologies reposent sur le travail en fréquences sur un ordinateur. On peut néanmoins affirmer que la multiplication d'accords imaginée par Pierre Boulez est *une modulation « en anneau »*[112] *des notes d'un accord par les intervalles constitutifs de*

109. Du fait de cette opération de sommation, le modulateur en anneau fut également facile à modéliser dans les premiers calculateurs numériques du son.

110. $(f_A + n.f_B)$ et $|f_A - n.f_B|$ avec n décrivant l'ensemble des nombres entiers. Ceci est dû à la propriété mathématique : $\sin[\alpha.t + I.\sin(\beta.t)] = \Sigma_{n \text{ sur } Z} Jn(I).\sin[(\alpha+n.\beta).t]$. I est appelé indice de modulation.

111. En effet, contrairement à la modulation d'amplitude, la modulation de fréquence n'est pas commutative et le résultat est mathématiquement beaucoup plus complexe et difficile à prévoir (il fait appel aux fonctions de Bessel), bien que beaucoup plus riche.

112. Ce terme, plus approprié, traduit en particulier la non-commutativité de l'opération.

l'autre. La différence entre ces deux techniques réside dans le fait que la multiplication d'accords s'applique aux notes tempérées, alors que la modulation d'onde travaille sur l'échelle des fréquences. En conséquence, la multiplication d'accords reste perceptivement dans l'univers des douze notes de l'octave alors que la modulation d'onde crée de nouveaux espaces microtonaux. Cependant, l'esprit de ces deux techniques reste le même, faisant se rejoindre deux esthétiques qui se sont opposées [113].

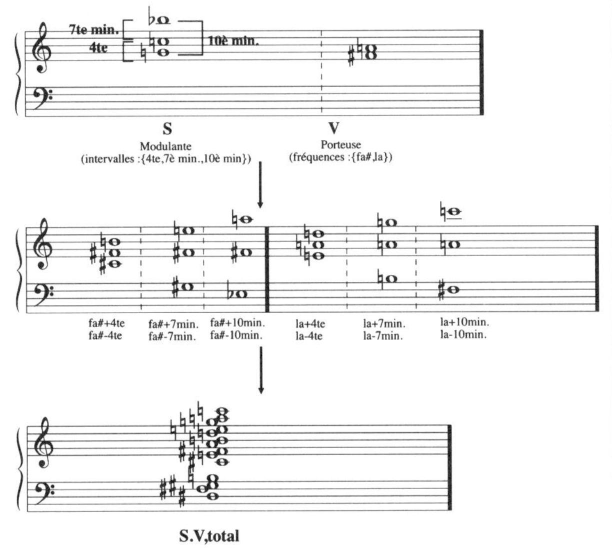

Mathématiquement, la formule (a.1), réécrite différemment, grâce à des propriétés combinatoires, fait apparaître la notion de modulation en anneau des intervalles (somme et différence des éléments de s et de v) :

$$[\ \{v_i + (s_p - v_j)_{1\cdot j\cdot m}\ \}_{1\cdot i\cdot m}\ ]_{1\cdot p\cdot n} = [\ \{(s_p + v_j)_{1\cdot j\cdot m \text{ et } 1\cdot p\cdot n}\ \} - v_i]_{1\cdot i\cdot m} = [\ \{(s_p - v_j)_{1\cdot j\cdot m \text{ et } 1\cdot p\cdot n}\ \} + v_i]_{1\cdot i\cdot m}$$

↑ accord résultant de la somme des intervalles de s et v, placée successivement sur chaque note d'un transposé de v

↑ accord résultant de la différence des intervalles de s et v, placée sur chaque note d'un transposé de v

Figure 18 : *La « multiplication d'accord » analysée comme une « modulation d'intervalles sur des notes »*.

LA CRISE DE LA MODERNITÉ

La fin des années 60 et le début des années 70 ont été marqués par une profonde remise en cause du structuralisme et par un retour à l'objet. Cependant, en interrogeant l'existence d'une intelligence autonome des structures, en critiquant l'importance accordée aux signes, et en s'intéressant à de nouvelles catégories scientifiques et esthétiques telles que le paradoxe, le chaos, l'émergence, le continu, l'irréversible ou la complexité, cette période amorce également une relativisation et une déconstruction des opérateurs de la modernité occidentale, comme nous le verrons pour la musique dans les considérations théoriques des chapitres suivants.

113. Notons aussi, comme autre point commun, que ces deux techniques avaient pour même souci de faire économiquement proliférer un matériau réduit à partir d'une opération relativement simple et cohérente par rapport à l'esprit (sériel, spectral) que s'était fixé le compositeur.

LE SIGNE ET LE SENS

(ENJEUX THÉORIQUES)

La constitution d'une science ou d'une philosophie de l'écriture est une tâche nécessaire et difficile. Mais parvenue à ces limites et les répétant sans relâche, une pensée de la trace, de la *différance* ou de la réserve, doit aussi pointer au-delà du champ de *l'épistémè*.

Jacques Derrida, *De la Grammatologie*, p. 142

LE COMPOSITEUR FACE À SES REPRÉSENTATIONS DU MUSICAL

En tant que musicien, je n'interviendrai ici ni comme expert du sens, ni comme spécialiste du signe, mais comme praticien réfléchissant subjectivement à son activité quotidienne de la musique, comme compositeur de signes pour donner sens à des sens, comme compositeur de sens pour donner sens à des signes.

La perception est culturelle : l'auditeur focalise son écoute sur certains aspects du sonore au détriment d'autres, qui peuvent lui échapper. Plus généralement, une culture, ses musiciens et ses créateurs construisent au cours des siècles des représentations musicales explicites (notations, concepts, théories) à l'image des représentations implicites que cette culture se fait de la musique. En conséquence, toute réflexion sur la composition musicale doit d'abord saisir les principes épistémiques qui fondent les représentations culturelles du musical, qu'elles soient implicites ou explicites, et en cerner leurs conséquences pour la composition et leurs limites pour la perception. Après une déconstruction des notations et représentations utilisées traditionnellement dans la musique occidentale, nous évoquerons d'autres représentations musicales issues d'autres cultures et tenterons d'esquisser, avec toutes les contradictions inhérentes à l'intention, les catégories auxquelles la musique occidentale a involontairement renoncé, parce que imperceptibles ou irreprésentables à ses oreilles.

COMPOSER LA MUSIQUE, COMPOSER LES SIGNES DE LA MUSIQUE

La musique savante ne se réduit pas à la musique écrite, et inversement. L'intelligence d'une musique n'est pas liée à celle de ses écritures, mais éventuellement à celle des représentations mentales que le compositeur compose et que l'auditeur perçoit.

La perception est cognitive et culturelle

Écouter n'est pas entendre. En d'autres termes, la perception d'une musique ne se réduit pas à la réception de son signal acoustique. L'auditeur effectue, lors de l'écoute, un travail inconscient de compréhension de ce signal, c'est-à-dire une codification et une réinterprétation inconscientes du signal sous forme de *signes*[1] *cognitifs*, influencés

1. Au sens de Charles W. Morris, *Signs, Language and Behavior*, Prentice-Hall, Inc, Englewood Cliffs, trad. de l'anglais à l'allemand : *Zeichen, Sprache und Verhalten*, Düsseldorf, Pädagogischer Verlag Schwann, 1946, p. 421. Voir aussi la définition des scolastiques reprise par Saint Augustin : « *aliquid stat pro aliquo* »

par sa culture et sa subjectivité. Ainsi, deux fréquences jouées l'une après l'autre à distance de quarte ascendante (par exemple sol-do) seront généralement perçues, en occident, comme deux notes (la notion de « note » est une abstraction culturelle, c'est-à-dire un signe cognitif), si ce n'est, selon le contexte et l'interprétation inconsciente de l'auditeur, comme une cadence parfaite, bien qu'aucun accord n'ait été joué. Plus généralement, dans les musiques tonales, la perception inconsciente de degrés, de modulations ou de cadences sont des *signes cognitifs*. Le sont également, chez les auditeurs des musiques d'Inde du Nord, les représentations mentales induites par la compréhension implicite des *murcharnas* (modulation d'un nouveau mode sur la tonique d'un mode existant), de la position des *sam* (premier temps du cycle), ou des *kaida* (règles d'engendrement de rythme). Nous nommerons ces signes cognitifs *sémioses réceptives cognitives*, ou *schèmes* au sens de Piaget [2].

La perception musicale est cognitive et culturelle. Ce principe accompagne depuis longtemps ma démarche de compositeur, en particulier mes recherches de grammaires adaptées à ce que je souhaite exprimer et qui puissent être perceptibles. Certes, nous le verrons, l'affirmation n'est pas simple : il ne s'agit pas, au nom de ce postulat, de revenir à des règles fonctionnelles issues de langages musicaux culturellement assimilés et clairement définis par des théories passées. Il ne s'agit pas non plus de ne travailler que sur des abstractions et notions musicales proprement conceptualisées, comme les notes ou le rythme, et d'écarter d'un revers de main toute proposition musicale sur des catégories plus singulières, peut-être moins soigneusement définies, si ce n'est non verbalisées. Il ne s'agit pas non plus, pour le compositeur, de s'acharner à construire des grammaires et des techniques. Il s'agit plutôt, il nous semble, de créer des jeux perceptifs de mises en relation subtiles et d'illusions cognitives qui puissent être perçues, et ce, sans cliché, ni banalité, ni mauvais goût, ni pédanterie. Il ne s'agit pas non plus, pour le compositeur, de théoriser ou de formaliser son activité mais d'inventer et de jouer avec l'audition cognitive et culturelle des autres, bref, de composer une perception. Il ne s'agit pas non plus de composer « pour les autres », d'être prisonnier du public qui vous entoure, de vouloir absolument séduire, de s'enfermer dans une culture partagée. Il s'agit plutôt de prendre sa propre oreille pour modèle, sans dissimulation à soi-même, en construisant et en éduquant ses propres consonances (même si elles sont dissonantes pour d'autres, et éventuellement pour soi-même aux premiers temps de l'introspection). Jouer avec la forme musicale, les effets de mémoire, les surprises et les anticipations, les sonorités et les objets inouïs ou pourvus d'aura, les références, les illusions, les doubles écoutes et les nouveaux horizons perceptifs : tels me semblent être les enjeux principaux du compositeur de musique autonome, et la matière de cet ouvrage.

(le signe est quelque chose qui est mis à la place de quelque chose d'autres), ou de Charles Peirce : « *un signe, ou representamen, est quelque chose qui tient lieu pour quelqu'un de quelque chose à quelque égard ou en quelque qualité* ». (Klinkenberg, *Précis de sémiotique générale*, *op. cit.*, p. 33-36 et p. 91).

2. Selon Piaget, un individu percevant un objet ou une notion tente de l'assimiler. Les *schèmes* sont cet ensemble d'actions ou de réceptions que l'enfant, puis l'adulte, acquièrent et développent par leur interaction avec leur environnement. Jean Piaget, *L'équilibration des structures cognitives. Problème central de développement*, Paris, P.U.F., 1975. Le psychologue de la musique Robert Francès reprend cette notion pour la musique dans Robert Francès, *La perception de la musique*, Paris, Vrin, 1958.

Imaginer, composer, transcrire

La perception est donc cognitive et le compositeur est son premier auditeur. Nous distinguerons deux types de représentations mentales utilisées prospectivement par le compositeur, c'est-à-dire dans un objectif de création : d'une part, les *signes prospectifs cognitifs* sur lesquels s'appuie l'artiste pour *composer*, schèmes clairement définis dans son esprit mais pas toujours explicitables ; d'autre part, les *sémioses prospectives représentables* que le créateur emploie pour les « mises en trace », par exemple sous forme d'esquisse ou de partition (distanciation, réflexions au stade de l'ébauche, transcription, transmission à des interprètes, etc.). Les *sémioses prospectives représentables* peuvent être de natures écrites, verbales, logico-textuelles, graphiques, auditives, ou gestuelles. Elles sont néanmoins toujours explicitées.

Cette distinction entre signes cognitifs *non représentables* et *représentables* est fondamentale dans le travail quotidien du compositeur. Celui-ci a souvent besoin de mettre en trace ses intentions dans un but de réflexion, de transcription (en esquisses ou en œuvre) et de transmission. Cependant, les sémioses cognitives représentables ne transcrivent pas toujours les intentions exactes du compositeur [3]. Le signe est, comme nous le verrons, interprétatif.

Cette distinction doit également être prise en compte par celle ou celui qui « enseigne » la composition, c'est-à-dire celle ou celui qui tente d'offrir un double regard à travers les médiations que sont, entre autres, la discussion et la lecture d'esquisses ou de partitions. Or, parce que les sémioses prospectives représentables ne sont pas indispensables pour motiver l'acte de composition, et parce qu'elles sont interprétatives si ce n'est paralysantes, le rôle de « l'enseignant » est d'aller au delà de ces sémioses représentables et de comprendre les intentions musicales de « l'enseigné » [4], si ce n'est de les approfondir.

Toutefois, nous le verrons, des sémioses prospectives représentables, quelle que soit leur nature, sont souvent nécessaires pour effectuer cet acte de distanciation du sujet producteur avec lui-même, acte essentiel à la création musicale, que la musique soit écrite ou non.

---

3. Un exemple significatif de cette distinction entre *signe prospectif cognitif* et *signe prospectif représentable* fut donné lors d'un colloque sur l'interprétation organisé par l'Ircam en octobre 2004. Le psychologue de la musique Michel Imberty fit écouter différentes interprétations de *La Danse de Puck* de Debussy, l'une par Debussy lui-même (enregistrée mécaniquement sur des rouleaux de cire que percutaient les marteaux du piano), les deux autres par deux pianistes professionnels, dont Arturo Benedetti-Michelangeli. L'interprétation de Debussy semblait paradoxalement la plus éloignée du texte. Mais s'agissait-il d'interprétations de la même trace ? Debussy interprétait directement, me semble-t-il, les *signes prospectifs cognitifs* qui donnaient naissance à son œuvre, ayant en parallèle transcrit et interprété ces signes sur une partition grâce à des signes représentables. Benedetti-Michelangeli, lui, n'interprétait que les signes représentés sur la partition, métissés par ceux laissés par l'héritage culturel commun ou personnel de l'interprète. En d'autres termes, Benedetti-Michelangeli interprétait une trace, elle-même interprétation graphique des intentions cognitives du compositeur.

4. L'enseignement de la composition se heurte souvent à la difficulté de s'assurer que l'étudiant a une claire idée de ce qu'il veut exprimer sans l'obliger à nécessairement le verbaliser. Pour ma part, j'incite souvent mes étudiants, lorsqu'ils ne peuvent décrire leurs intentions, à les chanter, les jouer ou les dessiner. La leçon relativement intime de composition musicale ne réclame en effet aucune « dignité scientifique ».

Écritures et archi-écritures

De nombreuses musiques à travers le monde, populaires ou savantes[5], ne sont pas notées. Cependant, la plupart des musiques semblent construites autour de la composition de *sémioses prospectives* devant être perçues comme *sémioses réceptives*, comme *schèmes cognitifs*. Des systèmes de sémioses prospectives représentables trahissent souvent l'existence de ces sémioses réceptives, notamment dans les systèmes sociaux où certains caractères stylistiques sont transmis de maître à élève, que ce soit verbalement, gestuellement ou musicalement. Ainsi, la plupart des répertoires fondés principalement sur des systèmes de hauteurs semblent posséder un vocabulaire pour les décrire[6] : [*i, ro, ha, ni, ho, hé, to*] au Japon, système *gongche* chinois, solmisation en *devanagari* dans la musique d'Inde du nord ou en tamil ou telugu dans le sud, système syllabique *titilaras kepathan* à Java, etc. De même, les répertoires principalement structurés autour de systèmes rythmiques possèdent souvent des vocabulaire de description et de transmission : en syllabes pour les répertoires pour tabla des musiques carnatiques, en phrases pour les musiques tambourinaires Yoruba du Nigeria, etc. Les répertoires dont les techniques de jeu sont une part essentielle de la signification musicale possèdent également des sémioses prospectives représentables utilisées dans l'enseignement de l'instrument ou la transmission d'une « partition » : sons onomatopéiques des percussionnistes *Ewe* du Ghana, voyelles pour la flûte japonaise *nohkan*, consonnes pour le luth *shamisen*, caractères *jianzipu* pour la cithare chinoise *qin*, etc.

« *En vérité, les peuples dits "sans écriture" ne manquent jamais que d'un certain type d'écriture* » écrit Jacques Derrida[7], qui emploie le terme d'*archi-écriture*, « *première possibilité de la parole, puis de la "graphie" au sens étroit* »[8]. Qu'elle soit écrite ou archi-écrite, la représentation symbolique d'une information permet en effet son abstraction, la distanciation du sujet producteur avec lui-même et finalement, par cette prise de distance, la possibilité de *composer* le signe cognitif. Pour Derrida, une archi-écriture est une trace de la parole sans présence du sujet, un ensemble d'éléments autonomes inscrits dans un réseau, au-delà d'une simple représentation de

5. Cette distinction peu claire entre musiques populaires et savantes peut désigner soit une différenciation sociale de l'auditoire, soit une distinction d'usage de l'œuvre, selon qu'elle a ou non pour fonction de divertir et d'accompagner d'autres manifestations sociales ou artistiques -danse, paroles chantées ou clamées, images, ambiance d'un espace, etc.-, soit une dimension de pensée par celle ou celui qui la conçoit. En effet, même dans un rôle de divertissement, la musique peut parfois être réfléchie de façon autonome par son créateur. A contrario, certaines musiques pures sont conçues sans aucune profondeur, ni « pensée » de leur objet. La distinction réside finalement plus, il nous semble, dans l'œuvre elle-même, et dans le regard que lui porte son créateur : « *On est artiste au fait qu'on perçoit comme fond ce que les non-artistes appellent forme* » [Man ist um den Preis Künstler, daß man das, was alle Nichtkünstler Form nennen, als Inhalt, als die Sache selbst empfindet] écrit Friedrich Nietzsche (*Nachgelassene Fragmente 1887-1889*, *in* Giorgio Colli, Mazzino Montinari (dir.), *Sämtliche Werke. Kritische Studienausgabe*, Munich, DTV, 1980, t. 13, 18[6], aussi consultable http://www.nietzschesource.org/texts/eKGWB/NF-1888,18%5B6%5D [21/10/11].

6. Ian Bent, David Hughes, Robert Provine, Richard Rastall, Anne Kilmer, article « Notation, § II Notational systems », *encyclopédie Grove Music Online*, http://www.oxfordmusiconline.com, [15/10/2010].

7. Jacques Derrida, *De la grammatologie*, Paris, Minuit, 1967, p. 124. Voir la critique de Derrida à l'encontre de Lévi-Strauss, p. 180 à 183, dans son interprétation de l'absence d'écriture chez les Nambikwara.

8. *Ibid.*, p. 103.

la parole : chaque élément signifiant se constitue à partir de la trace des éléments du système auquel il appartient, trace où se livre aussi sa différence par rapport aux autres éléments. Derrida élimine ainsi, avec le concept de *différance* (avec [a]), toute métaphysique producteur/récepteur (c'est-à-dire toute problématique de l'absence ou de la présence du producteur dans la réception, qui, en musique, se traduit en particulier par la question de la performance). L'archi-écriture permet la dissimulation, le détour, l'espacement, le dehors « *qui n'apparaîtrait pas sans le gramme, sans la différance comme temporalisation* »[9]. Elle est en musique la condition de la *composition*, que celle-ci soit écrite ou non.

La question de la « composition » ne concerne d'ailleurs pas tant, pour ce qui touche au passage des sémioses cognitives à l'archi-écriture, la sémiotisation *d'objets* à composer et à transmettre, mais celle de *procédures* plus symboliques, puisque l'auditeur entend des schèmes et non des objets. Ces procédures n'ont certes pas besoin d'être verbalisables pour le producteur, ni même conscientes : le musicien amateur de musiques dites « populaires » reproduit, souvent inconsciemment, en tâtonnant et sans en connaître les théories ni même leur existence, des séquences d'accords cadentielles, plagales, ou basées sur les cycles des quintes, des modulations aux tons voisins, et parfois quelques marches harmoniques. Mais qu'en est-il des musiciens professionnels des musiques non écrites, notamment dans les autres cultures ? Quel est le degré de conscientisation sans verbalisation de leur *archi-écriture* ?

De nombreuses études d'ethnomusicologie systématique signalent l'existence de systèmes de composition dans les musiques de traditions orales : Constantin Brailoiu[10] a décrit des systèmes modaux et rythmiques stricts dans les musiques non écrites d'Europe Centrale. Simha Arom[11] a explicité certaines règles, comme les techniques d'imparité rythmique ou celles de double métrique dans les répertoires vocaux et instrumentaux des pygmées Aka de Centrafrique. François Pachet[12] a formalisé un système de règles pouvant définir la quasi-totalité des morceaux de *Blues* sur des dérivations arborescentes de la séquence paradigmatique d'accords [I-IV-I-V-IV-I]. Plus intéressant, car il s'agit ici d'une archi-écriture non musicale clairement représentable et sans autre usage que la distanciation, l'ethnomusicologue et ethnomathématicien Marc Chemillier a montré que les harpistes Nzakara de Centrafrique utilisaient des combinaisons particulières de doigtés leur permettant, en l'absence de partition écrite, de structurer leurs motifs mélodico-rythmiques[13]. Enfin, l'apparition des supports enregistrés a profondément bouleversé la pratique des musiques « improvisées » (terme qui nous semble extrêmement maladroit), qui utilisent souvent ce

---

9. *Ibid.*, p. 103.

10. Constantin Brailoiu, *Problèmes d'ethnomusicologies*, Genève, Minkoff Reprint, 1973.

11. Simha Arom, *Polyphonies et polyrythmies instrumentales d'Afrique Centrale*, deux tomes, Paris, SELAF, 1985.

12. François Pachet – Jean Carrive, « Intervalles temporels circulaires et application à l'analyse harmonique », *Recherches et applications en informatique musicale*, Marc Chemillier et François Pachet (dir.), Paris, Hermes, 1998, p. 17-30 ; François Pachet, « Computer analysis of Jass chords séquences : is Solar a blues ? », *Readings in music and artificial intelligence*, E. R. Miranda (dir.), Amsterdam, Harwood academic publishers, 2000, p. 85-114.

13. Marc Chemillier, « Ethnomusicologie, ethnomathématique. Les logiques sous-jacentes aux pratiques artistiques transmises oralement », intervention au *Colloque Diderot*, Société de mathématiques européennes, Ircam, 03/12/99, voir aussi : http://users.info.unicaen.fr/~marc/publi/diderot/nzakara.html.

moyen de transcription comme interface de distanciation (en plus de leurs connaissances techniques préliminaires souvent riches), ouvrant la voie à de vraies compositions jouant avec des catégories musicales difficilement verbalisables [14]. Ces procédures représentables sont-elles explicitées dans ces différentes musiques? Cela n'est pas certain, mais c'est une question que le logocentrisme occidental pose trop souvent afin de différencier sur ce seul critère, à tort de notre point de vue, les musiques « savantes » des musiques d'expression « populaire », (de la même façon, les musiques improvisées sont rarement improvisées; elles sont pensées, précomposées, archi-écrites, même si elles se servent également de la force du moment comme inspiration pour varier le modèle. Certaines sont d'ailleurs éminemment savantes).

Une question centrale que tentera de résoudre cet ouvrage concerne les problèmes de mise en trace des sémioses cognitives du compositeur, en particulier à travers les transcriptions sur papier et sur enregistrement : quelles possibilités et quelles limites chacune de ces archi-écritures induit-elle pour la composition? Une autre question fondamentale concerne les relations et les décalages entre les intentions créatrices du compositeur d'une part, et la compréhension cognitive qu'en a l'auditeur d'autre part, à savoir les identités possibles entre *sémioses prospectives* et *sémioses réceptives.*

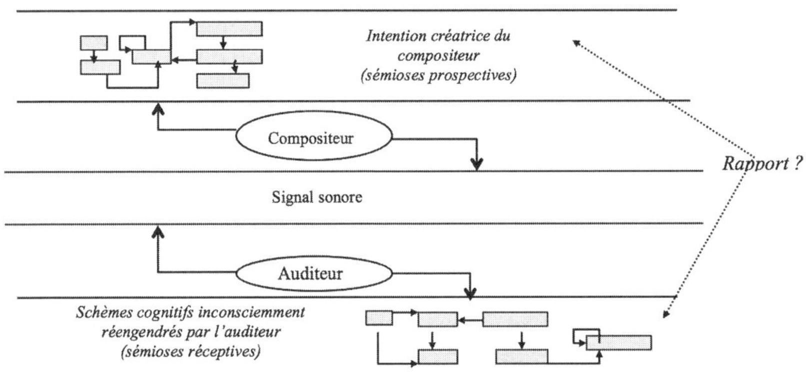

Figure 19 : *Intention compositionnelle et perception cognitive : quelles relations?*

LA MISE EN TRACE COMME MOYEN DE DISTANCIATION

La musique occidentale écrite traditionnelle se singularise par l'usage d'une notation complète, autonome et propre à ce domaine. Cette propriété, nous le verrons, est révélatrice d'une culture organisée autour de paradigmes de rationalité et de transmission écrite. Cette propriété induit également une représentation particulière du musical et, en conséquence, une façon distincte de composer les sémioses du musical. Avant d'approfondir les caractéristiques de cette notation particulière, énonçons quelques propriétés communes à toute écriture. Le terme d'écriture sera ici

14. Ross Russel montre par exemple que Charlie Parker inventa le be bop en écoutant en boucle les enregistrements phonographiques de Lester Young. Le free jazz, qui apparaît une décennie plus tard, est également un enfant de l'enregistrement et du son non réduit à des notes (tout comme, en musique écrite, les musiques spectrales, bruitistes, et concrètes instrumentales).

considéré au sens large, dans le sens d'une mise en trace pérenne et transmissible (enregistrements, inscriptions graphiques, écritures sémantiques).

Fonctions graphémologiques et grammatologiques de toute écriture

On attribue généralement deux fonctions aux écritures, du point de vue du producteur-écrivain : la fonction *graphémologique*, qui considère que l'écriture représente, à travers ses différents signes et signaux, la transcription de ce qu'elle exprime, et la fonction *grammatologique*[15] qui a un rapport avec le processus matériel sur l'écriture, en d'autres termes qui considère que l'écriture et ses signes sont des substances autonomes interrogeant la pensée et le matériau de ce qu'ils expriment[16].

L'écriture d'une partition musicale ou l'enregistrement sont ainsi *graphémologiques*, car ils renvoient par la lecture de leur transcription à une action de jouer, à un son, ou à une séquence musicale, tout comme l'écriture linguistique renvoie à une langue orale.

L'écriture musicale ou l'enregistrement sont également *grammatologiques*, car le compositeur ou l'analyste se l'accaparent comme outil d'étude et de création. Chaque écriture musicale induit en effet une façon de penser et de composer : les permutations sur les signes des compositeurs de l'Ars Nova ou du sérialisme généralisé (l'inversus, le rétrograde, la séparation talea/color ou les canons augmentés) sont avant tout des procédures sur le signe, un jeu sur une notation particulière séparant et discrétisant ses différents paramètres ; les transformations de la musique concrète tels que la bande à l'envers, le filtrage ou la modification de la vitesse de lecture sont également une grammatologie issue de cet autre moyen de transcription. L'acte de composition est donc autant une composition de la musique que de ses moyens de transcription, qui induisent une pensée spécifique d'eux-mêmes.

Les écritures, et plus généralement les archi-écritures, sont donc des média dépassant leur fonction de transcription. La conception purement graphémologique de l'écriture, d'origine aristotélicienne se révèle fausse[17] : les signes (la sémiose cognitive prospective comme la sémiose réceptive) sont des modèles de représentation de l'univers qui influencent les modalités de leur pensée.

Autres caractéristiques des écritures transmissibles et pérennes

Le compositeur, qu'il travaille sur papier, sur bande, ou avec l'ordinateur, utilise des supports transmissibles et inaltérables, souvent visuels, qui possèdent certaines propriétés que l'information émise en temps réel, ou plus généralement les archi-écritures non pérennes ou non transmissibles ne possèdent pas :

i) Les représentations visuelles supportent une dimension *spatiale* qui leur confère une *bidimensionnalité* alors que l'espace-temps de l'audition est unidimensionnel. La bidimensionnalité induit une meilleure *distance* et une meilleure *mémorisation* de la perception. Les sciences cognitives ont ainsi montré que la mémoire visuelle est plus

15. de *gramma* = « lettre », en grec.

16. Klinkenberg, *Précis de sémiotique générale*, *op. cit.*, p. 226-230

17. Udo Will, « La baguette magique de l'ethnomusicologue. Repenser la notation et l'analyse de la musique », in *Noter la musique, cahiers de musiques traditionnelles*, Georg, 1999, p. 15.

performante que la mémoire auditive[18]. La dimension spatiale change également la nature de l'information : l'information sous forme visuelle et spatiale permet certaines opérations que l'information auditive, reçue sous forme de flux temporel non décontextualisé, n'autorise pas[19], comme la codification sous forme de signes et une calculabilité.

ii) La lecture est une *perception active* alors que l'audition en temps réel reste *passive* (même si elle est cognitive). Au contraire de l'oreille, l'œil contrôle de façon autonome sa vitesse de lecture et peut s'attarder ou revenir sur un signe. L'apprentissage itératif et le contrôle des mécanismes de compréhension des données du récepteur ne sont pas subordonnés aux vitesses de communication du producteur. L'inscription s'interpose entre le récepteur et le producteur en rendant l'émission de l'information pour le récepteur indépendante de celle de l'émetteur. Ce phénomène n'est pas une caractéristique du visuel : les logiciels de lecture de fichiers sonores et autres supports enregistrés permettent un contrôle de la vitesse de réception auditive d'une information sonore que l'écoute en temps réel rend impossible.

iii) La transcription *conserve l'information.* Elle est un moyen d'enregistrement et de distanciation pour le compositeur. Elle permet la mise en trace de son travail et l'échelonnement de son temps de réflexion. Conscient de la complexité non réductible du phénomène musical, l'archevêque Isidore de Séville écrivait au début du VIIe siècle : « *A moins que l'homme ne s'en souvienne, les sons périssent car ils ne peuvent être couchés sur le papier* »[20]. Deux siècles plus tard apparaissait dans l'ensemble de la chrétienté la notation neumatique du plain-chant[21].

iv) La transcription est en conséquence un moyen de *fixation*[22] et *d'échange* entre personnes appartenant à des espaces ou des époques différents. L'anthropologue Jack

18. Voir par exemple Alan Baddeley *et alii*, « Sentence comprehension and phonological memory : some neuropsychological evidence », in *Attention and Performance vol. XII : The Psychology of Reading*, Mahwah, Lawrence Erlbaum, p. 509–529, 1987.

19. Will, « La baguette magique … », *op. cit.*, p. 14.

20. Isidore de Séville, *Etymologiarum*, chap. III, 15.

21. Selon les spécialistes, les premiers neumes ne décrivaient pas vraiment de hauteurs ni de rythmes exacts, et n'étaient utiles que pour ceux qui connaissaient déjà la mélodie. Ils n'étaient pas encore une écriture musicale complète mais un aide-mémoire approximatif et perceptif des contours mélodiques et un moyen de transmission. La notation diastématique est, selon Jacques Chailley, la première notation à fixer visuellement un sens de "hauteur" (grave=bas, aigu=haut), et des formules rythmiques précises (*punctum, virga, podatus, clivis, torculus*). D'autre part, selon Kenneth Levy, la notation neumatique a affaibli le rôle de la mémoire humaine tout en stabilisant les règles mélodiques (Kenneth Levy, *Gregorian chant and the carolingians*, Princeton, New Jersey, Princeton University Press, 1998, p. 253).

22. En 754, soit un siècle avant les premières notations neumatiques, le Pape Etienne II visite Charlemagne et son père Pépin le Bref. Il réclame une normalisation des règles musicales du chant grégorien et une transmission des mélodies liturgiques grégoriennes à travers le monde chrétien occidental, afin de permettre une suprématie progressive du chant carolingien sur le chant gallican, trop profane à son goût. Il n'est cependant pas encore établi si la notation neumatique a fixé et schématisé le répertoire. Selon des théoriciens des années 70 comme Treitler, Huche ou Van der Werf, la notation neumatique aurait peu à peu cristallisé les formes improvisées, notamment en Europe occidentale. Dans les années 90, les musicologues pensaient au contraire que les mélodies étaient restées stables indépendamment de leur statut écrit, notamment du fait qu'on retrouvait des transcriptions identiques d'un même chant dans des zones géographiques diverses. Il y a eu certes volonté de codifier et stabiliser un répertoire, mais l'écriture en serait, selon Kenneth Levy, un révélateur plutôt que la cause. Pour Marie-Noëlle Colette, la présence des modes, déjà perceptible au VIe siècle, a par exemple été codifiée et organisée dès la fin du VIIIe siècle avec les tonaires, soit un peu avant la création de la notation (email personnel de Marie-Noëlle Colette, 28/07/02).

Goody[23] note ainsi que l'écriture apparaît systématiquement dans les sociétés africaines de tradition orale qui s'urbanisent et dont l'espace d'échange s'agrandit et se dépersonnalise. Selon Udo Will, l'information conservée a d'ailleurs un statut différent de l'information transmise oralement, perdant celui d'événement pour celui d'existant permanent[24]. Cependant, la transcription d'un répertoire ne signifie pas un ralentissement de son évolution. Au contraire, on assiste souvent à un développement plus rapide de ce répertoire, car la transcription écrite rend inutile sa préservation orale quotidienne. En conséquence, l'écriture, au sens large d'une mise en trace, offre une dimension de recherche grammatologique supérieure à celle de l'oralité[25].

v) L'écriture n'offre cependant aucune conservation ni reproduction intégrale. Par sa traduction en signes abstraits, elle dénature et simplifie l'information : la prosodie du langage est par exemple peu représentée par l'écriture latine (à l'exception des signes de ponctuation) ; en musique, les inflexions de hauteur ont été discrétisées en hauteurs fixes et les variations locales de tempérament et de timbre ont été évacuées lorsque le système de portée sur quatre lignes a été élaboré au début du XIe siècle, et le système neumatique abandonné. Les rythmes complexes ont été simplifiés par l'écriture, et le temps noté a été fondé sur un principe de division, alors que le temps vécu est additif (événements qui s'enchaînent). Hucbald de Saint-Amand (840-930), l'inventeur du concept d'échelle musicale, qui défendait par conséquent les systèmes alphabétiques grecs de notation des hauteurs contre la notation neumatique nouvelle, reconnaissait cependant les limites d'une notation discrétisée :

> Les signes neumatiques usuels, toutefois, ne doivent pas être tenus pour tout à fait inutiles, particulièrement lorsqu'il s'agit d'indiquer le mouvement lent ou rapide de la mélodie, ou si le son représenté contient une note tremblée [tremulam], ou bien de quelle manière ces sons-là sont rassemblés en un seul [groupe neumatique] ou séparés l'un de l'autre (...), toutes choses que les signes alphabétiques artificiels[26] ne peuvent absolument pas exprimer[27].

La notation de la musique a ainsi changé la conception musicale, puisqu'elle propose des modèles normatifs d'information, autant pour la musique que pour la pensée, et sert à représenter des idées musicales parfois non audibles (les symétries, par exemple), plutôt qu'à créer et penser des événements musicaux temporellement.

vi) *L'aspect en signes* permet une première *compression de l'information*, qui améliore la compréhension des données (les sciences cognitives ont montré que la mémoire sémantique est supérieure à la mémoire sensorielle), et permet de les manipuler plus aisément.

---

23. Jack Goody, *The Interface between the Written and the Oral*, Cambridge, Cambridge University Presse, 1987, p. 54.

24. Will, « La baguette magique de l'ethnomusicologue », *op. cit.*, p. 21.

25. Charles Atkinson note que l'écriture neumatique a modifié la théorie des tons psalmodiques (Charles M. Atkinson, « L'évolution modale, une perspective du παραπτερον », *Etudes grégoriennes*, XXVI-1998, p. 95-110, Abbaye Saint-Pierre de Solesmes, 1998, p. 108).

26. Noter le terme *artificiel* : la notation neumatique serait plus « naturelle », moins symbolique.

27. Hucbald de Saint-Amand, *Musica*, traduit du latin par Yves Chartier, cité dans Marie-Noelle Colette, Marielle Popin, Philippe Vendrix, *Histoire de la notation du Moyen Âge à la Renaissance*, Paris, Minerve, 2003, p. 20.

vii) Selon Jack Goody[28], l'écriture permet la « *scientifisation* » d'un domaine en favorisant l'accumulation et la manipulation des savoirs, notamment des savoirs abstraits, et en renforçant les modalités du criticisme, du scepticisme, de la reproductibilité et de la vérification d'une authenticité. La notion de listes arborescentes et de taxonomies complexes sont par exemple, pour cet anthropologue, difficiles à réaliser dans une société de tradition orale[29] qui distinguera aussi plus difficilement ce qui est scientifique de ce qui est magique[30]. Dans une société écrite, les données sont préservées, transmissibles, a posteriori analysables et manipulables. Les preuves sont consignées, enregistrées, réfutables. Jack Goody lie par exemple l'apparition de l'écriture en 750 avant J.-C. en Grèce à l'émergence de la science[31]. Le fait que la logique et la grammatologie abstraite soient propres à l'écriture a cependant été contesté[32]. Selon Udo Will, une absence de catégories analytiques élaborées dans l'oralité incite généralement les cultures ne connaissant pas l'écriture à conceptualiser et verbaliser leurs connaissances selon d'autres modalités, par exemple en se référant au monde du vivant. Il rejoint la position de nombreux anthropologues qui insistent sur l'existence d'autres formes de logique dans les sociétés de tradition orale, et les notions derridiennes plus générales *d'archi-écriture* et de *mise en trace* du producteur sans passer par l'écriture. En d'autres termes, l'écriture implique une certaine science, et vice et versa.

Quelle épistémè inférée par la musique occidentale ?

Une culture musicale élabore un système de représentations du musical qui lui est propre, en d'autres termes une *épistémè*[33] sur laquelle elle construit ses *technè*. Expliciter les caractéristiques épistémiques de son écriture et déconstruire l'histoire de ses représentations sont deux méthodes qui permettent de mieux comprendre les opérateurs de la musique en Occident.

Les premières théories musicales apparaissent bien avant l'invention de la notation musicale, puisque l'on en trouve des traces écrites dans la plupart des cultures antiques connaissant l'écriture sémantique. Les babyloniens et les chinois avaient par exemple élaboré très tôt des théories de leur pratique musicale. Il semble en effet que la rationalisation de la musique, plus que tout autre art, soit liée à l'apparition d'une pensée scientifique dans une culture donnée, elle-même intrinsèquement liée

---

28. Jack Goody, *The domestication of the savage Mind*, Cambridge University Presse, Cambridge-New York, 1977, p. 37-59.

29. *Ibid.*, p. 105.

30. Goody, *The Interface between the Written and the Oral*, *op. cit.*, p. 66-72.

31. *Ibid.*, p. 41 et p. 54.

32. Voir la réponse de Jack Goody sur ce sujet dans [Goody, *The Interface between* ..., *op. cit.*, 1987, p. 219]. Lévy-Bruhl, au début du 20e siècle, parlait de « mentalité prélogique » dans les sociétés dites « primitives », c'est-à-dire de la coexistence de l'élément logique et prélogique dans des mentalités essentiellement synthétiques et non analytiques (Lucien Lévy-Bruhl, *Les fonctions mentales dans les sociétés inférieures*, Paris, Felix Alcan, 1910, p. 111).

33. Dans le sens donné par Michel Foucault dans *Les mots et les choses*, Paris, Gallimard, 1966 rééd. 1994, p. 13-14. Les conditions d'un discours, d'une science, d'un domaine, changent avec les époques. *L'épistémè* d'un domaine est l'ensemble de ces conditions.

à l'apparition d'une écriture sémantique, sans nécessité d'une écriture musicale complète ou autonome.

L'héritage pythagoricien : rationalité, harmonie des hauteurs, consonance

La musique occidentale savante traditionnelle, en particulier parce qu'elle est basée sur l'écriture, fonde sa pratique sur des théories rationnelles explicites de son organisation. Les modalités de la rationalité du phénomène musical en Occident semblent directement héritées de la philosophie pythagoricienne, qui apparaît au VIe siècle avant J.-C. en opposition à la vision spéculative ionienne de la musique [34]. L'argument principal de cette école de pensée est : « tout est nombre » [35]. Pythagore établirait [36] notamment que les principaux intervalles consonants peuvent être représentés par des rapports numériques simples, issus de phénomènes physiques (poids d'enclumes, longueurs de cordes) : l'octave par le rapport 2 : 1, la quinte par 3 : 2 et la quarte par 4 : 3. Ces trois intervalles et leur combinaison sont à la base du système des hauteurs en occident [37]. De plus, pour Pythagore (à travers ses disciples), la *consonance* n'est issue ni de considérations métaphysiques, ni de causes perceptives, mais de rapports numériques. Sa position est *rationaliste*, contrairement aux *empiristes* (tel Aristoxène) qui se fondent sur la perception :

> Le noble Pythagore ne voulait pas que l'on jugea de la musique selon les sens, car il disait que sa vertu ne pouvait être appréhendée que par l'esprit. Aussi n'en jugeait-il pas lui-même selon son ouïe mais selon les lois de l'harmonie, et il estimait suffisant de limiter l'étude de la musique à l'analyse de l'octave [38].

La position rationaliste pythagoricienne [39], qui place l'harmonie des hauteurs et leurs rapports rationnels de consonance au centre du système musical [40] imprègnera fortement la théorie musicale occidentale, notamment par le relais des théories de

---

34. Chez les grecs, l'effort spéculatif se développe en Ionie vers la fin du VIIe siècle avant Jésus-Christ, notamment avec Héraclite d'Ephèse qui tente de relier les phénomènes célestes et terrestres. Pour les philosophes ioniens se cache, derrière l'essence du réel conflictuel et pluriel, la loi fondamentale et unitaire du *Logos*, inatteignable à l'homme, qui s'appuie sur l'harmonie, la raison, la sagesse et l'expression du caché.

35. Carl Boyer, *A history of Mathematics*, New York, John Wiley & sons, 1989, p. 57.

36. L'approche pythagoricienne n'est connue qu'indirectement, par les écrits de Platon, d'Aristote, ou par les prolongements effectués par ses disciples tels Philolaos ou Archytas. La *République* de Platon évoque l'école pythagoricienne à travers la recherche empirique de la science des rapports harmoniques des sons, en opposition à des préoccupations plus théoriques (Hugues Dufourt, « Les origines grecques du concept d'Harmonie », *Les cahiers des philosophies du Langage n°3*, « Philosophie et Musique », A. Soulez, Y. Sebestik, F. Schmitz (dir.), Paris, 1998). Pour une discussion approfondie des différentes sources, voir Anthelme Edouard Chaignet, *Pythagore et la philosophie pythagoricienne*, Paris, Didier et Cie, 1874, p. 9-22.

37. En Europe à travers Boèce, mais également, comme on le verra au paragraphe suivant, dans le monde arabe à travers Aristote et Ptolémée.

38. Porphyre, cité par Annie Bélis, *Aristoxène de Tarente et Aristote, le traité d'harmonique*, Paris, Klincksieck, 1986, p. 102; voir aussi p. 64.

39. Les attitudes de Platon et d'Aristote diffèrent quelque peu de celles de Pythagore, en s'intéressent plus à la capacité de l'art d'affecter les émotions et le comportement des citoyens (Evanghelos Moutsopoulos, *La musique dans l'œuvre de Platon*, Paris, P.U.F., 1re éd. 1959; rééd. 1989, p. 68). Dans le *Gorgias*, Platon définit la musique comme une *technè*, c'est-à-dire un art qui procure du plaisir, mais qui n'a pas autant de dignité que la science (Enrico Fubini, *Les philosophes et la musique*, traduit de l'italien par Danièle Pistone, Paris, Honoré Champion, 1983, p. 23).

40. Anne Gabrielle Wersinger, « les mesures de l'infini (remarques sur la musique grecque ancienne) », *Philosophie n°59*, « L'objet musical et l'universel », Paris, Minuit, sept. 98, p. 69.

Philolaos, reprises par Nicomaque. Certes, après l'Édit de Milan de 313, favorisant la tolérance et la diversité culturelle et religieuse, la musique occidentale s'émancipe dans des directions diverses alors que la musique d'Orient reste contrainte par les édits de l'empereur Justinien et de ses successeurs. L'héritage pythagoricien reste cependant présent, notamment avec les écrits théoriques de Saint Augustin[41] (IVe siècle) et de Boèce[42] (VIe siècle) pour lesquels la musique demeure une branche des mathématiques.

Ce paradigme rationaliste sera le moteur d'une théorisation accrue du musical et l'instigateur, à force de créer des représentations abstraites transmissibles et à prétention normative, de la création d'une notation et d'une théorisation musicales complètes et autonomes[43]. Ces différentes théories concrétisent en fait la possibilité de l'écriture musicale moderne, ainsi qu'une pensée rationnelle de la musique séparant les paramètres, se focalisant principalement sur les hauteurs et déduisant des principes de consonance construits sur des rapports mathématiques simples. L'héritage pythagoricien se retrouvera ensuite chez Rameau et Zarlino[44] et, de façon plus isolée, chez Euler, Hellegouarch ou Xenakis[45].

Séparation et discrétisation des paramètres

Outre l'importance de l'harmonie et des hauteurs, une autre modalité de la rationalisation de la musique en Occident est liée, dès l'antiquité, à la représentation du phénomène sonore selon des paramètres indépendants de durées, de hauteurs et d'intensités, puis leur discrétisation. La séparation en paramètres et leur discrétisation

41. Saint Augustin écrit dans son *De Musica*, « *Musica est scienta bene modulandi* » (la musique est la science du mouvement bien réglé).

42. « *C'est pour cette raison* [on doit plus faire confiance à la raison qu'aux sens pour le jugement] *que Pythagore, abandonnant le jugement de l'oreille, se tourna vers la mesure des lois.* », Anicius Manlius Severinus Boethius, *de institutione musica (Fundamentals of Music)*, traduit du latin par Carl Bower, New Haven, Yale University Press, 524, 1989, livre 1, § 10, p. 17.

43. Selon les historiens, la réforme du Plain-Chant au VIIIe siècle fixe les règles musicales. La refonte du chant romain en Gaule, en grande partie responsable de l'invention de la notation musicale, a en fait été initiée par Pépin le Bref et Etienne II à partir des années 750. Elle fut plus tard attribuée à saint Grégoire (Colette *et alii*, *Histoire de la notation du Moyen Âge à la Renaissance*, *op. cit.*, p. 13). Les chantres de l'empire franc entreprennent parallèlement un travail de codification des techniques (séquences, tropes, drame liturgique, classement des modes dans des tonaires). D'importants écrits théoriques apparaissent ensuite avec Aurélien de Réomé (milieu du IXe siècle) et Hucbald de Saint-Amand (vers 840-930). Ce dernier établit entre autres que les mélodies du répertoire traditionnel de plain-chant sont constituées sur une seule échelle. Il figure par des points, des séparations et des représentations verticales les tons, les demi-tons, et les intervalles conformément aux tétracordes grecs (*ibid.*, p. 20). À la fin du Xe siècle, certains chants grégoriens, comme le chant aquitain, disposent verticalement des neumes dits « diastématiques » pour représenter une hauteur relative mais fixe, et y adjoignent une ligne représentant la finale (ou sa tierce supérieure). Selon Marie-Elisabeth Duchez (*ibid.*, p. 18), il n'y a pas de caractère immédiat dans l'équivalence bas-grave et haut-aigu.

44. Une relecture normative de l'histoire a fait croire que les systèmes de Pythagore et de Zarlino évoluent dans le sens des partiels harmoniques, justifiant ainsi acoustiquement la consonance de la quinte et de la tierce. Les harmoniques n'ont cependant été découverts par Sauveur qu'au XVIIIe siècle, et Zarlino justifiait la consonance de la tierce par des rapports numériques simples, et non des notions d'acoustique (Gioseffo Zarlino, *Istitutioni harmoniche*, traduit de l'italien par Michael Fend, Frankfurt, Peter Lang, 1573, p. 244).

45. « *Nous sommes tous des Pythagoriciens* » écrit Iannis Xenakis dans « vers une philosophie de la musique », *Musiques nouvelles*, *Revue d'esthétique*, 1968, p. 174.

marquent une étape importante des modalités d'une pensée qui devient analytique : elle signifie à la fois une catégorisation des problématiques musicales qui permet d'aller plus loin dans les recherches à l'intérieur de chacune de ces catégories et une préoccupation amoindrie des phénomènes transparamétriques.

Plus généralement, les motivations pour séparer, dans une discipline qui se rationalise, un phénomène selon des paramètres indépendants, et le décrire par des alphabets indépendants et discrétisés, semblent de deux types :

Il y a d'une part la volonté de quantifier le phénomène que l'on observe et que l'on rationalise. La mesure du temps (l'invention des horloges solaires ou hydrauliques, par exemple) et les mises en relation ordinale (pythagoricienne) puis cardinale (désignation d'un référent) des hauteurs proposent deux unités de mesure claires et indépendantes d'une partie du phénomène sonore, lui-même non quantifiable.

Il y a d'autre part la volonté de transcrire et de représenter efficacement le phénomène que l'on rationalise. Selon le sémiologue Roland Posner [46], un alphabet de description se constitue sur des principes d'économie et d'efficacité qui peuvent être le passage de l'idéogramme à une combinaison de lettres appartenant à un alphabet plus réduit [47] ou la création de sous-alphabets autonomes. Ainsi, une langue distinguant à l'intérieur de son alphabet deux sous-familles indépendantes (l'alphabet grec, par exemple, séparant consonnes et voyelles à partir de l'alphabet syllabique phoenicien) crée un alphabet de deuxième niveau plus étendu (chaque combinaison de syllabes) sans accroître le nombre de permutations ni de signes. Ce fut vraisemblablement aussi le cas du passage de la notation neumatique pensée en modes de rythmes et en contours de hauteurs, à la création d'une notation en alphabets indépendants et discrétisés de hauteurs, de rythmes et de nuances [48].

On observe, dans la pratique, que les deux motivations de quantification et d'efficacité sont distinctes : si le phénomène musical a été paramétré dès l'antiquité, et si certains paramètres ont connu différents modes de représentation théorique (les lettres de l'alphabet pour les hauteurs), un système d'alphabet complet et facilement lisible par l'interprète n'a été inventé que douze siècles plus tard, et de façon assez laborieuse. De plus, la quantification du rythme est déjà présente dès l'antiquité pour la poésie. On peut spéculer que le paramètre des hauteurs et ses systèmes de désignation s'en sont logiquement déduits lorsqu'on a tenté de passer de la poésie à la

---

46. Roland Posner, « Balance of Complexity and Hierarchy of Precision : two Principles of Economy in the Notation of Language and Music », *Semiotic Theory and Practice*, Proceedings of the third international Congress of the IASS, 1984, p. 909-919, Berlin, Mouton de Gruyter, 1988, p. 910.

47. Les alphabets des langues greco-latines ou coréens, avec une vingtaine ou une cinquantaine de signes seulement, comprenant des consones et des voyelles, énoncent par exemple ce que des systèmes de logogrammes ou d'idéogrammes exprimeraient en plusieurs milliers de caractères (3000 à 5000 sinogrammes dans le langage courant), et l'alphabet morse en trois signes. Cependant la lecture comme l'écriture de l'alphabet morse est plus lente que celles des alphabets greco-latins, permettant l'expression d'un mot par une combinaison de signes plus réduite (la longeur de la séquence est plus courte pour le même sens), et nettement plus lente que le système des caractères chinois exprimant un mot en un ou quelques signes.

48. Dans son *Micrologus*, chap. XV, Guido d'Arezzo fait le même rapprochement entre les sons individuels qu'il rapproche des lettres et les neumes qu'il rapproche des syllabes. L'argument principal en faveur de son nouvel alphabet est l'efficacité d'apprentissage et d'utilisation.

musique[49]. Pour autant, on n'a pas cherché de système de représentation efficace pour la musique comme il en existait en poésie : il a fallu attendre douze siècles pour que la notation écrite devienne le medium principal de transcription, de transmission, et très rapidement de grammatologie de la musique en occident. Ce saut de paradigme sera irréversible pour les six siècles suivants, jusqu'à l'invention du phonogramme et la crise actuelle de la graphémologie traditionnelle.

On peut aussi se demander si la représentation du phénomène sonore sous forme de paramètres traditionnels séparés et discrétisés de rythme, de hauteur et d'intensité est unique et optimale. Ces paramètres sont des signes d'interprétation du monde tel que l'Occident se le représente, paramétrisation que Descartes formalisera cinq siècles plus tard avec ses deuxième, troisième et quatrième principes :

> ii) « diviser chacune des difficultés que j'examinerais en autant de parcelles qu'il se pourrait, et qu'il serait requis pour mieux les résoudre » ; iii) « conduire par ordre mes pensées, en commençant par les objets les plus simples et les plus aisés à connaître, pour remonter peu à peu, comme par degrés, jusqu'à la connaissance des plus composés ; et supposant même de l'ordre entre ceux qui ne se précèdent point naturellement les uns des autres. » ; iv) « faire partout des dénombrements si entiers, et des revues si générales, que je fusse assuré de ne rien omettre » [50].

La séparation d'un phénomène sonore selon ses évolutions temporelles, dynamiques, et fréquentielles n'a pourtant rien d'évident : Une fréquence n'est-elle pas une variation périodique d'un signal en amplitude dans le temps (donc un changement rythmique de dynamique) ? La discrétisation d'événements temporels comme combinaisons d'une unité discrète unique, la ronde, avec ses subdivisions par deux, trois, parfois plus (la noire, le triolet, etc.) n'est pas plus fondée naturellement. La réduction de l'évolution formantique d'un son, éventuellement inharmonique, à son fondamental, l'identification de ce fondamental à une valeur constante[51] attachée à une échelle finie de douze degrés par octave n'est pas non plus manifeste. Il ne va pas non plus de soi de relier l'évolution dynamique de chacun des partiels à celle du fondamental, de considérer cette dynamique temporellement constante, et de la représenter par un alphabet ordinal, à la rigueur nuancé par un signe unique décrivant une évolution linéaire naïve entre deux valeurs constantes (les signes < ou >).

---

49. Acoustiquement, une voix chantée est, surtout en Occident, une voix qui rallonge temporellement les voyelles sur les consonnes, et fait émerger, lorsque le mouvement des cordes vocales en vibration ne se modifie pas, un son harmonique constant et sa fondamentale. Les formants des voyelles sont en effet, au contraire des consonnes, relativement harmoniques. Dans la réalité, selon les styles et les cultures, la voix chantée se distingue aussi de la voix parlée par l'amplification de certains formants et par le vibrato (*source : Xavier Rodet, équipe analyse synthèse de l'Ircam, discussion privée*).

50. René Descartes, *Discours de la méthode*, Paris, Vrin, 1637 ; rééd. 1989, deuxième partie, p. 69 à 71.

51. Les glissandi sont rapidement devenus accessoires dans la musique occidentale, notamment à partir de la notation carrée de Guido d'Arezzo. Plus généralement, la notation carrée modifie le rapport entre le signe et sa signification, puisque le neume diastématique privilégie le point sur la ligne, la hauteur l'emportant sur les mouvements et les liaisons (Marielle Popin, *in* Colette *et alii*, *Histoire de la notation*, *op. cit.*, p. 95).

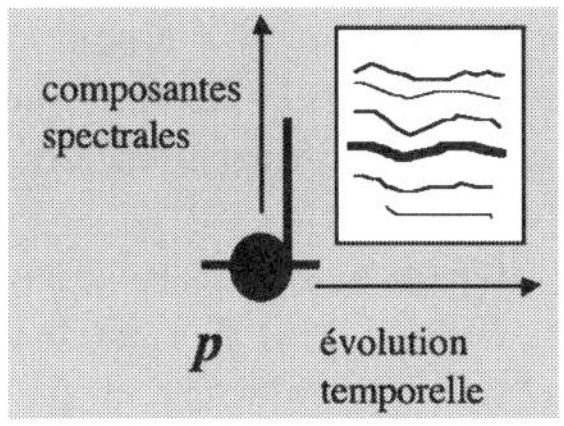

Figure 20 : *Réduction des évolutions temporelles continues d'un complexe sonore en paramètres fixes et indépendants (hauteur, durée, nuance) sous forme de note.*

Nous illustrerons ultérieurement ces limites de la rationalité musicale occidentale et de sa paramétrisation avec des exemples musicaux issus de différents répertoires (xylophone Tikar, paradoxes de Risset, paradoxe de Sadaï, arc Mbela, propres compositions, etc.).

Fonctionnalité, abstraction

Conséquence des possibilités de paramétrisation et de discrétisation qu'offre son écriture, la musique occidentale est caractérisée par sa capacité de forte *fonctionnalisation*, c'est-à-dire qu'elle permet de construire des objets abstraits, en particulier des transformations indépendamment des « entrées » (les concepts de « note », de « rythme », de « degré », de « fonction tonale », « d'échelle », de « symétrie », de « série », de « spectre », de « processus » ou de « paramètre » sont des exemples de fonctions abstraites de leur entrée).

Une notation d'usage autonome et complète

À partir du XIIIe siècle, l'écriture musicale occidentale s'établit dans ses principes actuels. Elle sépare clairement le complexe sonore en trois paramètres indépendants de rythme, de hauteur et de dynamique, et propose pour chacun de ces paramètres des descripteurs discrétisés mis en relation ordinale ou cardinale, sous forme d'alphabets finis réduits à quelques lettres ou obéissant à des principes divisifs simples :

* Pour les hauteurs [52], un alphabet de sept signes *idéographiques* [53] [*do*, *ré*, *mi*, *fa*, *sol*, *la*, *si*], accompagné de quelques « accents » *monosyntaxiques* –altérations de dièse et de bémol, signes d'octaviation, clefs, indications de glissandi, etc.
* Une arborescence divisive binaire pour les rythmes [54], en pratique réduite à environ sept signes idéographiques, accompagnée de quelques « accents » monosyntaxiques - point, triolet, etc. –, complétée par une arborescence symétrique pour les silences.

---

52. Guido d'Arezzo (991-1033) fixe dès le XIe siècle l'écriture des hauteurs. Outre l'introduction du principe de solmisation, ce théoricien invente la portée avec des espaces de lignes représentant la hauteur utilisée, un signe (la clef) disposé sur une ligne pour établir une hauteur précise liée à une ligne précise, et des représentations carrées et rondes (*rotundum* et *quadratum*) du "B" pour désigner si le si est bémol ou bécarre. Dans le même temps, Guido d'Arezzo identifie le mode avec la finale. Il insiste sur le fait que son système permet l'apprentissage du chant grégorien en deux ans et non en dix comme pratiqué jusqu'alors, et saisit les avantages d'une écriture plus analytique.

53. Les signes de type *idéographique* (ou *logographique*) renvoient de façon autonome à des signifiés, alors que les signes de type *monosyntaxique* ne fonctionnent qu'en présence d'autres signes (Klinkenberg, *Précis de sémiotique générale*, *op. cit.*, p. 224). La cédille ou le dièse sont par exemple des signes monosyntaxiques dans leur alphabet respectif.

* Un alphabet d'environ quatorze signes monosyntaxiques pour les nuances[55], la plupart décrivant des intensités fixes et discrètes (***pppp*** à ***ffff***, ***sfz***, etc.), et deux signes uniques et simplifiés décrivant linéairement des variations temporelles linéaires d'intensité (crescendi et decrescendi).
* Viennent s'adjoindre quelques alphabets monosyntaxiques non ordonnés de second niveau de modes de jeu (point d'orgue, tremolo, accents, pédale, etc.) et les indications sémantiques (métrique, caractère, etc.).

Cette réduction sémiotique du complexe musical en trois alphabets indépendants, finis ou divisifs, a certainement privilégié les logiques combinatoires autonomes sur ces paramètres, et permis l'extraordinaire complexité de la musique occidentale, en particulier la polyphonie. A contrario, cette réduction sémiotique réduit une évolution temporelle continue du complexe sonore et de ses différentes composantes spectrales à un son harmonique fixe, c'est-à-dire réduit à un fondamental (le point noté sur la partition), à une durée fixe (la valeur rythmique) et à une nuance. Avec cette graphémologie, il semble en particulier impossible de transcrire et de composer des phénomènes transparamétriques et des sons où les partiels évoluent dans des directions différentes, grammatologie qui ne réapparaîtra qu'après 1968, notamment dans les œuvres de Jean-Claude Risset.

Une notation pérenne

Il est remarquable de constater combien cette notation musicale réductrice et ses caractéristiques sont néanmoins restées en vigueur du XIIIe siècle à nos jours, tout en permettant une diversité « d'écritures » et de styles vraisemblablement inégalée dans les autres cultures. Au delà d'une transcription de transmission ou d'enregistrement, la notation musicale qui émerge au XIIIe siècle est une écriture d'usage, facilement assimilable, et qui propose de nouveaux outils grammatologiques de nature visuelle permettant l'abstraction, la quantification, et finalement la rationalisation. Aucune autre graphémologie à travers le monde, pas même l'enregistrement phonographique ou l'ordinateur, n'offrent cette richesse grammatologique.

54. Du fait de l'apparition de la polyphonie qui rend nécessaire la coordination rythmique entre les voix, Jean de Garlande, théoricien de l'école de Notre-Dame, établit en 1217 dans le *de mensurabili musica* des modes de rythme indépendants des hauteurs, basés sur six modes élémentaires de combinaisons entre longues et brèves. Franco de Cologne, dans le *Ars cantus mensurabilis*, vers 1280, inverse la relation entre modes et durées et fixe des valeurs individuelles de rythme sur une échelle de durées où chaque valeur vaut le tiers de la précédente (Anna-Maria Busse-Berger, « l'invention du temps mesuré au XIIIe siècle », in *Observation, analyse, modèles : peut-on parler d'art avec les outils de la science; Actes du deuxième colloque international d'épistémologie musicale*, textes réunis par Jean-Marc Chouvel – Fabien Lévy, Les cahiers de l'Ircam, Paris, L'Harmattan/Ircam, 2002, p. 33). Anna-Maria Busse-Berger ajoute que la « *révolution conceptuelle* [du renversement entre mode et valeur de rythme] *est inséparable du fait que la notation devient plus importante que la transmission de la musique* » (*ibid.* p. 33). Ce système invente en particulier la notion de silence mesuré, de mesure liée à la battue et de double unité rythmique et métrique, avec la brève comme unité de pulsation et la longue comme unité de mesure.

55. Il n'y avait ni signe, ni même de mot pour désigner les dynamiques au Moyen-âge. La notion de nuance n'apparaîtra qu'au XVIe et XVIIe siècles avec Vincentino, Zarlino, Bonelli, Biancheri ou Praetorius. Mersenne distingue en 1634 huit degrés différents de nuances, et l'école de Mannheim, notamment Carl Philip Emmanuel Bach et Schubart feront des dynamiques, notamment des crescendi et changements brusques, un élément essentiel de leur style.

Certes, la grammatologie qui découle de cette graphémologie paraît aujourd'hui en crise, et ce, pour deux raisons : au début du XXe siècle, les découvertes systématiques des répertoires musicaux des autres cultures ont fortement relativisé l'universalisme de certains concepts musicaux occidentaux (échelles, tempérament, discrétisation, paramétrisation, octaviation). De plus, l'apparition de nouveaux moyens de transcription comme l'enregistrement sur cylindre, disque, bande magnétique puis de nature numérique ont permis de conserver et transmettre d'autres catégories plus fines du complexe sonore, et de créer de nouvelles grammatologies (musiques concrètes, électroacoustiques, spectrales). La grammatologie occidentale traditionnelle portée par une graphémologie limitée et datée reste toutefois encore largement répandue chez les compositeurs de musique savante comme dans les musiques de divertissement. Il est même dramatique de constater combien ses principes continuent à coloniser les autres cultures (combien les maqâmat arabes perdent certains de leurs intervalles pour se rapprocher d'une conception en tempérament égal en quart de ton, combien les métriques africaines et asiatiques se simplifient jusqu'à adopter le principe divisif binaire occidental, etc.).

Outre qu'elle est l'émanation de la civilisation dominante et colonisatrice, la notation musicale occidentale reste apparemment pérenne pour de multiples raisons :

Comme tout système d'écriture complet et autonome, elle est *globalement stable*, son évolution restant mineure par rapport aux acquis partagés [56]. Elle est *échangeable*, c'est-à-dire comprise et partagée par un large groupe d'individus. Elle est également *assimilable implicitement*, c'est-à-dire que sa lecture ne nécessite pas de traduction dans un autre code (en d'autres termes, elle est directement significative).

Enfin, elle possède deux particularités propres : d'une part, sa grammatologie est *évolutive à l'infini*, ce qui la rend adéquate à l'axiome de progrès propre aux musiques occidentales. D'autre part, en paramétrant et en discrétisant son objet selon trois alphabets indépendants et finis, et en permettant l'abstraction, la notation musicale occidentale autorise le listage, la hiérarchisation et, finalement, une certaine rationalisation qui la rend fidèle au logocentrisme occidental. En d'autres termes, cette notation de la musique permet de scientificiser le musical, de le « musicologiser », et de l'élever au statut envié, en Occident, de discipline à la fois scientifique et artistique [57].

UN AUTRE PARADIGME, VENU DE BAGDAD

La musique occidentale a généré des représentations du musical qui lui sont propres, impliquant une pratique et une pensée distinctes. Avant d'exhiber quelques exemples de cultures basées sur d'autres hiérarchies et d'autres épistémès, que nos représentations comme nos sémioses réceptives occidentales appréhenderaient plus difficilement, on peut signaler des systèmes apparentés aux nôtres, de mêmes héritages pythagoriciens, pour lesquels une différence minime d'interprétation de la source grecque conduit à des conceptions radicalement différentes des notions

56. Ce qui n'est pas le cas, par exemple, avec les logiciels informatiques.

57. La musicologie et la théorie musicale sont des approches uniques parmi l'ensemble des disciplines artistiques. La linguistique est une discipline plus récente, et être « théoricien » d'un autre art comme les arts visuels ou les arts performatifs signifie souvent interroger seulement l'histoire ou l'esthétique de cette discipline.

de notes, d'intervalles, d'harmonie, et de consonance de hauteur. Si l'histoire des représentations occidentales de la musique est connue, répétée, et enseignée, l'autre paradigme présenté ci-dessous a tendance à être occulté en Occident. Au-delà de sa difficulté technique, la connaissance de l'autre héritage est une condition importante de la déconstruction du paradigme occidental de hauteur et de consonance.

La source pythagoricienne de l'harmonie et de la consonance

Remarque : le lecteur voulant éviter les explications techniques pourra éluder cette partie et lire directement les conclusions au paragraphe « un autre paradigme en voie de colonisation », p. 96.

Revenons aux origines. Les travaux sur l'harmonie de Pythagore ne sont connus, nous l'avons vu, qu'à travers les témoignages de ses disciples (Philolaos, Archytas de Tarente, Hippocrates de Chios, Theodore de Cyrène, Aristoxène), ceux de ses biographes tardifs (Aristote, Démocrite, Hippobote, Neanthes), et par les interprétations de certains philosophes latins (Nicomachus – IIe s., Iamblichus, Porphyre de Tyr – IVe s.). Le principe dit *pythagoricien* établit entre autres l'existence de rapports numériques singuliers entre des fréquences acoustiquement « harmoniques » : l'octave [2/1], la quinte [3/2] et la quarte [4/3]. De ces trois intervalles s'en déduit immédiatement la valeur [9/8] du ton pythagoricien, « *excès de la quinte sur la quarte* »[58] : [9/8]=[3/2]/[4/3]. Notons que les quatre intervalles énumérés jusqu'ici s'expriment tous par des fractions de puissance des seuls chiffres [1, 2, 3] et que ces rapports sont tous *épimores*[59], c'est-à-dire de la forme [(n+1)/n].

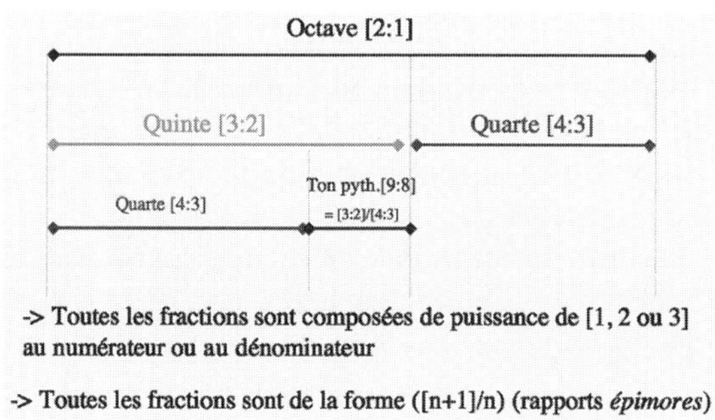

Figure 21 : *Système dit « pythagoricien ».*

58. Fragment 5 de Philolaos, traduit par Chaignet, *Pythagore et la philosophie pythagoricienne*, *op. cit.*, 1874, p. 230 ; Aristoxène, cité par Bélis, *Aristoxène de Tarente*, *op. cit.* 1986, p. 65 ; Boethius, *De institutione musica*, (Fundamentals of Music), 524, *op. cit.*, p. 19.

59. Les rapports *épimores* [(n+1)/n], c'est-à-dire [1+(1/n)], appelés *superparticularis* chez les latins, gardent une signification particulière dans l'antiquité pour des raisons d'efficacité de calcul (une longueur plus une partie de sa longueur). Ils permettent des opérations faciles de division et de multiplication, en particulier le partage de tout intervalle lui-même épimore en deux intervalles épimores *aliquotes*, c'est-à-dire successifs (appelés également *conjoints*) : $[(n + 1)/n] = [(2n + 2)/(2n + 1)] \times [(2n + 1)/(2n)]$. Les autres « espèces » antiques importantes, en musique comme en mathématiques, étaient, en l'absence de la connaissance des nombres irrationnels, les rapports *multiples* (.n), les *superpartients* (1 + a/n), et les *multiple-superpartients* (m + a/n). Les *multiples* et les *superparticularis* étaient souvent considérés comme symétriques (n fois la longueur, et la longueur plus une partie d'elle-même) et consonants, (voir Boethius, *op. cit.*, I. 6, p. 14 ; Safiy ad-Din in d'Erlanger, *La musique Arabe*, Librairie orientaliste Paul Geuthner, Paris, 1935, t. III, p. 13). Cet argument sera repris par Zarlino pour légitimer comme consonante la tierce [5/4] (Zarlino, *Istitutioni harmoniche*, traduit de l'italien par Michael Fend, Peter Lang, Frankfurt, 1573, I § 26, p. 122).

À partir de ce partage de l'octave en deux quartes et un ton, les disciples de Pythagore se sont ensuite posés la question de la *division du tétracorde*, soit le partage de la quarte elle-même en trois intervalles. Vont s'opposer plusieurs héritages, chacun croyant respecter les principes fondamentaux de la constitution des intervalles pythagoriciens :

L'école de Philoaos : l'intervalle à valeur fixe

Rappelons une histoire connue et bien documentée. Philolaos[60] (env. 450-400 av. J.C.), élève de Pythagore et premier témoin de ses travaux, choisit d'évaluer les intervalles manquants par soustraction d'autres existants, prolongeant ainsi la méthode qui avait semblé être appliquée par le maître pour calculer le ton et la quarte à partir de la quinte et de l'octave. En retirant d'une quarte deux *tons pythagoriciens*, il établit[61] un intervalle proche du demi-ton, appelé *limma pythagoricien*[62], et en déduit une première division du tétracorde : [ton, ton, limma], appelé *genre diatonique*.

Les héritiers de Philolaos, en particulier les romains Iamblichus, Nicomachus[63], Porphyre de Tyr, puis Boèce[64] continuent cette méthode par soustraction d'intervalles, c'est-à-dire par division des fractions les unes aux autres. Ce système *philolaossien*, dénommé communément *pythagoricien*, est donc entièrement construit sur des

60. Philolaos, contemporain de Socrate, est né à Croton au sud de l'Italie, dans une communauté religieuse liée aux enseignements de Pythagore, qui avait vécu dans cette région. Philolaos est le premier à avoir écrit sur Pythagore. À la destruction de sa communauté, il se serait réfugié à Thèbes et serait en particulier devenu le professeur d'Archytas et de Démocrite.

61. Philoaos, Fragment 6a : « *l'harmonia* [octave] *est composée d'une syllaba* [quarte] *et d'une di' oxeian* [quinte], *et la di' oxeian est plus grande que la syllaba d'un epogdoic* [9/8]. (...). *La Syllaba est epitritic* [4/3], *la di' oxeian est hemiolic* [3/2], *et la dia pasan* [octave] *est duple* [double]. *Ainsi, l'harmonia a cinq epogdoics et deux diesis, la di'oxeian a trois epogdoics et un diesis, et la syllaba a deux epogdoics et un diesis.* » d'après la traduction anglaise de Andrew Barker, *The science of harmonics in Classical Greece*, Cambridge University Press, 2007, p. 264; voir aussi trad. fr. Chaignet, *Pythagore et la philosophie pythagoricienne*, *op. cit.*, p. 231; traduction allemande Hermann Diels, *die Fragmente der Vorsokratiker*, Weidmannsche Verlagsbuchandlung, 1956, t. I, p. 409. Voir aussi Carl Huffman, *Philolaus of Croton, pythagorean and Presocratic*, Cambridge, Cambridge University Press., 1993, p. 364-355. Philolaos ne donne jamais nominalement la valeur [256/243], contrairement à l'interprétation de Boèce, mais définit les autres valeurs. Boèce, qui dit citer Philolaos, fixe la « *diesis* » comme « *l'intervalle qui sépare le ratio sesquitertia* [la quarte] *de deux tons* », c'est-à-dire le limma pythagoricien (Boèce, *de institutione musica*, *op. cit.*, livre III, § 8, p. 97). Platon (Timeus 35B) définit cet intervalle par [256/243] et le nomme *Leimma*.

Annie Bélis écrit : « *Nous savons par Aristoxène que les Harmoniciens prenaient pour mesure de tout intervalle musical la diesis, le quart de ton; Mais la diesis n'est pas une grandeur déterminée absolument, dans la théorie musicale : à chaque genre, sa diesis; en enharmonique, elle couvre un quart de ton, en chromatique, un tiers de ton, et en diatonique, un demi-ton. Encore ces principes doivent-ils être amendés : chaque école adoptait ses propres "nuances", χροαι, selon sa méthode.* » (Bélis, *Aristoxène de Tarente*, *op. cit.*, p. 70). Cependant, selon Andrew Barker (*The science of harmonics in Classical Greece*, *op. cit.*, p. 269), les autres intervalles étant fixés, Philolaos sait que la diesis a une valeur fixée, même si le mot est ambigu. Dans tous les cas, Archytas et Platon mentionneront sa valeur un siècle plus tard.

62. L'intervalle *Leimma*, obtenu par la soustraction de deux tons [9/8] à une quarte [4/3] est de valeur [256/243] = ([4/3]/([9/8]*[9/8])).

63. Selon Andrew Barker (*The science of harmonics in Classical Greece*, *op. cit.*, p. 20), il y a peu de traces grecques solides sur les travaux harmoniques de Pythagore lui-même. L'homme semble avoir été une construction romaine ultérieure de Iamblichus et Nicomachus. Platon réfère aux *pythagoriciens*.

64. Boèce fixe dans le même paragraphe les autres intervalles : le *comma*, le *schisma* et le *diaschisma*. Boèce reconnaît aussi que le limma n'est pas exactement un demi-ton, (*de institutione musica*, *op. cit.*, II. 29, p. 83).

empilements et soustractions de quartes et de quintes [65], à partir d'intervalles dont les numérateurs et dénominateurs des fractions sont exprimés par des puissances des chiffres [1, 2 et 3] [66]. Les disciples de Philolaos en déduisent trois partages du tétracorde :

- Le genre *diatonique* (ton pythagoricien [9/8], ton pythagoricien [9/8], "demi-ton"/limma [256/243]).
- Le genre *chromatique* ("demi-ton"/limma [256/243], "demi-ton"/*apotome* [2187/2048] [67], "tierce mineure"/*tri-hemiton* [32/27])
- Le genre *enharmonique* ("quart de ton", "quart de ton", "tierce majeure"/*diton*) [68]

Notons que les deux genres chromatique et enharmonique sont constitués de trois intervalles pour lesquels la somme des deux plus petits intervalles reste inférieure à la longueur du grand, au contraire du genre diatonique.

Au VIᵉ siècle après J.-C., Boèce déduit huit modes [69] (lydien, phrygien, dorien, etc.) par combinaison des trois genres suscités. La théorie musicale occidentale a conservé cette approche, en la simplifiant, puisque les intervalles plus petits que le demi-ton, et en conséquence le genre enharmonique, sont abandonnés. La combinaison des genres diatonique et chromatique ont engendré les modes liturgiques, puis, en ne gardant que les genres diatoniques, les échelles majeures et mineures de la musique tonale [70]. Zarlino complète au XVIᵉ siècle le système philolaossien en rajoutant le chiffre 5, et établit en particulier un nouveau calcul pour les tierces majeure [5/4] et mineure [6/5], qu'il inclut dans les intervalles consonants [71]. L'histoire de ces systèmes est encore ainsi enseignée, de nos jours, des petits conservatoires [72] à l'université.

---

65. On a ensuite décrit ce système en termes de cycle de quintes, ce qui est mathématiquement équivalent mais historiquement anachronique. La quarte a en effet un rôle aussi important que la quinte et l'octave chez les Grecs. Voir sur ce sujet Max Weber, *Sociologie de la musique*, *op. cit.*, p. 98.

66. Notons que, mathématiquement, diviser ou multiplier entre elles des fractions de nombres tous multiples de 2 et 3 génère des fractions résultantes de nombres tous multiples de 2 et 3.

67. Boèce croit retrouver cet intervalle d'*apotome* chez Philolaos, tout comme les intervalles *comma* (différence entre un ton et deux *diesis*), *diaschisma* (moitié d'un *diesis*), *schisma* (moitié d'un comma). Barker réfute cet argument (*The science of harmonics in Classical Greece*, *op. cit.* p. 273-275). L'interprétation de Boèce ne fait que conforter cette attitude « occidentale » de fixation des intervalles en vue de créer un alphabet *fini*.

68. Boèce, *De institutione musica*, *op. cit.*, livre I, § 21, p. 41, et IV. 8, p. 136.

69. *Ibid.*, livre IV, § 17, p. 157.

70. Échelles mineures et majeures construites à partir de deux genres *diatoniques* (majeur = [ton, ton, demi-ton/limma] + [ton, ton, demi-ton/limma] = [*do, ré, mi, fa*] et [*sol, la si, do*] ; mineur = [ton, limma, ton] + [ton, limma, ton] = [*do, ré, mi* bémol, *fa*] et [*sol, la, si* bémol, *do*]).

71. Gioseffo Zarlino tente, en 1558, avec le principe de *senario*, de légitimer ce qui se passait dans la pratique polyphonique de son époque, en particulier l'intégration culturelle de la tierce majeure dans les relations de consonance. Comme les pythagoriciens, Zarlino justifie l'emploi du chiffre 5, et plus généralement des chiffres 1 à 6 sur le seul plan de la symbolique numérique (6 permettant de revenir à la trinité) et n'utilise aucun argument acoustique (tierce juste pouvant correspondre au cinquième harmonique). La notion d'harmonique n'est en effet établie que deux siècles plus tard par Sauveur. Dans le 14ᵉ chapitre de son traité, « *Avec le nombre 6, on peut expliquer beaucoup de la nature et de l'art.* » (Zarlino, *Istitutioni harmoniche*, *op. cit.*, Iʳᵉ partie, p. 83), Zarlino remarque que le chiffre six est contenu dans les douze signes du zodiaque, qu'il y a six planètes (Saturne, Jupiter, Mars, Venus, Mercure et la Lune), qu'il y a six qualités pour les éléments, six fonctions naturelles, six directions de mouvement, six arrêtes dans une pyramide à trois faces, six faces dans un cube, six âges dans la vie et six niveaux d'humanité. Une première tentative d'incorporation de la tierce juste 5/4 avait été faite par Walter Odington dès la fin du XIIIᵉ siècle.

72. L'encyclopédie Fasquelle de la musique (1958, t. I, p. 655) écrit ainsi, à l'entrée diatonique : « *Chez les théoriciens grecs, le genre diatonique est celui des trois qui procède par tons et demi-tons majeurs; les*

Archytas, Aristoxène de Tarente et Ptolémée : l'intervalle à valeur mobile

Cette « autre » histoire est moins documentée[73], si ce n'est occultée. Archytas de Tarente[74] (IVe siècle av. J.-C.), disciple (ou élève) de Philolaos, et Aristote (384-322 av. J.-C.) et son élève Aristoxène de Tarente (375-360 av. J.-C.) choisissent une autre voix. S'opposant en partie aux pythagoriciens « d'Italie »[75], ces théoriciens (notamment Aristoxène) vont favoriser la qualité perceptive des intervalles pythagoriciens.

> Telle étant la nature de la musique, nous devons, en matière de chant harmonieusement construit, accoutumer et notre oreille et notre intellect à juger correctement des éléments fixes et des éléments mobiles

écrit Aristoxène dans son Traité d'harmonie[76].

Archytas reste plus pythagoricien, mais choisit de diviser le tétracorde en différents intervalles mobiles à l'intérieur de l'intervalle « fixe » de quarte, en les contraignant à une valeur épimore lorsque cela est possible, prolongeant ainsi à des intervalles plus petits, à l'intérieur de la quarte, une caractéristique des intervalles pythagoriciens (octave [2 : 1], quinte [3 : 2], quarte [4 : 3], ton [9 : 8]).

Ptolémée (IIe siècle après J.-C.), grand admirateur d'Archytas[77], tentera une réconciliation[78] des deux approches aristocénienne et pythagoricienne, dans laquelle le rationalisme pythagoricien doit s'appuyer sur l'observation empirique. Après avoir discuté les six tétracordes d'Aristoxène[79], Ptolémée propose une définition plus large

---

modernes ont conservé le terme pour qualifier la gamme dite naturelle, succession de 5 tons et de 2 demi-tons majeurs. » De même, selon A. Danhauser, le demi-ton diatonique est « *celui qui se place entre deux notes de noms différents* » et le demi-ton chromatique « *celui qui se place entre deux notes de même nom, mais dont l'une est altérée* ». L'enharmonie est « *le rapport, l'espèce de synonymie qui existe entre deux notes de noms différents mais affectées toutes deux au même son* » (Adolphe Danhauser, *Théorie de la musique*, Paris, Editions Henry Lemoine, 1929, p. 25).

73. On notera un article mathématique récent, Manuel Pedro Ferreira : « Proportions in Ancient and Medieval Music » in *Mathematics and Music*, Gérard Assayag, Hans Georg Feichtinger, José Fraincisco Rodrigues (Editors), New York, Springer, 2000, p. 2-10. Cet article pointe les différences mathématiques entre les concepts d'intervalle chez Archytas et Philolaos. Merci à Gérard Assayag de nous l'avoir communiqué.

74. Archytas de Tarente, ami de Platon, est également le découvreur des trois moyennes mathématiques (arithmétique, géométrique, harmonique). Il énonce le premier la notion de *quadrivium* et montre, selon Boèce, qu'on ne peut séparer un épimore en deux parties égales. Selon Porphyre, Pythagore ne serait pas mort à Croton mais se serait succinctement échappé à Tarente, au sud de l'Italie, où il aurait créé une communauté et directement enseigné Archytas (Carl Huffman, *Archytas of Tarentum : Pythagorean, philosopher, and mathematician king*, Cambridge, Cambridge University Press, 2005, p. 7). Selon Aristoxène, Archytas aurait été un élève direct de Philolaos.

75. Aristote écrira de nombreux textes critiques contre les « *pythagoriciens d'Italie* » (voir Bélis, *Aristoxène de Tarente*, *op. cit.*, p. 69), critiques que reprendra ensuite Aristoxène de Tarente, surtout sur le plan musical.

76. 34.25-30, cité par Bélis, *ibid.* p. 209. Voir la note 61 quant à la valeur mobile du ton chez Aristoxène.

77. Barker, *The science of harmonics in Classical Greece*, *op. cit.*, p. 287. Voir aussi Huffman, *Archytas of Tarentum*, *op. cit.*, p. 402-435.

78. Ptolémée critique en fait les « *aristoxeniens qui sont plus concernés par la perception que par la raison* » (Claudius Ptolemaeus, *harmonics*, traduit du grec par Jon Solomon, Leiden, Pays-Bas, Brill, 1989, livre I, § 6.5, 203, p. 9), et qui désignent les intervalles par leur distance *diastema* et non par des ratios exacts, et les pythagoriciens qui « *n'ont pas bien investigué les consonances* », en particulier [5/4] et plus généralement tous les épimores (*ibid.*, II. 6, § 13.23, p. 19).

79. Genres exprimés en partage du ton [*tonos*], lui-même mobile, donc flexibles et irrationnels : *enharmonion* [1/4, 1/4, 2], chromatique doux *chroma malakon* [1/3, 1/3, 1+5/6], chromatique hémiolique

des *genres* sans fixation de certains intervalles autres que leur valeur épimore, lorsque cela est possible[80].

Influence sur la musique arabe

Cette approche en intervalles épimores mobiles n'est pas purement abstraite. Elle semble avoir influencé la musique ancienne grecque[81] et marquera aussi la théorie musicale arabo-turque[82]. Dans la première partie de son important traité musical *Kitabu L-Musiqi Al-kabir*, le théoricien Al-Farabi[83] (872-950), parfois surnommé le Boèce d'Orient, reprend la définition et la classification des *genres* (*Genera* en grec, *Gins* en arabe) de Ptolémée[84]. Al-Farabi invoque également la propriété épimores des intervalles (épimores que Ptolémée, comme Al-Farabi, nomme « emmêles » lorsqu'ils sont plus petits que la quarte). Ainsi, chez Al-Farabi, comme chez Ptolémée, pour trois intervalles d'un tétracorde classé par ordre décroissant, un genre est dit *fort* (diatonique[85]) lorsque « *la somme de l'intervalle central et du dernier est supérieure au*

---

chroma hemilion [3/8, 3/8, 1+3/4], chromatique tonique *chroma tonaion* [1/2, 1/2, 1+1/2], diatonique doux *diatonon malakon* [1/2, 3/4, 1+1/4], diatonique dur *Diatonon syntonon* [1/2, 1, 1] (Ptolémée, *harmonics, op. cit.*, I. 12, p. 41, et Article « diatonique / chromatique / enharmonique », Peter Cahn, encyclopédie *Musik in Geschichte und Gegenwart*, Barenreiter, t. II p. 1219). Voir Zarlino, *Istitutioni harmoniche, op. cit.*, II. 16, qui conteste aussi "Pythagore" et trouve quatre enharmoniques, cinq chromatiques et quatre diatoniques.

80. Ptolémée, *harmonics, op. cit.*, p. 52. Techniquement, chez Ptolémée, le genre est dit *diatonique* (ou *dur*) lorsque la somme des deux petits intervalles est plus grande que le plus grand intervalle, et *chromatique* (ou *mou*) lorsque la somme des deux petits intervalles est plus petite que le plus grand intervalle. Remarquons que les deux genres chromatique et diatonique philolaossiens s'intègrent à cette définition plus large. Ptolémée en déduit huit partages du tétracorde : Enharmonique doux [46/45, 24/23, 5/4] ; chromatique dur [28/27, 15/14, 6/5] ; chromatique doux [22/21, 12/11, 7/6] ; diatonique tonique [21/20, 10/9, 8/7] ; diatonique ditonique [28/27, 8/7, 9/8] ; diatonique dur [256/254, 9/8, 9/8] (= diatonique « philolaossien », dit « pythagoricien » en Occident) ; diatonique droit [16/15, 9/8, 10/9] ; diatonique pur [12/11, 11/10, 10/9].

81. Annie Bélis a découvert une double Aulos grecque à deux tubes contenant quatorze intervalles différents, tous sauf un basés sur des intervalles épimores : [32/27, 11/10, 9/8, 8/7, 7/6, 16/15, 9/8, 7/6] et [32/27, 9/8, 14/13, 9/8, 8/7, 18/17] (Annie Bélis, « Auloi grecs du Louvre », *Bulletin de correspondance Hellénique*, cité par Solomon, in Ptolemaeus, *Harmonics, op. cit.*, p. 47).

82. Le savant Perisec écrit en 1634 « [Les Arabes] *ont conservé entre autres choses des Grecs des manières de noter la musique lesquelles ne se trouvent plus en ce que nous avons des livres grecs; et c'est ce qui nous rend si difficile la pratique de l'ancienne musique, et c'est ce que nous cherchons principalement en ces livres arabes, soit directement, soit indirectement* ». Cité dans Amnon Shiloah – Annie Berthier : « à propos d'un "petit livre arabe de musique" », *Revue de Musicologie n°71* (1-2), Paris, 1985, p. 165-166.

83. Al-Farabi, *Kitabu L-Musiqi Al-kabir, in* Rodolphe d'Erlanger, *La musique Arabe*, Librairie orientaliste Paul Geuthner, Paris, 1935, t. I, p. 57-59. Les citations bibliographiques concernant Al-Farabi ou Safiy ad-Din renvoient systématiquement à la traduction de leur traité par d'Erlanger en 1938, considérée encore aujourd'hui par de nombreux spécialistes (Manik, Shiloah, Farmer, Maalouf) comme fidèle. Amnon Shiloah, qui a traduit de nombreux traités, n'a par exemple jamais cherché à retraduire Al-Farabi ou Safiy ad-Din.

84. Le système de Ptolémée, tel que décrit par Boèce (Boethius, *De institutione musica, op. cit.*, § 20, p. 181), est exactement celui que reprend Al-Farabi (construction en épimores, genres doux et forts, etc.). Liberty Manik, après avoir établi l'héritage des grecs dans la classification des genres arabes, écrit : « *Le fait que le partage du tétracorde semble différent chez les théoriciens arabes et chez les grecs (où ce que nous en connaissons par les sources occidentales* [*i.e.* Philolaos/Boèce]) *est dû au fait que, soit les arabes possédaient des sources différentes et peut-être meilleures, soit ils ont développé plus avant la théorie musicale grecque* » (Liberty Manik, *Das arabische Tonsystem im Mittelalter*, Leiden, Pays-Bas, E.J. Brill, 1969, p. 9).

85. Al-Farabi, comme Ibn Sina ou Safiy ad-Din, utilise un terme propre pour désigner le *genre fort à redoublement de deuxième espèce*, qui correspond au genre diatonique philolaossien ([9/8, 9/8, 256/243]). « *En arabe translittéré, c'est* dhū-l-maddatayn *ou* dhū- ṭ- ṭanīnayn *[genre à deux tons]. Farabi utilise les deux,*

premier » et *doux* lorsque « *la somme des deux derniers intervalles est inférieure au premier* »). Les genres doux sont ensuite classés selon la taille de leur intervalle en *lawini* (chromatique) ou *nadhim* (enharmonique)[86]. De la multiplicité des combinaisons répondant à ces conditions, Al-Farabi conserve in fine douze genres à redoublement ou conjoints[87] (six forts, six doux), auxquels il associe quelques genres disjoints[88], genres qui correspondent vraisemblablement aux échelles pratiquées par les musiciens de son époque et dans son environnement culturel. Dernière étape, Al-Farabi enchaîne deux tétracordes de genre identique sur deux octaves pour engendrer un groupe (une gamme).

Un autre théoricien célèbre de la musique arabe, Safiy ad-Din al-Urmawi (1230-1294) fut, trois siècles plus tard, à travers les traités *al-Risalah as-Sarafiyyah* et *Kitab al-Adwari*, le promoteur de l'*échelle des systématistes* et du partage du monocorde en dix-sept degrés[89]. Cette échelle est une construction théorique rigoureuse de détermination des « ligatures » des touches du 'ud[90], en particulier celles que les musiciens ajoutaient jusqu'alors artificiellement pour combler certaines lacunes pratiques du système d'Al-Farabi[91]. Safiy ad-Din déduit de cette échelle à dix-sept degrés douze combinaisons particulières d'intervalles, les *Maqamat* (modes) de la musique arabo-persane[92]. La méthode de détermination des genres de Safiy ad-Din est, en revanche, pour l'essentiel reprise à Al-Farabi[93].

---

voir la version arabe de Khasaba et Hifnî, *Le Caire*, Dâr al-Kitâb, s.d., p. 296 » nous précise Amine Beyhom (email privé), qui ajoute que Sina emploie plutôt le terme « *genre* ț anīnī. *en arabe* (A-sh-Shifâ' – Mathématiques – Musique, *Imprimerie Amîriyya du Caire*, 1956, p. 104) » et Safiy ad-Din « *dhā al-maddatayn* dans la version arabe de *Rajab*, 1982, éditions Ar-Rashîd, p. 84 ». Certains spécialistes des musiques arabes en déduisirent pour traduction le nom *diatonique* afin que cela corresponde à l'utilisation occidentale de ce terme. Cependant, *dia-* signifie en grec à travers (et non deux; *dia-tonos* : à travers des tons entiers). Di- ou bi-tonique serait donc préférable à diatonique pour la traduction française de ce genre particulier, si on voulait respecter le sens arabe.

86. Al-Farabi, *in* d'Erlanger, *La musique Arabe*, *op. cit.*, p. 60-61.

87. *Redoublements* : lorsque deux intervalles sur les trois sont identiques; *conjoints* : lorsque leur représentation épimore est conjointe : [n + 2]/[n + 1] et [n + 1]/n, par exemple 10/9 et 9/8. Cette classification montre également l'importance que prête Al Farabi à la nature *épimore* de ces intervalles.

88. Al-Farabi, *in* d'Erlanger, *La musique Arabe*, *op. cit.*, fin du premier discours, t. I, p. 103-114.

89. Safiy ad-Din, *in* d'Erlanger, *La musique Arabe*, *op. cit.*, t. III, p. 221.

90. *Ibid.*, t. III, quatrième discours, p. 127 à 150.

91. *Ibid.*, t. III, p. 591. Il s'agit de l'ajout de trois touches supplémentaires au luth, appelées *mujannab*, médius à la persane et médius à la Zalzal. Al-Farabi écrit à propos de son système : « *Il serait possible de superposer d'autres genres à ceux que nous venons de fixer, et d'en déduire d'autres ligatures; cela n'offre pas de difficulté pour celui qui voudrait le faire. Il est cependant peu utile de multiplier les ligatures du luth. Nombre de musiciens savent, en effet, se servir de notes dont la place sur les cordes du luth n'est pas déterminée par une ligature spéciale pour compléter ou orner leurs compositions; ces notes se placent entre les touches déjà fixées, soit au-dessous de la ligature de l'auriculaire, soit au-dessus de celle de l'index* » (Al-Farabi, *ibid.*, t. I p. 174). Safiy ad-Din cherche au contraire à ce que les positions soient toutes théoriquement justifiées. Contrairement à certaines idées préconçues du XIXe siècle, cette échelle n'est pas la division en tiers de ton (notes de Henry-George Farmer dans la préface posthume de d'Erlanger, *ibid.*, t. II, p. IX).

92. Safiy ad-Din, *in* d'Erlanger, *La musique Arabe*, *op. cit.*, t. III, p. 376.

93. *Ibid.*, t. III, troisième discours : *les genres*, p. 33 à 64.

Genre *fort (diatonique), conjoint premier* [8/7, 9/8, 28/27]
Genre *fort, conjoint deuxième* [9/8, 10/9, 16/15] (=échelle de Zarlino)[94]
Genre *fort, conjoint troisième* [10/9, 11/10, 12/11]
Genre *fort, redoublement premier* [8/7, 8/7, 49/48]
Genre *fort, redoublement deuxième* [9/8, 9/8, 256/243] (=genre diatonique « philolaossien »)
Genre *fort, redoublement troisième* [10/9, 10/9, 27/25]
Genre *fort, disjoint premier* [8/7, 10/9, 21/20]
Genre *fort, disjoint deuxième* [9/8, 12/11, 88/81] (avec tierce neutre de « Zalzal »)
Genre *fort, disjoint troisième* [10/9, 12/11, 11/10]
Genre *chromatique-dur, ordonné non-consécutif ferme* [6/5, 20/19, 19/18] (Al Farabi)
Genre *chromatique-dur, ordonné non-consécutif ferme,* [6/5, 15/14, 28/27] (Safiy ad-din)
Genre *chromatique-dur, ordonné consécutif faible* [6/5, 19/18, 20/19]
Genre *chromatique-mou, ordonné consécutif ferme* [7/6, 12/11, 22/21] (avec « seconde augmentée »)
Genre *chromatique-mou, ordonné consécutif faible* [7/6, 15/14, 16/15] (avec « seconde augmentée »)
Genre *enharmonique, ordonné consécutif relâché* [5/4, 24/23, 46/45]
Genre *enharmonique, ordonné consécutif faible* [5/4, 31/30, 32/31]

Tableau 3 : *Genres de Al-Farabi – Safiy ad-Din*
(9 diatoniques, 4 chromatiques, 2 enharmoniques).

Un autre paradigme en voie de colonisation

Deux conceptions distinctes des intervalles et de la consonance

L'approche de Philalaos, interprétée par le romain Nicomachus puis par Boèce (et appelée communément, par contresens, le *système pythagoricien*), reste à la base de la théorie musicale occidentale et de sa pratique. Elle se fonde sur des intervalles *fixes* et *clairement définis.* Cet alphabet restreint d'intervalles, théoriquement défini, est relativement peu intéressant en soi mais permet des jeux combinatoires, ce qui ouvre en Occident la voix à la polyphonie, au contrepoint, au tempérament, et à l'écriture des hauteurs. Ce système offre également la possibilité de hiérarchisation et de quantification des intervalles, leur abstraction, et finalement leur scientifisation.

Les approches d'Archytas et d'Aristoxène, interprétées par l'Égyptien Ptolémée puis par Al-Farabi et Safiy ad-Din, ne permettent au contraire pas la discrétisation et réduction des hauteurs en quelques valeurs. Elles multiplient les possibilités d'intervalles et d'échelles à l'intérieur d'un champ précis de contraintes théoriques (intervalles *épimores* si possible) et pratiques (les pratiques musicales de leur époque[95]).

94. À propos de la présence de la tierce zarlinienne [5/4] dans les musiques arabo-persanes, Jean During écrit que cette tierce « *assez fréquente dans la musique turco-arabe et indienne, n'existe pas dans la musique persane actuelle savante et populaire, malgré son caractère très consonant* » (Jean During, « Théories et pratiques de la gamme iranienne », *Revue de Musicologie n°71* (1-2), Paris, 1985, p. 90).

95. À côté d'une théorie fixant un certain nombre de modes, la pratique arabe se développe sur des intervalles assurés et d'autres plus hésitants, accompagnés de glissandi, d'inflexions, etc. D'Erlanger note que « *les traités écrits au cours de cet âge d'or de la civilisation islamique semblent plutôt avoir été composés en vue d'une vulgarisation des doctrines musicales grecques, et non pas dans le but de codifier les règles de la*

L'alphabet des intervalles n'est pas limité, et reste ainsi mal adapté à une spéculation compositionnelle visuelle ou combinatoire de type polyphonique. Ce système s'intéresse plutôt à la *qualité perceptive* de l'intervalle et aux couleurs qui en découlent, et implique de préférence la *monodie* et l'absence d'écriture (car il ne fournit pas d'alphabet fini).

Une seconde différence concerne la *consonance*. En Occident, Boèce et ses successeurs construiront à partir de leurs concepts de hauteur des définitions claires et strictes de ce qui doit être dissonant ou consonant (consonances parfaites et imparfaites), jusqu'à la notion de consonance tonale. Al-Farabi évite au contraire d'être trop directif[96]. Il écrit notamment :

> Quant à l'autre intervalle qui se rapproche du reste, c'est celui dont les degrés extrêmes, grave et aigu, ont pour rapport [1+1/15]. Sa consonance est si évidente qu'elle est acceptée par tous. Elle est supérieure à celle de l'intervalle *reste* (...). Tout en tenant compte de ce que nous venons de dire, il ne faut cependant pas considérer les mélodies comme des lois ou des dogmes. Une loi, un dogme, sont des choses qui ont été imposées, à une certaine époque, à tous ou à la plupart des hommes. Ces derniers se les transmettent les uns aux autres par voix d'imitation ; ils les admettent et les trouvent satisfaisants, tout comme on est satisfait d'une chose à laquelle on est habitué ; il en va autrement de ce qui est naturel en musique. Si telle ou telle chose est adoptée ou rejetée dans cet art, elle ne l'est pas sans considération ; mais nous la jugeons bonne ou mauvaise selon d'autres choses qui lui sont associées, et qui durent un certain temps[97].

Safiy ad-Din[98] précise, lui, que seuls les intervalles épimores sont consonants, surtout lorsqu'ils sont grands. On a donc ici, d'une part, des définitions plus ouvertes de la consonance, mais surtout des définitions différentes d'une culture à l'autre.

Une théorie plus tolérante est-elle plus vulnérable à la globalisation ?

La conception en intervalles mobiles, plus riche, plus fragile, moins scientifisable, est celle qui souffrira le plus, dès le XIIe siècle, de la « globalisation ». Les pratiques musicales arabo-turques subiront de nombreuses influences[99], notamment de Perse et

vraie musique arabe, celle qui est cultivée par les artistes arabes en dehors de toute contrainte doctrinaire » (D'Erlanger, *La musique Arabe*, *op. cit.*, 1935 t. V, p. X).

96. Voir Al-Farabi, *ibid.*, t. I, p. 220 et d'Erlanger, *ibid.*, t. I, note 1, p. 323.

97. *Ibid.*, p. 69.

98. Safiy ad-Din, *op. cit.* § XIV, t. III, p. 19. Ce théoricien ajoute un peu plus loin : « *Quant aux intervalles emmêles, le plus consonant d'entre eux est celui dont le rapport est de 1+1/7* [=8/7] ; *vient ensuite 1+1/8* [=9/8] ; *puis à mesure que les intervalles deviennent plus petits, leur consonance s'affaiblit jusqu'à atteindre une limite où la différence entre les deux notes constituant l'intervalle cesse d'être perceptible.* » (*Ibid.*, § XXVI, p. 30).

99. Safiy ad-Din remarquait déjà le décalage entre la représentation mentale des intervalles par les théoriciens et les simplifications de ces intervalles chez les musiciens : « *Quand aux maîtres de l'art, ils ne connaissent, en pratique, que trois intervalles emmêles* [=intervalles épimores inférieurs à la quarte 4/3]. *1+1/8 est le plus grand des trois* [ton pythagoricien 9/8, 204 cents] ; *1+1/13 est le moyen* [tiers de ton, 128 cents], *et la fadlah* [limma pythagoricien, 90 cents] *le plus petit. Les mélodies fortes, que nous définirons en temps utile, se composent presque exclusivement de ces trois intervalles. Les intervalles emmêles se*

d'Occident[100]. À partir du XIVe siècle les pratiques turques, arabes, et persanes se séparent[101]. En 1935, le baron D'Erlanger constate qu'il existe autant d'échelles musicales pratiques dans les pays arabo-turcs que de pays de cette large zone, si ce n'est de musiciens[102]. Les différentes tentatives pour catégoriser et unifier les échelles pratiques, notamment le congrès du Caire de 1932, se révéleront infructueuses. De plus, les spécialistes ne reconnaissent que peu d'avancées théoriques autonomes majeures après Safiy ad-Din autres que les influences européennes[103]. Au XVe siècle, Shams al-Dîn al-Dhahabî adopte un système de portée à huit lignes, proche du système découvert quelques siècles auparavant en Occident par Hucbald et Guido. Au XVIIIe siècle apparaissent les quarts de ton (donc un alphabet fini d'intervalles à 24 tons), dont le théoricien Yusuf Batraqui Mishaqa (1800-1888) dénoncera l'incohérence musicale[104]. Cette représentation des intervalles sera pourtant largement acceptée lors du congrès du Caire de 1932[105].

Rares sont les théoriciens, arabes ou occidentaux, ayant lutté contre cette « philolaoisation/Boecisation » de la musique arabe. Le système d'écriture musicale sur portée à cinq lignes découle pourtant directement d'une conception des hauteurs en intervalles fixes et définis (ton et demi-ton). Les lignes induisent en effet l'existence de ces deux seuls intervalles comme combinaison de hauteur (nuancés par leur altération, par leur tempérament qui n'est pas précisé avec cette notation). Elles induisent plus généralement un alphabet fini d'intervalles. De nombreuses transcriptions musicologiques de musiques d'autres cultures, notamment arabes sont pourtant effectuées avec ce système à intervalles fixes, à la rigueur légèrement corrigées par des quarts de ton tempérés, ou exprimés en cents, mais qui ne peuvent prendre en compte le principe systémique qui fondait initialement ces intervalles (signification des fractions). Plus que le système à cinq lignes, c'est le concept global de fixation (des intervalles, des tempéraments, des degrés mobiles à l'intérieur d'un système scalaire, des rythmes, de la forme, et du temps) et donc d'écriture qui contredit de nombreux principes propres aux musiques extra-occidentales.

De plus, les théoriciens des systèmes occidentaux semblent eux-mêmes, consciemment ou inconsciemment, ignorer « l'autre approche », pourtant issue elle aussi de l'Antiquité grecque, comme si l'histoire restait pour beaucoup linéaire (et

---

ressemblent, en effet, à l'oreille, et leurs valeurs se rapprochent beaucoup. Aussi les maîtres de l'art emploient-ils 1+1/8 au lieu de 1+1/7, ou 1+1/9 ; quant à l'intervalle 1+1/13, ils s'en servent à la place de tous les emmêles moyens ; et la fadlah leur sert à remplacer tous les petits. » (Safiy ad-Din, Musique pratique, § XXIII, in d'Erlanger, ibid., t. III, p. 28).

100. Voir les travaux d'experts tels Shireen Maalouf, Amnon Shiloah, Amine Beyhom, Anas Ghrab, Liberty Manik, Henry George Farmer, Jean-Claude Chabrier, etc. (références citées dans ce chapitre).

101. Jean During, « Théories et pratiques de la gamme iranienne », *op. cit.*, p. 79.

102. D'Erlanger, *La musique Arabe*, *op. cit.*, t. V, p. 5.

103. Jean-Claude Chabrier, « Éléments d'une approche comparative des échelles théoriques arabo-irano-turques », *Revue de musicologie*, t. 71 (1/2), 1985, p58-59. Voir aussi During, « Théories et pratiques de la gamme iranienne », *op. cit.*, p. 79. Chabrier écrit « [Les traités écrits entre le XIIIe siècle et le XIXe siècle] *ont été rédigés en adoptant le système de Safiy al-Din sans grande modification* » (p. 59).

104. Shireen Maalouf, *History of Arabic Music Theory : Change and continuity in the tone systems, genres, and scales*, Jounieh, Liban, CEDLUSEK, Université Saint-Esprit de Kaslik ed., 2002, p. 201-212.

105. D'Erlanger, *La musique Arabe*, *op. cit.*, t. V, p. 32 ; E. Tarr, article *Egypte*, encyclopédie musicale *Grove*, t. VIII p. 9 ; Chabrier, « Éléments d'une approche comparative... », *op. cit.*, p. 59.

occidentale)[106]. Boèce fut l'un des derniers théoriciens occidentaux à explicitement citer, à la fin de son traité, les méthodes alternatives d'Archytas et de Ptolémée[107], tout en justifiant sa préférence pour l'approche de Nicomachus héritée de Philolaos[108].

Cette adaptation du système philolaossien aux intervalles de la musique arabe[109] est dévastatrice, sur un plan théorique mais également pour la pratique des musiciens arabo-turcs et pour la perception populaire de ces musiques[110]. Les spécialistes reconnaissent que ces intervalles singuliers[111] continuent à disparaître au profit d'intervalles se rapprochant des quarts de ton tempérés occidentaux. Des cinquante-deux Maqamat subsistants et pratiqués recensés à la conférence du Caire en 1932, il n'en resterait aujourd'hui, selon les spécialistes, qu'une vingtaine.

---

106. La justification usuellement avancée est « je ne lis pas l'arabe (ou le grec) », même si les traductions en français, allemand ou anglais, et la littérature secondaire sont nombreuses dans ce domaine. Les connaissances mathématiques nécessaires à la compréhension des textes antiques peuvent certes paraître rebutantes.

107. Boèce, *De institutione musica*, *op. cit.*, livre V § 17, p. 177 et livre V § 19, p. 179.

108. *Ibid.*, chap. II, § 18, p. 72 : « concernant le mérite ou les mesures de consonance de Nicomachus ».

109. Notons d'autres genres importants décrits par Al-Farabi : les deux genres forts (diatoniques), *conjoint premier* [8/7, 9/8, 28/27] et *redoublement premier* [8/7, 8/7, 49/48], qui semblaient souvent employés par les musiciens bagdadi de *tunbur* (Al Farabi, *in* d'Erlanger, *La musique Arabe*, *op. cit.*, t. II, p. 8).

110. Certaines œuvres occidentales (*Sheherazade*, IIIe mouvement, de Rimsky-Korsakov, ou la bacchanale de *Samson et Dalila* de Saint-Saëns) ne se sont pas privées de parodier une « échelle arabisante » contenant une seconde augmentée (ici tempérée [lab-si]). Le *raï* algérien emploie cette seconde augmentée sous forme d'intervalle tempéré de cinq quarts de tons. Cet intervalle semble être celui présent dans les deux *genres chromatiques mous* listés par Al-Farabi sous la forme de l'épimore de valeur [7/6] (= 267 cents). Amine Beyhom écrit à propos de la modernisation de cet intervalle : « *l'intervalle central du genre 'ijâz qui, dans les théories modernes du maqâm, est décrit comme valant un ton et demi (avec deux demi-tons en bordure pour compléter la quarte juste), fait son apparition théorique au* XIVe *siècle chez Shîrâzî, sous la forme (en rapports de longueur de corde) 12/11 – 7/6 – 22/21* ». Il ajoute « *Le Congrès du Caire de 1932, qui allait entériner de facto l'adoption d'une grille de 24 quarts de tons égaux pour l'échelle générale de la musique arabe, allait de même entériner une « évolution » du genre ijâz vers la forme moderne que nous lui connaissons* » (Amine Beyhom : « des critères d'authenticité dans les musiques métissées et de leur validation : exemple de la musique arabe », *Filigrane n°5*, Paris, 1er semestre 2007).

111. La « tierce neutre de Zalzal » (du nom du luthiste bagdadi Mansûr Zalzal, fin du VIIIe siècle), toujours employée par les musiciens arabes, mais aujourd'hui réduite à un intervalle de sept quarts de tons tempérés, est semble-t-il issue de l'addition des deux premiers intervalles épimores du *genre fort conjoint troisième* [10/9, 11/10, 12/11] de Al Farabi. D'Erlanger (*La musique Arabe*, *op. cit.*, t. III p. 88) écrit que ce genre « *est à la base de l'échelle fondamentale de la musique arabe moderne, uniquement composée de tons entiers et d'intervalles de ¾ de ton ayant approximativement pour rapport 11/12* » (la tierce neutre vaut alors [11/9]=[10/9] × [11/10] ; *347 cents*).

Une autre tierce neutre est également présente dans le *genre fort, disjoint deuxième* [9/8, 12/11, 88/81] sous une autre valeur [27/22] (= [9/8] × [12/11] ; *354 cents*). Ce genre fut présenté comme l'échelle à la base de la musique arabe par de nombreux membres du congrès du Caire de 1932, et par le chercheur dominicain Colangettes (un des premiers chercheurs occidentaux sur les musiques arabes. Voir Manik, *Das arabische Tonsystem im Mittelalter*, *op. cit.*, p. 130).

Enfin, à côté de la tierce de Zalzal, se trouve sur le luth 'ud le *médius ancien* [32/27 ; *294 cents*] qui sera ensuite substitué par un „medius persan« [81/68 ; *303 cents*]. (Henry-George Farmer, cité par Chabrier, « Éléments d'une approche comparative… », *op. cit.*, 1985, p. 52).

LES REPRÉSENTATIONS OCCIDENTALES DE LA MUSIQUE SONT-ELLES UNE SURDITÉ AU MONDE ?

Les représentations du musical sont révélatrices des perceptions cognitives du musical dans une culture donnée. Exhibons deux exemples supplémentaires de représentations différentes de la musique : dans un cas, la notation qui en découle est distincte de celle pratiquée en occident ; dans l'autre, les sémioses exprimées ne sont pas transcriptibles avec le système occidental et ne sont pas non plus perçues par nos oreilles biaisées culturellement.

Comme nous l'avons indiqué en début de chapitre, la culture occidentale a longtemps favorisé les sons harmoniques, les préoccupations rationalistes, la paramétrisation, et des systèmes de consonance basés sur les hauteurs. D'autres cultures accordent plus d'importance aux rythmes, aux couleurs de timbres, aux évolutions temporelles du son, à l'expression, à la perception, à des métaphysiques symboliques et extra-musicales ou à la notion de stabilité historique. Le paramètre rythmique est d'ailleurs relativement simple et secondaire dans la musique classique et romantique occidentale, si on le confronte à la complexité de ce qui se pratique en Afrique ou en Asie Centrale. Quant au timbre, l'Occident a longtemps privilégié les sons purs (cordes colophanées, voix pures sans changement perceptible de registre, organologie des instruments à vent limitant le souffle, les attaques et les bruits parasites), alors que certaines cultures cherchent au contraire à enrichir et à « salir » le son trop harmonique (voix rauques et bruitées dans de nombreuses cultures, importance du souffle dans la flûte japonaise shakuhachi et dans les instruments à vent en Asie, glissandi et inflexions complexes dans les instruments à cordes pincées en Asie, ajouts de mirlitons et de sonnailles aux instruments à hauteur fixe en Afrique Centrale, etc.).

L'exemple de la cithare chinoise Guqin

Il n'existe, à notre connaissance, que peu de notations musicales visuelles et complètes à travers le monde sémiotisant des priorités compositionnelles et perceptives différentes de celles prises en compte par la notation ocidentale. Le *GuQin* est une cithare chinoise à sept cordes accordée sur une échelle pentatonique. C'est l'un des plus anciens instruments chinois, et probablement l'un des plus nobles, autrefois réservé à une élite. Les pièces destinées à cet instrument sont entièrement notées par sinogrammes. Dans ce répertoire, on ne transcrit toutefois ni les hauteurs, ni les rythmes, mais la position à laquelle se place la main gauche sur une corde donnée et le mouvement par lequel cette main entretient la résonance, les glissandi et les nombreux vibrati. Le compositeur note également par quel mouvement, avec quel doigt, et selon quelle image poétique la main droite pince, frôle, attaque ou repousse la corde.

Figure 22 : *Tablature de l'œuvre* 幽蘭 Jieshidiao youlan *[l'Orchidée solitaire], attribuée à Qiugong (493-590).*
*Copie manuscrite d'époque Tang (VII*e *s.), issue d'une bibliothèque de maître au Japon.*
C'est la plus ancienne copie conservée (document communiqué par Véronique Alexandre-Journeau).

Un des traités de référence pour cet instrument, le *Taiyin da quanji*, recensait en 1413 une cinquantaine d'ornementations pour la main gauche et une trentaine de positions pour la main droite[112]. Chaque formule est associée à la fois à un sinogramme décrivant précisément le geste technique, et à une image allégorique qui lui est associée et facilite son interprétation. Ainsi, un des mouvements les plus simples et typiques de vibrato, le *yìn*, qui est ensuite combiné à d'autres gestes élémentaires, signifie techniquement :

> Au point d'appui, aller et venir en se mouvant lentement sans quitter le blason, d'abord grand puis petit, environ quatre à cinq fois, c'est un ornement dont le son est comme formé par une vibration d'émotion.

Le même caractère décrit métaphoriquement :

> une cigale chantant l'automne dans la froidure hivernale : ce résonateur ailé, c'est la cigale opportune ; en automne, en hauteur, l'air est austère, un long fredonnement

112. Véronique Alexandre-Journeau, *La cithare chinoise Qin*, Mémoire de DEA de musique et musicologie, Université Paris IV-Sorbonne, 2001, p. 6 et p. 25-29. Voir aussi François Picard, « Chine : le *xiao*, ou souffle sonorisé », *Cahiers de musiques traditionnelles*, 4 « Voix », Genève, 1991, p. 17-26.

amplifie la plainte; Scruter ce son pour atteindre la connaissance du moment / de l'espace où imiter l'idée de cette quête [113].

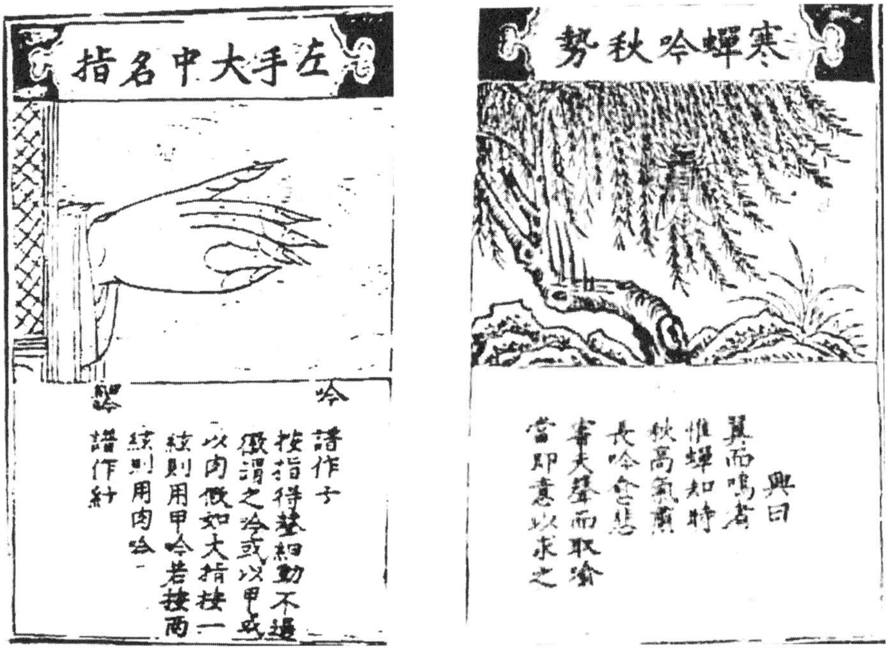

Figure 23 : *Explications du geste* yìn *(à gauche, l'explication technique, à droite l'explication métaphorique – observez la cigale cachée dans les branches).*

Cette description techniquement et poétiquement détaillée est facilitée par la nature idéographique, pictographique ou idéophonographique [114] des caractères chinois. Les sémioses prospectives (cognitives et représentables) produites par le compositeur de Guqin sont de même nature que le caractère chinois : contrairement aux catégories paramétriquement séparées de l'Occident, le compositeur pour Guqin compose d'emblée la complexité de chaque son – position de corde (ce qui détermine une qualité de timbre), type et direction d'attaque, vibrato, glissandi, positions de la main, etc. –. Si l'on voulait emprunter une analogie visuelle « naïve », l'attitude artistique des compositeurs pour Guqin serait similaire à l'agencement de rameaux végétaux, chacun de courbe irrégulière et singulière, afin de composer la forme, alors que la culture occidentale aurait plutôt tendance à associer un alphabet de planches élémentaires et rectangulaires pour composer in fine des formes subtiles. Le geste du musicien de Qin est, en ce sens, analogue au trait complexe mais économe du calligraphe.

De même, les *sémioses réceptives cognitives* perçues par l'auditeur chinois ne sont pas seulement liées à l'écoute des hauteurs pentatoniques, comme aime trop souvent le résumer, de façon quelque peu eurocentrique, une certaine musicologie occidentale.

113. Définition extraite du *Chengyitang qintan* et du *Chengyitang qinpu*, traduite par la sinologue et musicologue Véronique Alexandre-Journeau, *Les gestes pour le jeu de la cithare qin, Matériau de thèse*, Université Paris IV-Sorbonne, mars 2002, (chap. II), p. 152-153.

114. Merci à François Picard pour ces précisions.

Le traitement dans le temps de chaque sonorité, avant comme après l'attaque (glissandi, vibrati, etc.) reste essentiel. Or, ces « ombres du son » sont rarement perçues ou peu comprises [115] par l'auditeur occidental moyen, qui se concentre plutôt sur les hauteurs pentatoniques. Une notation est, pour chaque culture, fidèle aux sémioses prospectives et réceptives qu'elle tente de représenter.

En 2004, je prolongeais ces réflexions sur d'autres types de sémioses prospectives comme réceptives avec la composition d'une œuvre instrumentale (restée inachevée), *les murmures d'une orchidée solitaire*, pour deux *Guqin*, un ensemble de flûtes chinoises (orgue à bouche *Sheng*, flûte droite *Xiao* en ré, Ocarina *Xun*), harpe, orgue Hammond, violon et violoncelle. Le titre fait référence à *l'Orchidée solitaire* (**幽蘭***Youlan*), une des plus anciennes pièces traditionnelles composées pour Guqin dont la tablature, datée du VIe siècle, nous soit parvenue (fig. 22). Dans cette œuvre sont développés et confrontés deux plans de sémiotisation (de représentation comme d'audition) : pour les instruments chinois, une composition à l'intérieur de chaque son sans réduction à des hauteurs, nuances et rythmes fixes ; pour les instruments occidentaux (avec certains croisements), une composition par accumulation. La partition présente en conséquence deux systèmes de notation, qui impliquent simultanément deux pensées de l'écriture pour le compositeur et deux attitudes d'écoute pour l'auditeur. J'ai en particulier cherché à travailler dans cette œuvre différents niveaux de sémioses culturelles, qu'elles soient sous forme de signes prospectifs cognitifs, de représentations analytiques, ou de sémioses cognitives réceptives.

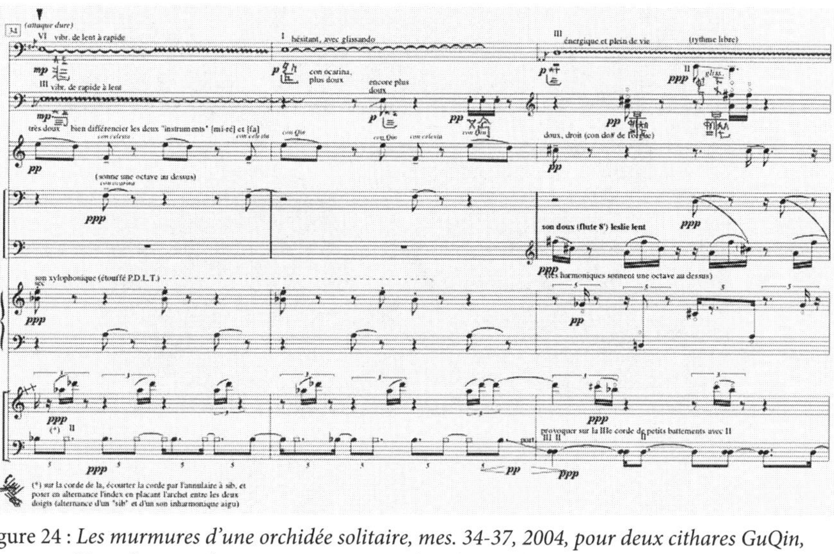

Figure 24 : *Les murmures d'une orchidée solitaire, mes. 34-37, 2004, pour deux cithares GuQin, flûtes chinoises, harpe, orgue Hammond, violon, violoncelle, (© Billaudot).*

115. Hector Berlioz écrit en 1852, après de sa découverte d'ensembles traditionnels chinois lors de l'exposition universelle de Londres : « *Pour la voix du chinois, rien d'aussi étrange n'avait encore frappé mon oreille : figurez-vous des notes nasales, gutturales, gémissantes, hideuses, que je comparerai, sans trop d'exagération, aux sons que laissent échapper les chiens quand, après un long sommeil, ils étendent leurs membres en baillant avec effort* » (Hector Berlioz, *Les soirées de l'orchestre*, Paris, CNRS/Gründ, 1852, rééd. 1968, 21e soirée, p. 315-316).

L'exemple de l'arc Mbela

En 1967, l'ethnomusicologue Simha Arom enregistra un musicien Ngbaka de Centrafrique, Nicolas Masemokobo, interprétant un air de chasse sur son arc musical Mbéla [116]. L'instrument est constitué d'un morceau de bois arqué par une lanière végétale. La corde est frappée de la main droite par une fine baguette, ce qui génère une note unique (de fondamental [*sol*] dans cet enregistrement). Le musicien raccourcit de temps à autre la lanière avec un couteau placé dans sa main gauche, afin d'émettre une seconde note plus aiguë, (approximativement un [*la*] dans l'enregistrement). Le musicien déforme aussi le timbre (les formants du spectre) en ouvrant et fermant la cavité de résonance que constitue sa bouche placée contre la corde.

Figure 25 : *Nicolas Masemokobo, un musicien Ngbaka de Centrafrique, interprète un air de chasse sur un arc musical Mbéla (photo Simha Arom [21]).*

116. L'enregistrement et la photo du musicien ont été réalisés par Simha Arom en 1967, et sont extraits du CD *Instruments de musique du monde*, réal. Geneviève Dournon et Jean Schwarz, collection CNRS/Musée de l'Homme, Paris, Le chant du Monde LDX 274 675, 1990, plage 6, La plupart des enregistrements de ce disque sont des inédits issus des archives du Musée de l'Homme. Simha Arom me précise que le musicien s'appelle Nicolas Masemokobo, et non Masemokombo comme écrit dans le livret du CD.

Nous avons souvent diffusé cet extrait lors de conférences destinées à des musiciens professionnels, compositeurs ou musicologues, et à chaque fois demandé combien de notes étaient entendues. Les réponses sont pratiquement unanimes [117], les auditeurs percevant un motif composé des deux notes seulement, [*sol* 2] et [*la* 2], correspondant effectivement aux deux tonies émises par la corde frappée. Certains identifient également une variation spectrale des timbres « *un peu à la manière d'une guimbarde* », mais sans changement de hauteur.

Si l'on représente par analyse spectrale (FFT) le *sonagramme* du début de l'œuvre, cette trace „quasi-objective« calculée par une machine révèle, outre un fondamental évoluant sur les deux hauteurs [*sol* 2] et [*la* 2] (trace grise la plus basse), une évolution pentatonique de partiels accentués sur les fréquences [*ré* 4] [*mi* 4] [*sol* 4] [*la* 4] [*si* 4] et ses octaviations (trace la plus foncée, c'est-à-dire la plus sonore).

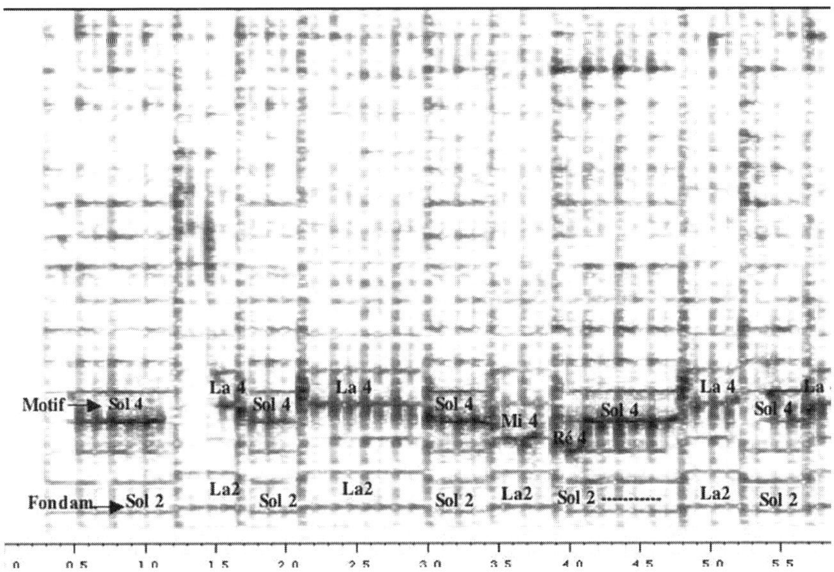

Figure 26 : *Sonagramme d'une partie de l'œuvre pour arc musical Mbéla. La trace visuelle fait clairement apparaître un motif pentatonique (en foncé) au-dessus du motif à deux notes du fondamental.*

La mélodie, composée de plusieurs sous-motifs apparentés, est en effet construite sur une échelle pentatonique anhémitonique [118], comme cela est de coutume dans les différents répertoires musicaux d'Afrique centrale. L'oreille occidentale peine pourtant à saisir ce motif non pas de deux mais de cinq notes [*ré*, *mi*, *sol*, *la*, *si*], éventuellement octaviées, et dissimulées à l'intérieur du complexe sonore (partiels supérieurs du timbre). Elle se focalise plutôt sur les fondamentaux résiduels souvent perçus comme

117. Pour être exact, sur un échantillon de plusieurs centaines de personnes, deux auditeurs seulement, l'un à Berlin, l'autre à New York, ont détecté la nature pentatonique du motif.

118. C'est-à-dire contenant cinq notes sans demi-ton.

tonie [119], alors que les compatriotes de M. Masemokobo perçoivent certainement, sans effort et dès la première écoute, les cinq notes composant ce morceau « populaire ».

Toute audition reste fortement biaisée par la culture et la personnalité de la personne qui écoute. Cette réduction réceptive est fidèle aux sémioses descriptives développées par sa culture. La notation n'est toutefois pas la cause de ce biais d'aperception mais plutôt son révélateur : les deux types de sémioses, prospectives et réceptives, ne sont en effet que deux représentations différentes, l'une logico-textuelle et iconique, l'autre cognitivement internalisée, d'une même réception culturelle. Déconstruire les signes utilisés pour composer est donc une nécessité pour le compositeur qui ne veut pas rester prisonnier de leurs limites et cherche à élargir le champ de l'écoute.

Composer la musique ou composer les signes de la musique ?

Sitôt une notation et les définitions de ses différents éléments établis, il est remarquable d'observer le processus par lequel les compositeurs s'en emparent et le détournent à des fins grammatologiques, tout en restant parfois prisonniers de son épistèmê. L'écriture est en effet une représentation réductrice et interprétative du musical, mais qui offre la possibilité de regards et d'écoutes obliques par des jeux analytiquement simples sur ces outils de transcription. Ce fut le cas en Occident avec les fixations du tétracorde et de l'alphabet des intervalles, qui permirent de créer de nouvelles combinatoires, en particulier la polyphonie et le contrepoint [120]. Ce fut aussi le cas avec l'Ars Nova sitôt la notation musicale stabilisée (XIIIe/XIVe siècles). Ce fut enfin le cas avec la transcription sur bande magnétique et son détournement à des fins compositionnelles par Pierre Schaeffer en 1948, cinquante ans après l'invention de l'enregistrement.

L'invention d'une graphémologie incite à de nouvelles grammatologies

Sans vouloir réécrire une histoire déjà bien documentée du rapport entre écriture et procédures compositionnelles en Occident, dont je ne suis pas expert, il est intéressant de se pencher sur certaines grammatologies directement déduites de cette graphémologie toujours en vigueur, grammatologies qui émergent dès le XIVe siècle avec les compositeurs de l'Ars Nova. Cette histoire pourrait être une parabole de certaines pratiques compositionnelles du XXe siècle, comme si ces deux époques ouvraient puis refermaient l'ère prospère de la grammatologie musicale traditionnelle sur les notes.

119. La *tonie* évoque, en psychoacoustique, la sensation de hauteur. Certains psychoacousticiens différencient plus exactement la *tonie*, qui est reliée à la fréquence et permet la différenciation grave/aigu (elle est mesurée en Mels) et le *chroma* lié à la perception de hauteur tonale à l'intérieur de l'octave. Cette opposition nette reste scientifiquement contestée, alors que la sensation de hauteur peut s'avérer complexe pour certains timbres.

120. La polyphonie apparaît avec l'utilisation des premiers grands chœurs à voix mixtes et les parallélismes en octave ou en quinte de l'Organum. Elle se complexifie ensuite avec la technique du discantus de l'École de Notre-Dame (voix en mouvement contraire ajoutée au plain-chant), qui engendre les premiers contrepoints (par exemple, le conductus à 3 voix du *Salvatoris hode* de Pérotin).

Dès le début du XIIIe siècle, c'est-à-dire dès la fixation d'une écriture paramétrée et discrétisée, apparaissent des techniques élaborées d'écriture, notamment au niveau du rythme et de jeux analogiques sur ses notations. Le *Viderunt Omnes* de Pérotin contient par exemple des canons, des permutations de voix, des « hoquets » et une écriture à quatre voix, techniques croisées à un contexte harmonique vertical. Vers 1322, le compositeur Philippe de Vitry publie, à la suite du *Roman de Fauvel* auquel il a majoritairement contribué, un traité intitulé *Ars Nova* [121] qui complexifie radicalement l'écriture musicale en la désolidarisant du texte. En 1325, le pape Jean XXII émet d'ailleurs une bulle (*Docta sanctorum patrum)* [122] condamnant cette école musicale. Les compositeurs se réclamant de ce mouvement développent de nombreuses techniques d'écriture, en particulier sur le plan rythmique : utilisation des modes binaires combinés aux modes ternaires, introduction de notes courtes (minimes et semi-minimes) et du point, chiffrage des mesures, rétrogradation, symétrie, canons augmentés, dislocation d'un texte et redistribution des syllabes sur différentes voix avec la technique du hoquet. Guillaume de Machault (env. 1284-1377), exploitant la propriété de séparation paramétrique, emploie par exemple des techniques sur le rythme sans modifier les hauteurs [123] (*prolatio*, diminution des valeurs d'un motif rythmique par deux ou *color per medium, etc.*). Ce compositeur use parfois d'un même motif rythmique pour l'appliquer à un autre contour mélodique (*talea*) ou conserve au contraire le contour mélodique original et lui applique une métrique et une rythmique nouvelles (*color*, car indiquée en rouge*)*.

121. Ce traité fait suite à celui de Johannes de Muris, *Ars novae musicae* (env. 1320). Le terme *ars nova* s'oppose, selon ses prosélytes, à l'*ars antiqua*, et il faut comprendre le mot *ars* comme la traduction moyenâgeuse du mot grec *technè*. Le grand défenseur de *l'ars antiqua*, dans ce débat entre anciens et modernes, reste Jacobus de Liège qui, dans son *Speculum music*e (env. 1320), défend l'autorité de Francon de Cologne et de Petrus de Cruce face aux techniques modernes d'écriture qu'il critique de plusieurs façons : d'une part, les compositeurs modernes privilégient le motet et la chanson au détriment des organum, conductus et hocquetus. D'autre part, ils superposent mensurations imparfaites et mensurations parfaites alors que Francon de Cologne privilégiait la mensuration parfaite, et ils divisent la semi brève en valeurs plus petites (la minime). En conséquence, leurs rythmes sont trop inconstants (*musica lasciva* contre *musica modesta*). Il s'agit donc d'un problème de technique et d'écriture autant que d'esthétique. La graphémologie est d'ailleurs la même chez Jacobus de Liège et chez Philippe de Vitry, qui s'opposent plutôt sur la grammatologie.

122. « *Certains disciples d'une nouvelle école ont grand souci de mesurer le temps, cherchent à exprimer avec de nouveaux moyens des airs de leur invention, et abandonnent les chants anciens pour d'autres, composés de brèves, de semi-brèves et de notes presque impossibles à percevoir. Ils entrecoupent leurs mélodies, leur confèrent un caractère efféminé par le moyen du déchant, les emplissent parfois de motets triples et en langue vulgaire, de façon à mépriser les principes fondamentaux de l'Antiphonaire et du Graduel.* (...). *La multitude de leurs sons fait fi des notions de simplicité et d'équilibre qui permettent de distinguer les notes dans le plain-chant.* » cité par Fubini, *Les philosophes et la musique*, *op. cit.*, p. 53. L'Ars Nova cherche aussi à s'éloigner de l'ancienne conception, héritée de Saint Augustin, qui considère la musique comme une émanation de l'harmonie divine.

123. Armand Machabey, *Guillaume de Machault*, Paris, Richard Masse, 1955, t. I, p. 96.

Ma fin est mon commencement - Rondeau

Guillaume de Machaut

Ma fin est mon commencement
et mon commencement ma fin
et teneure vraiement.
Ma fin est mon commencement
Mes tiers chans trois fois seulement
se retrogarde et einsi fin
Ma fin est mon commencement
Et mon commencement ma fin.

Figure 27 : *Guillaume de Machault (env. 1284-1377), Ma fin est mon commencement* [124].
Sources : Guillaume de Machault, Musikalische Werke, 1. Band, Breitkopf – Hartel, Wiesbaden, p. 63-64.

124. Comme l'indique le titre, la moitié de l'œuvre est le rétrograde de l'autre à partir de la double barre. Noter la cellule rythmique principale [♩𝅗𝅥 ♩] utilisée souvent en talea, et diminuée en [♪♩ ♪].

Selon Marielle Popin, le début du XIVe est traversé par un désir de rationalisation (*rationabilis* et *subtilis*) que chacun, anciens (Jacques de Liège et l'ars antica) ou modernes (les compositeurs de l'ars nova), croit mieux défendre :

> Tout est affaire de "subtilité" chez les uns comme chez les autres. La mathématique s'impose toujours plus fortement aux musiciens qui n'acceptent plus les incohérences nées des théories successives, ni l'a peu près de la pratique [125].

Ce système n'est cependant pas totalement « rationnel » : divisant toujours plus, en couleur noire lorsque la division reste dans la même mensuration, en rouge pour les changements locaux, les compositeurs obtiennent parfois des logiques singulières où un même signe peut avoir deux valeurs différentes.

Après la mort de Guillaume de Machault culmine, en pleine guerre de cent ans, notamment à la cour papale d'Avignon, en Aragon, et dans la colonie française de Chypre, *l'Ars Subtilior* [126], forme exacerbée de l'Ars Nova quant aux techniques spéculatives sur le signe. Certaines œuvres de ce répertoire présentent des chiffrages de mesure apposés simultanément, des syncopes, des canons virtuoses, une intertextualité, un maniérisme de l'écriture et parfois une notation dans des formats symboliques (par exemple une chanson en forme de cœur ou de cercle).

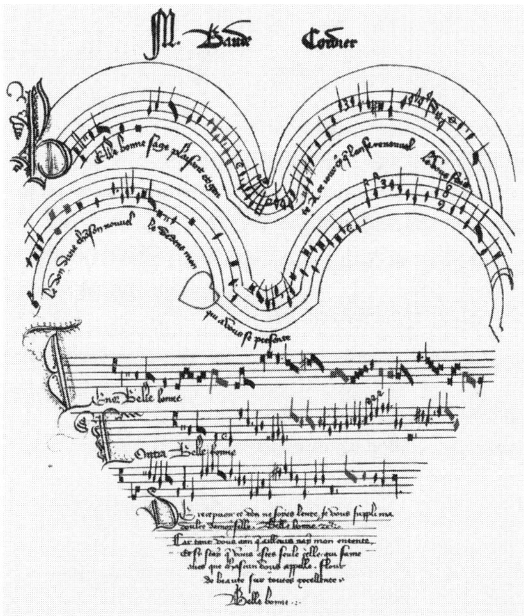

Figure 28 : « *Belle, bonne, sage* », *rondeau de Baude Cordier.*
Codex de Chantilly : Bibliothèque du Musée Condé 564, fol. 11v (3/1).

125. Marielle Popin, *in* Colette *et alii*, *Histoire de la notation*, *op. cit.*, p. 116.

126. L'appelation *Ars Subtilior* <ars plus subtil> n'est pas d'époque. Elle a été formulée par la musicologue Ursula Günther, « Das Ende der Ars Nova », *Die Musikforschung n°16*, 1963, p. 105-120. Ce répertoire, que l'on situe généralement entre 1377 et 1412, s'appuie entre autres sur le *codex da Faenza* de l'abbaye de Modene et sur les *manuscrits de Chantilly*.

L'Ars Subtilior s'affirme volontairement dans la spéculation analytique et la complexité (par exemple les œuvres de la « proto-confrérie des fumeux » de Asprage et Cordier), en motivant cette approche par le fait que l'homme est complexe alors que Dieu est simple et pur. La compréhension de cet art est réservée à une élite, comme le chante Solage dans « *fumeux fume* » [127]. Le temps est à la radicalité de l'écriture et des procédures. Un compositeur de cette époque, Guido (de Lange ?), écrit en manifeste :

> Or voit tout en aventure/puis qu'ainsi me convient fayre/a la nouvelle figure/qui doit a chascun desplayre/que c'est trestout en contraire/de bon art qui est parfayt [128].

Le musicologue Charles van den Borren décrit cette époque en terme de « *déliquescences d'un art flamboyant* », auxquelles ne peut succéder qu'un « *retour à la simplicité* ». Marielle Popin parle, à propos des compositeurs de ce style « *d'effets pervers de la subtilité* » et ajoute :

> Non seulement le signifiant ne correspond plus à un signifié, mais il ne doit plus correspondre à une signification précise. Le secret est de rigueur et l'interprétation relève de l'exploit. (...) La subtilité est à l'origine d'une mutation profonde, tendant à faire porter sur le signe écrit l'essentiel de la composition. Graphisme, couleurs, dispositions symboliques deviennent une finalité, entraînant la préférence pour une dissymétrie et l'absence de forme visible. (...) La partition se "tricote" sans modèle, en toute liberté. Elle est devenue recherche, objet unique, objet malheureusement visuel plus qu'auditif [129].

Cette école va décliner au début du XVe siècle du fait de l'occupation d'une grande partie du territoire français par les anglais et les bourguignons qui favoriseront l'éclosion d'une école franco-flamande (Dufay, Josquin Desprez, Binchois, Ockeghem, Dunstable) [130]. Alors que l'Ars Subtilior recherche avant tout la difficulté et reste obsédé par les signes de sa notation sans toujours se soucier du résultat perceptif, le XVe siècle favorisera la beauté et l'évocation des sentiments, sans renier l'inventivité technique : c'est le début de la Renaissance [131].

---

127. « *Fumeux fume par fumée. / Fumeuse speculacion. / Qu'autre fume met sa pensee / fumeux fume par fumee. / Quar fumer molt li agree / tant qu'il ait son entencion. / Fumeux fume par fumee / fumeuse speculation.* » Codex de Chantilly, Bibliothèque du Musée Condé 564, fol. 59 (3/1).

128. Cité par Günther, « Das Ende der ars nova », *op. cit.*, 1963, p. 107.

129. Marielle Popin, *in* Colette, *Histoire de la notation*, *op. cit.*, p. 123-124.

130. Certaines de ces œuvres restent analytiquement complexes. Mais elles ne sont en générale pas centrées sur de pures spéculations sur le signe, même si elles en usent : voir les canons de la *Missa Prolationum* ou de la *Missa Cujus Vis Toni* de Ockeghem, le travail combinatoire à travers les augmentations et les transpositions d'une chanson mariale dans la messe *Maria Zart* de Obrecht, ou ultérieurement, au XVIe siècle, le célèbre canon à 36 voix du Motet *Spem in Alium* de Tallis. Le Kyrie de la *Messe à deux visages* du compositeur (plus mineur) Pierre Moulu (1484-1550) reste cependant encore fixé sur le signe, en proposant deux versions : l'une que l'on peut lire sans les pauses écrites, l'autre avec. Plus tard, Johann Sebastian Bach, Schumann (*Abbeg Variations*) ou Berg (*Suite Lyrique*) ne seront que quelques exemples de compositeurs jouant sur les signes, et il faudra attendre le sérialisme généralisé pour retrouver un niveau de spéculation visuelle similaire à celui de l'ars nova (et parfois de l'ars subtilior).

131. La Renaissance va en particulier simplifier et rationaliser les divisions rythmiques à travers la « *notation mensurale* », en retrouvant la notion mathématique antique de « proportion » : application aux rythmes des catégories arithmétiques grecques et latines ([*species/genus*] *superparticularis* [(n+1)/n], *multiplex, submultiplex*, etc.) qui avaient été appliquées par l'école pythagoricienne aux calculs des intervalles de hauteur. Les théoriciens de la Renaissance s'attacheront également à mieux définir les

DU SENS, AU SIGNE, AU SENS

La brisure du signe

Les alphabets musicaux et les abstractions théoriques verbalisées qui en sont déduites (accords, séquences rythmiques, marches harmoniques, théories plus complexes), ont été établis en Occident durant plusieurs siècles de pratique musicale. Ils incarnent des vocabulaires partagés quotidiennement par la communauté des compositeurs, improvisateurs, interprètes et musicologues. Ces signifiants [132] sont-ils toutefois les représentations adéquatement verbalisées des intentions du compositeur et des schèmes cognitifs perçus par l'auditeur ? Certes, une culture construit ses signes en fonction de ce qui la préoccupe. Les signifiants, en tant que substituts des signifiés, deviennent, pour un groupe donné qui les partage, des instruments de structuration de leur univers.

> A la question : « Comment quelque chose devient-il conscient ? on peut substituer avec avantage celle-ci : « comment quelque chose devient-il préconscient ? » Réponse : grâce à l'association avec les représentations verbales correspondantes [133].

écrit Freud.

Pour les penseurs dits « idéalistes », le signe donne même existence aux choses [134]. Le compositeur compose à partir de sémioses prospectives, l'auditeur écoute à travers des schèmes. Analyser et déconstruire leurs *representamen*, c'est comprendre en partie comment une culture représente son musical.

Ces représentations sont, nous l'avons vu, culturelles [135], et s'ajustent aux sémioses réceptives culturellement entendues. Lors d'un voyage d'étude ethnomusicologique que j'effectuais en juillet 2000 dans la plaine Tikar du Cameroun [136], un musicien de balafon désignait deux lames accordées à l'octave par un rapport « mère-fille »,

---

rapports de durées entre deux niveaux hiérarchiques conjoints de division. Ce système de mesure du temps, de nature duodécimale (division possible en deux ou en trois, soit en douze unités élémentaires), induit cependant des fractions complexes lorsqu'on veut exprimer une valeur en fonction de valeurs beaucoup plus petites dans la hiérarchie des divisions. Ce n'est que du fait de la généralisation du système des fractions rationnelles indo-arabes, de celle de l'imprimerie, et de la volonté d'atteindre le maximum de public, que la notation mensurale déclinera au XVIe siècle au profit d'une division uniquement binaire des durées (notre système actuel), plus simple. Selon Philippe Vendrix, cette simplification de la notation entraîne une transformation des modes de composition (Vendrix, *in* Colette, *Histoire de la notation, op. cit.*, p. 172) : abandon du ternaire comme point de référence, abandon de la ligature, division absolue des durées, etc., caractéristiques que la pensée occidentale a conservées jusqu'à nos jours. Il ajoute qu'au XVIe siècle, « *compositeurs et théoriciens s'engagent résolument dans un processus de simplification de la notation au point de ne plus être capables de lire la musique du* XVe *siècle* » (p. 171).

132. Dans la définition sémiologique de « l'image d'une chose qu'on ne peut observer directement », par opposition au signifié, « image mentale suscitée par le signifiant correspondant à un référent » (Klinkenberg, *Précis de sémiotique, op. cit.*, p. 96).

133. Sigmund Freud, *Le moi et le ça*, trad. S. Jankélévitch, libre accès document rtf électronique à http://classiques.uqac.ca/classiques/freud_sigmund/essais_de_psychanalyse/Essai_3_moi_et_ca/moi_et_ca.html [03/11/2011], 1923, p. 15, rééd. Paris, Payot, 1968.

134. Hypothèse dite de *Sapir-Whorf*, du nom des linguistes Edward Sapir (1884-1936) et Benjamin Lee Whorf (1897-1941) selon laquelle le monde est construit conformément au modèle de la langue.

135. On connaît l'anecdote, en fait controuvée, du langage Inuit qui disposerait de nombreuses expressions pour le nom « flocon de neige ».

136. Avec les ethnomusicologues Nathalie Fernando et Fabrice Marandola, sous la direction scientifique de Simha Arom.

comme cela est l'usage dans de nombreux répertoires en Afrique. Une troisième lame, sonnant pour nos oreilles totalement identique à la lame mère, c'est-à-dire de même tonie et de timbre apparemment similaire, n'appartenait cependant absolument pas, pour ce musicien, à cette « famille ». Après un échange aveugle des lames, le musicien retrouvait et désignait toujours cette lame comme non apparentée. Ce musicien percevait, classait et désignait donc les lames selon des catégories de timbre qui ne nous étaient pas perceptibles.

A l'inverse, une culture peut limiter les representamen désignant ce qu'elle ne cherche pas à entendre. L'occident nomme identiquement, par exemple, deux sons de tonie en fréquence double (c'est-à-dire en relation d'octave), ou deux notes de même fondamental mais de timbre différent. En effet la culture occidentale privilégie traditionnellement les rapports harmoniques aux rapports d'octave et au timbre [137]. Comme nous l'avons vu avec le paradoxe de l'arc Mbela, la perception de ces catégories peut en être elle-même affectée. Les representamen sont de bons indicateurs de la surdité d'une culture.

En outre, l'artiste, en composant, et l'auditeur, en écoutant, n'exercent pas leurs sens à partir des seuls signes représentables. Lorsqu'ils cherchent à être mis en trace, ces signes cognitifs (prospectifs pour le compositeur ou réceptifs pour l'analyste et le musicologue) doivent s'exprimer sous forme de signes représentables par des langages différents du « langage musical » [138]. Ces langages de l'explicitation et de la pensée analytique seront ici appelés *métalangages* [139] *logico-textuels*, car ils s'expriment sous forme mixte de graphiques, de schémas, de notations musicales et sémantiques, de raisonnements logiques, etc. Or si le « langage » de la musique est *clos*, c'est-à-dire *suffisant* [140], la plupart des métalangages logico-textuels ne le sont pas. Le « langage » de la musique peut en effet s'assimiler sans le recours à un autre langage (certains musiciens accomplis n'ont jamais profité d'un enseignement théorique verbalisé, et on peut pratiquer et composer de la musique sans savoir la lire ou la transcrire).

---

137. Simha Arom, Gilles Léothaud, Frédéric Voisin, (« Experimental ethnomusicology : An interactive approach to the study of musical scales », *Perception and cognition of music*, Irène Deliège et John Sloboda (dir.), London, Psychology Press, 1997) proposent un aperçu intéressant sur le lien entre hauteur et timbre dans certaines cultures.

138. Nous plaçons entre guillemets le mot *langage* pour préciser que nous désignons la musique seulement au sens large comme un langage. La musique n'est ni un langage sémantique, ni un langage formel. Elle offre cependant une faculté de « communiquer quelque chose » qui peut être compressé cognitivement, permettant certains rapprochements avec les langages réels dans le cadre d'une étude sur l'écriture musicale, les signes et les techniques de composition.

139. Un *métalangage* est un langage prenant pour objet un autre langage et le formalisant. La plupart des métalangages n'existent que par leur(s) langage(s) correspondant(s). Certains langages informatiques sont par exemple des métalangages associant une langue parlée (l'anglais généralement) et un langage logique (booléen et fonctionnel). Dans ce cas, ce langage informatique ne peut être compris qu'à condition de connaître les deux langages qui le génèrent.

140. La plupart des langages, plus rarement les métalangages, sont dits *suffisants* : le dictionnaire, qui définit théoriquement tous les éléments d'une langue, fonctionne en système clos puisqu'il n'emprunte à aucune autre langue les éléments qui constituent les définitions. Autre exemple, un enfant est capable d'acquérir une langue parlée sans recourir à une autre langue. Certes, l'assimilation d'une langue, de son vocabulaire et de sa grammaire, peut être faite à l'aide du métalangage qu'est la grammaire formalisée (représentation logique de la langue), ou à l'aide d'un dictionnaire de traduction à partir d'une autre langue. Cependant cette démarche, plus rapide pour un adulte déjà rompu à la langue logique, est non obligatoire pour l'enfant. Celui-ci acquiert sa langue maternelle sans recours à un autre langage. La musique est ainsi un « langage » suffisant avec ses règles et son vocabulaire.

Entre l'archi-écriture de la musique, utilisée par le compositeur pour composer (ou l'auditeur pour écouter) et sa représentation/traduction sous forme de métalangages logico-textuels se forme ce que Derrida nomme une *brisure*[141].

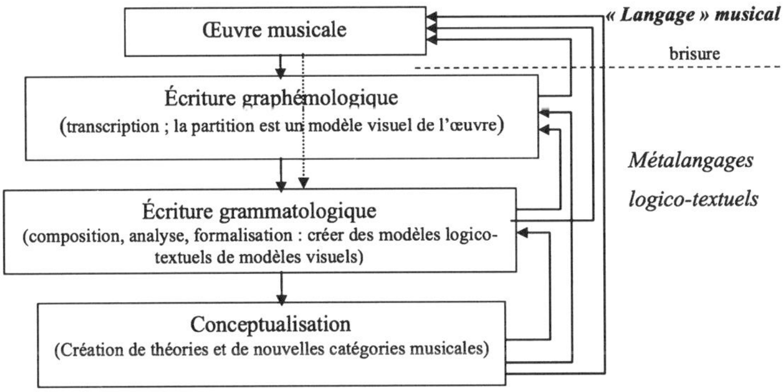

Figure 29 : *Écriture et musique – des modèles à l'œuvre.*

Le signe comme modèle

La partition, sur le plan graphémologique, et la pensée analytique qu'utilise le compositeur pour travailler grammatologiquement ces signes (ou le musicologue pour les analyser) proposent différents *modèles*[142] de l'œuvre. Toutefois, la notation musicale seule ne suffit généralement pas au compositeur pour composer, pour entreprendre une mise en trace grammatologique de ces signes, en d'autres termes pour les penser. Il/elle fait parfois usage, dans ses esquisses, d'autres graphémologies de distanciation : signes numériques, graphiques, indications sémantiques. Le musicologue et le théoricien, par leur mission de scientificité dans leur lecture d'une œuvre ou d'un répertoire, s'éloignent également rapidement de la graphémologie musicale traditionnelle : réductions sous forme de chiffrages harmoniques, de tableaux logiques ou de texte sémantique, et finalement conceptualisations et théorisations dans des métalangages logico-textuels propres au langage scientifique[143]. Les différentes étapes conduisant à ces distanciations, puis à ces conceptualisations, et enfin à ces théorisations créent des modèles successifs d'autres modèles, et il n'est pas rare de constater

141. Derrida, *De la grammatologie, op. cit.*, p. 101-102.

142. L'épistémologue Amy Dahan-Dalmedico définit cinq types de modèle : « i) le modèle comme référent ou prototype à reproduire; ii) le modèle comme type idéal dégagé d'une population homogène, iii) le modèle comme maquette d'un dispositif réel, iv) le modèle comme icône représentant une idée abstraite, enfin v) le formalisme logico-mathématique qui représente un système ». Amy Dahan-Dalmedico : « Variations sur les modèles en sciences », *in* Chouvel – Lévy (dir.), *Observation, analyse, modèles : peut-on parler d'art avec les outils de la science, op. cit.*, p. 112.

143. Selon l'école épistémologique de *l'empirisme logique*, une théorie comporte deux aspects : un *langage scientifique* et un *vocabulaire descriptif*. Le *langage scientifique*, non propre à la discipline, utilise des termes théoriques désignant des entités non observables, ainsi qu'un langage construit et hautement formalisé, formé d'expressions logiques constituées de connecteurs propositionnels et de quantificateurs communs à l'ensemble des sciences. Le *vocabulaire descriptif* est plus particulier à la discipline. Les termes qui le composent désignent soit des entités observables (*termes observationnels*), soit des entités non observables (*termes théoriques*). Ce vocabulaire reste propre au métalangage logico-textuel (Marie-Dominique Gineste, *Analogie et cognition. Etude expérimentale et simulation informatique*, Paris, P.U.F., 1997, p. 14).

un abandon rapide de la partition vers des représentations plus logocentriques, par exemple des chiffrages harmoniques, puis des abandons de ces modèles vers plus de réduction et d'abstraction. Le compositeur travaille au contraire en amont de la partition, utilisant des graphémologies certes peu rationnelles, mais hautement créatives. Ainsi, chaque graphémologie fonde ses propres opérateurs de rationalité et de créativité et établit ses propres brisures.

L'essoufflement de la rationalité, source de nouvelles inspirations musicales

La musique occidentale accorde une place prédominante à la pensée analytique, en particulier à une grammatologie à l'intérieur des métalangages logico-textuels. Et ce, pour deux finalités, il nous semble :

D'une part, les métalangages logico-textuels offrent aux conceptualisations une capacité étendue d'auto-génération. Sans sortir de ce métalangage, l'aller-retour entre théorie et modèle permet la création de nouvelles catégories qui peuvent ensuite être appliquées à une œuvre. D'autre part, une valeur importante est donnée au paradigme logocentrique dans la culture occidentale, où le quantifiable prime sur le non exprimable. L'écriture et la pensée non-mystique peinent à appréhender des phénomènes qui échappent à une possible traduction dans le métalangage logico-textuel. C'est le cas par exemple de l'orchestration, peu abordée par les milieux académiques, et dont les analyses sémantiques dépassent rarement le niveau de la description littérale. C'est également le cas des musiques non écrites – musiques de tradition orale ou électroacoustiques –, ou des analyses de concepts trans- ou a-paramétriques tels que « le rythme harmonique », la « réception subjective de formes », « l'octaviation », « le jeu », « la double écoute », « l'ingéniosité », « l'analogie et l'illusion », « la belle mélodie », catégories pourtant centrales dans l'activité du compositeur [144].

La démarche du bon analyste consisterait pourtant à se pencher à la fois sur les procédures verbalisables qu'emploie le compositeur mais aussi sur le non-explicité, les choix et stratégies du compositeur, et sur les validités sonores. Nous l'avons vu, le compositeur travaille principalement en deçà de la brisure du logico-textuel. Ce qui est verbalisable ne l'intéresse souvent plus [145]. Au contraire, le musicologue, « scientifique de la musique », trouve trop souvent, comme tout scientifique, une validité dans ses recherches non par son objet d'étude mais par l'adoption de son activité par une communauté académique avide de méthodes réfutables, réassimilables, et transmissibles. Descartes, dans sa méthode, plaidait d'ailleurs pour une extension de la certitude

144. Il n'est d'ailleurs pas fortuit qu'une large partie de la musicologie, c'est-à-dire de l'ensemble des discours sémantisés et scientifiques sur la musique, ait pour objet-même des aspects de la musique déjà traduits dans l'un ou l'autre des langages logico-textuels : bibliographie d'artiste, rapports texte-musique, esthétique, recherches théoriques sur des sémioses facilement sémantisables comme des analyses de forme ou de structure harmonique. De plus, à l'intérieur du sous-domaine de la musicologie théorique (au sens allemand de la *Musiktheorie* ou au sens de la *music theory* américaine, qui s'oppose à la *Musikgeschichte* au sein de la *Musikwissenschaft*), les travaux sont majoritairement axés sur le paramètre des hauteurs, échafaudant parfois des méta-grammaires extrêmement mathématisées : Set theory, analyse schenkerienne, théories neo-riemaniennes, ... au détriment de l'étude de paramètres moins scientifiques et moins verbalisés.

145. La forme sonate fut conceptualisée par Adolph Bernhard Marx et Czerny après la mort de Beethoven, au moment où elle quittait la sphère d'intérêt des compositeurs.

mathématique à l'ensemble des savoirs [146], en particulier à l'art (Descartes a rédigé en 1618 un traité de musique) [147].

Max Weber [148] fut l'un des premiers à examiner les spécificités et les biais de la rationalité musicale occidentale, en particulier à travers la rationalisation de son harmonie. Certes, certains de ses arguments restent contestables, notamment lorsqu'il oppose la rationalisation de l'harmonisation occidentale, à travers Pythagore et Zarlino, aux autres systèmes « *irrationnels* » extra-occidentaux « *basés sur des distances* » [149], en particuliers les systèmes « *turco-perse* » [150], qui, nous l'avons vu, partagent en partie une même origine pythagoricienne. Malgré ces nuances liées aux connaissances ethnomusicologiques de l'époque, Max Weber énonce un postulat fondamental que nous reprenons : la rationalité de la musique occidentale engendre sa propre irrationalité. Ainsi, dès ses fondations établies, l'harmonie pythagoricienne s'est trouvée confrontée au problème de la dimidiation [151] des intervalles (comment partager un intervalle en deux parties égales sans connaissance de la racine carrée [152], alors que l'harmonie est une discipline rationnelle), et plus généralement de l'incommensurabilité de certains intervalles. Cette incommensurabilité, ou *asymetria*, propre à la musique (l'architecture bénéficie au contraire de *symetria*) explique qu'Heraclite parlât de la « *liberté dissonantique et polémique* » de l'harmonie musicale.

Personnellement, nous rechercherons davantage cette irrationalité de la musique dans les limites de son écriture, le système harmonique n'étant qu'une conséquence d'un conflit entre plusieurs représentations de l'univers [153]. L'écriture est certes, comme le maintient Jack Goody, la condition de la scientificité de la grammatologie, mais elle définit sa propre clôture. Derrida, reprenant Husserl, écrit :

> L'écriture n'est pas seulement un moyen auxiliaire au service de la science – et éventuellement son objet – mais d'abord (...) la condition de possibilité des objets idéaux et donc de l'objectivité scientifique. Avant d'être son objet, l'écriture est la condition de l'epistémè [154].

Selon ce philosophe, la grammatologie de l'écriture sémantique régit pratiquement et théoriquement les rapports instables mais systématiques entre l'ethnocentrisme, le logocentrisme et la thèse de la supériorité de l'écriture sémantique. L'aventure de

---

146. Descartes, *Discours de la méthode, op. cit.*, p. 53 et p. 75.

147. *Ibid.*, p. 66.

148. Max Weber, *Sociologie de la musique, op. cit.*, p. 49-51.

149. *Ibid.*, p. 66.

150. *Ibid.*, p. 58.

151. Les grecs ne connaissant pas la notion mathématique de racine carrée. Il leur était impossible de partager un intervalle musical en deux parties égales – la dimidiation – par le biais de la moyenne géométrique. Ils connaissaient en revanche la moyenne harmonique et la moyenne arithmétique et l'appliquaient à l'harmonie musicale. Ainsi, un intervalle de nature épimore (de type [n+1]/[n]) était partagé en deux moitiés légèrement inégales, chacune conservant des propriétés épimores (partage *aliquote* : [(2n+2)/(2n+1)] et [(2n+1)/(2n)]). L'octave [2 : 1] était par exemple partagée en une quinte [3 : 2] et une quarte [4 : 3] ; la quinte [3 : 2] était ensuite partagée en une tierce majeure [5 : 4] et une tierce mineure [6 : 5]. Weber énonce, outre le problème du partage de l'octave, celui de la présence de la quinte diminuée dans l'accord de septième de dominante (Weber, *Sociologie de la musique, op. cit.*, p. 52).

152. Wersinger, « les mesures de l'infini », *op. cit.*, p. 75.

153. La racine carrée et les nombres irrationnels sont par exemple des formalisations, des écritures, c'est-à-dire des représentations du monde, tout comme les moyennes arithmétiques ou harmoniques.

154. Derrida, *De la grammatologie, op. cit.*, p. 43.

l'écriture « *se confondrait avec l'histoire qui associe la technique et la métaphysique depuis près de trois millénaires. Et elle s'approcherait maintenant de ce qui est proprement son essoufflement* » [155]. La critique du logocentrisme de l'écriture est, chez Derrida, une critique des méthodes structurales (Saussure puis Lévi-Strauss), qu'il étend dans *L'écriture et la différence* à toute la métaphysique rationaliste occidentale. C'est par son écriture, par sa *trace*, qu'un signifiant se constitue à l'intérieur d'un système, dans un réseau structural avec d'autres éléments, en opposition ou en similitude avec eux, bref par un jeu de *différance.* L'écriture est condition de la méthode structurale et plus généralement de toute métaphysique occidentale. A la suite de Derrida, qui prône de déconstruire l'écriture, c'est-à-dire de renverser les oppositions traditionnelles (l'œuvre ~~est~~), d'aller à la « *clôture du logocentrisme* » et d'échapper aux catégories classiques, nous plaidons pour un dépassement des catégories compositionnelles par la remise en question du couple graphémologie/grammatologie qui prévaut en musique, c'est-à-dire en travaillant des deux côtés de la *brisure* pour mieux la déplacer.

L'essoufflement des méthodes structurales en musique n'est que le miroir de la crise de la notation musicale occidentale traditionnelle. Le *complexus* d'Edgar Morin l'emporte sur le *rasoir d'Ockham.* La crise du signe est avant tout une crise du sens.

Peut-on parler d'ineffable en musique?

Avant d'aborder, dans le prochain chapitre, les relations entre l'analytique et le perceptif sous l'angle de la complexité, évoquons rapidement un des écueils de la traduction entre « langage » musical et métalangages logico-textuels, à savoir ce qui ne peut être traduit sous forme de signes représentables.

L'ouvrage de Jankélévitch, *la musique et l'ineffable* [156] est sur ce point révélateur. En un peu moins de deux-cents pages où Jankélévitch cherche, par l'exemple et par la rhétorique, à parler de répétitions, d'impressions, de violence, de narration, de frivolité ou de charme en musique, le philosophe conclut que :

> Directement et en elle-même, la musique ne signifie rien, sinon par association ou convention; la musique ne signifie rien, donc elle signifie tout… [157]. (…) [*Certes*], la musique n'est ni un "langage", ni un instrument pour communiquer des concepts [158], (…) [*mais*] il y a une "langue musicale" dans le sens où il y a un langage des fleurs et cent autres langages chiffrés ou systèmes de signes [159], (…) [*c'est-à-dire que*] la musique est un langage général, et la généralité se particularise ici par ce que déjà l'on sait du sujet et de l'auteur [160].

À partir de cette suffisance du langage musical, Jankélévitch définit deux concepts-clefs, *l'indicible* et *l'ineffable.*

155. *Ibid.*, p. 18
156. Vladimir Jankélévitch, *La musique et l'ineffable*, Paris, Seuil, 1961.
157. *Ibid.*, p. 19
158. *Ibid.*, p. 81
159. *Ibid.*, p. 36.
160. *Ibid.*, p. 82.

> Est indicible (…) ce dont il n'y a rien à dire (…) et l'ineffable, tout à l'inverse, est inexprimable parce qu'il y a sur lui infiniment, interminablement à dire [161].

En d'autres termes, l'ineffable est ce qui reste quand on a tout dit sur lui.

> [L'ineffable] est donc porteur d'un "message" ambigu, et il ressemble au je-ne-sais-quoi d'Henri Bremond en cela.

On peut s'impatienter avec raison d'une discussion sur l'ineffable puisqu'on ne peut en parler sans ambiguïté, c'est-à-dire l'objectiver et en produire une argumentation réfutable. Toutefois, le « langage » musical, parce qu'il est suffisant, ne peut être entièrement traduit dans un autre langage aux fonctionnalités propres (couple signifié/signifiant pour le langage commun, implications pour les langages formels de la logique). L'expérience du sens musical est un acte solitaire, non communicable. Paul Ricœur écrit :

> Tout mythos comporte un logos qui demande à être exhibé… Là où un homme rêve, prophétise ou poétise, un autre se lève pour interpréter [162].

Cet apport de signification dans du sens reste cependant une interprétation :

> Le commentaire le plus fructueux d'une symphonie, d'un opéra, a toujours été une symphonie ou un opéra [163]

semble lui répondre Luciano Berio.

Les sémiologues Lia Kurts, Anne Masson, Mathilde Vallespir et Marie-Albane Watine-Rioux ont entrepris des recherches sur ce thème au sein du « *groupe trans-, recherche en transsémiotique des arts* ». Contestant la proximité entre sémiologie et linguistique, du fait que même avec d'autres systèmes de signe, la sémiologie rapporte trop souvent la question des sémioses à celle du binôme signifiant/signifié qui ne permet pas, en particulier, de comprendre ce qui fait « *l'effet d'art* », ce courant *trans-sémiotique* pose trois hypothèses : i) L'art n'est pas un objet en soi mais une activité, une décision du récepteur qui fait d'un objet un « objet d'art » [164], une *artistisation*, pour reprendre l'expression du sémiologue Georges Molinié. Cette *artistisation* est instable et potentielle. ii) Le récepteur est en conséquence un « actant ». iii) L'art doit être étudié en dehors des nuances sociales classiques (art mineur/art majeur, etc). À partir de ces postulats, ce groupe de recherche se penche sur des concepts nouveaux comme celui de *déréférentiation* (qui s'oppose au concept plus traditionnel de référence en considérant par exemple que l'œuvre est son propre référent, ou bien ne réfère à rien), les concepts de *décatégorisation* et de *transcatégories* (par exemple les notions de métaphore en littérature, ou celles de brouillage ou d'exorcisme en musique), ou la notion de désubjectivisation.

---

161. *Ibid.*, p. 93.

162. Paul Ricœur, cité par Michel Imberty, *Entendre la musique*, Paris, Dunod, 1979, p. 17.

163. Luciano Berio, *Entretiens avec Rossana Dalmonté*, traduit de l'italien par Martin Kaltenecker, Paris, J.-C. Lattès, 1983.

164. « *La musique est ce qui s'entend comme tel* », disait Luciano Berio. Sur ce thème, voir aussi le dernier chapitre de cet ouvrage, en particulier la note de bas de page 29.

> Nous tentons de maintenir le “je ne sais quoi” mais sans son mysticisme : un des outils les plus opératoires pour ce type de modélisation est la pensée graduelle, non thétique, non oppositionnelle [165].

Ce refus de la pensée oppositionnelle est directement influencé par la pensée Derridienne de la déconstruction et par Deleuze. La difficulté reste, comme pour Jankélévitch, à scientifiser par le verbe cet ineffable.

> Le locuteur n'a jamais accès qu'à du mondain [*à de la médiatisation du monde*], c'est-à-dire à de l'ordonné [166].

S'il est difficile de parler d'ineffable, il est possible d'effleurer la clôture de l'écriture et de travailler en tant que compositeur de part et d'autre de la brisure afin de créer de nouvelles réalités musicales. Ce qui nous importe en tant que compositeur n'est d'ailleurs pas de verbaliser cet ineffable, même dans cet ouvrage, mais d'insister sur sa présence et d'en faire un enjeu majeur pour la composition (voir le dernier chapitre de l'ouvrage).

Un paradoxe simple, peut-être anecdotique, dû au musicologue Yizhak Sadaï [167], esquisse une des apories d'une représentation du monde musical comme somme de ses parties. L'écriture musicale est en effet *logo-morphique*, c'est-à-dire qu'elle donne l'illusion que la musique est paramétrable. Yizhak Sadaï a demandé à des étudiants en musicologie d'évaluer séparément, avec des notes échelonnée de 1 à 10, les aspects rythmiques, mélodiques et harmoniques de l'œuvre musicale suivante :

Ce rythme recueillit en moyenne la note de 1,6/10.

Cette mélodie fut notée, en moyenne, 2,4/10.

Les étudiants attribuèrent à cette séquence harmonique la note de 3,5/10.

Figure 30 : *Paradoxe de Sadaï.*

Avec une appréciation moyenne de 2,5/10, le passage fut donc jugé assez médiocre par les étudiants, si l'on considère qu'une œuvre peut se réduire à l'addition de ses différents paramètres. Or, il s'agit des premières mesures du second mouvement de la *Septième Symphonie* de Beethoven.

En d'autres termes, on ne peut aisément appliquer à la musique la deuxième méthode de Descartes. Plus généralement, la musique occidentale acquiert par les

165. Mathilde Vallespir, Lia Kurts, Anne Masson, Anne Watine, « Trame pour une trans-sémiotique de l'artistisable », *groupe trans-, recherche en transsémiotique des arts*, Draft, Paris, 2002, p. 7.

166. *Ibid.*, p. 12.

167. Yizhak Sadaï, « Le musicien-cognitiviste face au cognitiviste-musicien », *Analyse Musicale n°26*, Paris, février 1992, p. 30-33.

caractéristiques de son écriture une rationalité[168] qui lui confère des propriétés de combinatoire et de pensée propres, ainsi que son statut savant dans la culture occidentale.

Penser la clôture des signes, est-ce finalement nécessaire ? Il s'agit d'une part de mieux comprendre sa propre culture, les perceptions des auditeurs sous forme de schèmes culturels et les biais des outils graphémologiques et grammatologiques employés quotidiennement par le compositeur, pour mieux les déconstruire. Il s'agit d'autre part d'une construction, d'une approche personnelle de la composition. L'artiste est un penseur du matériau, un penseur certes muet, peu académique, mais un penseur à l'intérieur du matériau, et finalement un penseur de la pensée du matériau. Penser la brisure des signes représentables peut devenir un artifice efficace et pérenne d'inventions de nouvelles sémioses réceptives.

168. Séparation des paramètres, alphabets finis ou ordonnés, taxonomie, hiérarchisation, abstraction, fonctionnalisation. A propos de la logique musicale, François Nicolas écrit : « la logique de la musique est surdéterminée par des logiques venues d'autres domaines de la pensée » dans « Questions de logique : Ecriture, dialectique et stratégie musicale » qui traite de façon approfondie de la comparaison entre logique musicale et logique mathématique, en anglais dans *Mathematics and Music, A Diderot Mathematical Forum*, G. Assayag, H.G. Feichtinger, J.F. Rodrigues ed., Londres, Springer, 2002, accessible en français à http://www.entretemps.asso.fr/Nicolas/TextesNic/QuestionsDeLogique.html

COMPLIQUÉE, INCOMPRÉHENSIBLE, INJOUABLE, FOISONNANTE, SUBTILE : QU'EST-CE QU'UNE MUSIQUE COMPLEXE ?

Quelles sont les relations entre les sémioses réceptives créées inconsciemment par l'auditeur lors de l'écoute d'une œuvre et les sémioses prospectives composées par l'artiste créateur? Au début des années 60, les théories scientifiques de la complexité ont livré un éclairage décisif à cette question. Elles ont scientifiquement montré qu'il n'y avait pas de correspondance immédiate entre la complexité analytique d'une structure et celle de sa réception, contredisant la confiance structuraliste accordée à la seule valeur de l'intelligence. En d'autres termes, la complexité d'une œuvre musicale ne se réduit pas à celle de ses idées ou de ses formalismes. Ces théories ont également établi que trop de complexité analytique pouvait mener à une saturation de l'écoute, et qu'un résultat perceptif sans compression cognitive, quelles que soient les intentions du compositeur, devenait inintelligible à l'auditeur. Malgré la technicité de certains passages, ce chapitre présente des conclusions esthétiques essentielles (les « huit conclusions fondamentales sur la complexité musicale », p. 129*) afin de mieux comprendre et relativiser l'usage des techniques d'écriture en composition*[1].

LA COMPLEXITÉ MUSICALE : REPRÉSENTABLE ? MESURABLE ?

> Si le difficile est le beau, c'est un grand homme que Rameau; Mais si le beau par aventure, n'était que la simple nature, quel petit homme que Rameau !

Dans cette épigramme, publiée par le *Mercure de France* après la première représentation de *Hippolyte et Aricie* en 1733 se concentre une interrogation historique majeure relative à la complexité en art, lui attribuant tantôt une valeur laudative (l'Ars Nova et l'Ars Subtilior, « l'homme éduqué » de David Hume[2], le sérialisme généralisé et la tabula rasa d'après-guerre, l'école de la « nouvelle complexité » – Ferneyhough, Mahnkopf, Finnissy –), tantôt péjorative (condamnation de la complexité de l'Ars Nova par la bulle papale de 1322, Concile de Trente, musique

1. Ce chapitre reprend et étend l'article : « Inintelligible, injouable, incompréhensible : la complexité musicale est-elle analytique, instrumentale, perceptive ou héténome ? », *Itamar, revista de investigacion musical*, éd. par Rosa Iniesta, Universidad de Valencia, Espagne, Dec. 2008, p. 61-87.

2. David Hume, *Of the standard of taste*, 1757, § 1, domaine public, par exemple :
http://www.mnstate.edu/gracyk/courses/phil%20of%20art/hume%20on%20taste.htm [11/02/2010].

« anti-élitiste et ludique » de Carl Orff, néo-classicisme, Satie et le groupe des six, école de la « Neue Einfachheit » - Rihm, von Böse, Trojahn –, minimalisme, *easy listening*, etc.).

De quelle complexité parlent ces artistes et ces critiques ? Admirent-ils la richesse de techniques ingénieusement agencées ? Le foisonnement perceptif de l'œuvre ? Questionnent-ils l'accumulation de procédures intellectuellement stimulantes ? La difficulté d'exécution ? L'audition laborieuse d'une œuvre inouïe heurtant les habitudes d'écoute ? Complexe, compliqué, subtil, dense, inintelligible, virtuose, différencié, injouable ou cérébrale : de quelle complexité parle-t-on ?

À partir des années 70, du fait d'une part de la critique post-structuraliste des *logocentrismes* cartésiens (Jacques Derrida, Edgar Morin, Gilles Deleuze), d'autre part d'une rupture de certains paradigmes scientifiques (la stochastique computationnelle, les *théories du chaos* de Lorenz, le concept de *dimension fractale* de Benoît Mandelbrot, les théories de la complexité de Andreï Kolmogorov, Rai Solomonov et Gregory Chaitin, certaines contributions de la *théorie de l'information* héritière de Claude Shannon et de John Von Neumann, la théorie des jeux et des asymétries d'information, la physique dynamique post-newtonienne de Ilya Prigogine et surtout les progrès informatiques permettant de calculer des itérations longues sans en connaître l'équation générale), la complexité d'un processus ou d'un système est devenue un objet d'étude propre et pluridisciplinaire [3].

Complexité grammatologique, complexité aperceptive et complexité d'interprétation

Dans les différentes définitions attribuées à la notion de *complexité d'un système*, une distinction est traditionnellement effectuée entre la *complexité analytique* du système (que nous préférons nommer *complexité grammatologique*, car la complexité analytique d'un processus est liée à sa représentation, représentation qui contient sa propre pensée) et la *complexité perceptive* du même système (que nous préférons nommer *complexité aperceptive*, car nous étudions ici *l'écouter* et non *l'entendre* [4]). La

---

3. Colloque de Cerisy, *Les théories de la complexité; Autour de l'œuvre d'Henri Atlan*, sous la direction de Françoise Fogelman Soulié, Paris, Seuil, 1991.

4. Le mot *aperception* fut initialement employé par Leibniz qui refusait l'explication mécaniste de la perception issue de Descartes : « *On est obligé d'ailleurs de confesser que la Perception, et ce qui en dépend, est inexplicable par des raisons mécaniques, c'est-à-dire par les figures et par les mouvements.* » Gottfried Wilhem Leibniz, *Monadologie*, 1714, § 17. Source : reproduction électronique du texte original (édition Delagrave, 1881), bibliothèque universelle : http://abu.cnam.fr/cgi-bin/go?monadologie1,21,40. Pour Leibniz, l'aperception émerge de la représentation d'un objet par le *cogito* à travers la présence du sujet et non par sa seule empreinte. Kant catégorise ensuite les différentes aperceptions selon leur proximité au sensible en les distinguant de la pensée consciente : « Le je pense *doit pouvoir accompagner toutes mes représentations; car autrement quelque chose serait représenté en moi qui ne pourrait pas du tout être pensé, ce qui revient à dire ou que la représentation serait impossible, ou que, du moins, elle ne serait rien pour moi. La représentation qui peut être donnée avant toute pensée s'appelle intuition. Tout le divers de l'intuition a, par conséquent, un rapport nécessaire au* je pense *dans le même sujet où se rencontre ce divers. Mais cette représentation est un acte de la spontanéité, c'est-à-dire qu'elle ne peut être considérée comme appartenant à la sensibilité. Je la nomme* : aperception pure *pour la distinguer de l'*aperception empirique, *ou encore* : aperception originaire *parce qu'elle est cette conscience de soi qui, en produisant la représentation* je pense *qui doit pouvoir accompagner toutes les autres et qui est une et identique en toute conscience, ne peut être accompagnée d'aucune autre.* » Immanuel Kant, *Critique de la raison pure*, analytique transcendantale, 2e édition, 1787, § 16.

musique proposant une étape intermédiaire entre l'émetteur et le récepteur en la personne de l'interprète, la théorie distingue une troisième catégorie : la *complexité d'interprétation* d'une pièce. Sur un plan théorique, en conformité avec notre projet d'étude, nous nous concentrerons plutôt sur les complexités grammatologiques et aperceptives.

Nous l'avons vu, l'audition est une *écriture cognitive culturelle* de schèmes que l'on peut, théoriquement, représenter sous une forme analytique dont la complexité serait alors calculable. A l'inverse, une représentation analytique suggère une perception et une interprétation du monde. Perceptions et représentations analytiques sont les deux faces inconscientes ou verbalisées de l'ombre portée par le monde sensible sur le cogito humain. Comment alors définir, représenter et calculer les différentes complexités musicales ? Qu'est-ce qui les unit ? Qu'est-ce qui les oppose ?

La complexité analytique d'une œuvre est-elle mesurable ?

Une composition musicale est une suite d'informations qui, pour les trois niveaux de la théorie de tripartition de Jean Molino [5], le niveau *esthésique* (le récepteur), le niveau *neutre* (le résultat sonore ou noté) et le niveau *poïétique* (l'acte créateur), permettent de parler de *système organisé* (schèmes, partitions, sémioses prospectives). Or, à partir du moment où ce système organisé est formalisable (sous forme d'algorithme, d'arbre binaire, d'organigramme ou de schéma), ce qui est en théorie toujours possible, la science fournit un certain nombre d'outils pour en calculer sa complexité *analytique*. Sans détailler trop techniquement ces notions, deux logiques [6] s'opposent :

La complexité statique

Le système organisé est ici considéré en tant que procédure autonome et complète. Il peut être formalisé sous forme d'un algorithme représentable : graphe, arbre de décision ou automate, qui le décrivent entièrement. L'algorithme possède alors une complexité analytique propre dite *complexité statique*, liée à la *taille* du graphe et au *nombre d'embranchements* qui le composent.

La théorie des graphes offre ensuite diverses mesures de la complexité de ce graphe : la complexité *cyclomatique de McCabe* [7] calcule par exemple le nombre de « trajets » entre les différents états du graphe. La *complexité géographique* [8] calcule le nombre d'étapes figurant dans le graphe. D'autres mesures de complexité statique existent. Ces différentes mesures n'aboutissent cependant ni à la même valeur, ni à la même hiérarchie. En d'autres termes, une difficulté épistémologique émerge dès le calcul de la *complexité statique* puisqu'il n'existe aucune mesure uniforme de la complexité d'un graphe.

5. Jean-Jacques Nattiez, *Fondements d'une sémiologie de la musique*, *op. cit.*, 1975.

6. Gérard Guérin, *Réflexions sur la notion de complexité*, Paris, La pyrasphère, 1995.

7. La *complexité cyclomatique* d'un graphe est calculée par la formule : $K(G)=e-n+2p$ où e est le nombre d'arcs dans le graphe, n le nombre de sommets, et p le nombre de composantes connexes (la plupart des graphes étant connexes, généralement p=1).

8. La *complexité géographique* correspond au nombre de liaisons dans le graphe. Elle est calculée en additionnant le nombre de 1 et de 0 de sa *matrice d'adjacence*, qui s'obtient en mettant 1 à l'intersection de la ligne p et de la colonne q lorsque l'instruction p est reliée à l'instruction q, 0 sinon.

Considérons l'algorithme ci-dessous, extrait des travaux de formalisation de divers processus musicaux par le théoricien André Riotte[9]. Cet automate représente le parcours tonal de l'*Invention n°1* à 2 voix (BWV 772) de J.-S. Bach. Après calcul, on obtiendrait une *complexité cyclomatique* de 6 et une *complexité géographique* de 9. D'autres mesures de complexité statique pourraient être appliquées, de résultats et classements différents.

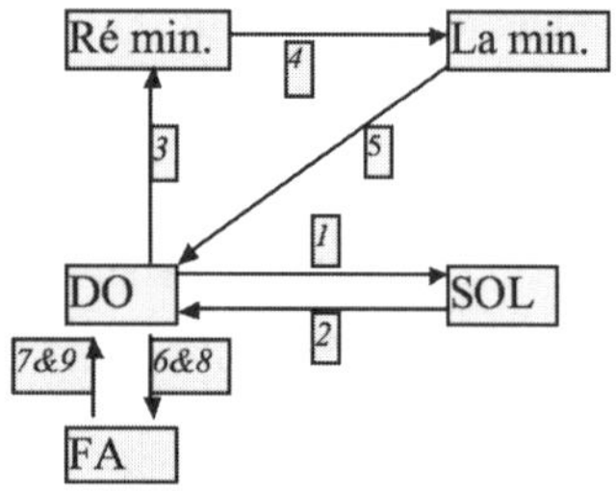

Figure 31 : *Modélisation par André Riotte du parcours harmonique de l'Invention n°1 BWV 772 de J.-S. Bach.*

Autre difficulté épistémologique, la représentation d'une procédure musicale sous forme d'algorithme ou de graphe résulte de choix subjectifs par celle ou celui qui la réalise, puisqu'il faut déterminer, entre autres, ce qui y sera variable de ce qui y sera constant. Ainsi, l'invention de Bach susmentionnée pourrait être représentée non par son parcours tonal ci-dessus (dont les tonalités représentent les variables) mais par la transformation des motifs choisis comme variables.

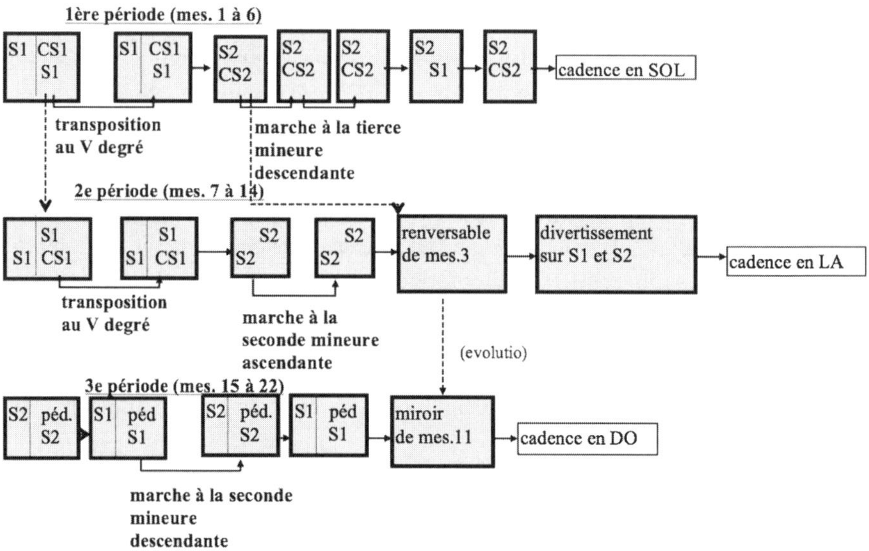

Figure 32 : *Modélisation par automate des différents motifs de l'Invention n°1 BWV 772 de J.-S. Bach (S1 : sujet 1 ; CS1 : contre-sujet 1).*

9. André Riotte, *Enseignement sur les formalisations des structures musicales*, cours de DEA « musique et musicologie du XXe siècle », Paris, Ircam, 1994.

Dernière complication épistémologique, la *complexité statique* fournit des informations uniquement sur la longueur du graphe et la complexité d'enchevêtrement de ses arêtes. Elle ne précise rien sur la complexité de la transformation elle-même. Elle n'est d'ailleurs pratiquement pas utilisée par les informaticiens et les chercheurs des sciences appliquées qui recherchent plutôt des informations sur la complexité du déroulement de la transformation (durée du calcul, taille mémoire, probabilité de risques d'erreur, etc.).

La complexité dynamique

La *complexité dynamique* remédie à ces limites. Elle considère le système organisé comme un composé de plusieurs procédures élémentaires et s'obtient en calculant la somme (pondérée) des complexités de ces transformations élémentaires. Avec la complexité dynamique, les théoriciens obtiennent une mesure intrinsèque de la complexité d'une procédure *dans son déroulement temporel*, et non la mesure de la complexité de sa représentation graphique statique.

Cette méthode présente toutefois d'autres difficultés : aucune théorie générale de la complexité dynamique ne peut être établie quelle que soit la discipline. La décomposition en transformations élémentaires est en effet propre à chaque domaine. De plus, il n'existe aucune méthode générale de décomposition d'un algorithme en algorithmes élémentaires et le choix des algorithmes élémentaires est propre à la culture de celui qui les définit (qu'est que « l'élémentarité » d'une procédure ?). L'ethnomusicologue Simha Arom est par exemple obligé d'analyser (c'est-à-dire, en particulier, de décomposer) certaines polyrythmies des Pygmées Aka en les transcrivant dans une notation musicale occidentale à base d'unités métriques et de sous-divisions de ces unités, tout en admettant que :

> Le musicien africain ne procède ni de façon divisive, comme le fait le solfège occidental, ni de façon additive, selon le modèle de la métrique des Grecs anciens [10].

De façon similaire, l'étude précédente des motifs de l'invention n°1 de Bach peut fixer les deux motifs S1 et S2 et les deux contresujets comme cellules *élémentaires* de l'analyse, mais on peut également remarquer que le sujet 2 (resp. le contresujet 2) est lié au sujet 1 par une opération d'inversus (respectivement d'augmentation de la tête) du premier sujet, et proposer une décomposition supplémentaire des cellules élémentaires de l'algorithme.

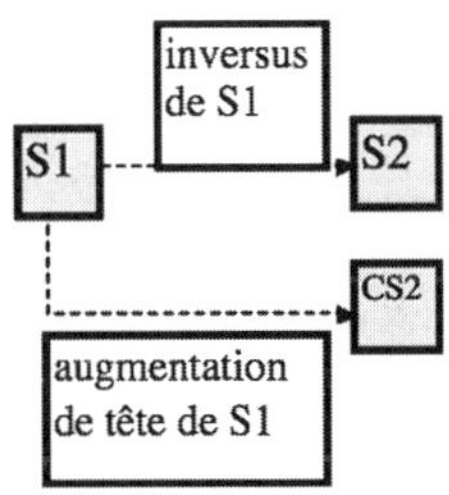

Figure 33 : *Relation entre les différents motifs (sujet 1, sujet 2, contre-sujet2) de l'Invention n°1 à 2 voix BWV 772 de J.-S. Bach.*

10. Arom, *Polyphonies et polyrythmies instrumentales d'Afrique Centrale*, *op. cit.*, tome I, p. 337.

Enfin, la mesure de la complexité d'un processus élémentaire n'existe pas de façon objective et se heurte au problème général du calcul de la complexité analytique : s'agit-il de la complexité statique du graphe de représentation de ce processus élémentaire ? S'agit-il de sa complexité aperceptive et culturelle, ce qui induit une hiérarchisation subjective des processus (banalité, subtilité, etc.) ?

Une multiplicité problématique des mesures de la complexité analytique

Que ce soit le calcul de la complexité statique, dont les définitions sont multiples, non hiérarchiques et contradictoires, ou celui de la complexité dynamique, dont le principe de décomposition en complexités de processus élémentaires s'expose au problème de la méthode de la décomposition comme à celui du calcul des complexités élémentaires, la détermination d'une complexité analytique calculable est confrontée à des problèmes d'interprétation du processus. Son calcul soulève en fait des questions de représentation analytique de la procédure : choix des paramètres, choix de la discrétisation et des unités de valeurs, choix du graphe, choix des variables, des constantes et des fonctions de transformation, choix des transformations élémentaires et des modalités de décomposition d'une transformation complexe, etc.

En amont d'opérations logiques et computationnelles représentées sous forme de graphes se pose le choix des signes qui traduiront et interpréteront en catégories analytiques le phénomène musical, c'est-à-dire sa traduction en métalangage logico-textuel. Les opérateurs d'une analyse d'un objet sont en effet déduits de la perception analytique qu'un observateur a de cet objet. En d'autres termes, la *complexité analytique* est aussi une *complexité perceptive.*

A contrario, la perception d'une œuvre ne se réduit pas à celle de son seul signal : en simplifiant [11], l'aperception, par son travail de compression et d'interprétation de l'information en schèmes, est une réécriture cognitive inconsciente. En ce sens, la *complexité aperceptive* peut être considérée comme la *complexité analytique* de la réécriture cognitive inconsciente par l'auditeur. Les distinctions et interrelations entre complexités grammatologiques et complexités aperceptives sont donc nombreuses.

COMPLEXITÉ, ININTELLIGIBILITÉ, HASARD

Un paradoxe révélateur

Appliquant la théorie de l'information de Claude Shannon (1948) aux flux d'échanges culturels, le théoricien français Abraham Moles [12] a opéré une distinction capitale, au niveau perceptif, entre une écoute *banale*, une écoute *complexe* et une écoute *inintelligible.* Lors d'une écoute *banale*, les sémioses réceptives anticipées par l'auditeur correspondent aux schèmes réalisés par la musique (une pulsation régulière

11. Simplification considérant l'auditeur comme une simple machine de Turing. De plus, on ne prend pas en compte une étape musicale supplémentaire entre le signal et l'auditeur : celle de « l'interprète ».

12. Abraham Moles, *Théorie de l'information et perception esthétique*, Paris, Flammarion, 1958. Du même auteur : « Théorie informationnelle de la musique », *Bulletin du Groupe d'Acoustique Musicale n°5, 25/05/64*, Paris, Université de Paris, 1964. Voir aussi les contributions de Werner Meyer-Eppler, *Grundlagen und Anwendungen der Informationstheorie*, Kommunikation und Kybernetik in Einzeldarstellungen, t. I, Berlin, Springer-Verlag, 1959.

ou une cadence parfaite, par exemple). Au contraire, une écoute *inintelligible* est provoquée lorsqu'aucune anticipation par l'auditeur n'est possible, lorsque celui-ci entend une information d'une telle complexité qu'il ne peut la comprimer cognitivement en schèmes plus symboliques : l'auditeur n'entend qu'un signal acoustique, sans comprendre. Entre ces deux extrêmes se situent les différentes latitudes de compréhension/compression/interprétation d'un message musical. Cette complexité dépend évidemment de facteurs relatifs à la culture de l'auditeur, à sa faculté d'apprentissage et à sa curiosité, mais également de facteurs relatifs à la nature du message musical émis et à son interprétation.

Dans les années 60, un concept scientifique remarquable a été développé par les mathématiciens russes Andreï Kolmogorov et Gregory Chaitin : la *complexité de Kolmogorov-Chaitin.* Elle correspond à la longueur du plus court programme permettant de réengendrer une séquence d'information [13]. Ce concept est dans la pratique non-calculable mais, on le verra, véritablement opératoire, notamment en musique [14].

Supposons une séquence d'information constituée de la répétition un million de fois de deux caractères [1] et [0] : [101010101010... *(1 million de fois)*]. Un possible programme d'engendrement pourrait être constitué de deux millions de lignes énonçant chacune un caractère de la séquence. Toutefois, le programme d'engendrement le plus court est assurément : [*répéter un million de fois 10*]. La *complexité de Kolmogorov-Chaitin* (qui sera aussi nommée *KC-complexité*) de l'algorithme d'engendrement est ici faible (une ligne de six mots et de vingt-neuf lettres), malgré la taille de la séquence d'information résultante contenant, elle, deux millions de signes. De la même façon, la KC-complexité du programme de réengendrement inconscient de la séquence par un lecteur potentiel sera faible car ce dernier percevra immédiatement, vraisemblablement, la répétitivité des éléments qui la constitue.

Explicitons un autre paradoxe que nous appliquerons ensuite à la musique. Observez les trois séquences de signe ci-dessous et essayez d'en déterminer la structure, c'est-à-dire d'en percevoir l'algorithme qui aurait pu les engendrer :

S1 : 000001111100000111110000011111000001111100000

S2 : 001001011010010010110100100100101101001011010

S3 : 010101110110001000001101010101101100110001100

Figure 34 : *Un paradoxe. Observez ces trois séries pour en retrouver le principe générateur.*

13. La *profondeur logique de Bennett* exprime un concept similaire, à savoir le temps de calcul nécessaire pour réengendrer l'information cognitive perçue.

14. Le premier auteur à avoir appliqué la théorie de la complexité de Kolmogorov à la musique est semble-t-il Joseph Goguen dans l'article « Complexity of hierarchically organized systems and the structure of musical experiences », *International Journal of General systems*, vol. 3, London, Gordon and Breach Science Publishers, 1977, p. 233-251. Goguen aboutit à des conclusions similaires à celles de Moles une vingtaine d'années après : « *s'il y a trop peu de changement, on s'ennuie, s'il y en a trop, on ne comprend plus* [l'information musicale] » (Goguen, *ibid.*, p. 247). Toutefois, Goguen va plus loin en construisant un modèle de complexité des structures musicales où il applique des règles d'inégalités trouvées par Kolmogorov. Merci à Jean-Claude Risset de nous avoir communiqué ce document.

Constituée de 45 caractères, chaque série est de longueur identique, exprimée dans un même alphabet [15] de deux caractères [0] et [1]. Pourtant, le lecteur regardant attentivement ces trois séquences ne les considérera probablement pas de façon équivalente : il rétablira sans doute rapidement la séquence S1, générée comme alternance régulière de [00000] et de [11111]. La perception est *banale.* Il restituera vraisemblablement par bribes approximatives, et ce après plusieurs relectures et propositions, la séquence S2 (il trouvera par exemple une « *alternance de cellules constituées d'éléments [100], [10], [11] et [0], l'élément [100] étant parfois "répété"* »). La séquence S3 sera plus difficilement restituée et son aperception sera peut-être *inintelligible*, c'est-à-dire qu'elle ne sera pas comprimée en algorithme de taille inférieure à la séquence elle-même (elle sera décrite par sa simple énumération, sans réduction).

Qu'a fait le lecteur en observant et en décryptant ces séquences d'information ? Il a tenté de compresser les données en un programme de taille plus petite. La perception ne se réduit donc pas à une simple lecture de la séquence d'information mais est accompagnée, lorsque cela est possible, d'un processus cognitif de compréhension / compression de l'information, c'est-à-dire de réengendrement inconscient : la perception est cognitive (*postulat cognitiviste*).

De plus, en cas de réception non banale (séries S2 et S3, par exemple), le lecteur tente plusieurs relectures qui modifient et améliorent éventuellement sa perception. La perception est donc dépendante de mécanismes temporels d'apprentissage liés au nombre de lectures, à la culture et au comportement du lecteur (hypothèse dite *relativiste).*

Enfin, l'algorithme virtuel réengendré par le lecteur n'est pas toujours similaire à l'algorithme ayant réellement généré la séquence (*principe d'indépendance esthésique).*

Dans l'exemple des trois séries ci-dessus, l'algorithme que nous avons construit pour effectivement concevoir la série S1 correspond, scientifiquement, à la procédure vraisemblablement imaginée par tout auditeur, c'est-à-dire une succession régulière de [00000] et de [11111] (voir figure ci-dessous) [16].

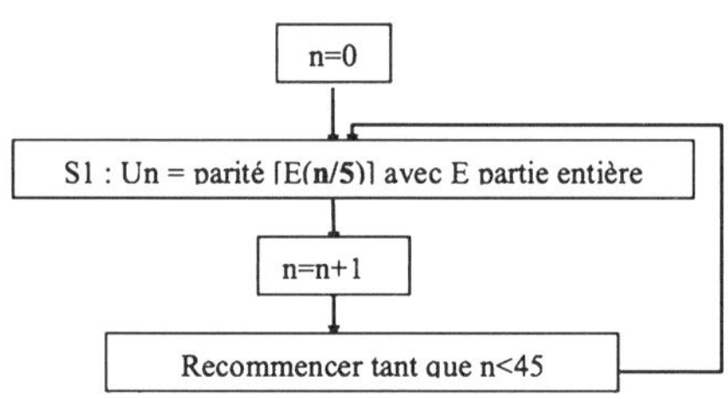

Figure 35 : *Algorithme réel d'engendrement de la série S1.*

15. La *quantité d'information* portée par ces trois séries est donc la même, calculée par la formule : [N.(ln(m)/ln(2))], avec N : longueur de la séquence (ici N= 45) et m : nombre de lettres composant l'alphabet (ici m=2), soit [45.(ln(2)/ln(2))] = 45 digits.

16. Le programme itère des nombres entiers, les divise par cinq, et ne prend que la partie entière de la parité de ces chiffres. C'est un programme de complexité analytique faible (quelques lignes de programme).

Paradoxalement, le graphe de l'algorithme qui a généré la séquence S2 est identique à celui ayant engendré S1, à un seul changement de constante près : l'expression [$\mathbf{n.\pi}^{(5/3)}$] remplace [**n/5**] dans la deuxième ligne[17]. La complexité grammatologique du graphe reste donc la même. Les complexités aperceptives de S1 et S2 sont pourtant différentes, S2 semblant bien plus difficile à comprendre, bien plus *complexe.* L'algorithme virtuel réengendré par le lecteur, vraisemblablement établi par bribe heuristique, est donc a priori différent de l'algorithme réel qui a initialement engendré la série (*principe d'indépendance esthésique*).

La séquence S3 parait encore moins intelligible, si ce n'est aléatoire[18]. Elle est pourtant générée par le même algorithme : seule la constante de la deuxième ligne a été modifiée (par un nombre ici relativement simple[19], voir figure 36b).

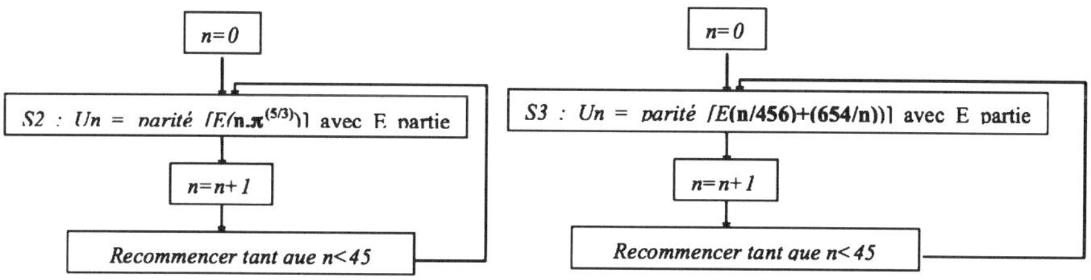

Figures 36 a et b : *Algorithmes d'engendrement des séries S2 et S3.*

Huit conclusions fondamentales sur la complexité musicale

Cet exemple non musical permet de synthétiser huit conclusions sur les relations entre la complexité aperceptive et la complexité grammatologique d'une séquence d'information, c'est-à-dire, plus généralement, sur les relations entre intention compositionnelle et perception par l'auditeur :

Postulat cognitiviste

La perception n'est pas une simple « lecture » de la séquence d'information. L'auditeur effectue, lors de l'écoute, un travail inconscient de compréhension / compression / interprétation du processus imaginé par le compositeur. Cette *réécriture cognitive* permet en particulier de mieux comprendre la notion de *complexité aperceptive* (voir « *principe de calcul de la complexité aperceptive* »).

---

17. Certains scientifiques ont argumenté que la séquence S2, en contenant le nombre irrationnel et transcendant [π], cachait une complexité analytique plus grande que ces quatre lignes décrivant le graphe, car il fallait rajouter de nombreuses lignes au programme le plus court permettant d'engendrer S2 pour définir π, ce qui accroissait considérablement la KC-complexité du programme. Avec une équation contenant une puissance de pi légèrement modifiée de type :
S'2 : Un = parité [E($\mathbf{n.\pi}^{(5/6)}$] avec E partie entière on obtient cependant la séquence très simple : S2' = [00110011001100110011001100110011001100110]. De plus, S3, dont l'algorithme contient une constante plus simple (nombre entier), est pourtant encore plus difficile à comprendre. Il y a donc *indépendance totale* entre la complexité analytique de l'algorithme générateur et la KC-complexité perceptive de la séquence d'information résultante.

18. Selon les enquêtes effectuées sur une centaine de témoins lors de plusieurs conférences.

19. Nous avons volontairement choisi, par analogie avec les inversus et rétrogrades musicaux, une équation à double symétrie sur les signes (*evolutio*), où [n/456] devient [654/n].

Hypothèse relativiste

La perception se modifie et éventuellement s'améliore avec le nombre de lectures (d'écoutes) des informations et avec l'acquisition et la possession de connaissances externes. Les acquis (apprentissages de court ou de long terme), les préjugés et la culture de l'auditeur relativisent la recherche d'universaux de perception.

Principe d'indépendance esthésique

L'algorithme virtuel réengendré inconsciemment par l'auditeur ne correspond pas forcément aux procédures utilisées par le compositeur pour créer le résultat musical.

Principe de calcul de la complexité aperceptive

Nous postulons que la *complexité aperceptive* est la KC-complexité analytique de l'algorithme virtuel réengendré par un auditeur moyen « idéal » (considéré comme une *machine de Turing*). Elle n'est ni la KC-complexité d'engendrement, c'est-à-dire la complexité analytique de l'algorithme le plus simple permettant de générer la séquence d'informations, ni la *quantité d'information* [20] contenue dans cette séquence.

Principe de non-bijection entre les complexités

Deux procédures similaires (par exemple différenciées par deux valeurs différentes d'une même variable, mais de même structure et de même complexité organisationnelle) peuvent produire deux résultats musicaux de complexités aperceptives différentes. De même, deux résultats de complexités perceptives semblables peuvent être obtenues par des procédures de complexité analytique différente.

Principe de saturation cognitive

Il existe une limite relative au-delà de laquelle l'auditeur ne perçoit plus de schèmes cognitifs, c'est-à-dire qu'il ne peut plus générer inconsciemment d'algorithme virtuel et n'a plus de repère pour apercevoir et comprendre les informations autre que la seule lecture/perception linéaire du signal, sans compression ni interprétation. Cette limite dépend de la nature de l'information mais également du comportement et de la culture de l'auditeur. Sur un plan scientifique, l'écoute *inintelligible*, ainsi dénommée par Abraham Moles, consiste en une lecture littérale de la séquence d'information sans possibilité de compression cognitive. La complexité perceptive est alors identique à la quantité d'information contenue dans la séquence et l'œuvre paraît *aléatoire*.

20. La *quantité d'information* d'une séquence de longueur n, exprimée dans un alphabet comprenant m caractères est : n.[log(m)/log(2)]. *log(m)/log(2)* est parfois appelé *degré de complexité*, *facteur d'intensité* ou *densité diacritique* du système de lecture, car il caractérise le nombre d'états différents que ce dernier peut prendre. La *densité diacritique* est également appelée *entropie* par ceux qui cherchent à rapprocher cette notion de l'état de perturbation d'un gaz en thermodynamique. La quantité d'information est mesurée en *digits* et la densité diacritique en *shannon*.

Théorème de la complexité et de l'aléatoire

Les mathématiques, en s'intéressant aux problèmes de perception de la complexité à travers ceux de compression d'une information, fournissent depuis les années 80 une définition paradoxale et opératoire de "*l'aléatoire*". Scientifiquement, l'*aléatoire* ne s'oppose plus à une procédure *déterministe*. Un phénomène est perçu, par définition, *aléatoire* lorsque le *récepteur* présente des difficultés à le comprendre et à l'apercevoir, même si la procédure d'engendrement reste, elle, totalement déterminée[21], et éventuellement relativement simple. L'aléatoire est donc une *qualité de jugement et de perception* et non un principe d'organisation du phénomène. Ainsi, un dé jeté a une trajectoire bien déterminée. Cette trajectoire fait cependant intervenir de si nombreux paramètres qu'elle semble perceptivement excessivement complexe, est difficile à anticiper pour l'observateur, et lui paraît en conséquence *aléatoire*.

En musique, sans compréhension ni connaissance des règles du langage, l'auditeur peut se sentir désarçonné et percevoir un phénomène musical comme *aléatoire*, même si la procédure compositionnelle reste, elle, parfaitement déterminée. En d'autres termes, certaines œuvres faisant appel à l'aléatoire (œuvres de Earle Brown, *Archipels* de Boucourechliev, *Music of Changes* de Cage, *Troisième Sonate* de Boulez, *Klavierstück XI* de Stockhausen) ne paraîtront pas plus aléatoires à la perception que des œuvres écrites et déterminées dont l'auditeur ne pourrait compresser l'information, de par sa culture, son comportement ou par la complexité intrinsèque de l'œuvre.

Principe d'économie poïétique

D'une façon générale, les compositeurs préfèrent élaborer ou employer des techniques à faible complexité analytique induisant des transformations à forte complexité perceptive. Ceci peut justifier l'emploi de techniques analytiques simples sur le signe, parfois arbitraires ou purement combinatoires, générant des transformations perceptivement complexes.

APPLICATIONS À LA MUSIQUE

Gamelans binaires et ternaires

Le paradoxe précédent des séquences S1, S2 et S3 est aisément applicable à la musique. Considérons un processus simple générant une succession de rythmes dont la périodicité de l'un est le double du précédent (chaque période de cette pulsation régulière est partagée en deux demi-périodes égales, ce qui double la vitesse de pulsation) :

21. Le mathématicien Jean-Paul Delahaye montre qu'une suite d'information est *aléatoire* si elle vérifie l'une des propriétés suivantes : i) Elle ne satisfait aucune régularité exceptionnelle effectivement testable; ii) Elle possède un contenu en information incompressible; iii) Elle est imprévisible. Il est démontré que ces trois propriétés sont *équivalentes* (Jean-Paul Delahaye, *Information, complexité et hasard*, Paris, Hermes, 1994).

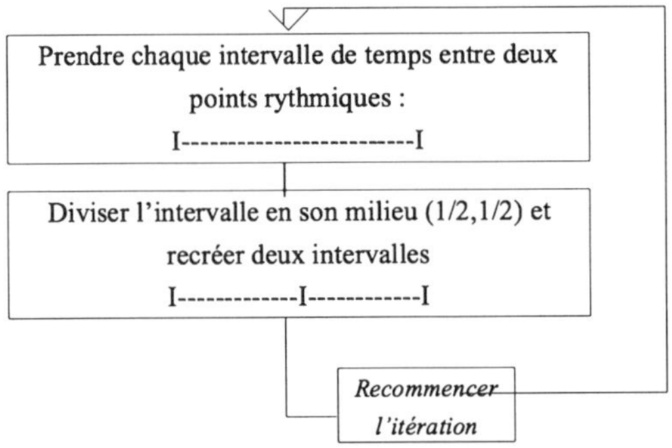

Figure 37 : *Algorithme générateur du Gamelan binaire.*

On obtient, notés schématiquement puis musicalement, les rythmes suivants d'un « gamelan binaire », compris certainement sans difficulté par tout auditeur :

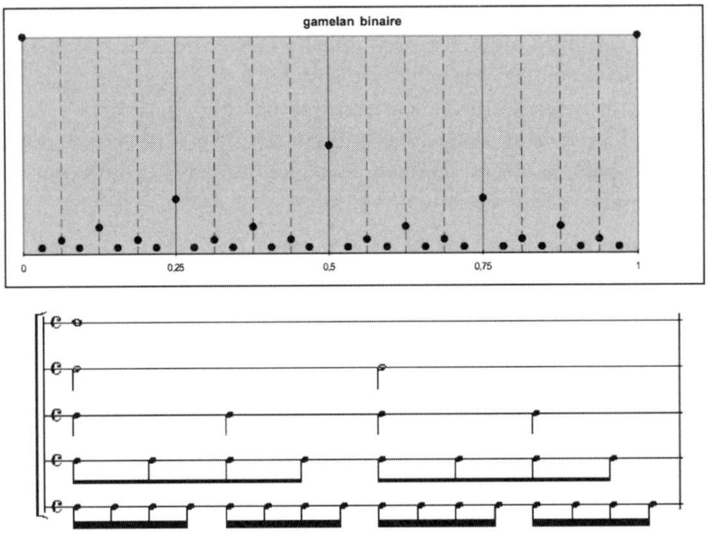

Figure 38 : *Gamelan binaire (notation symbolique, notation musicale). Chaque voix a une périodicité de moitié par rapport à la précédente.*

Modifions légèrement l'algorithme générateur en divisant la période non plus à sa moitié, mais à son tiers, ce qui ne transforme pas la structure analytique de l'algorithme et, en particulier, n'en modifie pas sa complexité analytique :

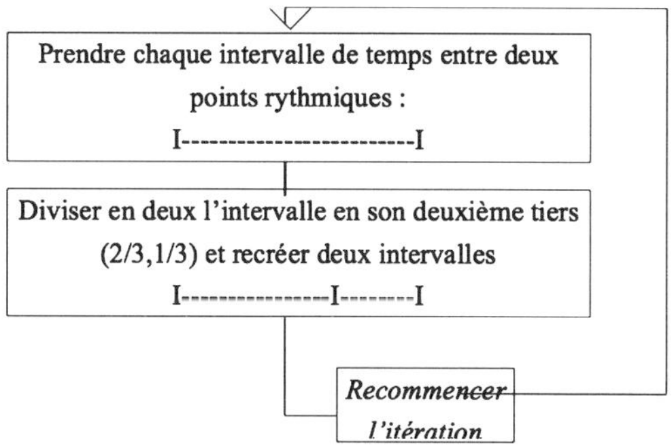

Figure 39 : *Algorithme générateur du Gamelan ternaire.*

On obtient la figure suivante, transcrite schématiquement puis en notation musicale :

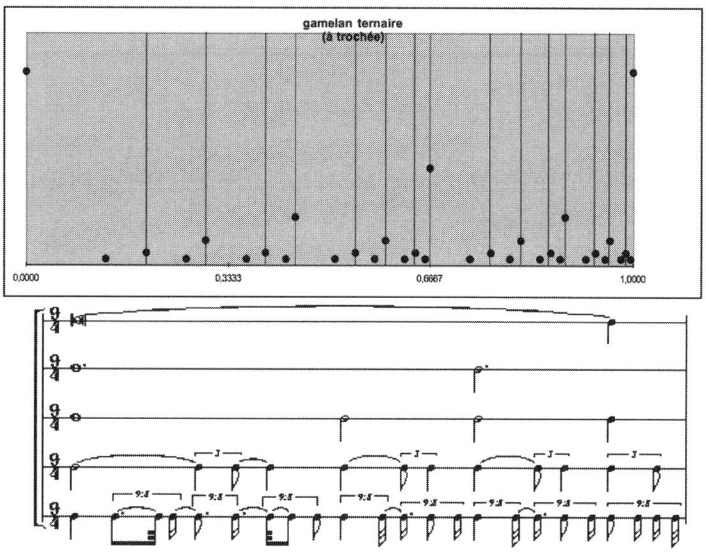

Figure 40 : *Gamelan ternaire.*

Confronté à un tel rythme, l'auditeur n'en saisira probablement aucune logique musicale, même s'il entrevoit ici ou là quelques singularités, par exemple un accelerando régulier. La KC-complexité aperceptive de ce gamelan ternaire est donc beaucoup plus élevée que celle du gamelan binaire. Les programmes qui ont servi à engendrer ces deux rythmes sont pourtant similaires et de complexité analytique identique : les deux procédures ne diffèrent que par le changement de la constante ([2/3] remplaçant [1/2])[22]. Nous sommes ici confrontés à la fois au *principe de*

22. Certains rétorqueront que 1/2 est la moitié, alors que 2/3 n'est pas aussi symétrique. Ceci est un argument perceptif : la modification [1/2 1/2] à [2/3 1/3] n'accroît pas la complexité analytique de l'algorithme générateur.

non-bijection entre les complexités, puisqu'une même complexité analytique induit deux complexités perceptives différentes, et au *principe d'indépendance esthésique*, puisque les sémioses réceptives de l'auditeur sont, dans le deuxième cas, différentes de la procédure imaginée par le compositeur.

Complexité grammatologique et complexité aperceptive d'une transformation sérielle de motif

Imaginons un compositeur intéressé par les techniques dodécaphoniques et sérielles, et utilisant comme matériau *thématique* deux séries dodécaphoniques A et B perceptivement distinctes[23], qu'il souhaite ensuite dériver.

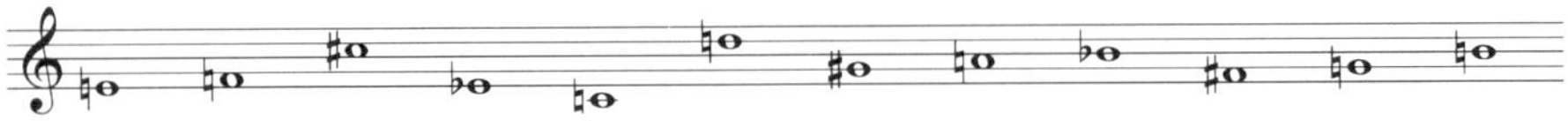

Figure 41 : *Série A (issue des premières mesures des variations op. 27 de Webern).*

Figure 42 : Série B (perceptivement distincte de la série A).

Appliquons aux séries A et B une dérivation classique : une symétrie par rapport à [*ré*]. Cette inversion est une transformation de complexité analytique faible.

Figure 43 : *Symétrie de la série A par rapport à ré.*

Figure 44 : *Symétrie de la série B par rapport à ré.*

L'oreille saura-t-elle réassocier la transformée de la série A à son original, et la transformée de la série B à son original ? Il semble que non. Lorsque l'auditeur entend la symétrie de la série A par rapport à [*ré*], le résultat perceptif est paradoxalement plus proche de la série B originale (contours similaires, notes identiques sauf deux) que de la série A originale. Le résultat est le même pour la série B et sa symétrie. En d'autres termes, une série et sa transformation combinatoire, de faible complexité analytique, peuvent être perceptivement éloignées.

23. On répliquera avec raison qu'une série dodécaphonique n'a pas à être employée comme motif perceptif mais comme pré-matériau.

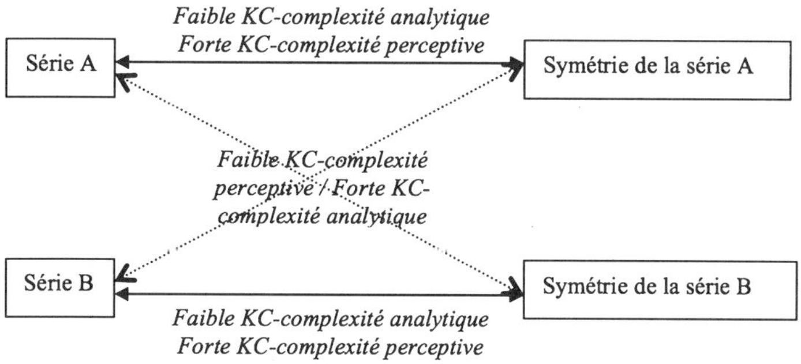

Figure 45 : *Non -bijection des complexités aperceptives et grammatologiques.*

Les rythmes circulaires de Brian Ferneyhough

Le compositeur Brian Ferneyhough, né à Coventry (Angleterre) en 1943, reste une figure iconique pour toute étude sur la complexité musicale. Après une formation musicale populaire en brass band, il étudie à Birmingham, puis à la Royal Academy of Music de Londres avec Lennox Berkeley et à Bâle avec Klaus Huber. Le style de ce compositeur est, parfois avec sa complicité, associé à *l'école de la complexité*, terme assez vague puisqu'on ne sait s'il désigne la complexité de la pensée compositionnelle, celle de la notation, celle de l'interprétation ou celle de la perception.

Ce qualificatif est vraisemblablement né d'un commentaire du compositeur anglais Nigel Osborne pour qualifier les œuvres des compositeurs Chris Dench et James Dillon[24]. Le terme s'est ensuite imposé pour caractériser les musiques d'autres compositeurs aux attitudes similaires tels que Brian Ferneyhough, Roger Redgate, Michael Finnissy, Claus-Stephan Mahnkopf ou Brice Pauset. L'œuvre de Brian Ferneyhough s'est cependant rapidement démarquée de celle de ses confrères et a atteint une notoriété internationale à partir de la création de ses *sonates pour quatuor à cordes* (écrites en 1967, mais créées en 1975 seulement au Festival de Royan).

Une écriture revendiquant la complexité

Dès le premier regard, une partition de Ferneyhough ne laisse pas indifférente : la partition est noire de signes et d'indications et semble impossible à réaliser en première lecture. Une lecture plus approfondie n'apaise pas ce sentiment, puisque l'œil du musicien découvre des figures musicales quasiment impossibles à jouer : des sextolets de valeurs non régulières à l'intérieur de quintolets de doubles-croches, ou une multitude d'intervalles disjoints en micro-tons dans des tempi rapides, des métriques variables, une alternance rapide de modes de jeux, parfois une polyphonie d'écriture notée sur plusieurs systèmes pour un instrument monodique, des traits rapides aux sauts de registre importants, etc.

24. Richard Toop, « Contre une théorie de la (nouvelle) complexité musicale », *textes d'étude du Séminaire de l'ESCOM : Musique contemporaine : théorie et Philosophie*, Bruxelles, draft 18-19 mars 2000 (p. 5).

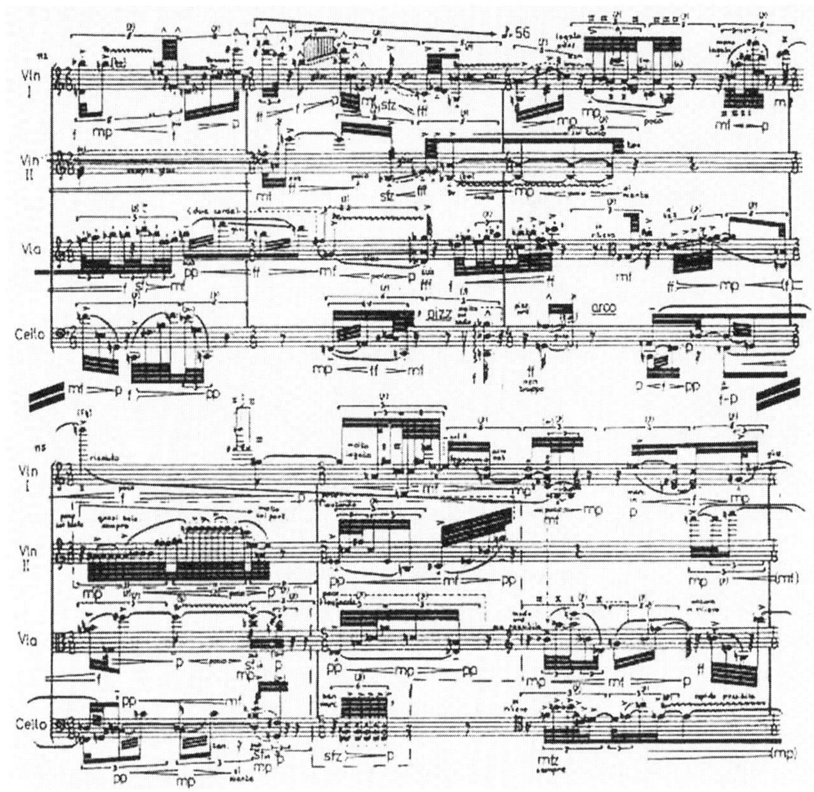

Figure 46 : *Deuxième quatuor à cordes de Ferneyhough, mes. 112 à 116 (© 1980, ed. Peters, EP 7229).*

Une première complexité réside assurément dans la notation, la lecture et l'interprétation des œuvres. Ferneyhough écrit :

> En tant que véhicule iconique le plus immédiat et le plus naturel, la notation semble être la clef d'une ère possible d'auto-introspection musicale. (…) Les présupposés essentiels pour cette capacité sont au nombre de trois :
> i) Une notation adéquate doit démontrer sa capacité d'offrir une *image sonore* des événements qu'elle contient. (…)
> ii) Une notation adéquate doit être dans la position d'offrir les instructions essentielles (…) pour une *reproduction valide* de ces sons/actions en tant que constituant le "texte" de l'œuvre. (…)
> iii) Une notation efficace doit (peut) incorporer, dans et par la résonance mutuelle et la confluence des deux éléments déjà mentionnés une *idéologie implicite du processus même de création* [25].

L'extrême complexité de l'écriture est cohérente avec le propos du compositeur qui ajoute : « *La notation est toujours relative à l'intention* » [26]. Ferneyhough cherche

25. Brian Ferneyhough, *Collected writing*, édité par James Boros et Richard Toop, Amsterdam, Hardwood academic Publishers, 1995, p. 3.

26. *Ibid.*, p. 70.

en particulier, par la double complexité graphémologique de la notation et de la lecture, à pousser le musicien professionnel hors de ses conventions et à créer, par les tensions qui en résultent, une sonorité inouïe, bruitée, imprévisible, instable, dépassant les catégories de la note harmonique et entretenue comme celle des rythmes « mètrisés » et « maîtrisés ».

> À l'âge de 50 ans, Ferneyhough a réinventé la virtuosité instrumentale. La difficulté phénoménale de la notation, laborieusement travaillée, conduit le musicien à l'énergie d'une intense improvisation où chaque détail serait proposé directement

écrit le compositeur Jonathan Harvey [27]. Ferneyhough indique lui-même :

> Je me suis toujours intéressé à toutes les formes de complexité du phénomène musical, mais ce n'est que [*dans la période des premières pièces écrites pour instrument solo*] que je commençai à comprendre qu'il y a toute une dimension d'expression potentielle enfouie dans l'attitude de l'exécutant face au texte musical. Je décidai ainsi de voir jusqu'où l'on pouvait exploiter systématiquement cet aspect des choses comme une contribution à la redéfinition de "l'interprétation" en tant que telle, jusqu'à quel point on pouvait en incorporer les résultats dans le tissu même de la composition, pour ainsi dire comme un fil polyphonique discret. (...) Mon idée, c'est : qu'est-ce que l'interprétation ? [28]

Il y a une conscience assumée, chez Ferneyhough, flûtiste et chef d'orchestre, que ce qui est écrit dépasse largement ce qui est humainement interprétable. Dans la superbe pièce *Unity Capsule*, pour flûte solo [1975-1976], la difficulté de la notation-interprétation lui permet de créer un certain nombre de modes de jeux jugés normalement « indésirables » (sons impurs, soufflés, différentes embouchures, multiphoniques) et d'atteindre, selon sa volonté, une diversité de couleurs proche des phonèmes de la voix. L'interprète est « *dans un état continuel de "surprise d'exécution"* » [29]. À propos de *Superscriptio*, pour flûte piccolo solo [1981], Ferneyhough écrit :

> L'œuvre en elle-même est conçue pour produire la friction grinçante, tranchante, de lignes de force qui, se projetant au-delà du labyrinthe et des limites de la durée effective de l'œuvre, colorent et contaminent notre propre vision du monde. [30]

Comment pourrait-on obtenir par une autre écriture l'amnésie par l'interprète de la note harmonique fixe, du rythme bien marqué, et de la fidélité aux signes ? Comment restreindre son jeu aux transitoires d'attaque, à l'instabilité bruitée, telle une parole qui ne dirait que des consonnes ? Cette condition nécessaire de complexité, même si elle peut paraître insuffisante, est celle dont s'enquiert la musique de Brian Ferneyhough. La complexité de l'interprétation répond à celle de la notation. En ce sens, et à sa manière, les œuvres de ce compositeur reflètent la crise de la graphémologie traditionnelle des années 70/80.

---

27. *Ibid.*, p. X, introduction.
28. Brian Ferneyhough, « Entretien avec Philippe Albera », *Contrechamps n°8*, Lausanne, L'âge d'homme, 1988, p. 23.
29. *Ibid.*, p. 31.
30. Brian Ferneyhough, « Entretien avec Richard Toop », *Entretemps n°3*, Paris, 1987, p. 89.

> Tandis qu'il peut être d'une platitude d'observer qu'aucune notation, quel que soit son degré de complexité, ne peut approcher la réalité du phénomène audible, (...) il n'y a pas, selon moi, de contradiction inhérente à la situation [31].

Une pensée analytique volontairement contradictoire

Le rapport aux techniques d'écriture est un deuxième aspect tout aussi ambigu et "complexe" de la musique de Ferneyhough. Une notion primordiale concerne sa distinction entre la *figure*, élément dynamique, et le *geste*, élément plus statique [32]. Ferneyhough écrit :

> Dans la musique contemporaine (*sic*), la perception s'organise autour d'une distinction privilégiée : celle qui oppose des événements proches (faits d'objets atomiques, de sons individuels) à des événements plus lointains (fondés sur des structures et orientés plus directement vers la forme). (...) L'idée de la figure se situe pour moi exactement à l'intersection du geste défini, concrètement perceptible, et l'estimation de sa "masse critique", son instabilité énergétique [33].

Le projet à entendre tend principalement, pour ce compositeur, à la perception de gestes. Subséquemment, pour dépasser l'anecdote et composer l'énergie et la forme instable, Ferneyhough superpose les procédures analytiques à l'extrême afin de les fondre, de les noyer et de les rendre inaccessibles. Chez Ferneyhough, la procédure poïétique n'a aucune prétention esthésique. La démarche poïétique est un *pourquoi*? et non un *comment*?

Les techniques qu'emploie Ferneyhough sont d'ailleurs classiquement sérielles, combinatoires et portées sur le signe traditionnel et la séparation des paramètres. Elles sont empruntées, aucune de ces techniques n'étant ni singulière, ni « conséquente » avec l'esthétique du compositeur, comme les compositeurs ayant imaginé les techniques dodécaphoniques ou spectrales, eux, le prétendaient. Les techniques sur les rythmes (ou plutôt sur les signes traditionnels employés pour écrire des rythmes) restent généralement, en tout cas jusqu'à l'utilisation par Ferneyhough de l'informatique à partir de 1983, assez semblables à celles que mentionne par exemple Pierre Boulez dans *Penser la musique aujourd'hui* [34]. La technique de modulation métrique de Carter est également employée. Le matériau de hauteurs est souvent dodécaphonique et les procédures qui le transforment sont issues des traditionnelles techniques de dérivation (transposition, symétrie, rétrograde, criblage) [35]. Cependant, Ferneyhough enchevêtre et sur-accumule ces techniques combinatoires de telle sorte qu'elles ne s'entendent pas, ne se prévoient pas et même, ne puissent se retrouver par l'analyse sans les indications du compositeur. Lui-même a souvent déchiré ses pages d'esquisses ou éliminé la cellule initiale permettant de comprendre l'ensemble du

---

31. Ferneyhough, *Collected writing*, *op. cit.*, p. 7.
32. Alessandro Melchiore, *in* Ferneyhough, *Entretemps n°3*, *op. cit.*, p. 70.
33. Brian Ferneyhough, « Entretien avec Richard Toop », *op. cit.*, p. 115.
34. Pierre Boulez, *Penser la musique aujourd'hui*, Paris, Gallimard, 1963, p. 61 par exemple.
35. Voir par exemple Cordula Pätzold, *Carceri d'Invenzione von Brian Ferneyhough Kompositionstechnische und höranalytische Aspekte*, Thèse de doctorat, Freiburg, Albert-Ludwigs-Universität, 2002, p. 26.

processus. « *Il dialectise l'ordre et le désordre, écrivant une musique qui est, à strictement parler, antisérielle puisqu'elle est non-déterministe* » écrit Marc Texier [36].

L'intention qui régit ces procédures est révélatrice : il s'agit explicitement d'un jeu anodin sur le signe, un quasi non-sens volontaire pour le sens musical. Ferneyhough utilise par exemple, dans son *deuxième quatuor à cordes* [1980] comme dans de nombreuses autres œuvres, une technique surexploitée en musique au XXe siècle (dès Bartok) : la série de Fibonacci [1, 2, 3, 5, 8, 13, 21, 34, etc.]. Cependant, plutôt que de tenter un peu vainement d'attribuer une quelconque signification musicale aux nombres qui la composent, il ne prend que les chiffres, ou plus exactement les écritures des chiffres – 13 devient ainsi 1 et 3 – : [1, 2, 3, 5, 8, 1, 3, 2, 1, 3, 4, etc.] [37]. Alessandro Melchiore écrit à propos de cette œuvre :

> La démarche devient frénétique, furieuse. La dernière page de cette première partie, que l'auteur lui-même intitule pertinemment "tour de Babel", compte douze techniques différentes de transformation des hauteurs [38].

Fétichisme du signe, pensée apparente du signifiant et non du signifié (la sérialisation des registres des instruments dans certains *Carceri d'Invenzione*, par exemple), fascination des nombres dénués de leur signification, ce jeu d'une autre époque est assumé et caricaturé afin d'engendrer un matériau de hauteurs et de rythmes totalement neutre qui sera ensuite recomposé intuitivement, réécouté par le compositeur (instrumenté, réécrit, retransformé, choisi) :

> J'ai ainsi choisi [*dans la première pièce des Carceri d'Invenzione*] 48 éléments, chacun occupant seulement une mesure. Le nombre 48 me vient du matériau d'une autre voix [39].

Contresens informatique = sens musical?

Depuis son œuvre *Kurze Schatten* [1983-1987] pour guitare solo, Brian Ferneyhough recourt à l'informatique pour générer ses matériaux de hauteurs et de rythmes. Le compositeur avait initialement travaillé à San Diego avec Rand Steiger qui lui avait programmé en langage informatique BASIC un ensemble d'opérations de permutations. À partir de 1993, une collaboration active avec le chercheur Mikhail Malt à l'Ircam lui permet de programmer un certain nombre de techniques rythmiques sur le logiciel *Patchwork*, développé dans cette institution. Une librairie, *Combine*, est créée, comprenant un ensemble de fonctions, *Musak1*, *Musak2*, ..., qui permettent de manipuler et de transformer un pré-matériau compositionnel de listes de nombres purs : transposition abstraite de nombres, entrelacement de listes, substitution, cribles, subdivision de pulsations, permutation de paramètres, génération de symétries [40], etc.

L'intérêt de Ferneyhough pour le rythme, et en particulier pour les modulations métriques, est ancien. L'outil informatique lui permet toutefois de renouveler ses

---

36. Peter Szendy (dir.), *Brian Ferneyhough*, Paris, L'Ircam/L'Harmattan, 1999, p. 14.
37. Alessandro Melchiore, *in* Ferneyhough, *Entretemps n°3*, *op. cit.*, p. 72.
38. *Ibid.*, p. 83.
39. *Ibid.*, p. 72.
40. Mikhail Malt, *in* Szendy (dir.), *Brian Ferneyhough*, *op. cit.*, p. 66.

techniques et de confirmer la position épistémologique singulière qu'occupe la procédure dans son travail, c'est-à-dire une séparation nette entre grammatologie du niveau poïétique et aperception.

Afin de mieux comprendre les enjeux d'écriture, rappelons les principes de notation des rythmes dans le logiciel *patchwork* (module RTM), comme pour le logiciel qui lui a succédé, *Open Music*. Ces deux logiciels sont écrits dans un langage de programmation, le LISP, qui travaille sur des listes de listes. Ainsi, un rythme [4/4 ♩ 𝅗𝅥.] est noté (4 (1 3)). La structure du LISP adopte ensuite une logique divisive du rythme, une formule rythmique étant exprimée comme subdivision d'autres unités de rythme plus simples. Dans la formule précédente [4/4 ♩ 𝅗𝅥.], la substitution de la noire ♩ par un triolet de croches est écrite en LISP :

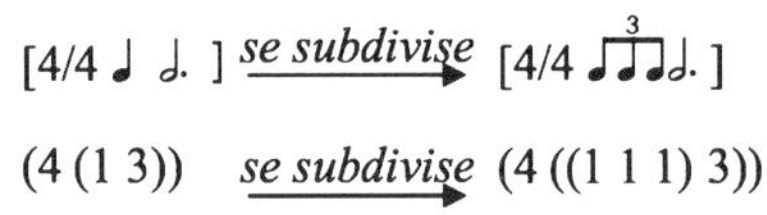

Figure 47 : *Écriture d'une subdivision rythmique dans le logiciel Patchwork.*

Brian Ferneyhough va s'intéresser de façon singulière et contradictoire à cette notation relativement musicale des rythmes en LISP, en imaginant une technique compositionnelle basée sur les seuls signifiants et qui s'abstrait délibérément de leur signification : Ferneyhough extrait les nombres inscrits dans la liste de listes et leur applique des procédures combinatoires classiques – lecture en rétrograde, permutations circulaires, etc. – sans tenir compte des parenthèses ni de la signification musicale des signes pour ce logiciel.

Ainsi, pour engendrer les rythmes des mesures 137 à 174 de son *trio à cordes* [1995][41], Ferneyhough choisit une liste de listes correspondant à un rythme en 4/8, fondé sur la succession strictement scripturale des nombres 1 à 6, sur un placement régulier et alterné des parenthèses (tous les une puis deux puis une puis deux positions) : (4 (1 2 (3 (4 5)) 6)). De ce simple jeu sur le signe, le rythme réalisé est d'ores et déjà non prévisible et complexe, à la lecture comme à la perception :

Figure 48 : *Rythme correspondant sur Patchwork à la séquence de chiffres [4 (**1 2** (**3** (**4 5**)) **6**)].*

Brian Ferneyhough applique ensuite cinq permutations circulaires successives sur la liste des chiffres sans changer la place des parenthèses, et obtient ainsi cinq formules rythmiques différentes[42] :

41. Nous reprenons ici l'analyse de Mikhail Malt, faite à partir de sa collaboration pour cette pièce avec Brian Ferneyhough (*ibid.*, p. 85-90). Nous le remercions sincèrement pour ses explications.

42. *Ibid.*, p. 87.

Permutation 1 : (4 **(2 3 (4 (5 6)) 1)**)

Permutation 2 : (4 **(3 4 (5 (6 1)) 2)**)

Permutation 3 : (4 **(4 5 (6 (1 2)) 3)**)

Permutation 4 : (4 **(5 6 (1 (2 3)) 4)**)

Permutation 5: (4 **(6 1 (2 (3 4)) 5)**)

Figure 49 : *Rythmes correspondant aux permutations circulaires sur la séquence de chiffres [4 (**1 2** (3 (**4 5**)) **6**)].*

Musicalement, ces cellules rythmiques sont reprises des mesures 137 à 174 du *Trio à cordes* (elles sont accumulées sur plusieurs voix : la cellule initiale est par exemple visible à la voix supérieure du violon, qui joue deux voix). On observe tout d'abord qu'avec une séquence ici simple sur le plan du signe (composée de la succession des chiffres 1, 2, 3, 4, 5, 6 et d'une logique scripturale rudimentaire pour le placement des parenthèses), et avec une transformation analytique simple (permutations circulaires), Ferneyhough obtient volontairement des cellules rythmiques perceptivement complexes (*principe d'économie poïétique)*, imprévisibles, de lecture difficilement réalisable et sans aucun lien perceptif entre elles (*principe de non bijection entre les complexités*). Le compositeur britannique reprendra dans ses pièces ultérieures ce genre de procédures, en les complexifiant davantage puisqu'il incorpore dans la permutation circulaire le signe de métrique, que ce soit le numérateur ou le dénominateur (le rythme en 4/8 noté (4 (2 3 (4 (5 6)) 1)) dans *Patchwork* est noté (4//8 (2 3 (4 (5 6)) 1)) avec le logiciel *Open Music*). Les résultats créent comme auparavant des rythmes complexes, mais également des métriques complexes qui ont établi en partie la renommée de Ferneyhough.

La technique est en apparence rationnellement absurde, non seulement parce qu'elle génère des rythmes difficilement jouables et imprévisibles sur le plan perceptif, mais également parce qu'elle est déduite d'un pur jeu combinatoire sur le signe, sans considération de son "signifié". La grammatologie est totalement déconnectée de tout enjeu perceptif. Cependant, l'absurdité de la notation rythmique pourrait représenter un artifice pour Ferneyhough afin de dépasser les catégories traditionnelles de la note et atteindre une certaine instabilité, quasi-improvisée, du son.

De plus, au niveau compositionnel, la technique n'est pas plus absurde, au « sens musical », que ne l'est la technique du rétrograde employée depuis le XIVe siècle comme jeu sur le signe. Il s'agit d'obtenir, dans les deux cas, avec l'aide d'une transformation « économique » sur les signes (c'est-à-dire de faible complexité analytique), du matériau nouveau et des résultats relativement éloignés perceptivement (*principe d'économie poïétique*).

Enfin, Ferneyhough insiste dans ses textes sur la notion de *musique informelle*, empruntée à Adorno [43] :

> Je n'entends pas par [*musique informelle*] du matériau surgi, comme par magie, des profondeurs insondables de "l'esprit", mais plutôt des éléments musicaux qui, aussi rigoureusement employés soient-ils par la suite, jouissent dans leur état originel d'une certaine différenciation interne, d'une certaine complexité en termes de relations

écrit Ferneyhough [44] qui ajoute :

> Ce fut intéressant de relire *Vers une musique informelle* après plusieurs années et de reconnaître, dans les vastes rêveries spéculatives d'Adorno, un certain nombre d'idées que, à un niveau plus personnel, je m'étais formulées à plusieurs reprises, dans une forme toutefois moins élégante et moins éloquente [45].

Accepter l'erreur, l'informel, le hasard de la main et de la technique, mais toujours les guider par sa sensibilité d'artiste, choisir en tant que créateur qui décide quand, en quelle quantité, et comment l'opération absurde doit modifier le matériau, tel est peut-être le projet « informel » et extrême de Ferneyhough. La domination du matériau se prétend avant tout musicale et non logique ou analytique.

> La démarche de Ferneyhough possède au contraire ceci de particulier que beaucoup des procédures structurelles complexes qui caractérisent ses dernières œuvres ne se présentent à lui qu'au cours du processus de composition et jusque sous l'impulsion du moment

écrit Richard Toop [46]. L'ordinateur ou la technique deviennent des générateurs de matériau de hauteurs et de rythmes bruts, inertes, que le compositeur va, dans un deuxième temps indépendant de cette grammatologie sur le signe, non seulement choisir, mais surtout ciseler, instrumenter et placer intuitivement, bref nourrir de sens musical. On comprend alors l'insistance et l'intérêt de Ferneyhough pour utiliser l'informatique au seul niveau de combinaisons de listes de nombres, sans signification musicale. Dans cette démarche où la formalisation n'est pas un acte de composition, l'informatique lui épargne du temps puisque le temps de calcul y est réduit et la possibilité d'écoute immédiate [47]. Ferneyhough écrit :

> L'unité de l'édifice part en morceaux sous l'effet de la diversification des grammaires. Cependant, le vocabulaire naît toujours du même "langage" original, fût-ce avec quelques modifications. Les gestes restent constants, ainsi que la continuité du matériau de surface… La forme explose par surdéfinition [48].

---

43. Theodor Adorno, *Quasi una fantasia*, *op. cit.*
44. Ferneyhough, *in* Szendy (dir.), *Brian Ferneyhough*, *op. cit.*, p. 112.
45. *Ibid.*, p. 110.
46. *In* Ferneyhough, « Entretien avec Richard Toop », *op. cit.*, p. 95.
47. Ferneyhough, *in* Szendy (dir.), *Brian Ferneyhough*, *op. cit.*, p. 115.
48. Cité par Melchiore, *in* Ferneyhough, *Entretemps n°3*, *op. cit.*, p. 85.

Certes, il reste paradoxal que Ferneyhough, adepte de l'approche informelle, ait publié et encouragé divers musicologues à rédiger, pour pratiquement toutes ses œuvres, un descriptif détaillé de ses « recettes de cuisine », sans tentative d'en faire émerger les conséquences et les principes esthétiques comme ce fut le cas pour les techniques dodécaphoniques, sérielles généralisées, stochastiques ou spectrales. Faut-il y trouver ici quelques prétextes hétéronomes, dans la sociologie d'un monde occidental où l'analytique est primordial et académiquement vendeur, où le quantitatif l'emporte sur le qualitatif, où une partie non négligeable des admirateurs de Ferneyhough (en particulier les compositeurs) le deviennent pour les performances techniques de ce compositeur brillant comme pour ses capacités pédagogiques et intellectuelles ? Ferneyhough apporte lui-même une autre explication. Le rapport entre l'analytique très contrôlé et l'informel semble être une obsession centrale chez ce compositeur, héritier direct de Schönberg et de Webern qui l'inspirent par leur attitude comme par leur musique. Il écrit à propos du cycle des *Carceri d'Invenzione* :

> J'ai eu envie d'écrire une série de compositions qui investiguerait l'espace entre ce que j'appellerai la composition automatique et la musique informelle. Dans la musique à caractère automatique, il s'agit d'un processus dont il ne reste ensuite que l'évidence passée ; ce type de musique existe quand sont en jeu des systèmes tels que les sons apparaissent comme la représentation ou la mise en évidence de ces systèmes, donc de processus morts. À l'opposé, la musique informelle existe comme prise de position par rapport à un matériau existant, présenté (sous forme d'accords, de rythmes, ...) [49].

Ferneyhough : hyperstructuraliste ou postmoderne ?

Si l'ambition poïétique du compositeur est clairement affirmée dans une post-sérialité volontairement absurde et anti-formaliste, jusqu'au-boutiste comme l'était l'Ars Subtilior après l'Ars Nova, il faut en revanche s'interroger sur la manière dont l'œuvre résoud la problématique épistémologique posée. Certes, la « cuisine » est musicalement incohérente afin de ne pas contenir d'enjeu perceptif ou compositionnel, et le choix du matériau pré-calculé prime sur la procédure qui l'a engendré. Le résultat en est-il pour autant perceptible ? Aboutit-on à un résultat perceptif propre à cette démarche ? En ce qui concerne la notation, dans le sens où le musicien ne peut jouer ce qui est écrit et exécute approximativement, dans la pratique, les rythmes, les notes et les dynamiques, on perçoit à l'écoute des œuvres de Ferneyhough un sentiment particulier de tension, d'aléatoire, et une clarté de forme. Obtient-t-on cependant plus ? Les incohérences de la procédure comme de la notation, et les indeterminismes de détail qui en découlent, sont-t-elles réellement secondaires lors de l'écoute ?

> Le fait que la subtilité de la partition ne se communique pas de façon solide à l'auditeur à travers l'interprétation tient peut-être – du moins en partie – à l'interprétation qui est approximativement à l'écoute des grandes lignes, oubliant que parfois le tout ne se restitue qu'en respectant méticuleusement les détails.

49. Ferneyhough, « Entretien avec Richard Toop », *op. cit.*, p. 116.

écrit le chef d'orchestre Clytus Gottwald à propos de la musique de Ferneyhough[50]. Sans occulter certains passages intéressants des *sonates pour quatuor à cordes* ou de *Bones alphabet*, sans omettre les interprétations transcendantes que permet l'écriture en partie inderterminée de certaines pièces solistes comme *Unity Capsule*, lorsque l'interprète est lui-même transcendant, on doit se demander si une telle démarche procure aux sens un inouï transitoire et instable, quasiment improvisé et original. Sommes-nous immédiatement convaincu avec François Nicolas[51] que l'entrée du piccolo sur la clarinette à la mesure 147 de la *chute d'Icare*, pour clarinette et ensemble [1988], révèle un « *moment favori* » ? Dans cette attitude de suraccumulation des techniques sérielles sur le signe sans aucun contrôle perceptif, n'a-t-on pas parfois l'impression que le paradigme informel tel que le pratique Ferneyhough est un postmodernisme, et que le résultat semble parfois aléatoire, connoté et informe ? Ne perçoit-on pas trop souvent, dans la musique de Ferneyhough, des exemples de *saturation cognitive*, au sens de Kolmogorov-Chaitin, c'est-à-dire une pure écoute de surface qui ne transcende finalement pas celle des instruments interprètes, et une saturation du signifié qui ne survivrait que par sa position épistémologique et sociologique (qu'elle soit culturelle, hétéronome, théorique, documentée, intellectuelle ou brillante), plutôt que par une proposition musicale purement autonome ?

Ferneyhough, ultra- ou postmoderne ? Sa recherche de dépasser la note et le rythme, de remettre en question l'analytique par une utilisation exagérée de la procédure sur le signe, et de refuser les pièces à projet analytique le placent définitivement parmi ceux qui posent la question critique, si ce n'est déconstructrice, du signe et du sens, celle de la graphémologie et de la grammatologie de la musique savante occidentale. Marc Texier, reprenant une phrase du compositeur, qualifie Ferneyhough de « *dernier des modernes* ». Il ajoute :

> Pourtant, d'une certaine manière, la musique de Ferneyhough est post-moderne. Dans un sens critique, certes, récusant l'idée qu'il y a une égalité d'intérêt entre tous les styles pour un musicien d'aujourd'hui (...). Cependant, comment ne pas voir qu'il puise constamment dans un répertoire très vaste, de la Renaissance jusqu'au dernier Schönberg, les linéaments de la musique, et que celle-ci est avant tout une interrogation critique sur le passé ?

Musique « contemporaine » et complexité

Il se trouve certainement, derrière les défenseurs de ce type de musique (c'est-à-dire de la musique de Ferneyhough et de celle de compositeurs aux démarches grammatologiques en partie similaires), des motivations extrêmement diverses. On y croise par exemple un phénomène sociologique d'appartenance « jusqu'au-boutiste » à des dogmes éprouvés de « la musique contemporaine », à l'heure où certaines de ses caractéristiques, notamment la valeur donnée à l'analytique et au verbe, sont en crise. Dans le large champs des « musiques d'aujourd'hui », on trouve également ceux qui défendent plutôt l'aspect informel de leur musique dont la construction analytique

50. *In* Ferneyhough, « Entretien avec Philippe Albera », *op. cit.*, p. 64.
51. Ferneyhough, *in* Szendy (dir.), *Brian Ferneyhough*, *op. cit.*, p. 27 à 45.

n'aurait de conséquence ni esthétique, ni perceptive ; ou au contraire ceux qui demandent qu'on s'intéresse à leurs œuvres principalement à travers les procédures analytiques complexes qui les engendrent ; ou encore ceux qui trouvent dans les sonorités instables, car injouables, une jouissance certaine sans nécessairement rechercher une écoute « cognitive », « risquée, mais qui prenne le risque de s'entendre » ; ou ceux qui accompagnent leurs œuvres d'un certain nombre de signes externes savants, culturels ou « hétéronomes »[52], en particulier un certain (pseudo-) intellectualisme[53], ou encore des références aux genres des « musiques savantes passées »[54].

La musique et la pensée de Ferneyhough représentent peut-être la quintessence de ces différentes postures, ce qui ne peut laisser indifférent. Il faut dire que Ferneyhough alterne savamment les différentes positions, analysant abondamment les procédures sérielles contenues dans ses œuvres, puis rétractant cette position formaliste en se réclamant du dernier Adorno, professant son message sur tous les continents (à San Diego puis à San Francisco aux Etats-Unis, à Freiburg puis à Darmstadt en Allemagne, à l'Ircam et à Royaumont en France, à la Scuola di Musica de Milan, au conservatoire royal de La Haye, à Akiyoshidaï au Japon), mais ne se cherchant aucun épigone, se positionnant épistémologiquement, de façon explicite, en tant que garant du modernisme contre les « postmodernes » et les néo-tonaux[55], et multipliant les références, dans ses textes comme dans sa musique, à Hegel, Schönberg, Webern, Adorno, Gertrud Stein, Walter Benjamin, Gilles Deleuze, John Ashebery, Habermas ou Antonin Artaud, tout en composant des « sonates » et des « quatuors à cordes ». Philippe Albera, reprenant Boulez à propos de Schönberg, qualifie Ferneyhough de « *musicien de la surenchère* »[56].

> Je veux écrire une musique qui reste toujours en avance sur l'oreille, sur ses capacités qui dans l'histoire progressent de plus en plus rapidement. Je veux toujours maintenir l'auditeur en état de nervosité réceptive en sorte qu'il soit pris dans un dilemme : soit il suit au niveau d'exigence requis, soit il tourne le bouton et ne suit plus rien. J'espère qu'il n'y a pas dans cette musique de terrain moyen car je veux forcer l'auditeur à une participation soit par choix positif, soit par refus total

écrit le compositeur[57].

---

52. Par opposition à l'autonomie artistique au sens de Kant. Ce concept sera étayé dans le dernier chapitre.

53. « *La complexité est le gage d'une forme musicale contemporaine. C'est là une exigence neuve, qui ne s'imposait pas du temps des grandes architectures tonales* » écrit François Nicolas, *in* Ferneyhough, *Entretemps n°3, op. cit.*, p. 57.

54. Qui se traduit chez certains compositeurs par des références affirmées, parfois déplacées, à des formes définies de la musique occidentale savante des siècles passées : écriture de « sonates », de « quatuors à cordes », de canons, utilisation des instruments de l'orchestre sans nouvelle technologie ("nouvelles" technologies appelées d'ailleurs ainsi uniquement en musique, alors qu'elles ont plus de cinquante ans) ou même d'instruments plus singuliers, etc.

55. Les mots « *musique contemporaine* », « *modernisme* », « *avant-garde* », « *postmodernisme* », « *néo-tonalité* », sont abondamment utilisés dans les textes de Ferneyhough. Ce compositeur écrit par exemple, à propos des Carceri d'inventione : « *Ces répétitions littérales sont étranges dans ce style "d'avant-garde", ce qui fait qu'on a tendance à les mettre mentalement de côté comme on le ferait d'un élément perturbant* » (Ferneyhough, *Entretemps n°3, op. cit.*, p. 118).

56. Philippe Albera, *in* Ferneyhough, *Contrechamps n°8, op. cit.*, p. 5.

57. Ferneyhough, « Entretien avec Richard Toop », *op. cit.*, p. 126.

Complexité et subtilité

Parfois, la complexité est une dérobade. Elle satisfait tantôt aux logocentrismes et autres obsessions d'une pensée pénétrante – à défaut d'une écoute pénétrante –, tantôt aux penchants hétéronomes de la distinction culturelle et sociale – en d'autres termes plus directs, du *snobisme* –. En s'identifiant souvent à la seule complexité grammatologique, ou à la rigueur à une complexité aperceptive naïvement définie (écoute embrouillée), la complexité musicale peut mener aux résultats perceptifs les plus divers, de la banalité à la saturation cognitive. Nous l'avons vu assez théoriquement, elle ne garantit aucun sens musical. C'est pourquoi nous plaidons pour une subtilité de la composition de l'écoute plutôt que pour une complexité de l'écriture. La subtilité est une intelligence qui fait appel au sens et qui fait brillamment sens, en deçà de la brisure du signe. Il peut s'agir d'un objet à forte aura mais également d'un élément très adroitement placé, dépassant positivement les attentes de l'auditeur : léger déplacement de rythme ou simple fermata sur une dissonance chez Mozart, emprunt ingénieux chez Schumann ou Jobim, élément de forme chez Beethoven, mot finement choisi chez Brassens, Eluard ou Saint-John Perse.

LA CARTE ET LE TERRITOIRE

(Applications musicales)

Le formalisme musical du XXe siècle représente sans aucun doute une dernière imposture socratique, un combat d'arrière-garde, l'ultime sursaut néo-conservateur d'une forme d'art trop étroitement rationaliste, figée dans ses certitudes et pour cela vouée au déclin, sinon bientôt condamnée au loisir. Il s'agit d'un essai malheureux, respectable assurément, mais d'une intrépidité sacrificielle et sur le fond pathétique, pour canaliser les débordements de la musique populaire et tenter de se convaincre que le devenir ne s'accomplit pas au hasard, qu'il n'y aura pas de transformations nouvelles et imprévues, que l'univers sera encore semblable à lui-même et qu'il continuera de se plier à la nécessité rationnelle et de se prêter au contrôle et à la prévision. La musique savante, si elle ne veut pas tenir le rôle de la précieuse ridicule, doit surmonter son aversion aristocratique pour le devenir.

Hugues Dufourt, *Mathesis et subjectivité, des conditions historiques de possibilité de la musique occidentale*, p. 372

POUR EN FINIR AVEC LES RÉTROGRADES

Le compositeur Gérard Grisey reprochait à certains compositeurs de la génération qui le précédait de « confondre la carte et le territoire » [1]. *Il n'y a cependant ni pensée, ni créativité sans archi-écriture, sans distanciation par des signes. En outre, le compositeur est, quelle que soit sa culture et les outils de composition qu'il utilise, un compositeur de signes cognitifs et un joueur de grammatologies. Les positions essentielles qu'occupent l'écriture et le logos en occident ont toutefois indubitablement encouragé une inversion entre signifié et signifiant, une confusion de rôle entre un artiste agitateur de sens et un compositeur organisateur de signes et d'idées.*

Cette seconde partie applique les considérations théoriques de la partie précédente à quelques problématiques courantes de la composition musicale. Le premier chapitre se concentre sur les techniques combinatoires d'écriture, que ce soit des permutations de hauteur, de rythme ou de tout autre élément musical fini. Des canons isorythmiques de l'Ars Nova au sérialisme généralisé, en passant par les contrepoints des polyphonies tonales ou les jeux de cryptographie, les permutations de signes restent en effet au cœur des musiques écrites occidentales.

Les chapitres suivants appliqueront les concepts théoriques à d'autres problématiques musicales fondamentales : consonance de hauteurs, gestion de la forme et des attentes auditives, analyse musicale.

JOUER AVEC LES SIGNES, À EN PERDRE SENS

Une transformation musicale permet, par définition, de créer des objets musicaux par dérivation d'un matériau musical primaire. Distinguons les procédures ne faisant intervenir aucune *sémiose prospective représentable* – procédures communément appelées « *compositions intuitives* [2] » – des procédures utilisant la médiation du signe – quelqu'en soit sa nature –, c'est-à-dire des procédures analytiques, verbalisées, symboliques ou graphiques qui opèrent dans le *métalangage logico-textuel*, ou plus généralement dans tout domaine de distanciation au-delà de la *brisure du signe*.

1. Gérard Grisey : « Tempus ex Machina », 1980, repris dans Grisey, *Écrits*, *op. cit.*, p. 60. Cette opposition terminologique est empruntée à Gilles Deleuze.

2. Quoique la plupart des *compositions intuitives* utilisent dans la pratique des procédures archétypales depuis longtemps décrites et théorisées.

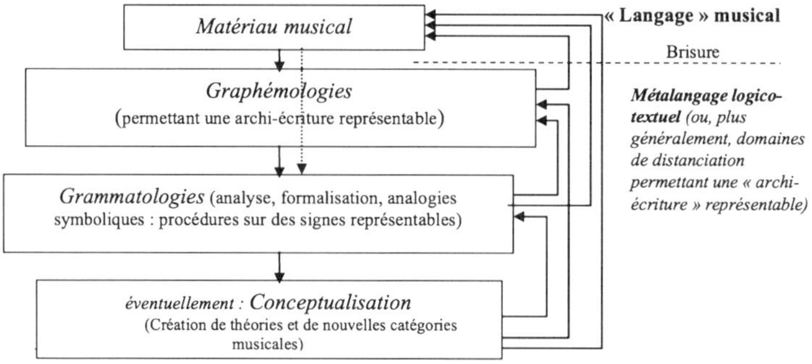

Figure 50 : *Procédures musicales usant de la médiation du signe, au-delà de la brisure.*

Un matériau musical est un ensemble de signifiés musicaux. Cette collection d'éléments est fréquemment ordonnée (dans le temps, c'est-à-dire selon un axe temporel ou, pour un accord, selon un axe de hauteurs, etc.). Nous distinguerons deux types de procédures analytiques (c'est-à-dire celles travaillant sur des signifiants) : les opérations intervenant directement sur les signes constituant le matériau, que nous nommerons *procédures sur les signifiants,* et les procédures intervenant sur les positions selon un axe d'ordonnancement des éléments constituant le matériau, dites *procédures sur les positions.* La transposition est par exemple une procédure sur les signifiants, alors que le rétrograde ou la répétition sont des procédures sur les positions.

Introduisons un ultime concept sémiologique qui nous permettra de mieux saisir les conclusions de ce chapitre. « *Un signe est quelque chose qui est mis à la place de quelque chose d'autres* » énoncait Saint Augustin[3]. Les sémiologues[4] distinguent plusieurs types de signes : le signe est dit *motivé* lorsque la graphie du signifiant évoque le signifié. On parle de signe *arbitraire* dans le cas contraire. Le signe est dit de découpage *correspondant* lorsqu'il traduit clairement, et de façon délimitée, un signifié. Il est dit *non-correspondant* dans le cas contraire.

3. « *Aliquid stat pro aliquo* » (Saint Augustin, *De Magistro,* 389, Paris, Klincksieck, 2002). Cette définition est à peu près celle reprise par la linguistique moderne, notamment Charles Peirce : « *un signe, ou representamen, est quelque chose qui tient lieu pour quelqu'un de quelque chose à quelque égard ou en quelque qualité* ». La sémiologie saussurienne différencie plus précisément le *signifiant,* c'est-à-dire « *l'image d'une chose qu'on ne peut observer directement* », du *signifié,* « *l'image mentale suscitée par le signifiant* » (Klinkenberg, *Précis de sémiotique, op. cit.,* p. 96). Charles Peirce y adjoint le *référent* qui induit une interprétation particulière du signifiant (relation triadique, également nommée « triangle sémiotique » ou « triangle d'odgen-Richards » : Chez Peirce, chaque signe, ou *representamen,* est un Premier qui entretient avec son Second, son *Objet,* une relation triadique qui lui permet de déterminer un Troisième, son *Interprétant).*

4. Emile Benveniste, *Problèmes de linguistique générale,* Paris, Gallimard, 1966. Voir aussi André Martinet.

Par exemple, un signe graphique représentant des flammes pour indiquer un danger d'incendie est *motivé*, car la graphie évoque clairement le feu, son signifié. Ce signe est également *correspondant*, car son signe exprime directement son signifié (un signe *motivé* et *correspondant* est appelé *indice*). Au contraire, un signe d'allumettes pour signifier le feu est *motivé* mais *non correspondant* (on parle alors d'*icône*). Un rond rouge traversé d'un trait blanc pour indiquer le sens interdit reste *arbitraire* mais est *correspondant* (il s'agit d'un *symbole*).

	correspondant	*non-correspondant*
motivé	Indice	Icône
arbitraire	Symbole	X

Tableau 4 : *Différents types de signes*

Les signes usités en musique sont en général arbitraires (un rond vide n'a pas de raison graphique d'être de durée deux fois plus longue qu'un rond plein), même si certaines graphies étaient originairement motivées (les signes bémol, bécarre ou la clef de sol, par exemple). Les signes musicaux sont généralement de découpage correspondant.

L'objectif de ce chapitre est d'identifier les procédures analytiques qui, de par leur mode opératoire à l'intérieur d'un métalangage de signes logico-textuels ou symboliques, perdent contact avec le sens musical. Nous appliquerons ensuite ces résultats aux paramètres par lesquels sont traditionnellement représentés les matériaux sonores : signes de hauteurs, de durées, de dynamique, représentations timbriques. Quant aux procédures sur les positions, nous appliquerons les résultats aux différents paramètres musicaux pouvant constituer un axe de distribution d'un matériau musical : axe temporel, axe fréquentiel, axe d'amplitude, axe d'harmonicité, etc.

Rappelons que de nombreuses opérations musicales « à en perdre sens » ont été inventées par les compositeurs, et ce, depuis plus de sept siècles : rétrograde, séparation de la *talea* et du *color*, symboliques numériques, jeux avec des lettres pour former des mots, etc. Malgré leur « non-sens musical », ces opérations semblent avoir deux justifications pratiques, évoquées dans les deux premiers chapitres de cet ouvrage : le *principe d'économie poïétique* (ces opérations permettent par une opération analytiquement simple de créer un matériau perceptivement éloigné de son original) et une justification symbolique impliquée par les fétichismes d'une archi-écriture particulière (logocentrisme, fétichisation du signe, ...).

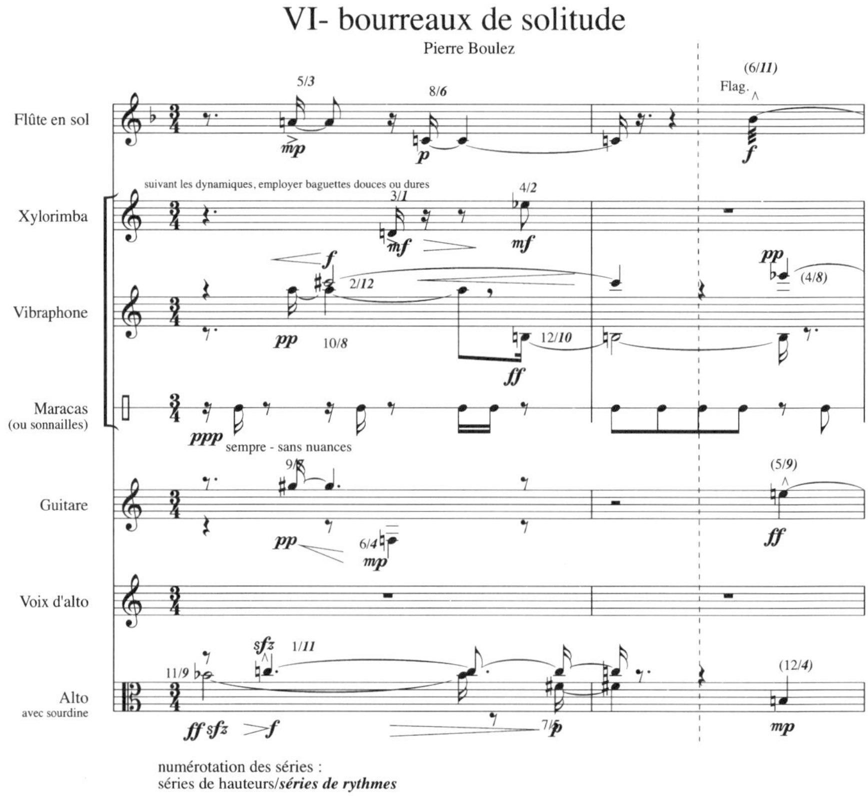

Figure 51 : *Pierre Boulez* : Le marteau sans maître, *VI- bourreaux de solitude (mes. 1 et 2), pour alto et six instruments, © 1954 Universal Edition (London), version finale* : *© 1957, Universal Edition (London).*
Les signes de hauteur et de rythme sont indépendamment sérialisés. Ces jeux de signe sont difficilement perceptibles, car les douze hauteurs sont distribuées aux différents instruments et les douze durées sont purement spéculatives, car pour moitié écrites pour des instruments non entretenus (xylorimba, vibraphone, guitare), entrecoupées de silences.

Rupture de sens dans les procédures sur les signifiants

Les procédures agissant directement sur les signifiants prennent généralement en compte la signification de ces signifiants : lorsque ceux-ci sont de nature ordinale[5], on peut leur adjoindre un intervalle (de temps – rythme additif – ou de hauteur – transposition –). Lorsqu'ils sont de nature cardinale, une augmentation quantitative peut leur être appliquée (élongation de rythme, distorsion de spectre, amplification de dynamique, etc.).

---

5. Cela signifie en mathématiques qu'on peut les ordonner. Ils sont dits *cardinaux* lorsqu'ils peuvent être quantifiés.

Deux types de procédures sur les signifiants semblent provoquer une *rupture de sens* :

– lorsqu'un signe ayant plusieurs signifiés (signe non-correspondant) se substitue à un signe correspondant ;

– lorsque le signe musical n'est, par essence, pas correspondant.

Rupture de sens lors d'une substitution d'un signe correspondant par un signe non-correspondant

Les signes décrivant les objets musicaux sont rarement motivés (ou ont perdu avec le temps la trace de leur motivation). Ils sont en revanche relativement correspondants : une croche n'indique qu'une croche, un do n'indique qu'un do, le signe *silence* a une signification stricte et unique.

Graphémologie adéquate

De nombreuses opérations substituent une notation à une autre pour des raisons d'efficacité. Ainsi, les techniques de sérialisation et de dérivation sérielles sur les hauteurs ou les rythmes désignent parfois sous forme chiffrée, par souci de simplification et de rapidité de calcul, les éléments de la série : il est en effet plus aisé d'effectuer des permutations à l'intérieur d'une série de chiffres qu'une série de notes (il s'agit alors d'une métonymie, puisqu'on indique un élément par sa position et non sa substance). Au contraire, il est plus facile de transposer ou d'inverser un motif en le notant avec des hauteurs sur cinq lignes plutôt qu'en chiffre. Il est plus commode d'effectuer des opérations spectrales (modulation de fréquence, création de spectre, étirement de spectre) avec des hauteurs exprimées en Hertz[6], alors qu'il est plus simple d'effectuer des opérations sur les intervalles (transposition, marche harmonique, multiplication d'accords, symétrie) avec une notation en notes. Bref, à chaque opération correspond une *graphémologie adéquate.*

La substitution d'une notation par une autre, pour des raisons d'efficacité ou d'économie poïétique, peut inciter le compositeur à appliquer des grammatologies propres à cette nouvelle graphémologie, notamment lorsque la notation de substitution est non-correspondante et induit d'autres signifiés : nombreux sont les compositeurs – Bach, Bartok, Stockhausen, Ferneyhough... – utilisant des lettres, des chiffres et des suites de nombres ayant des significations propres (suites arithmétiques, suites géométriques, suites de Fibonacci, nombre d'or, chiffres symboliques, utilisation de noms propres faites de lettres à significations également musicales), pour les traduire ensuite en paramètres musicaux[7].

---

6. Pour des raisons de calcul, mais également parce que l'espace des hauteurs dans lequel le compositeur opère sa transformation est ainsi muni d'opérations d'addition et de soustraction, alors que les opérations seraient logarithmiques et exponentielles sur des notes.

7. Notons en revanche qu'à partir d'une séquence de signes suffisamment longue, on peut toujours faire émerger *a posteriori* des relations numériques remarquables, et, en conséquence, faire émerger des constructions numériques singulières de n'importe quelle partition. Roy Howat a ainsi trouvé des nombres d'or et suites de Fibonacci dans les préludes de Debussy (Roy Howat, *Debussy in Proportion : A musical analysis*, Cambridge, Cambridge University Press, 1983). Ce phénomène est indépendant d'une quelconque volonté du compositeur. Il sera étudié et expliqué à partir du théorème mathématique *de Ramsey* dans le chapitre « fascination du signe et de la figure remarquable en analyse musicale ».

[1	**5**	**3**	**9**	**12**	**10**	**4**	**2**	**6**	**11**	**8**	**7]**	*(1)*
↓	↓	↓	↓	↓	↓	↓	↓	↓	↓	↓	↓	
[4	11	7	9	2	6	12	3	1	5	10	8]	*(2)*
↓	↓	↓	↓	↓	↓	↓	↓	↓	↓	↓	↓	
[12	5	8	9	3	1	2	7	4	11	6	10]	*(3)*
↓	↓	↓	↓	↓	↓	↓	↓	↓	↓	↓	↓	
[2	11	10	9	7	4	3	8	12	5	1	6]	*(4)*
↓	↓	↓	↓	↓	↓	↓	↓	↓	↓	↓	↓	
[3	5	6	9	8	12	7	10	2	11	4	1]	*(5)*
↓	↓	↓	↓	↓	↓	↓	↓	↓	↓	↓	↓	
[7	11	1	9	10	2	8	6	3	5	12	4]	*(6)*
↓	↓	↓	↓	↓	↓	↓	↓	↓	↓	↓	↓	
[8	5	4	9	6	3	10	1	7	11	2	12]	*(7)*
↓	↓	↓	↓	↓	↓	↓	↓	↓	↓	↓	↓	
[10	11	12	9	1	7	6	4	8	5	3	2]	*(8)*
↓	↓	↓	↓	↓	↓	↓	↓	↓	↓	↓	↓	
[6	5	2	9	4	8	1	12	10	11	7	3]	*(9)*
↓	↓	↓	↓	↓	↓	↓	↓	↓	↓	↓	↓	
[1	11	3	9	12	10	4	2	6	5	8	7]	*(10)*
↓	↓	↓	↓	↓	↓	↓	↓	↓	↓	↓	↓	
[4	5	7	9	2	6	12	3	1	11	10	8]	*(11)*
↓	↓	↓	↓	↓	↓	↓	↓	↓	↓	↓	↓	
[12	11	8	9	3	1	2	7	4	5	6	10]	*(12)*
↓	↓	↓	↓	↓	↓	↓	↓	↓	↓	↓	↓	
[2	5	10	9	7	4	3	8	12	11	1	6]	*(13)*
↓	↓	↓	↓	↓	↓	↓	↓	↓	↓	↓	↓	
[3	11	6	9	8	12	7	10	2	5	4	1]	*(14)*
↓	↓	↓	↓	↓	↓	↓	↓	↓	↓	↓	↓	
[7	5	1	9	10	2	8	6	3	11	12	4]	*(15)*
↓	↓	↓	↓	↓	↓	↓	↓	↓	↓	↓	↓	
[8	11	4	9	6	3	10	1	7	5	2	12]	*(16)*
↓	↓	↓	↓	↓	↓	↓	↓	↓	↓	↓	↓	
[10	5	12	9	1	7	6	4	8	11	3	2]	*(17)*
↓	↓	↓	↓	↓	↓	↓	↓	↓	↓	↓	↓	
[6	11	2	9	4	8	1	12	10	5	7	3]	*(18)*
↓	↓	↓	↓	↓	↓	↓	↓	↓	↓	↓	↓	
[1	**5**	**3**	**9**	**12**	**10**	**4**	**2**	**6**	**11**	**8**	**7]**	*(19)*

Figure 52 : *Technique de prolifération de Jean Barraqué : une série numérique est dérivée par permutation particulière qui est ensuite réitérée* [8]. *La série initiale réapparaît après un nombre d'itérations égales à la longueur du cycle de la permutation (lorsque la permutation n'a qu'un cycle). Ces permutations ont-elle un sens musical, alors que le résultat de la procédure est indépendant des significations musicales des nombres ? A contrario, ne génèrent-elles pas de nouveaux matériaux perceptifs avec peu d'effort analytique (principe d'économie poïétique) ?*

Cryptographie et gématrie

Les écritures anglo-saxonnes de hauteurs, exprimées avec les sept ou huit premières lettres de l'alphabet, sont non correspondantes et incitent, par glissement de signifié, à une grammatologie à partir de ses autres signifiés. Les compositeurs y ont souvent puisé leur inspiration par divers jeux de cryptographie syntaxique. *Nymphes des boys, déesses des fontaines* de Josquin Desprez, composée à la mémoire de Johannes Ockeghem est construite sur un cryptage de l'alphabet latin médiéval (i=j=9, et u=v=20) à partir des noms de *Ockeghem* et de *Josquin Desprez*, ainsi que sur un jeu liant les valeurs des vers avec celles des notes [9].

---

8. Olivier Messiaen emploie des techniques de réitération assez similaires dans les *20 regards sur l'enfant Jésus* ou dans *Chronochromie*, sur une série de durées de 31 valeurs, pour organiser la forme de l'ensemble de l'œuvre.

9. O(14) + C(3) + K(10) + E(5) + G(7) + H(8) + E(5) + M(12) = 64 et JOSQUIN = 99 + DESPREZ(88) = 187; voir Jaap van Benthem, « La magie des cris trenchantz : Comment le vray trésorier de musique échappe à la trappe du très terrible satrappe », *Théorie et analyse musicales 1450-1650.* Actes du Colloque international de Louvain la Neuve, Louvain, Université catholique de Louvain, 2001, p127-133.

L'un des exemples les plus célèbres de glissement de signifié est celui des notes B-A-C-H (sib, la, do, si), dont l'usage serait d'ailleurs antérieure à celui qu'en fait le maître de Leipzig dans le Contrapunctus XIV de *l'Art de la Fugue*, puisque Walther le mentionne dans son *Musicalisches Lexicon* dès 1732 [10].

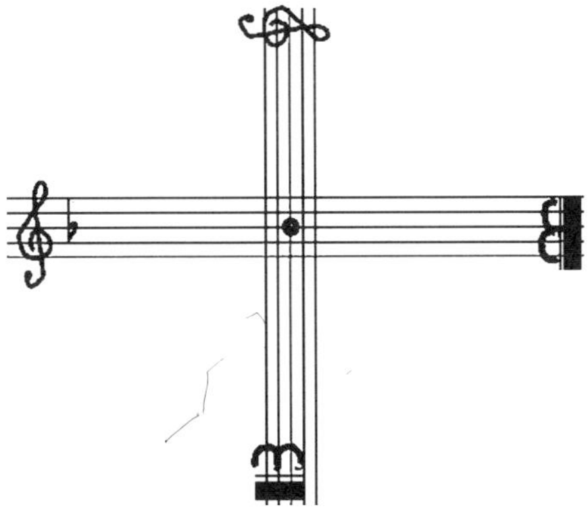

Figure 53 : *B.A.C.H.*

Ces cryptographies ne sont pas propres aux compositeurs virtuoses du contrepoint des XIVe et XVIe siècles, à ceux qui en admiraient leurs techniques d'écriture, ni aux compositeurs du XXe siècle. Robert Schumann [11] fut un grand amateur des méthodes de cryptage qu'il découvre par la lecture de l'ouvrage de Johann Klüber *Kryptographik*, publié en 1809. Un autre exemple fameux de cryptographie et de gématrie [12] concerne la *Suite Lyrique* [1925-27] d'Alban Berg, dont la partition est entièrement codée [13] par un programme secret relatant l'amour adultère du compositeur avec Hanna Fuchs, la sœur de Franz Werfel [14].

10. Malcom Boyd, « "BACH", bach », *Oxford Composer Companions*, Oxford, 1999. Boyd a recensé près de quatre cents utilisations conscientes de ce motif, de Johann-Christian Bach et de son élève J.-L. Krebs (en sujet de fugue) aux trois Viennois (*variations op. 31 pour orchestre* et *troisième quatuor à cordes* de Schönberg, *quatuor à cordes* op. 28 de Webern), Schumann (six fugues op. 60 pour orgue et piano, et fugue op. 72), Liszt, Reger, Busoni, Rimsky-Korsakov, ou d'Indy. Il n'est pas rare de l'entendre encore dans des créations actuelles.

11. *Abegg Variations* (motif générateur tiré de A-B-E-G-G); les *Davidsbündlertänze* (hommage à Clara cryptée en C-B-A-Gis-A et en D-Cis-B-As-B); les *Carnaval*; les *scènes mignonnes sur quatre notes* pour piano, construites à partir des notes A, Es, C, H, Asch étant la ville où habitait la première fiancée de Schumann, Ernestine von Fricken, et Scha signifie Schumann, (par exemple la dixième pièce « *A.S.C.H.-S.C.H.A., lettres dansantes* »).

12. La *Gematria* est une méthode cabalistique d'interprétation des textes hébreux mettant en relation les mots dont les lettres ont les mêmes valeurs numériques quand elles sont additionnées (*Oxford Englisch Dictionnary*, volume [F-G], p. 97). Bach avait ainsi compté que BACH=14 est lié à J.S.BACH=41, rétrograde de 14, et JOHANN SEBASTIAN BACH=158, où 1+5+8=14. Pour plus de détails sur les connections numérologiques faites entre des mots hébreux, on consultera : Matityahu Glazerson, *Building blocks of the soul, studies on the letters and words of the hebrew language*, Jason Aronson ed., 1996. On peut noter que l'hébreu fut une des premières écritures symboliques non représentatives dont la graphémologie nouvelle a incité à des grammatologies sur le signe comme, par exemple, la gématrie.

13. À part la série dodécaphonique initiale, dont toutes les notes et tous les intervalles sont représentés, série imaginée par l'élève de Berg, Fritz Heinrich Klein.

14. A-B-H-F pour les initiales des noms et prénoms des deux protagonistes, et où toutes les proportions et indications métronomiques sont basées sur les chiffres 23 et 10, censés représenter respectivement Berg et

Dans ces exemples de cryptographie, les procédures de codification et de transformations engagées n'ont aucune motivation perceptive. Elles sont un jeu d'affection symbolique pour le compositeur. Les résultats perceptifs deviennent des contraintes, éventuellement fécondes et ouvrant de nouveaux horizons sonores, mais parfois aussi non contrôlées perceptivement.

Rupture de sens par usage de signes non-correspondants

Le rythme, collection de signes non-correspondants

Peu de signes musicaux sont non-correspondants. Cependant, ceux utilisés pour décrire le rythme (ronde, noire, silence, ...) n'appréhendent pas la totalité de leur signifié. Ainsi, dans l'exemple ci-dessous, la perception rythmique n'est pas réduite aux seules noires régulières : les hauteurs y contribuent également, tout comme des accents, changement de dynamique ou une orchestration pourraient en participer.

Figure 54 : *Dans cette séquence, le rythme ne se réduit pas à une succession de noires régulières. Les signes rythmiques ne décrivent donc pas totalement la perception de rythme.*

Un rythme n'est donc pas réductible à son signe et de nombreux autres alphabets interviennent dans sa représentation. Ces représentations supplémentaires peuvent être des indications objectives et représentées (un accent, un changement de couleur), ou des informations subjectives induites par un certain nombre de conventions culturelles et de choix d'interprétation (temps fort, agogique). Le concept d'écriture du rythme est problématique, et symptomatique d'une société qui a tenté d'objectiver la perception du temps, notamment par sa mesure (horloge, métronome[15]).

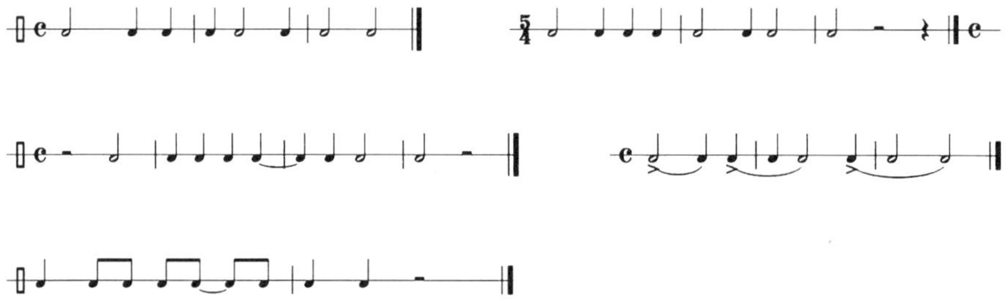

Fuchs. Voir entre autres George Perle, « Das geheime Programm der Lyrischen Suite », *Alban Berg, Kammermusik 1, Musikkonzepte 4*, München, 1968; Werner König, *Der erste Satz der Lyrischen Suite von Alban Berg und seine fast belanglose Stimmung. Ein Deutungversuch*, Tutzing, HansSchneider ed., 1999. Ces codes secrets ont été retrouvés grâce aux annotations inscrites par Berg sur la partition de Hanna Fuchs. Esteban Buch écrit « *Le "programme secret" de la* Suite Lyrique *n'est pas de la musique. Il est de l'écriture. Il existe pour l'œil et non pas pour l'oreille.* », *in* Esteban Buch, *Histoire d'un secret. À propos de la* Suite *Lyrique d'Alban Berg*, Arles, Actes sud, 1994, p. 40.

15. Etienne Loulié invente le métronome à la fin du XVIIe siècle, que perfectionne Johann Nepomuk Maelzel un siècle plus tard. Ces recherches d'objectivisation du temps de l'interprétation et de précision dans la notation des durées et des rythmes sont propres à une civilisation qui s'industrialise et met l'écriture au centre des transferts de ses savoirs.

Figure 55 : *Réception et interprétation d'une écriture rythmique : selon les métriques, les tempi, la réalisation, ou le placement des accents et des temps forts, ces rythmes de durées similairement écrites génèrent des perceptions rythmiques diverses.*

Plus généralement, le concept de rythme dépasse celui d'écriture : Selon le contexte, une même écriture peut induire des réalisations différentes, et une même réalisation peut induire des perceptions différentes. Le rythme est en effet une réception de segmentation du temps induite par un contexte.

Le mètre noté, conscientisation d'un temps pulsé

La question du temps musical commence par celle de son décompte et de son expression en éléments discrets. Si le rythme est la représentation explicite de cette discrétisation, la métrique en est sa représentation implicite, l'ossature qui structure la perception cognitive du temps musical. Simha Arom écrit :

> Mètre, tactus, "beat", battue, temps, pulsation : Ces divers termes désignent, dans toute la musique mesurée, l'élément d'une série de repères régulièrement espacés, c'est-à-dire équidistants dans le temps, qui délimitent le continuum musical en unités égales, et servent ainsi d'étalon pour l'organisation de toutes les durées (...). La pulsation, telle que nous venons de la définir, n'est pas rythme. Pour qu'il y ait rythme, il faut nécessairement que des événements sonores successifs soient caractérisés par des traits qui les opposent. Cette opposition peut se manifester de trois façons distinctes, par le biais des accents, du timbre, des durées. (...) Ainsi, ce qu'en musique, il est convenu d'appeler métrique, est en fait la manifestation la plus élémentaire du rythme. En d'autres termes, la métrique musicale n'a pas d'existence propre. (...) La mesure a donc toujours valeur de référence [16].

Dans leur *Théorie générative de la musique tonale*, Fred Lerdahl et Ray Jackendoff montrent que la perception du temps dans la musique classique occidentale s'appuie sur une stratification en différents niveaux d'articulation [17]. Les psychoacousticiens s'accordent aujourd'hui sur l'existence dans la plupart des musiques de ce maillage cognitif qui faciliterait et orienterait la perception des rythmes et des durées. La musique occidentale conserve cependant un statut particulier du fait de sa notation très précise de la métrique, du rythme et de ses indications métronomiques qui fixent les relations entre les différents niveaux d'articulation et déterminent des durées objectives d'interprétation. De fait, la notation occidentale privilégie la mesure sur l'expression et une objectivité relative du temps musical.

Dans la musique occidentale, l'écriture métrique suit deux principes, le principe *additif*, où une valeur de durée est ajoutée à une autre, et le principe *multiplicatif*, où les valeurs sont en rapports multiples les unes aux autres. Dans le principe multiplicatif, la métrique définit les règles élémentaires de division des différentes pulsations, règles de hiérarchie induites par convention entre la longueur de la phrase unitaire, la pulsation de base et plusieurs niveaux de pulsations plus petites. Le chiffrage [4/4] implique par exemple une hiérarchie binaire où la période unitaire est de quatre

16. Simha Arom, *Polyphonies et polyrythmies instrumentales d'Afrique Centrale, op. cit.*, p. 329-333.
17. Fred Lerdahl, Jay Jackendoff, *A generative theory of tonal music*, Cambridge, The MIT press, 1983.

noires, chaque noire se décomposant en deux croches et chaque croche continuant à être divisible.

Dans le principe additif[18], malgré une écriture proche, la métrique décrit comment un niveau de pulsation intermédiaire forme, par addition, les pulsations et périodes unitaires, de longueurs variables. La notation [3/8 + 2/8] décrit par exemple la métrique d'une formule périodique formée de deux sous-formules, l'une de trois croches, l'autre de deux. Ce chiffrage décrit donc trois niveaux hiérarchiques :

Pour chacun de ces deux principes, la métrique notée indique un réseau de niveaux de segmentation du temps où chaque niveau représente une division du temps, régulière ou irrégulière, mais de poids uniforme[19].

Un niveau hiérarchique supplémentaire, mais non noté, est induit par convention par la notion de temps fort, de temps faible, et de syncope. Le chiffrage métrique [6/8] indique par exemple que le premier niveau de subdivision est binaire et que le second est ternaire, alors que le chiffrage [3/4] implique que la première subdivision est ternaire et que les suivantes sont binaires. Dans l'exemple ci-dessous, Joseph Haydn joue du placement de la syncope, espérant à la fois un jeu différent des musiciens attaquant les rythmes sur les demi-temps faibles et une surprise perceptive lorsque la pulsation se réajuste avec la métrique à la fin de la phrase, mesure 11 (et brièvement mes. 7).

18. Le principe additif se retrouve dans la plupart des musiques orales slaves, certaines musiques écrites de Bartok et de Stravinsky, et certaines musiques d'Afrique noire. Simha Arom note cependant que si la musique des pygmées est basée sur une pulsation minimale commune, un *tactus*, dérivée ensuite de façon additive en cellules de deux ou trois pulsations, le rythme est pensé en formules et on ne peut parler de principe additif de métrique (Simha Arom, *Polyphonies et polyrythmies*, *op. cit.*, p. 337).

19. Dans les musiques de tradition orale, le tempo appartient au musicien et au contexte d'interprétation et la métrique est un moyen d'expression autant que de mesure. Dans les Drhupad à douze temps du nord de l'Inde, par exemple, le musicien compte non pas trois carrures de quatre temps mais deux carrures de quatre temps et deux de deux temps (*Chautal*).

Figure 56 : *Joseph Haydn : Symphonie n°80, Final (réduction).*

Au XXe siècle, la métrique notée adopte parfois d'autres rôles. Dans certaines œuvres de Stravinsky, inspiré par une logique additive, la métrique n'est plus une indication de hiérarchie de niveaux mais une indication de durée d'un court segment (par exemple la succession des 3/16 et 2/16 dans la *Danse Sacrale* du *Sacre du Printemps*). Au contraire, chez Debussy et Boulez, la recherche de temps lisse procure à la métrique une aide pour le chef d'orchestre et les musiciens mais ne prétend pas être audible (les temps ne sont pas marqués). À partir des années 60, d'autres compositeurs, tels Ligeti, neutralisent la métrique notée, en inscrivant par exemple un [4/4] neutre ou en omettant le dénominateur (4♩, 3𝅗𝅥), afin de signaler que cette métrique notée n'indique ni organisation hiérarchique, ni temps fort et faible. Dans la musique de Ferneyhough, les métriques parfois irréalisables permettent non seulement d'obtenir des inflexions agogiques, un « *accelerando par sauts, non progressif* »[20] par exemple, mais également de dérouter toute compréhension de niveaux hiérarchiques dans le rythme.

Figure 57 : *Écriture rythmique des premières mesures de Superscriptio pour flûte piccolo solo, de Brian Ferneyhough. Aucune métrique n'est perçue, alors que la réalisation de la métrique écrite est de grande complexité.*

Composer les signes de rythme ?

L'indication de métrique est donc polysémique : repère cognitif, indication de structure hiérarchique de perception, aide à l'interprétation, durée… A contrario,

20. Alessandro Melchiorre, in Ferneyhough, *Entretemps n°3*, *op. cit.*, p. 87.

le rythme perçu est le résultat de nombreux signes : rythmiques mais également instructions de hauteur, d'orchestration, d'accent, de durée perçue ou d'interprétation.

On peut en conséquence s'interroger sur le sens de toute opération affectant directement et uniquement les signes du rythme (même les plus simples, comme l'augmentation), lorsque les autres paramètres sonores ne sont pas contrôlés. Le rythme, au contraire des hauteurs ou des dynamiques, n'est en effet pas un paramètre indépendant mais un phénomène perceptif global.

Evidemment, les exemples perceptivement réussis de procédures sur le strict signe du rythme sont nombreux. Les rythmes augmentés de Brahms ou les différentes opérations sur les rythmes qu'effectue Messiaen (additions, permutations, symétries) n'en sont que quelques réussites. Ceci est certainement dû au fait que ces compositeurs sont leur premier auditeur et que ces jeux sur les signes rythmiques, même si spéculatifs, leur ouvraient de nouveaux horizons perceptifs grâce à des opérations analytiques simples (*principe d'économie poïétique*).

Rupture de sens dans les procédures sur les positions

Lorsque le signifié est exprimé par un système de signes possédant deux dimensions, l'une exprimant une *valeur*, l'autre une *position* (de temps ou de hauteur), les opérations musicales peuvent agir sur l'une ou l'autre composante du signifié. Les procédures n'intervenant pas sur les signifiants mais uniquement sur leurs positions selon un axe qui peut être temporel, fréquentiel, d'amplitude, etc., sont ici appelées *procédures sur les positions.*

Opérations sur les positions d'une série d'objets musicaux

Lorsqu'une suite d'objets musicaux est présentée sous forme de série ordonnée, trois types d'opérations peuvent lui être appliquées : la *répétition* (même partielle), le *filtrage/criblage* et la *permutation* (éventuellement locale) *de l'ordre de présentation.* L'*inversion* (*rétrograde* lorsque l'axe est temporel, *inversus* lorsque l'axe est fréquentiel) est un type particulier de permutation prenant en compte tous les éléments.

Opérations sur deux séries d'objets

Contrairement au langage sémantique qui ne connaît que l'opération d'association horizontale (sur des unités à double articulation), les séries de signes musicaux (notes, rythmes, etc.) peuvent être associées de deux façons au moins : horizontalement [21] et verticalement [22]. Les théories des langages formels appliquées à la musique [23] offrent

---

21. Appelée *succession* ou *opération de concaténation* en théorie des langages formels, cette opération est mathématiquement associative et possède comme élément neutre la suite de longueur vide. Elle est généralement notée +.

22. Appelée *simultanéité* ou *superposition* en théorie des langages formels, cette opération est plus particulière à la musique. Elle est mathématiquement associative et idempotente.

23. Marc Chemillier, *Structure et Méthode algébriques en informatique musicale* (thèse), L.I.T.P., Paris, Institut Blaise Pascal, 1990.

des généralisations intéressantes à ces deux types d'opération, et y ajoutent l'opération *d'interposition*, qui correspond à l'intersection de deux cellules (alors que les deux opérations précédentes sont des opérations de réunion).

Figure 58 : *Trois opérations de combinaison de séries (ici de notes).*

Complexités perceptives

Ces procédures musicales, relativement simples sur un plan analytique, peuvent s'avérer perceptivement complexes (principe de *non-bijection entre les complexités*[24]).

Le psychoacousticien Robert Francès a effectué en 1958 des tests de perception de transformations sérielles afin d'évaluer la faculté d'un auditeur à percevoir les similarités entre une série initiale et sa dérivée :

> Expérience VI : nous nous sommes proposés de soumettre à l'expérimentation non la possibilité d'identifier les modes de transformation de la série, mais la saisie d'une identité à travers ces modes, en rapport avec la présence de la série. C'est cette question et non la première qui peut être valablement soulevée : si la série est un principe d'organisation dont découlent les aspects formels de l'œuvre, elle doit produire, ne serait-ce qu'intuitivement, un sentiment d'unité sous-jacent. (...) Nous savons que cette unité se révèle à la lecture -par le détour inévitable de l'"état" momentané de la série (direct, renversé, récurrent, etc.). Il n'est pas légitime que l'auditeur emprunte le même détour. (...) Le seul moyen d'expérimenter était de demander à des auditeurs de distinguer l'unité résultant d'une série de l'unité résultant d'une autre série[25].

Après avoir testé sur des auditeurs plusieurs dérivations de séries, Francès conclut :

> [*malgré la portée réduite des résultats du fait des conditions d'expérimentation, il semble que*] l'unité sérielle est d'ordre conceptuel plutôt que d'ordre perceptif; (...) La variété imputable à la série en tant que telle n'est pas compensée par un sentiment

24. Voir le paradoxe sur les deux séries dodécaphoniques du chapitre précédent.

25. Robert Francès, *La perception de la musique*, *op. cit.*, p. 140. Noter le vocabulaire présentant la problématique qui ne parle pas de cohérence perceptive vs. cohérence analytique, mais de l'unité des modes de transformation vs. l'unité des différents objets. Nous sommes en 1956.

> d'unité suffisant pour que le lien d'une partie de l'œuvre à une autre soit toujours perceptible[26].

Ce genre d'expérience n'a pas prétention à juger la méthode compositionnelle. D'une part, elle concerne un échantillon appartenant à une époque et à une communauté données, liées à des conventions d'écoute d'un certain milieu. D'autre part, cette expérience s'intéresse à la pertinence perceptive de transformations qui ont souvent été conçues selon une motivation purement poïétique, comme générateur de matériau primaire, procédures analytiquement simples mais de complexité perceptive élevée et que l'intuition n'aurait pu imaginer. Les trois viennois, notamment Webern, utilisaient la série et ses dérivées uniquement comme pré-matériau compositionnel partagé entre les voix, et non comme motif. L'exigence que l'auditeur perçoive la transformation appartient finalement à une convention formaliste où l'œuvre perçue, c'est-à-dire ce qu'on propose à l'audition, devrait aussi exister par l'ingéniosité des techniques trouvées par le compositeur. Or l'œuvre n'existe perceptivement que par son résultat.

S'il fallait toutefois caractériser les paramètres renforçant les complexités perceptives des différentes procédures sur les positions, les causes pouvant accroître la difficulté à percevoir une similarité entre une série et sa transformée sont de nature à la fois externe et interne à la procédure :

Les influences externes se situent à chaque extrémité des étapes de la transformation, à savoir :

i) la nature du matériau à transformer : sa taille et ses éléments saillants (un motif court, dont le contour change peu de direction, ornementé par des éléments caractéristiques – figures rythmiques, trilles, etc. – gardera une cohérence avec son transformé, même complexe. C'est l'exemple de *l'Invention* de Bach ci-dessous) ;

Figure 59 : *Première mesure de l'Invention n°14 BWV 785 de J.S. Bach : symétrie par rapport à ré (symétrie peu perceptible à part les contours).*

ii) les contextes de perception de la transformation, et plus exactement la culture et la curiosité de l'auditeur.

Les influences internes semblent liées à la modification de l'axe d'ordonnancement (temporel ou fréquentiel). Ainsi, une transformation locale (ajout, filtrage, criblage) présente une complexité croissante selon le nombre d'éléments modifiés. De plus, les transformations réorientant entièrement les axes de position, à savoir les rétrogrades et symétries, ont des complexités perceptives élevées.

26. *Ibid.*, p. 144.

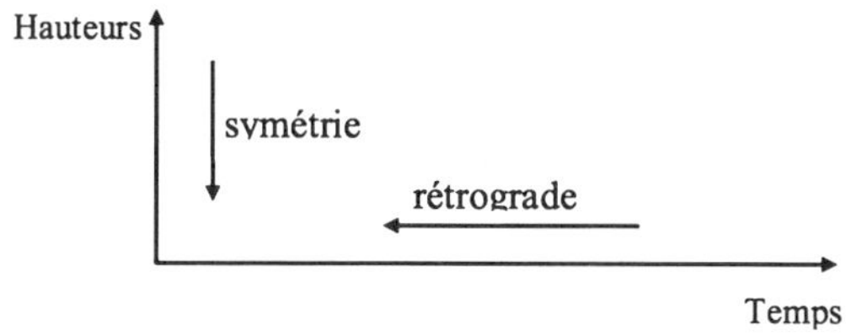

Figure 60 : *Transformations réorientant les axes.*

Les expériences psychoacoustiques de Diana Deutsch[27] ou de John Sloboda[28] vont dans ce sens, en montrant par exemple que le contour mélodique est primordial sur les hauteurs. Or, les transformations qui réorientent la flèche du temps ou celle des hauteurs inversent les contours. Le physicien Ilya Prigogine[29] a également montré l'importance de la flèche du temps dans les expériences irréversibles comme l'écoute.

Un simulateur informatique d'aperception des procédures sur les positions

La perception est cognitive, adaptative, et culturelle, c'est-à-dire que les mécanismes d'anticipation et de compréhension sont biaisés par une inertie comportementale propre à chaque auditeur. Il est évidemment difficile de formaliser ces biais culturels. Les modélisations proposées ici sont des simplifications extrêmes de profils d'auditeurs.

Ce simulateur informatique[30] modélise l'écoute culturelle d'un auditeur en calculant, en fonction de différentes cultures musicales « idéalisées », la similarité entre deux objets musicaux, l'un étant le transformé de l'autre. La transformation peut être analytiquement simple. Cependant, selon le principe de *non-bijection entre les complexités*, l'auditeur peut imaginer et réengendrer inconsciemment, suivant sa culture, un tout autre type de transformation perceptive.

L'ambition de cette simulation est en partie épistémologique : il s'agit de dépasser les modèles mécanistes de perception universelle de type *machine de Turing* et de modéliser certains schèmes cognitifs de perception culturelle, c'est-à-dire les biais auditifs provoqués par une culture. Il s'agit en conséquence de dépasser des modèles formels universalistes parfois proposés par la psychoacoustique et certaines théories de la perception musicale, mais aussi de dépasser les descriptions de comportement

27. *In* Steve McAdams, « Audition : physiologie, perception et cognition », *Traité de psychologie expérimentale*, M. Richelle, J. Requin et M. Robert, (dir.), Paris, P.U.F., 1994. Steve Mc Adams ajoute dans ce même ouvrage : « *Pour les séquences atonales, la représentation est généralement restreinte au contour : les informations sur les intervalles sont soit indisponibles, soit inutilisables puisque les attentes sur les structures musicales habituelles sont constamment violées* » (p. 328).

28. John Sloboda, *L'esprit musicien : la psychologie cognitive de la musique*, traduit par M.I. Callart, Paris, Mardaga, 1988.

29. Ilya Prigogine – Isabelle Stengers, *Entre le temps et l'éternité*, Paris, Fayard, 1988. Voir aussi Philippe Lestage, « Complexité et structures cérébrales : Piaget et Prigogine », in *Les défis de la complexité. Vers un nouveau paradigme de la connaissance*, Denys de Bechillon (dir.), Paris, L'Harmattan, 1994.

30. Le programme a été écrit par mes soins en langage Pascal en 1994 et le script est téléchargeable sur le site internet http://www.fabienlevy.net. Dans cette application, l'auditeur est modélisé sous la forme d'un « agent rationnel » influencé par sa culture, ce qui implique en particulier une *écoute responsable* et une *adaptation mécaniste* à des éléments nouveaux, selon sa culture.

culturel trop souvent empiriques présentées par la sociologie de la musique, et d'établir des modèles formels de perception culturelle.

Fonctionnement du simulateur

Soient deux séries d'éléments musicaux discrets (deux séries de notes, de rythmes ou de tout autre objet musical) de longueurs quelconques. L'objectif du simulateur est de calculer les similitudes perceptives entre ces deux séries selon les différentes cultures possibles d'un auditeur. Selon sa culture, un auditeur sera plus ou moins familier à identifier inconsciemment quatre familles de transformations élémentaires et les combinaisons de celles-ci : i) les *répétitions*, ii) les *transpositions*, iii) les *décalages* partiels de segments à l'intérieur de la série et iv) les *inversus* ou *rétrogrades* (inversions de l'orientation des axes). Cet auditeur tentera ensuite de décomposer inconsciemment la transformation donnée en tant que combinaison de ces transformations élémentaires (ce que nous appelerons dans les chapitres suivants *chemin d'aperception*).

Quatre profils culturels d'auditeurs sont envisagés :

i) « *l'analyste* » : il est capable, parce qu'il travaille sur le signe écrit, de distinguer immédiatement un rétrograde, une transposition, une symétrie ou un décalage. En revanche, il ne peut facilement discerner les combinaisons.

ii) « *l'auditeur moyen* » : il entend toutes les transformations simples ne réorientant pas les axes (fréquentiel, temporel) ainsi que leur combinaison : répétition, transposition, décalage de segments sans changement d'axe, etc.

iii) « *l'auditeur sériel* » : il perçoit les transformations familières à « l'auditeur moyen », mais également l'inversus ou le rétrograde et ses combinaisons : rétrograde transposé, symétrie décalée, etc. Cependant, les combinaisons de deux transformations réorientant les axes du temps et de l'espace (inversus d'un rétrograde, par exemple) lui deviennent rapidement complexes.

iv) « *l'auditeur hypersériel* » : Il comprend tout type de combinaison de transformations, qu'elles inversent ou non les axes des hauteurs ou du temps, quelle que soit la complexité de la combinaison : symétrie d'un rétrograde transposé puis décalé, etc.

Pour chacun de ces comportements, le simulateur reconstitue une stratégie d'aperception optimale de la transformation cognitive permettant de conduire d'une série à l'autre (plus courte combinaison de ces transformations permettant d'obtenir approximativement une série à partir de l'autre), ce que l'on nommera dans ce chapitre et les suivants un *chemin d'aperception*. Le programme calcule ensuite un degré de similarité cognitive entre ces deux motifs selon les transformations perçues, ainsi qu'un indice de *KC-complexité perceptive* (complexité de Kolmogorov-Chaitin) correspondant à la complexité dynamique de la transformation pour cette oreille reconstituée, c'est-à-dire une complexité liée au nombre de combinaisons de transformations élémentaires nécessaires pour obtenir cette transformation, pondéré par la complexité de chacune des transformations élémentaires (soit une *longueur des chemins d'aperception*).

Simulations

Exemple 1 : *série de l'Opus 27 de Webern et son rétrograde*

Le précédent chapitre de ce livre, qui traitait de la complexité, avait explicité le paradoxe de deux séries dodécaphoniques indépendantes, où une symétrie appliquée à la première série, transformation analytique pourtant simple, semblait perceptivement plus proche de la seconde.

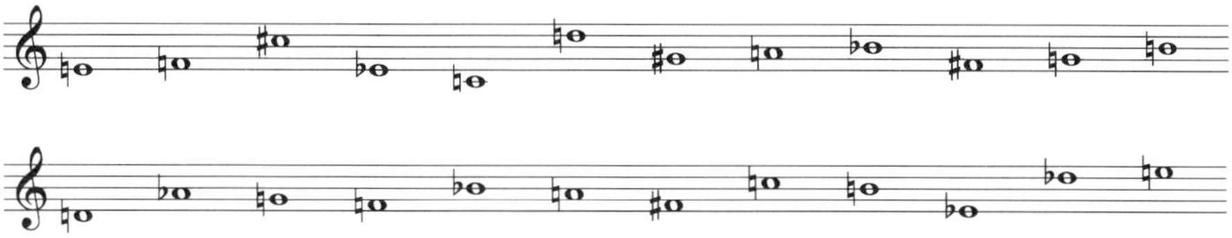

Figure 61 : *deux séries, l'une issue des premières mesures des variations op. 27 de Webern, et l'autre perceptivement distincte.*

Tentons d'approfondir, grâce au simulateur, les différentes perceptions de ces deux séries selon la culture de l'auditeur. Nous nommerons, comme au chapitre précédent les deux séries ci-dessus *A* et *B*, et la symétrie de la *série A* par rapport à ré *série C.*

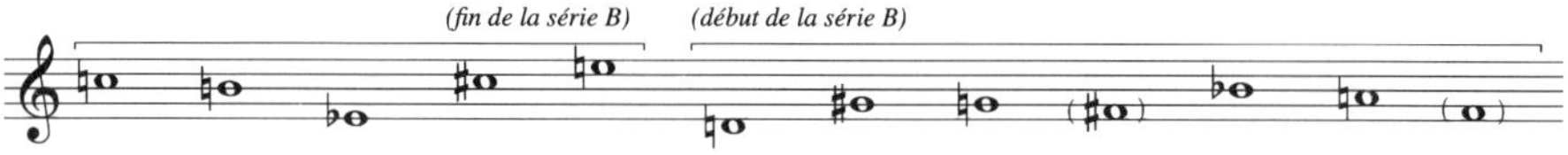

Figure 62 : *Série C, symétrie de la série A par rapport à ré.*

Selon le simulateur, les auditeurs de type « analyste », « auditeur sériel » et « auditeur hypersériel » observent immédiatement la similitude entre la série C et la série A (degré de similitude : 100%), l'une étant la symétrie de l'autre, et leur culture cognitive permettant de reconnaître cette transformation. En revanche « l'auditeur moyen », qui ne peut apercevoir aucune procédure inversant les axes du temps et des fréquences, identifie faiblement leur lien (degré de similitude : 33 %), et selon un chemin d'aperception compliqué : pour « l'auditeur moyen », la série C peut éventuellement être une transposition très approximative d'un demi-ton de la série A, décalée de deux notes (soit : [***do*** *ré si* ***do*** **dièse** *sol sol* dièse *fa* ***fa*** **dièse** ***si*** **bémol** *mi* bémol *mi*]).

En revanche, selon le simulateur, les quatre profils identifient immédiatement une proximité perceptive entre la série C et la série B, sans transformation, et avec un bon degré de similitude (83%). Enfin, entre les deux séries initiales A et B, le simulateur montre sans surprise que « l'analyste » et « l'auditeur sériel » identifient immédiatement la série B comme la symétrie approximative de la série A (avec une similitude de 83%), alors que « l'auditeur moyen », au contraire, n'entrevoit que peu de similarités (similitude 33 %), à la rigueur en considérant la série B comme la série A transposée d'une tierce majeure, décalée d'une note ([*mi* bémol ***la*** **bémol** *la fa sol mi* ***fa*** **dièse** ***do*** *do* dièse *ré si* bémol *si*]).

Séries	*Profils schématisés*	SERIE A	SERIE B	SERIE C
	« Analyste »		Similitude : 83% KC-compl. perc.: $C_{symétrie}$	Similitude : 100% KC-compl. perc.: $C_{symétrie}$
SERIE A	*« Auditeur moyen »*		Similitude : 33% KC-compl. perc.: moyenne ($C_{transposition} + C_{décalage}$)	Similitude : 33% KC-compl.: moyenne ($C_{transposition} + C_{décalage}$)
	« Auditeur sériel »		Similitude : 83% KC-compl. perc.: $C_{symétrie}$	Similitude : 100% KC-compl.: $C_{symétrie}$
	« Analyste »	Similitude : 83% KC-compl. perc. : $C_{symétrie}$		Similitude : 83% KC-compl. perc.: nulle
SERIE B	*« Auditeur moyen »*	Similitude : 33% KC-compl.: moyenne ($C_{transposition} + C_{décalage}$)		Similitude : 83% KC-compl. perc.: nulle
	« Auditeur sériel »	Similitude : 83% KC-compl. perc.: $C_{symétrie}$		Similitude : 83% KC-compl. perc.: nulle
	« Analyste »	Similitude : 100% KC-compl. perc.: $C_{symétrie}$	Similitude : 100% KC-complexité : $C_{symétrie}$	
SERIE C	*« Auditeur moyen »*	Similitude : 33% KC-compl.: moyenne ($C_{transposition} + C_{décalage}$)	Similitude : 83% KC-compl. perc.: nulle	
	« Auditeur sériel »	Similitude : 100% KC-compl. perc.: $C_{symétrie}$	Similitude : 83% KC-compl. perc.: nulle	

Tableau 5 : *Simulation d'affinité perceptive entre des séries dodécaphoniques selon la culture de l'auditeur.*

On retrouve par cette simulation les résultats énoncés antérieurement, à savoir que la série A, pourtant analytiquement proche de sa symétrie, en est perceptivement éloignée pour un « auditeur moyen ». Ce même « auditeur moyen » croit en revanche identifier la symétrie C à la série B, alors qu'elles n'ont analytiquement aucun rapport.

Exemple 2 : *Séries de Lulu*

> Lulu nous donne des exemples encore plus formalisés, et même absolument ésotériques pour l'auditeur – je ne parle même pas de l'auditeur "moyen", je parle de l'auditeur "cultivé". La façon dont [Berg] déduit les séries qui vont confectionner les thèmes pour caractériser Schön, Alwa, etc., à partir de la série fondamentale liée directement au personnage central de Lulu, cette procédure est absolument indéchiffrable à l'écoute. Elle se fonde sur des spéculations et des déductions numériques qui sont hors de toute perception, et que l'on ne peut comprendre que comme symboliques [31].

Même si l'intention de Berg n'était peut-être pas de créer d'unité perceptive entre les différentes séries dérivées de Lulu, il est intéressant d'en étudier, grâce au simulateur, leur similitude aperceptive. La série génératrice de l'ensemble de l'opéra est celle de Lulu, qui apparaît pour la première fois dans son intégralité pendant la scène 1 de l'acte II (lied de Lulu) :

Figure 63 : *Série de Lulu.*

31. Pierre Boulez, *Jalons (pour une décennie)*, Paris, Christian Bourgeois, 1989, p. 180.

Le personnage de Schön est également associé à une série dodécaphonique que Berg crée à partir d'un procédé combinatoire complexe [32] : reprenant la série de Lulu transposée d'un ton inférieur [*sib, ré, mi* bémol, *do, fa, sol, mi, fa* dièse, *la, sol* dièse, *do* dièse, *si*], le compositeur saute une, puis deux notes, puis trois notes de la série originale : [*si* bémol, *mi* bémol *(= 1 saut), sol (= 2 sauts), sol* dièse (= *3 sauts), ré (=3 sauts), fa (= 2 sauts), mi (= 1 saut), la (= 1 saut), si (= 2 sauts), do (= 3 sauts), fa dièse (= 3 sauts), do* dièse *(= 2 sauts)*]. Le procédé est ingénieux car, à la dernière étape, on revient à la 1 re note de la série originale en effectuant un saut, et la série résultante est dodécaphonique, ce qui n'a rien d'évident [33].

Figure 64 : *Série de Schön.*

Berg obtient ensuite la série qui caractérise le personnage d'Alwa en partant de la série initiale de Lulu, transposée au ton inférieur, et en en prenant une note toutes les sept notes. Là encore, le procédé est brillant puisque la série résultante reste dodécaphonique.

Figure 65 : *Série d'Alwa.*

Tentons de mieux comprendre, grâce au simulateur, les éventuelles similitudes perçues par l'auditeur entre ces différentes séries selon sa culture.

i) *Similitudes cognitives Lulu/Schön*

Selon le simulateur, un auditeur de type « analyste » ne connaissant pas la procédure de Berg ne retrouverait pas la transformation originale mais percevrait une similitude analytique moyenne (42%) entre les deux séries, comme transposition d'une tierce mineure couplée à un décalage d'une note, ce qui donnerait, pour la série de Schön ainsi transformée : [***do, mi, fa***, *si, ré, do* dièse, ***fa* dièse**, ***sol* dièse**, *la, mi* bémol, *si* bémol, *sol*] [34]. La complexité dynamique de la procédure réengendrée est néanmoins faible.

Paradoxalement, l'« auditeur moyen » ne perçoit pas moins de similitude entre ces deux séries que l'analyste (42%) et percevrait également la série de Lulu comme vaguement apparentée à la série de Schön par un décalage d'une position couplé à une transposition d'une tierce mineure.

32. L'analyse des trois séries est celle qu'a effectuée Dominique Jameux dans *Berg*, Paris, Solfèges/Seuil, 1980.

33. Cette technique est similaire à celle qu'utilise Stockhausen dans le *Klavierstück X* [1961-1962]. Voir l'analyse de Herbert Henck, *Karlheinz Stockhausen's Klavierstück X : Ein Beitrag zum Verständnis serieller Kompositionstechnik : Historie, Theorie, Analyse, Praxis, Dokumentation,* second edition, revised and expanded, Köln, Neuland Musikverlag, 1980.

34. Les notes en gras sont les notes communes entre la série ainsi transformée par le chemin d'aperception et la série résultante de la transformation opérée par le compositeur.

« L'auditeur sériel » comme « l'auditeur hypersériel » perçoivent une similitude à peine supérieure (50%) entre les deux séries, de telle sorte que l'une serait la transformée de l'autre par décalage de huit notes, couplée à une transposition d'une tierce mineure et une inversion par rapport à *do* dièse (ou *la*). Ce qui donnerait, après transformation de la série Schön : [*sol*, ***mi***, ***fa***, *do*, *la dièse*, ***la***, *ré* dièse, ***sol* dièse**, ***si***, *fa* dièse, *ré*, ***do* dièse**]. La complexité perceptive dynamique de la transformation est en revanche forte ($C_{transposition}$ + $C_{décalage}$+ $C_{inverus}$).

En conclusion, quel que soit le profil culturel de l'auditeur, il n'y a que très peu de similitudes perceptives entre la série de Lulu et celle de Schön.

ii) *Similitudes perceptives Lulu/Alwa*

Un « auditeur moyen » comme un « analyste » percevraient entre la série Lulu et Alwa une similitude évidente, bien qu'approximative (50%), à savoir la transposition d'un ton : [***do***, *sol* dièse, ***fa***, *la* dièse, ***sol***, *do* dièse, ***fa* dièse**, *mi*, ***si***, *ré*, ***ré* dièse**, *la*]. Malgré des capacités de perceptions combinatoires supposées supérieures chez les « auditeurs sériels » et « hyper-sériels », l'ordinateur montre qu'aucune procédure, même de KC-complexité perceptive plus grande, ne peut dépasser la similitude de la transposition d'un ton entre les deux séries : les auditeurs sériels construisent les mêmes chemins d'aperception.

On notera que les chemins d'aperception entre la série de Lulu et celle d'Alwa sont plus courts et de meilleurs degrés de similitudes que ceux entre la série de Lulu et celle de Schön. Certes, les transformations analytiques que Berg a employées sont plus simples dans le premier cas. Cette plus faible complexité analytique n'explique cependant pas cette meilleure analogie perceptive (*principe de non-bijection entre les complexités analytique et perceptive*), comme va le montrer le cas suivant des séries Schön/Alwa.

iii) *Similitudes perceptives Schön/Alwa*

Berg n'a pas engendré la série d'Alwa à partir de celle de Schön, et le passage analytique de l'une à l'autre serait extrêmement compliqué à expliciter (saut toutes les 10 notes, 3 notes, 2 notes, 2 notes, 3 notes, 10 notes, 10 notes, 3 notes, 2 notes, 2 notes, 3 notes). La perception de similarité entre ces deux séries est cependant, paradoxalement, plus évidente que celle entre les séries Lulu et Alwa. Il s'agit là encore d'une application du *principe d'indépendance esthésique*.

En effet, pour chacun des profils, le degré de similitude entre ces deux séries est moyen (50%), même si les chemins d'aperception conduisant de l'une à l'autre sont différents : « l'analyste » observe une transposition approximative d'une quarte : [***fa***, *do* dièse, *la* dièse, *ré* dièse, ***do***, ***fa* dièse**, *si*, *la*, *mi*, ***sol***, ***sol* dièse**, ***ré***], alors que l'auditeur moyen perçoit plutôt un décalage de cinq positions accompagné d'une transposition à la quarte : [*la*, *mi*, ***sol***, ***sol* dièse**, ***ré***, ***fa***, *do* dièse, *la* dièse, *ré* dièse, ***do***, ***fa* dièse**, *si*]. Malgré leurs capacités supérieures de perception de procédures combinatoires et inversant les axes, les auditeurs « sériels » et « hypersériels » n'élaborent aucune stratégie aperceptive plus subtile que celle de l'auditeur « moyen ».

Profils	LULU/ALWA	LULU/SCHÖN	SCHÖN/ALWA
« Analyste »	**Similitude : 50%** KC-complexité : **faible** ($C_{transposition}$)	**Similitude : 42%** KC-Complexité : **moyenne** ($C_{transposition} + C_{décalage}$)	**Similitude : 50%** KC-compl. : **faible** ($C_{transposition}$)
« Auditeur moyen »	**Similitude : 50%** KC-complexité : **faible** ($C_{transposition}$)	**Similitude : 42%** KC-Complexité : **moyenne** ($C_{transposition} + C_{décalage}$)	**Similitude : 50%** KC-Complexité : **moyenne** ($C_{transposition} + C_{décalage}$)
« Auditeur sériel »	**Similitude : 50%** KC-complexité : **faible** ($C_{transposition}$)	**Similitude : 50%** KC-complexité : **forte** ($C_{transposition} + C_{décalage} + C_{inverus}$)	**Similitude : 50%** KC-Complexité : **moyenne** ($C_{transposition} + C_{décalage}$)
« Auditeur hypersériel »	**Similitude : 50%** KC-complexité : **faible** ($C_{transposition}$)	**Similitude : 50%** KC-complexité : **forte** ($C_{transposition} + C_{décalage} + C_{inverus}$)	**Similitude : 50%** KC-Complexité : **moyenne** ($C_{transposition} + C_{décalage}$)

Tableau 6 : *Simulation d'affinité perceptive entre les séries de lulu selon la culture de l'auditeur.*

Pour conclure cette simulation, le degré de complexité analytique permettant de passer d'une série à une autre [simple de Lulu à Schön, complexe de Schön à Alwa] n'a aucun rapport avec la complexité d'aperception d'une similitude entre les séries, quelle que soit la culture, même pour les auditeurs habitués à percevoir les changements d'axe. De plus, sans connaître la transformation opérée par Berg, un analyste aurait beaucoup de difficultés à retrouver comment obtenir la série Schön de la série de Alwa. En outre, paradoxalement, alors que les séries Schön et Alwa n'ont aucun rapport analytique en commun, elles sont les plus proches perceptivement.

Enfin, dans cet exemple, la valeur faible (inférieure à 50%) des degrés de similitude montre que l'unité perceptive entre ces séries est peu présente, quelle que soit la culture. Les procédures sur les positions, lorsqu'elles inversent les flèches du temps ou des fréquences, même localement, ne permettent que très rarement de conserver une cohésion perceptive entre l'original et sa transformée.

Néanmoins, l'utilisation de procédures inversant les axes ou jouant sur de multiples signifiants de signes non correspondants ne peut en soi condamner une pièce : la beauté esthétique des notes éparses et du silence du second mouvement de la Symphonie op. 21 de Webern, ainsi que sa diversité dans son unité, prouve que, malgré les contraintes sévères et non musicales que le compositeur s'impose[35], seul compte le sens esthétique que le compositeur parvient à dégager de son projet. De plus, comme le précise Boulez, l'intention de Berg était certainement d'avoir des séries perceptivement indépendantes dans une unité analytique forte. Le compositeur est avant tout, avec ou sans talent, son premier auditeur.

35. Neuf réalisations palindromiques de onze mesures, basées uniquement sur une série dodécaphonique elle-même palindromique, exposée en couples particuliers de transposition et d'inversion en relation de triton ou de tierce mineure. Webern a certainement été encouragé dans l'utilisation de ces techniques strictes par l'étude approfondie, lors de son doctorat de musicologie, des canons en rétrograde du *Choralis Constantinus* de Heinrich Isaac.

En conclusion

Lors de jeux sur les signes, activités qui constituent l'essence même de la composition, nous entrevoyons deux circonstances pour lesquelles une perte de sens musical, c'est-à-dire un décrochage entre un jeu d'écriture et sa perception musicale, peut survenir : soit lors d'un jeu sur les signes indépendamment du signifié, par exemple lors de procédures combinatoires sur leurs positions; ou bien lors du maniement de signes possédant plusieurs signifiés, soit parce que le signe musical est de découpage non-correspondant, soit parce que s'y substituent des signes non-correspondants. Ce glissement de sens peut se manifester lors de jeux sur le signe écrit, mais aussi pour toute archi-écriture. Cette pratique n'est pas blâmable en soi car ces jeux de décrochage entre écriture et perception sont une possibilité d'ouverture poïétiquement économique de nouveaux horizons. Elle n'a néanmoins aucune justification musicale, et seule l'oreille reste *in fine* le garant du résultat dans une approche informelle et purement musicale de la composition.

DE QUOI LA CONSONANCE EST-ELLE LE NOM ?

Encadrer les enjeux de perception par des théories et en particulier expliciter ce qui sonne de ce qui dissone est un autre excès des logocentrismes et eurocentrismes musicaux. L'Europe occidentale a une tradition unique, depuis Boethius, de conceptualisation de ce que serait pour tous la consonance musicale des hauteurs. Ne pouvant appuyer leur autorité sur leur seul énoncé, ces règles ont trouvé leur justification dans des principes mathématiques, mystiques ou physiques faisant écho aux divers épistémès dans lesquels elles étaient formulées : rapports numériques pendant l'antiquité et le quadrivium, trinité divine jusqu'aux lumières, mécanique acoustique après la révolution newtonienne, psychoacoustique au tournant du XXe *siècle. Il s'agit d'autres fétichismes. Plus récemment, l'une des conséquences du postmodernisme fut, en musique, un « retour à », en particulier une tentative de pérenniser le succès historique de « la » musique tonale, ses relations fonctionnelles, et ses hiérarchies de consonances.*

Ce chapitre[1] *est un plaidoyer pour une oreille subjective et partisane. Nous tenterons de nuancer les différentes constructions épistémiques de la consonance musicale en déconstruisant, parfois techniquement, celles qui aspirent à l'universalisme. Le lecteur peu accoutumé aux formalismes (qui seront signalés par une note) pourra les éviter en se référant uniquement aux introductions et conclusions. Nous proposerons ensuite quelques réflexions plus personnelles sur cette notion si controversée.*

COMMENT PARLER DE CONSONANCE DE HAUTEURS

L'aventure musicale du XXe siècle a certainement permis de se libérer de l'hégémonie du paramètre des hauteurs et des sons harmoniques. Grâce à cette émancipation, de nombreux autres paramètres musicaux sont devenus objets d'invention dans une dimension jamais révélée jusqu'alors dans les sociétés occidentales : forme, rythme, morphologie du son, déterminisme de l'écriture, modes de jeu instrumentaux, rapport avec le public et l'interprète, espace, sont devenus des enjeux d'écriture et de perception. Dans les années 70 et 80, parallèlement au retour du « sujet » qui accompagne le post-structuralisme en art, de nombreux compositeurs réinvestissent la perception verticale des hauteurs ou des fréquences en tant que critère poïétique de leur composition. Certains compositeurs s'engagent directement, par un retour

1. Une partie de ce chapitre a été publiée dans Fabien Lévy, « Plaidoyer pour une oreille subjective et partisane. Une approche 'pythagoricienne' de la perception culturelle des intervalles », *Cahiers des philosophies du langage n°3*, « Philosophie et musique », A. Soulez, Y. Sebestik, F. Schmitz (dir.), Paris, L'Harmattan, 1998.

postmoderne, à un mélange de styles empruntés, avec en particulier l'emploi de couleurs tonales éprouvées, pas toujours fonctionnalisées, plus ou moins troublées par quelques notes étrangères, souvenirs fugaces d'une époque subversive révolue. D'autres refusent de réduire le son à des hauteurs harmoniques et se concentrent sur des fusions verticales de fréquences ou des grammaires fondées sur des intonations justes. La psychoacoustique devient également, pendant les années 80, une sphère d'intérêt pour les compositeurs. Enfin, les leaders de la musique sérielle généralisée abandonnent la densité douze au profit de polarisations de hauteurs plus affirmées. Bref, la notion de consonance de hauteurs, de consonance de fréquences ou de consonance de timbres refait surface, soit intuitivement, confortant l'oreille par l'emprunt à des références culturelles, soit à travers certaines recherches et assertions plus théoriques. Mais de quelle consonance parle-t-on alors ?

Le concept de consonance n'est évidemment pas nouveau. Que ce soit dans les approches pythagoriciennes fondées sur des fractions de hauteurs, dans les catégories harmoniques d'Aristote attachées à différents états de la vie (repos, vieillesse, guerre) [2], dans les théories de Boèce, de Zarlino ou de Rameau, dans les travaux scientifiques de Helmholtz, Riemann, Stumpf ou Ambros, ou dans les mesures récentes de Terhardt, la recherche de critères de consonance traverse toute l'histoire de la musique occidentale. On peut néanmoins regrouper les théories de la consonance en trois catégories :

Les approches métaphysiques de la consonance

Elles mettent en rapport la musique et l'homme. La dissonance y est interprétée, en simplifiant, dans un rapport mystique de l'homme au divin (trinité chrétienne) ou à son environnement naturel, dans un sens historico-social (Adorno, Lukacs, Marcuse), par analogie à la linguistique et à la grammaire (Jules Combarieu, Suzanne Länger), ou comme acceptation psychologique et cognitive.

Les approches expérimentales de la consonance

Leur légitimation réapparaît depuis les années 1970 sous des appellations diverses : psychologie expérimentale, psychoacoustique, sciences cognitives. Les théories qui en sont déduites s'appuient sur des méthodologies scientifiques issues des sciences physiques appliquées et de la psychologie expérimentale : énonciation d'hypothèses simples, quantifiables et testables; expérimentations par sondage sur échantillons représentatifs d'auditeurs et plus généralement par des tests psychoacoustiques; mesures physiques ou statistiques des résultats validant ou réfutant les hypothèses. Les modèles sont élaborés à partir de théories rationnelles ou au contraire d'intuitions. Ces modèles sont cependant principalement validés par l'expérience [3]. Robert Francès

2. E. Moutsopoulos, *La musique dans l'œuvre de Platon, op. cit.*, p. 68; Fubini, *Les philosophes et la musique, op. cit.*, p. 31.

3. Celles-ci sont même parfois réincorporées dans des compositions afin d'être testées dans un contexte réellement musical, comme par exemple *Streamlines* du compositeur Joshua Fineberg incorporant des notions nouvelles de consonance « testées sur auditeurs » après concert. Daniel Pressnitzer, Steve Mc Adams, Suzanne Winsberg, Joshua Fineberg, « Tension et rugosité dans la musique non-tonale », *Les cahiers du GREYC n°4*, 1996, Caen, C.N.R.S.-URA 1526, 1966.

entreprit en 1958 un certain nombre de tests par sondage sur la musique, notamment sur la justesse des tempéraments, la perception des degrés tonals ou la perception des séries dodécaphoniques. Chacune de ces expériences, pionnières pour leur époque, cherchait à souligner les limites culturelles de l'échantillon et la recherche de différences de perception entre les groupes [4]. Une volonté plus universaliste et normative émerge dans les années 80, notamment dans les pays anglo-saxons où la musique, se pratiquant à l'université, se cherche des assises scientifiques [5]. Des expériences sur la perception de la consonance comme celles de Plomp et Levelt, ou de Kameoka et Kuriyagawa (qui comparent des auditeurs japonais, considérés comme « non-occidentaux », et des auditeurs occidentaux !) font aujourd'hui référence [6].

Cette méthodologie fondée sur l'empirisme est assez récente en théorie musicale, alors qu'elle est pratiquée depuis longtemps dans d'autres sciences humaines telles que l'économie ou la sociologie quantitatives. Elle confronte une intuition inspirée par des théories abstraites à des statistiques, des comportements ou des opinions. Outre que nous favorisons le principe *d'apriorisme* [7] en sciences, cette méthodologie présente selon nous trois limites lorsqu'elle est appliquée à la musique :

1. *La confrontation d'une théorie à un test statistique sur échantillon ne peut que la réfuter ou en définir ses limites, et non confirmer son exactitude de façon universelle*

L'approche *par confirmation*, prônée par les philosophes du Cercle de Vienne (Carnap, Hahn, Schlick, Wittgenstein) cherche à montrer qu'une majorité suffisante de cas dérivés du modèle s'accordent aux faits. Au contraire, selon Karl Popper qui défend l'approche *par réfutation*, un modèle scientifique est dit *réfutable* si l'ensemble des énoncés testables qui le contredisent est non vide. Dans l'approche par réfutation, le modèle ne doit jamais être réfuté face aux faits pour être valide [8]. Dans une science empirique comme la psychoacoustique, il est difficile de rassembler un échantillon confirmant les énoncés qui soit à la fois suffisamment large, irréfutablement représentatif (« tous les hommes ») et homogène dans ses comportements de perception, notamment pour les énoncés à fort contenu culturel. La validation par sondage est donc plus une *mesure de la taille du groupe* pour lequel l'énoncé n'est pas encore réfuté que la confirmation de sa validité universelle.

---

4. Par exemple l'expérience XVI : Effets physiologiques de la dissonance sur des sujets de différents groupes.

5. Et des subventions, sans commune mesure avec ce que connaissait la musicologie, provenant de la médecine et des sciences de la nature.

6. Reinier Plomp, *Aspects of Tone Sensation*, London, Academic Press, 1976.

7. Le principe d'*apriorisme*, défini en économie par John Elliot Cairnes (1824-1875) et par Senior, et développé dans les sciences humaines par Von Mises (1881-1973), postule que : i) une théorie doit partir d'hypothèses fortes, développées par induction et déduction; ii) une théorie dépend plus du raisonnement que de l'observation; iii) les déductions issues *a priori* d'axiomes sont vraies sur un plan apodictique, c'est-à-dire sur un plan strictement nécessaire; iv) les théories ne peuvent être testées dans la réalité mais par l'examen de leur logique et par leur applicabilité aux situations historiques.

8. Si l'approche par confirmation est généralement considérée trop laxiste, celle par réfutation est trop sévère (Bernard Walliser, *L'intelligence de l'économie*, Paris, Odile Jacob, 1994, p. 135).

2. *L'expérimentation en musique n'objective ni ne démontre une intuition personnelle (paradoxe de Duhem)*

Lorsqu'il s'agit de musique et non d'acoustique, le modèle initial à tester est souvent issu d'une convention de pensée propre à celui ou celle qui énonce l'hypothèse à tester (des archétypes de musique tonale, par exemple). La théorie musicale n'est pas une science exacte fondée sur des principes issus de la biologie ou de la physique, mais une science humaine fondée sur des facteurs majoritairement culturels, des accumulations de choix humains. Les théories en musique sont scientifiques uniquement parce qu'elles sont construites en tant que théories, c'est-à-dire des modèles réfutables et testables au sens de Popper, sans être empiriquement vraies partout [9]. L'expérimentateur n'admettant pas ce constat épistémologique s'expose à négliger les facteurs culturels de son énoncé et est conforté dans sa conviction de pseudo-objectivité par l'échantillon d'auditeurs sur lequel il effectue les tests, échantillon qui partage généralement les mêmes conventions d'écoute que lui (même pays, même époque). Ce problème, intitulé *paradoxe de Duhem* [10] en épistémologie, dénonce ainsi la construction par induction d'une théorie sur des faits que l'on teste ensuite à la lumière de ces mêmes faits ou plus généralement à la lumière d'un échantillon qui partage les mêmes convictions. En d'autres termes, l'induction n'est pas un raisonnement par déduction. Le paradigme empiriste, encore présent chez de nombreux psychoacousticiens, fausse parfois la destination théorique de certains énoncés scientifiques pourtant souvent remarquables.

3. *La théorie musicale, même expérimentale, n'est pas une discipline normative*

La psychoacoustique ne peut dicter comme vraie aux compositeurs une observation moyenne valable à une certaine époque, pour une certaine classe sociale, et dans un certain lieu géographique. Par exemple, selon certaines études, l'auditeur moyen ne percevrait pas, dans un contexte particulier, certaines subtilités harmoniques, mais plutôt le contour mélodique. Le compositeur doit-il contraindre son écriture selon ces comportements ou au contraire chercher à en être dissident, tels Scriabine et ses quartes superposées (en simplifiant), Janacek et ses quintes à vide, Fauré et ses modulations étranges, différentes marginalités obtenues par refus des conventions ambiantes et par un long et patient travail sur soi? « *La beauté, c'est le refus de l'habitude* » ne cesse de répéter Lachenmann, s'inspirant de Baudelaire. Certes, la psychoacoustique a mis en évidence nombre de résultats importants sur la perception, mais cette discipline ne fonde pas une théorie de la composition (ce que la plupart des psychoacousticiens admettent volontiers, mais pas toujours ceux qui empruntent leurs conclusions). Elle reste plutôt une sociologie rationnelle et empirique de la musique étudiant les divers comportements d'une catégorie donnée

9. Karl Popper, *La Connaissance objective*, Paris, Aubier, 1972. Cette définition n'est pas propre aux sciences humaines. Le mathématicien Georg Cantor, inventeur de la théorie des ensembles, écrivait à la fin du XIXe siècle : « *La mathématique est entièrement libre de son développement et ses concepts ne sont liés que par la nécessité d'être non contradictoires et coordonnés aux concepts antérieurement introduits par des définitions précises* ».

10. Pierre Duhem, *La théorie physique, son objet, sa structure*, Paris, Vrin, 1911, rééd. 1993, p. 275.

d'auditeurs, sans prétention normative, si ce n'est à la rigueur une tentative de délimitation de ceux qui partagent les conclusions testées.

Les approches conceptuelles de la consonance

Elles trouvent parfois leur fondation dans des raisonnements scientifiques d'origines acoustiques et empiristes (battements entre deux notes, fondamentale virtuelle, ...), ou numériques et rationalistes (ratios de fréquence). Néanmoins, si le raisonnement tend à être rigoureux et réfutable, il ne cherche pas, contrairement aux théories empiriques, à être approuvé ou démenti par l'expérience, suivant en cela la propriété d'*apriorisme* de Cairnes et Senior. Certaines de ces théories, fondées sur des principes inductifs ou déductifs rigoureux, ont elles aussi prétendu à des conclusions universalistes, du fait de l'universalisme de la méthode déductive et du mysticisme qui lui était parfois attaché : "Pythagore" basait ses constructions théoriques sur la triade, Zarlino sur la *senario* et les six premiers chiffres, Ptolémée et Al Farabi sur la singularité des rapports épimores, Helmholtz sur la notion acoustique de battements, Terhardt sur celle de fusion spectrale. Des hypothèses implicites et culturelles influencent pourtant fortement ces résultats. Il nous semble que ces théories conceptuelles sur la perception de consonance restent au contraire scientifiquement valables tant qu'elles n'aspirent à aucune quête de vérité universelle et qu'elles explicitent clairement leurs hypothèses culturelles de départ, ce qui permet de délimiter l'ambition du modèle. Comme d'autres sciences humaines (économie, linguistique ou sociologie mathématique), les théories conceptuelles sur la consonance fondent leur validité scientifique en présentant des concepts testables, réfutables, formels et prospectifs, c'est-à-dire des modèles logiques abstraits de perception culturelle. Elles sont des représentations formalisées d'une certaine culture, décrivant par le modèle scientifique les conventions contenues dans leurs hypothèses de départ et leur construction.

Contrairement aux théories métaphysiques de la dissonance, les théories conceptuelles présentent une méthodologie cartésienne et scientifique : problèmes divisibles et simplifiables en problèmes plus petits; concepts formels globalisants, donc nécessairement réducteurs, appelant à être étendus et nuancés musicalement; énoncés réfutables. Ces modèles conceptuels peuvent parfois aspirer à devenir de nouveaux outils prospectifs pour les compositeurs, de nouvelles représentations musicales ne demandant qu'à être manipulées et être ensuite à l'origine de nouveaux espaces sonores. La basse chiffrée de Rameau est inspirée par la représentation zarlinienne de l'harmonie et par les découvertes des harmoniques par Sauveur. Les maquamat turcs exposés par Safiy ad-Din sont issus de combinaisons de positions sur des frettes qui permettent de jouer les intervalles conseillés par Al-Farabi sur le modèle aliquote des échelles de Ptolémée. Les spectres calculés de *Partiels* et *Vortex Temporum* de Grisey sont induits de la représentation spectrale apprise dans la classe d'acoustique de Leipp, et les transcriptions métriques et tempérées de chants d'oiseaux ont permis l'invention de nouvelles figures chez Messiaen. Plus généralement, c'est le détournement d'un modèle, d'une écriture et non sa duplication qui crée le nouvel espace particulier au compositeur. Nous ne nous intéresserons ci-après qu'aux modèles conceptuels, en étudiant certains des plus célèbres, et nous essaierons d'en montrer leur relativité culturelle. Nous tenterons ensuite, à la fin de ce chapitre, l'ébauche d'une théorie d'essence pythagoricienne modélisant la perception *culturelle* de la consonance.

Remarque : Les deux sections qui suivent, « *déconstruction de quelques modèles de consonance à prétention universaliste* », et « *une approche conceptualisée mais relativiste de la consonance* » nécessitent certaines démonstrations techniques. Le lecteur peu habitué ne s'attachera qu'aux introductions et aux conclusions, ou gagnera directement la section « *La consonance : une construction mentale ?*, p. 196.

DÉCONSTRUCTION DE QUELQUES MODÈLES DE CONSONANCE À PRÉTENTION UNIVERSALISTE

Des justifications fondées sur des croyances épistémiques

Pythagore, personnage mythique ou réel, fut apparemment l'un des premiers, en Occident, à s'intéresser à la notion de consonance des intervalles de hauteurs. Selon Nicomaque (IIe siècle de notre ère), Pythagore a su comprendre que l'harmonicité de deux sons dépendait des rapports de multiplicité en valeur entière entre certains paramètres sonores et en déduit des hiérarchies de consonance. Ses disciples érigent la quarte comme consonante (elle était la principale consonance pour Aristoxène), mais ni les tierces, ni les sixtes ne le sont [11]. Du fait de l'influence de la théorie de Pythagore chez ses successeurs et de l'importance théologique des chiffres [1, 2, 3] par rapport au chiffre [5], la tierce majeure n'a pu être admise comme scientifiquement consonante qu'à partir des travaux de Zarlino à la Renaissance, en 1558, sur des considérations cosmogoniques sans raison acoustique [12]. Il légitime ainsi, avec le principe de *senario*, ce qui se passe dans la pratique polyphonique de son époque.

La physique newtonienne marque également une révolution épistémologique pour la musique en substituant aux lois du nombre des lois de nature physique [13]. En 1722, Rameau, s'inspirant des travaux de Descartes, propose dans le premier livre de son *Traité de l'Harmonie, Du rapport des raisons et proportions harmoniques* [14], de bâtir

---

11. Boethius, *De institutione musica, op. cit.*, p. 19.

12. « *§ 14 : Avec le nombre 6, on peut expliquer beaucoup de la nature et de l'art.* » (Zarlino, *Istitutioni harmoniche, op. cit.*, 1re partie, p. 83). Outre que six est le double du chiffre trinitaire Zarlino remarque que le chiffre six est contenu dans les douze signes du zodiaque, qu'il y a six planètes (Saturne, Jupiter, Mars Venus, Mercure et la Lune), qu'il y a six qualités pour les éléments, six fonctions naturelles, six directions de mouvement, six arrêtes dans une pyramide à trois faces et six faces dans un cube, six âges dans la vie, et six niveaux d'humanité.

13. Gilles Leothaud écrit : « *Les travaux d'Isaac Newton (1642-1727) sont à l'origine de la seconde révolution acoustique : en démontrant le rôle de l'air et de son élasticité dans la propagation des sons, il donna une nouvelle impulsion à la recherche, et permit à l'acoustique musicale de passer de l'ère de l'arithmétique à celle de la physique. Ce fut une perte de prestige incontestable pour cette discipline, qui servait de fondement à la cosmogonie pythagoricienne, et qui avait partagé au Moyen Age avec l'arithmétique, la géométrie et l'astronomie l'insigne privilège de constituer le quadrivium, de n'être plus désormais qu'une simple branche de la mécanique, elle-même un sous ensemble de la physique. Mais il s'agit en réalité d'un progrès considérable qui transforma l'acoustique en science moderne.* » (Introduction au *cours d'acoustique musicale*, I- acoustique musicale, DMU1D1B, Université Paris IV-Sorbonne, 2004/2005).

14. Jean-Philippe Rameau, *Traité d'harmonie*, Fondation Singer-Polignac, Paris, Méridiens-Klincksieck, 1722, rééd. 1986.

l'harmonie et les rapports de consonance à partir des concepts de basse fondamentale et de rapports harmoniques naturels (il sera conforté dans sa démarche par la publication des *corps sonores* de Sauveur en 1726). Nombre de ses successeurs (Catel, Riemann, Helmholtz, Bitsch, Hindemith) ont ensuite construit leur traité d'harmonie, d'acoustique ou de composition sur des considérations d'imitation de la nature et de lois physiques (acoustiques) et physiologiques (auditives) : « *Notre gamme majeure (…) s'explique en tant qu'élément trouvé par imitation de la nature* » écrit Schönberg[15]. Notre oreille s'est certes accoutumée à des intervalles qui pourraient se situer dans des rangs harmoniques de plus en plus élevés : octave, quarte et quinte dans l'antiquité grecque, tierces et sixtes mineures et majeures au début du XVe siècle (Dunstable), stabilité des septièmes et des neuvièmes avec Debussy. Les justifications « naturalistes » des hauteurs et des consonances ont toutefois négligé les biais culturels qui se sont creusés à travers les âges. L'oreille occidentale s'est peu à peu écartée des intervalles purs pour accepter des intervalles de plus en plus tempérés[16].

Octave /2 e harm.	Quinte /3è harm.	Tierce /5è harm.	Sept.min. /7è harm.	Neuvième /9è harm.	Onzième /11è harm.	Treizième min. /13 harm.
0%	0,113%	-0,787%	-1,785%	+0,226%	-2,773%	+2,369%
0 cents	+2 cents	-14 cents	-32 cents	+4 cents	-48 cents	+40 cents

Figure 66 : *Écart entre les harmoniques justes et les intervalles tempérés (en % et en cents).*

De plus, les intervalles « consonants » sont différents d'une culture à l'autre : les musiques des Iatmul en Papouasie Nouvelle-Guinée ponctuent par exemple chaque élément de phrase par une seconde majeure, intervalle de détente[17]; les intervalles de

15. Schönberg, *Traité d'harmonie, op. cit.*, p. 42.

16. Lorsque l'intervalle de tierce apparaît comme élément harmonique stable à la fin du XIIIe siècle, dans les parallélismes du gymel anglais ou dans le *codex de Montpellier*, puis à la fin du XIVe siècle en position finale d'une phrase, il se manifeste simultanément sous une forme majeure ou mineure, donc sans rapport avec le cinquième harmonique (voir par exemple James Tenney, *A history of "consonance" and "dissonance"*, New York, Excelsior Music Publishing Company, 1988, p. 25; Serge Gut, *La tierce harmonique dans la musique occidentale, origines et évolution*, Paris, Heugel et Cie, 1969, p. 189). D'ailleurs, Philippe de Vitry définit dans son *Ars Nova* les tierces à partir des rapports pythagoriciens (32/27 et 81/64) et non à partir des rapports liés au chiffre cinq (5/4, 6/5) (Philippe de Vitry, *Ars Nova*, American Institute of Musicology, Stuttgart, Hänssler, 1320 traduction 1964, p. 35 et 42).

17. Erich von Hornbostel écrit en 1910 « *Les chants des Iles de l'Amirauté appartiennent au groupe le plus intéressant et le plus inhabituel que l'ethnologie de la musique ait vu. Tous les chants des danses de Baluan (enregistré par le Dr. Thurnwald) ont une structure bipartite. Pour être précis, les lignes sont en intervalles de seconde, et, en général, les finales sont sur cet intervalle : Des harmonies dissonantes sont en conséquence presque exclusivement utilisées, à l'exception de rares unissons et d'intervalles larges très isolés. Alors que toutes les musiques sont à l'origine monophoniques, et que la polyphonie a commencé de se développer assez tardivement, on peut s'attendre à ne trouver que les premiers harmoniques proches de l'unisson : premièrement des octaves, ensuite des quintes et des quartes, enfin des tierces et des sixtes. Ceci paraît être le développement usuel. C'est pourquoi les séquences de secondes des Iles de l'Amirauté présentent un problème nouveau dans les domaines de l'Histoire évolutionniste, de la théorie de la musique, et de la psychologie. Et surtout, c'est une énigme pour l'esthétique générale de la musique. Cette utilisation de seconde n'est pas totalement isolée, dans les deux sens du terme. Elle peut également être trouvée dans les chants populaires d'Istrie et dans des exemples limités et isolés avec les Maku d'Afrique de l'Est et les Wolof de Senegambia. Franchinus Gafurius (Praticae musicae, 1496), raconte que dans la litanie ambrosiane de la mort à Milan, les secondes étaient entendus parmi d'autres intervalles. (…) Pour les Baluan, on ne peut*

seconde majeure [9/8] et de seconde mineure [16/15] sont considérés comme consonants dans la représentation Ptoléméenne, reprise par Al-Farabi[18]. La perception des intervalles est donc une construction culturelle et historique qui décrédibilise le postulat naturaliste d'universalité de la consonance.

Hugo Riemann s'appuie sur l'acoustique et les mathématiques pour fonder sa théorie de la tonalité tout en privilégiant le concept *d'aperception* sur celui de perception, c'est-à-dire une perception « conscientisée » des hauteurs dépassant la simple audition du phénomène acoustique et cherchant, selon le contexte culturel, à entendre un intervalle dans sa décomposition en intonation juste[19]. C'est ce que Vogel, reprenant Leibniz et Kant, appellera le concept riemanien *d'aperception* des hauteurs. Le théoricien Fétis favorise quant à lui une approche plus métaphysique de la dissonance, liée aux notions culturelles de tension/détente et de stabilité tonale[20]. La psychoacoustique expérimentale moderne tente de s'adapter à ces nuances culturelles. Le psychoacousticien Steve McAdams différencie la *dissonance sensorielle*, qui correspond à une réalité du phénomène physique, de la *dissonance cognitive*, qui dépend de nombreux phénomènes psychologiques et culturels[21]. Même si je ne me prétends nullement expert professionnel de ce domaine, et que ces questions ont été beaucoup commentées par la communauté des spécialistes, tentons de comprendre les principaux concepts établis par les scientifiques pour calculer la consonance sur des principes acoustiques ou psychoacoustiques et, de mon point de vue de compositeur, de les nuancer.

La dissonance sensorielle

La *dissonance sensorielle* est liée à la perception de battements entre deux fréquences[22] qui peuvent être le fondamental ou un partiel d'un son. Elle est plus forte lorsque les deux fréquences sont proches[23] ou lorsque l'une des fréquences provoque elle-même, dans le cas de fréquences très graves, des battements. La notion de dissonance sensorielle dans les registres médium et aigu a été mise en évidence par Helmholtz qui la nomme « *rugosité psychoacoustique* »[24]. Elle a été récemment

pourtant conclure à une impression de dureté ou de manque de fusion que ces dissonances ont chez nous. » Propos rapportés par l'ethnomusicologue allemand Richard Thurnwald, en 1910, qui effectua les premiers enregistrements de cette musique, dans « Im Bismarckarchipel und auf den Salomoinseln 1906-1909 », *Zeitschrift für Ethnologie*, 42(1) : 140-1, Berlin, 1910.

18. Al-Farabi in D'erlanger, *La musique Arabe*, *op. cit.*, 1938, t. I, p. 67, et p. 101 pour le ton pythagoricien 9/8.

19. Hugo Riemann, « Ideen zu einer Lehre von den Tonvorstellungen », *Jahrbuch der Musikbibliothek Peters 21/22*, Leipzig 1914/15. 1-26.

20. Carl Dahlhaus, *La tonalité harmonique, étude des origines*, Liège, Pierre Mardaga, 1967, traduit de l'allemand, 1993, p. 10.

21. Steve McAdams – Irene Deliège (dir.), *La musique et les Sciences Cognitives*, Liège, Mardaga, 1988.

22. McAdams, « Audition : physiologie, perception et cognition », *op. cit.*, p. 308.

23. On identifie, dans le cas de deux fréquences supérieures à 500 Hertz, le minimum de « consonance sensorielle » à un intervalle d'environ un demi-ton à un ton. Rudolf Rasch – Reinier Plomp, « the perception of musical tones », *in* Diana Deutsch, *The psychology of Music*, London, Academic Press, 1982, p106, ou Edward Burns, « intervals, scale, tuning », *in* Diana Deutsch, *ibid.*, p. 244.

24. Hermann von Helmholtz, *Théorie physiologique de la musique*, Jacques Gabay, Sceaux, 1868, traduction française 1990, p. 218. Nous nous référerons également parfois à l'original : *Die Lehre von den Tonempfindungen als physiologische Grundlage für die Theorie der Musik*, Hildesheim, Georg Olms

approfondie par des chercheurs comme Plomp et Levelt [25] ou Kameoka et Kuriyagawa [26]. La prise en compte des partiels d'un timbre permet d'expliquer la dissonance sensorielle pour des intervalles plus grands que la tierce.

La dissonance sensorielle de Helmholtz

Dans la deuxième partie de son principal ouvrage, Helmholtz s'intéresse à la consonance des intervalles [27]. Ce chercheur, qui révolutionna l'acoustique en rapprochant la nature mécanique des sons de leur perception, traite ici de la consonance en tant que problème de perception humaine et non d'acoustique. Il modélise dans la pratique une oreille *physiologique* comme combinaison de résonateurs indépendants et en déduit une courbe de consonance fondée sur des constats purement acoustiques et des raisonnements déductifs, courbe qui serait donc universelle. La méthode de Helmholtz a longtemps été discutée, critiquée [28] et réactualisée par les scientifiques. Nous revenons, en tant que compositeur, sur cette étude toujours d'actualité, encore citée et utilisée comme justification naturelle de la tonalité par certains, afin de tenter de dénicher d'éventuelles hypothèses culturelles cachées et inconscientes qui relativiseraient la normativité et l'universalité du modèle, sans en contester sa force opératoire.

Techniquement, la démonstration d'Helmholtz débute par le constat de *dissonance sensorielle* entre deux sons purs légèrement désaccordés l'un par rapport à l'autre qui engendrent des battements acoustiques. Helmholtz mesure cette dissonance sensorielle par le concept de *dureté* :

> La dureté disparaît quand le nombre de battements est égal à zéro, elle atteint son maximum pour 33 battements, et décroît ensuite pour un nombre croissant de battements [29].

Helmholtz calcule ensuite les battements provoqués par chacun des partiels de deux sons harmoniques donnés. Deux sons harmoniques en relation de fausse quinte [200Hz-301Hz] engendreront par exemple deux séries de partiels harmoniques [200, 400, 600, 800, 1000, ...] et [301, 602, 903, 1204...], qui provoquent deux à deux des battements. Pour Helmholtz, leur effet s'additionne selon un *chiffre d'influence* [30] lié à l'enveloppe spectrale du son afin de percevoir une dureté globale de l'intervalle.

Verlagsbuchandllung, 1868 reed. 1968; et à sa traduction en anglais : *On the Sensations of tone*, New York, Dover, 1954.

25. Reinier Plomp - Willem Levelt, « Tonal consonance and critical bandwidth », *Journal of the Acoustical Society of America*, vol. 38, 1965, p. 548-560.

26. Akio Kameoka - Mamora Kuriyagawa, « Consonance theory, part I : Consonance of dyads. » ; « Consonance theory, part II : Consonance of complex tones and its computation method », *Journal of the Acoustical Society of America*, vol. 45, n°6, 1969, p. 1451-1459 et p. 1460-1469.

27. Helmholtz, *Die Lehre von den Tonempfindungen*, *op. cit.*, version allemande p. 253 à 382 et traduction française p. 191 à 305.

28. Francès, *La perception de la musique*, *op. cit.*, p. 364.

29. Helmholtz, *Die Lehre von den Tonempfindungen*, *op. cit.*, trad. fr. 1990, p. 216. Pour Helmholtz, 33 battements correspondent au maximum de dureté (33 Hz serait selon lui la limite entre rythme et fréquence, p. 225).

30. Chez Helmholtz, le chiffre d'influence est plus important pour des partiels bas (par exemple le 3e harmonique du premier son, [600 Hz], engendre des battements avec le 2e harmonique du second son, [602 Hz]).

Il prend pour hypothèse un son harmonique à enveloppe spectrale régulièrement décroissante, qu'il limite dans la pratique à un son harmonique à neuf partiels. Il fixe ensuite la fondamentale du premier son sur do et fait évoluer le second sur deux octaves. Helmholtz calcule finalement, pour différentes positions du second son, les battements engendrées par les partiels de ce son avec ceux du do. Il en déduit *une courbe de consonance*[31], fondée sur la dureté globale.

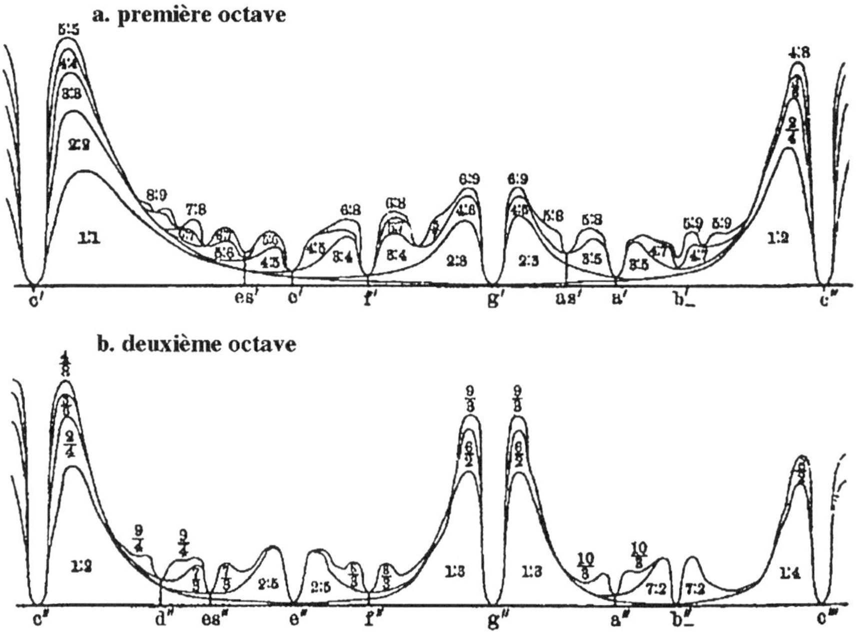

Figure 67 : *Courbe de dissonance de Helmholtz (en ordonnée : la dureté globale de l'intervalle).*

Cette courbe de consonance, obtenue par des déductions purement psychoacoustiques, correspond relativement, a posteriori, aux réalités de la perception tonale : selon la propre typologie d'Helmholtz, l'unisson, l'octave, la douzième et la double octave sont des *consonances absolues*, la quinte et la quarte des *consonances complètes*, les tierces et sixtes majeures des *consonances moyennes*, et les tierces et sixtes mineures des *consonances incomplètes*[32]. Helmholtz reconnaît que cette hiérarchie ne correspond pas totalement à celle établie par Franco de Cologne au XIIe siècle, ni à celle de Philippe de Vitry et Jean de Muris au XIVe siècle, consonances qui n'étaient pas encore « tonales ». Helmholtz constate néanmoins la scientificité de son approche déductive et sa validité a posteriori par rapport aux hiérarchies de consonance établies dans la musique tonale de son époque[33].

Bien que non-acousticien, nous nous permettrons cinq nuances techniques et de méthode qui relativisent fortement, il nous semble, l'universalité de cette courbe de consonance :

31. *Ibid.*, éd. allemande 1975, p. 318, reprise p. 537 ; trad. fr. 1990 p. 247, reprise p. 437.
32. *Ibid.*, éd. allemande. 1975, p. 320.
33. *Ibid.*, p. 322.

i) *Hypothèse explicite sur le son de départ*

Comme le reconnaît Helmholtz lui-même, les calculs ont été réalisés dans le cas d'un son harmonique d'enveloppe spectrale à neuf harmoniques régulièrement décroissante, apparenté à celui d'un violon [34]. Comme nous le verrons, le choix d'un autre son implique une autre courbe de consonance.

ii) *Superposition des courbes de battement*

La forme de la courbe globale de consonance est fortement influencée par la forme de chacune des courbes de battement [35] ainsi que par les chiffres d'influence choisies pour chaque partiel. De plus, les courbes de battement sont, pour Helmholtz, additionnables, c'est-à-dire qu'à une position précise située entre deux unissons de partiels peuvent se superposer deux différents battements [36] et, qu'in fine, la superposition pondérée de ces différents effets dessinerait la forme générale de la courbe (sommets et vallons plus ou moins prononcés). Ceci n'a scientifiquement rien d'évident.

iii) *Choix des points et prolongation de la courbe de battement*

La superposition de courbes n'est possible que parce que Helmholtz, qui part d'un phénomène local (battements dans la proximité [37] d'un unisson), fait l'hypothèse d'une courbe globale continue. Dans les faits, il prolonge différents phénomènes locaux et discontinus de battement d'un trait continu à l'intérieur d'une région de moyenne proximité. Observons par exemple le point [*Mi*] (noté e', tierce majeure). La « vallée » que l'on observe en ce point sur la courbe de consonance de Helmholtz est issue de la juxtaposition de la courbe du battement provoquée par le presque-unisson entre le 4e harmonique de [*Mi*] et le 5e harmonique de [*Do*] (courbe de battement pour [*Mi*], ratio [4/5]) et de la prolongation par continuité jusqu'au mi bécarre de la courbe de battement en mi bémol, issu du presque-unisson du 5e harmonique de [*Mi*] avec le 6e harmonique de [*Do*]. Or cette dernière courbe s'interrompt comme par coïncidence à l'unisson des battements sur mi bécarre, permettant ce creux, et donc une consonance forte de la tierce majeure [5/4], supérieure à celle de la tierce mineure [5/6] dont la « vallée » s'ajoute au prolongement de la courbe de battement de [*Mi*] :

34. Calcul des intensités des battements de l'annexe XV, 1975, p. 651 (version allemande).

35. Plomp et Levelt ont montré que la forme et le maximum de la courbe de battement *perçue* étaient en particulier dépendants de la fréquence des deux sons purs.

36. A la position mi bémol, par exemple, sont additionnés les restes du battement issu du presque-unisson des deux fondamentales sur *do*, la courbe de battement entre les deux seconds partiels des deux fondamentales sur *do*, celle du battement entre le 5e partiel de *do* et le 4e partiel de mi, celle du battement entre le 5e partiel de mi bémol et le 6e partiel de *do*, et l'amenuisement de celle des battements entre la 7e harmonique de *do* et le 6e harmonique d'un mi bémol. *Cf.* figure 68.

37. Ce qu'on nomme, en topologie mathématique, *adhérence d'un point*.

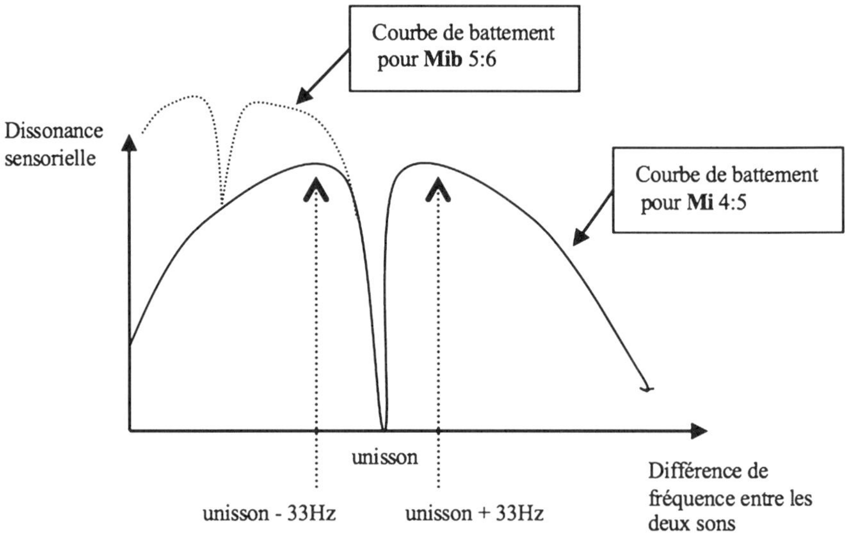

Figure 68 : *Superposition, prolongation, et interruption des courbes de battement.*

Plus généralement, cette pratique de prolonger un phénomène local par une courbe continue est certes classique en physique, mais n'est valable mathématiquement que si le phénomène étudié, ici des battements, est bidimensionnel (fonction à une variable) et de nature continue. Or, que signifie un battement ? En modélisant ce phénomène par une courbe continue de forme simple (ici nulle à l'unisson, puis croissante pour atteindre son maximum autour de 33Hz, puis décroissante), Helmholtz schématise un phénomène complexe qui concerne, dans la réalité, différentes dimensions psychoacoustiques de perception du son : le sentiment perceptif que deux sons fusionnent subitement en un seul (phénomène discontinu), l'apparition psycho-acoustique d'un battement d'amplitude ou de phase sur ce son (phénomène discontinu, parfois à d'autres paliers de sensation que celle de fusion) et une légère élévation de sa fréquence[38]. La sensation de battements traduit donc un

38. Les battements sont des phénomènes mathématiquement complexes :

Soit un son sinusoïdal pur $A.\sin(\varpi t + \phi)$ d'amplitude A, de fréquence ϖ et de phase ϕ. Deux sons sinusoïdaux purs de fréquence proche susceptibles de provoquer des battements créent un signal d'équation : $\lfloor A.\sin(\varpi t+\phi)+A.\sin((\varpi t+\Delta\varpi)t+\phi)\rfloor = 2.A.\cos\lfloor(\Delta\varpi/2)t\rfloor.\sin\lfloor(\varpi+(\Delta\varpi/2))t\rfloor$. Lorsque $\Delta\varpi$ est petit, le signal obtenu est équivalent à un son sinusoïdal unique de fréquence quasiment identique mais un peu fausse $(\varpi + (\Delta\varpi/2))$, et d'amplitude deux fois plus grande (2.A), signal qui vibre très lentement en amplitude du fait du terme en cosinus ($2.A.\cos\lfloor(\Delta\varpi/2)t\rfloor$) Lorsque $\Delta\varpi$ devient plus grand (partie décroissante de la courbe d'Helmholtz après son maximum), la modulation d'amplitude (terme $2.A.\cos\lfloor(\Delta\varpi/2)t\rfloor$) et la sensation de « désaccord » (terme $2.A.\sin\lfloor(\varpi + (\Delta\varpi/2))t\rfloor$) deviennent plus perceptibles, à une fréquence similaire. A ces deux phénomènes s'ajoutent d'autres phénomènes perceptifs discontinus comme la sensation de séparation des deux sons. La perception de « battements » est donc liée à la fois à une impression de fréquence « fausse », à une perception de modulation d'amplitude et à une sensation de fusion/séparation de deux sons. Elle est donc assez chaotique et dépend de plusieurs phénomènes psychoacoustiques indépendants.

phénomène perceptif qui résume une somme discontinue et chaotique de phénomènes acoustiques, qu'une courbe n'appréhende que symboliquement.

iv) *Discontinuité « presque-partout » d'une courbe de battements*

Le phénomène de battements est lié à ce qui se passe dans la proximité d'un point. Or, du fait qu'à tout nombre réel on peut associer une fraction rationnelle aussi proche que l'on veut[39], les phénomènes de battements interviennent en tout point ou dans leur adhérence, et non en quelques points isolés et particuliers (*mib*, *mi*). Certes, les *chiffres d'influence* ne sont pas les mêmes selon l'amplitude du partiel[40], mais un point de battement avec des partiels aux chiffres d'influence faibles peut avoir plus d'impact qu'un point de battement avec des partiels de chiffres d'influence forts si on se trouve au maximum de leur courbe de battement. A chaque point de la courbe globale peut ainsi surgir une multitude de phénomènes de battement provoqués par d'autres points à proximité[41]. Mathématiquement, la courbe globale de consonance est dite *discontinue en tout point*, propriété singulière mais classique en topologie. On verra ci-après que les indices d'Hellegourch et d'Euler, qui ne considèrent que l'écriture des ratios de chaque intervalle sans les approximer en nombre décimal, reprennent d'une certaine façon le principe de dissonance sensorielle d'Helmholtz sans chercher à généraliser le phénomène de battement aux points environnants ni à dessiner des courbes réductrices.

v) *Pourquoi la courbe d'Helmholtz est-elle presque « tonale » ?*

Même si, dans les pages précédant et suivant sa courbe de dissonance, Helmholtz exprime souvent les différents intervalles par des ratio zarliniens[42], ratios qui fondent théoriquement les hiérarchies de consonance de la musique tonale, et qu'il compare en conclusion[43] sa courbe avec les consonances tonales, son raisonnement n'est a priori induit que par des considérations acoustiques et anhistoriques liées à la perception des battements pour un son harmonique à neuf partiels. Cette courbe n'a donc aucun présupposé tonal, malgré son résultat, d'où sa prétention universaliste.

39. Mathématiquement, l'ensemble des rationnels est *dense* dans celui des réels.

40. Helmholtz ne calcule sa courbe que pour les neuf premiers partiels, faisant l'hypothèse qu'ensuite, les maxima des courbes de battement avec des partiels de rang plus élevés restent négligeables.

41. Par exemple, un intervalle [do-$fa_{1/4\ \text{bémol}}$] tempéré, donc irrationnel, de première approximation 1,29683955, peut aussi s'approximer par le ratio 341/263. Ce dernier ratio engendre un phénomène de battement entre la 263e harmonique du *do* et la 31e harmonique du *Fa dièse* (11e harmonique). Dans la proximité de cette position, on trouve également le prolongement de la courbe de battement de l'intervalle 1,3=13/10, c'est-à-dire entre la 13e harmonique de *do* et l'octave de la 5e harmonique du $fa_{1/4\ \text{bémol}}$. Dans cette zone apparaît également la fin de la courbe de battement de la quarte zarlinienne 4/3=1,3333. La courbe de battement globale sera donc influencée dans cette zone par la forme de ces trois courbes. La « courbe » d'Helmholtz, outre les hypothèses acoustiques qui la sous-tendent (son harmonique à enveloppe spectrale décroissante), est donc une généralisation par continuité de différentes sensations de discontinuité en tout point, que l'on réduit à quelques points, alors qu'il faudrait peut-être considérer le phénomène de battement pour toute position, au seul point de battement et dans son adhérence très proche.

42. *Ibid.*, ed. all. 1975, p. 306, 312, 316, …

43. *Ibid.*, p. 320.

Cependant, la raison d'une telle proximité existe et est subtile : le choix arbitraire d'un son harmonique à neuf partiels et d'influence décroissante se révèle, dans les faits, optimal pour que la courbe de consonance obtenue soit la plus proche des conventions de la musique tonale. Nous avons recalculé dans la figure ci-dessous, pour des sons possédant un autre nombre d'harmoniques, les différents unissons de partiels dans la première octave. Ainsi, pour un son à trois partiels, il y a trois battements possibles : à l'unisson, à l'octave et lorsque le troisième partiel du second son rencontre l'octave du premier [3/2]. Pour un son à cinq partiels, on obtient six positions de rencontre. Pour un son à sept partiels dix positions, etc[44]. Nous avons aussi comparé les positions des battements obtenus avec une échelle zarlinienne classique[45], sans tenir compte des intervalles considérés comme « dissonants » (demi-ton et triton). Les deux dernières lignes du tableau montrent la proportion de positions « recouvrant » l'échelle zarlinienne et, inversement, le nombre de positions de battements de natures zarliniennes. Un calcul de battements pour *un son harmonique de neuf partiels* se révèle optimal, car la liste des points de battement qui en découlent contient la totalité de la gamme zarlinienne et simultanément, dont la plupart des positions sont de type zarlinien (une majorité de positions – 66% – est zarlinienne pour un son à neuf partiels, alors qu'une minorité de positions – 45% – est zarlinienne pour un son à onze partiels)[46].

Un son à neuf partiels est donc optimal pour obtenir une courbe de consonance quasiment tonale. Helmholtz nuance d'ailleurs ses conclusions dans la troisième partie de son ouvrage[47] en essayant de placer sur sa courbe les intervalles d'autres échelles, comme les tierces mineures pythagoriciennes, qui se dévoilent d'ailleurs assez dissonantes dans son modèle.

44. On notera la similarité du tableau avec la suite de Farey (plus exactement, avec la [(suite de Farey)+1]). La suite n'est cependant pas complète. Il manque en effet certains éléments, notamment dans le bas du tableau.

45. [*Ut*=1, *Ré*=9/8, *Mi* bémol=6/5, *Mi*=5/4, Fa=4/3, *Sol*=3/2, *La* bémol=8/5, *La*= 5/3, *Si* bémol=9/5].

46. En analysant plus en détail les résultats, on s'aperçoit que les battements de type non zarlinien pour un timbre à neuf partiels sont d'écriture fractionnelle élevée (avec des 7) et donc de pondération faible (8/7, 7/6, 9/7, 7/5, 7/4), c'est-à-dire qu'ils interviennent peu sur la courbe de battement résultante : leur « chiffre d'influence » est faible. Or Helmholtz prend l'hypothèse d'un son où les cinq premiers harmoniques, qui fondent le principe zarlinien, ont des pondérations fortes et les harmoniques supérieures une pondération plus faible. Notons qu'une courbe avec un son de sept harmoniques recouvre assez bien les principes tonals issus de l'échelle zarlinienne. Paradoxalement, alors que l'échelle de Zarlino est basée sur la tierce juste, donc *a posteriori* sur la considération des cinq premiers partiels, et non du 7e, considérer un son à cinq harmoniques n'aurait pas été un bon candidat.

47. *Ibid.*, trad. fr., 1990, p. 247.

3 harm.	*5 harm.*	*7 harm.*	***9 harm.***	*11 harm.*	*13 harm.*	*15 harm.*	*(pour mémoire : éléments communs à la gamme chromatique de Zarlino)*
1	1	1	1	1	1	1	Ut
						15/14	
						14/13	
					13/12	13/12	
					12/11	12/11	
				11/10	11/10	11/10	
				10/9	10/9	10/9	
			9/8	9/8	9/8	9/8	Ré
			8/7	8/7	8/7	8/7	
						15/13	
		7/6	7/6	7/6	7/6	7/6	
					13/11	13/11	
		6/5	6/5	6/5	6/5	6/5	Mib
				11/9	11/9	11/9	
	5/4	5/4	5/4	5/4	5/4	5/4	Mi
						14/11	
			9/7	9/7	9/7	9/7	
					13/10	13/10	
	4/3	4/3	4/3	4/3	4/3	4/3	Fa
						15/11	
				11/8	11/8	11/8	
		7/5	7/5	7/5	7/5	7/5	
				10/7	10/7	10/7	
					13/9	13/9	
3/2	3/2	3/2	3/2	3/2	3/2	3/2	Sol
						14/9	
				11/7	11/7	11/7	
			8/5	8/5	8/5	8/5	Lab
					13/8	13/8	
	5/3	5/3	5/3	5/3	5/3	5/3	La
					12/7	12/7	
		7/4	7/4	7/4	7/4	7/4	
			9/5	9/5	9/5	9/5	Sib
				11/6	11/6	11/6	
					13/7	13/7	
						15/8	Si
2	2	2	2	2	2	2	Do
22%	*55%*	*86%*	***100%***	*100%*	*100%*	*100%*	*Zarliniens présents*
100%	*100%*	*80%*	***66%***	*45%*	*27%*	*27%*	*Fractions de type zarlinien*

Figure 69 : *Coïncidences de partiels selon le rang harmonique atteint, et comparaison avec l'échelle de Zarlino : un son harmonique à neuf partiels se révèle optimal.*

Généralisations, extensions et critiques des travaux d'Helmholtz

A partir du milieu des années 60, plusieurs psychoacousticiens, dont Plomp – Levelt [48], Kameoka – Kuriyagawa [49] ou Hutchinson – Knoppoff [50], ont repris expérimentalement les concepts d'Helmholtz en affinant certaines hypothèses, comme la

48. Plomp – Levelt, « Tonal consonance and critical bandwidth », *op. cit.* Chez Plomp et Levelt, la courbe de battement n'a par exemple plus un maximum fixe à 33 Hz mais dépend de la fréquence de la fondamentale.

49. Kameoka – Kuriyagawa, « Consonance theory, part I : Consonance of dyads. », *op. cit.*

50. William Hutchinson – Leon Knopoff, « The acoustical component of western consonance », *Interface*, vol. 7, 1978, p. 1-29.

forme de la courbe de dureté ou le chiffre d'influence[51]. William Sethares[52] a généralisé la courbe d'Helmholtz à d'autres spectres moins harmoniques (flûte de Pan, spectre octophonique de Pierce, spectres contractés, cloches virtuelles, etc.), relativisant selon les timbres les conclusions d'Helmholtz. Dans une approche similaire à celle d'Helmholtz et de Plomp – Levelt, Jean-Marc Chouvel propose une théorie de la *concordance harmonique* fondée sur l'énergie et la concordance résultant de la fusion de deux partiels (phénomène de « couplage »)[53].

Ces différentes nuances de la dissonance sensorielle ne tempèrent cependant pas nos principales objections : le phénomène de battement cache de multiples réalités acoustiques[54] qu'il est difficile de réduire à une courbe de dureté bidimensionnelle ; la nature du timbre et de son spectre interviennent dans les différents phénomènes provoquant le battement ; il n'y a aucune raison que les différentes courbes locales soient additionnables ; il est contestable, même si scientifiquement tentant, d'assimiler dureté et dissonance sensorielle et de considérer la dissonance sensorielle comme un indice de dissonance (le choix du terme de dissonance sensorielle, par lui-même « non-correspondant » et « non-motivé », encourage les glissements sémantiques) ; le fait que ces différents modèles soient éventuellement testés par sondage et ainsi validés ne prouvent aucune universalité mais seulement la proximité des sondés avec la culture du sondeur (*paradoxe de Duhem*) ; enfin, le fait d'isoler une cause du phénomène multicausal de consonance et d'en généraliser par déduction un modèle reste une virtuosité scientifique. D'autres causes sont également ignorées, en particulier les constructions culturelles. Seule une vision globale, sans séparation des diverses causalités, pourrait appréhender il me semble la consonance musicale.

La dissonance spectrale

Plutôt que de considérer les battements entre les partiels de deux sons, à la suite des travaux de Carl Stumpf (1848-1936) et concomitamment à l'intérêt croissant pour la spectralité en composition (Grisey, Murail, Tenney, Radulescu, Lucier), certains psychoacousticiens ont proposé une autre approche de la consonance, plus conforme

51. Voir également : Keith Mashinter, « Calculating sensory dissonance : Some discrepancies arising from the models of Kameoka – Kuriyagawa, and Hutchinson – Knopoff », *Empirical Musicology Review*, vol. 1, n°2, 2006, p. 65-84.

52. William Sethares, *Tuning, timbre, spectrum, scalee*, Londres, Springer, 1998, p. 97 à 111.

53. Jean-Marc Chouvel, *Esquisses pour une pensée musicale, les Métamorphoses d'Orphée*, Paris, L'Harmattan, 1988, p. 125 à 175.

54. Dans son article « Commentary on Keith Mashinter's "Calculating Sensory Dissonance : Some Discrepancies Arising from the Models of Kameoka – Kuriyagawa, and Hutchinson – Knopoff" », *Empirical Musicology Review*, vol. 1, n°4, 2006, p. 202, le psychoacousticien Richard Parncutt critique le fait que les modèles prolongeant Helmholtz (Plomp – Levelt,) ne différencient pas dureté (*roughness*) et dissonance sensorielle, alors qu'ils ne travaillent que sur un concept de dureté fondée sur la rapidité des battements. Il ajoute : « *If sensory dissonance is the sensory component of musical dissonance, it depends on several factors. According to Terhardt (...), these include not only roughness but also sharpness, loudness, and toneness (Klanghaftigkeit, or the extent to which a sound evokes sensations of tone rather than noise).* Further possible reasons why the cited models fail are (...) : * *They are confined to the frequency domain (...)* * *The result depends on the formula for critical bandwidth, or the dependency of the roughness of two pure tones on their frequency interval (...)* * *The models do not account for the possible role of critical bands in the summation of different contributions to overall loudness (...)* * *If one is working in the frequency domain, it is not necessarily true that roughness contributions add linearly* ».

à une pensée de l'agrégat que de l'intervalle : un accord est consonant s'il s'insère à l'intérieur d'un spectre harmonique. Cette démarche, qui évacue elle aussi les facteurs culturels et considère une équivalence entre consonance et harmonicité, est appelée *consonance cognitive spectrale*[55], bien que l'adjectif « cognitif » nous semble contestable. Dans la pratique, la *dissonance spectrale* calcule une distance entre un agrégat sonore et le spectre harmonique le plus proche, en tentant de « caler » le maximum de composantes de cet agrégat à l'intérieur d'un spectre harmonique et d'en chercher sa fondamentale virtuelle[56], également appelée par Pierre Schaeffer *fondamentale résiduelle*[57]. On évalue alors la dissonance cognitive spectrale en considérant que plus la fondamentale virtuelle de l'agrégat est basse, plus celui-ci est inharmonique.

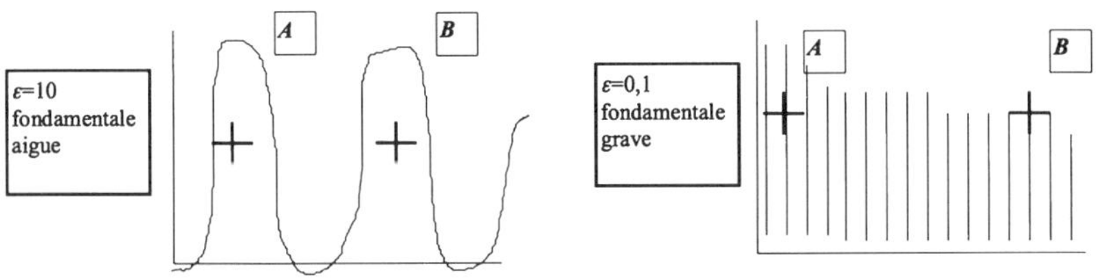

Figure 70 : *Lien entre la détermination de la fondamentale résiduelle et la valeur d'ε.*

Cet indice présente, semble-t-il, deux contradictions :

1. *Sensibilité aux paramètres internes*

L'algorithme d'Euclide que ce modèle utilise demande à fixer un intervalle de tolérance ε arbitraire. Or son choix influe sur le calcul de la fréquence fondamentale résiduelle[58]. La figure 71-2a ci-dessous présente la fondamentale virtuelle d'un accord. En modifiant légèrement l'indice ε, par exemple de 24 à 25 sur une échelle [1-99], celle-ci baisse d'un intervalle de neuvième environ.

2. *Contradiction avec certaines conventions culturelles*

La méthode de détermination de la dissonance cognitive spectrale se heurte également à plusieurs habitudes culturelles de l'oreille occidentale : un agrégat et son renversement ont deux fondamentales virtuelles distantes d'au moins une octave

55. Ernst Terhardt, « Pitch, consonance, and harmony », *Journal of Acoustical Society of America*, vol. 55, n°5, May 1974, p. 1061-1069.

56. Dans la pratique, on détermine la fondamentale résiduelle en calculant le Plus Grand Commun Diviseur (P.G.C.D.) des fréquences de l'agrégat, que l'on obtient par l'algorithme d'Euclide.

57. Schaeffer, *Traité des objets musicaux*, *op. cit.*, 1966, p. 181.

58. Cet ε correspond en fait à la marge d'acception que l'on se donne lorsqu'on cherche à « caler » l'agrégat avec les harmoniques d'un spectre (épaisseurs des « tiges du peigne » représentant le spectre). Si ε est faible (figure de droite), les bandes du « peigne spectral » sont très étroites et seules quelques fréquences rigoureusement multiples entre elles « entrent » dans ce spectre, sauf dans le haut du spectre (les harmoniques sont plus serrés). Pour un agrégat assez inharmonique, l'algorithme détermine alors une fréquence résiduelle extrêmement grave, afin de « caler » le maximum de fréquences de l'agrégat sur ce « peigne harmonique ». Au contraire, si ε est élevé (figure de gauche), les lames du « peigne spectral » sont beaucoup plus larges et deux fréquences quelconques A et B se calent plus facilement à l'intérieur de deux bandes, même dans le bas du spectre, c'est-à-dire pour une fondamentale résiduelle aiguë. Mais dans ce cas, la multiplicité des deux fréquences avec la fondamentale résiduelle est approximative.

(donc d'indice de consonance différent (fig. 2b); une résolution cadentielle V-I *accroît* la dissonance spectrale (fig. 2c).

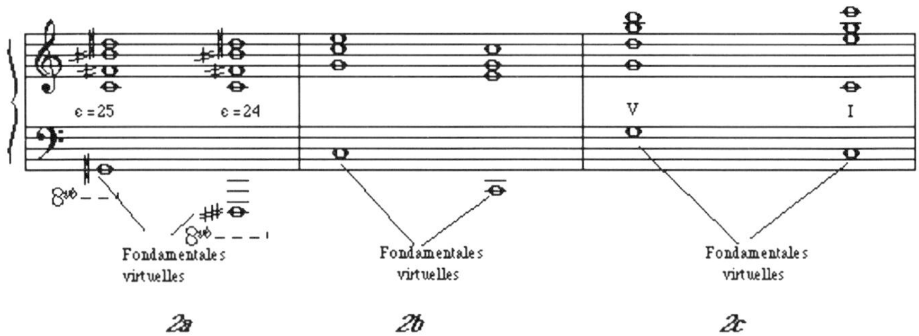

Figure 71 : *Détermination de la fondamentale virtuelle.*

D'autres mécanismes cognitifs d'ordre culturel ne sont pas pris en compte par cette méthode : la tierce mineure est relativement dissonante; des conceptions moins verticales de l'harmonie tels que les accords sur pédale, les accords altérés ou les retards harmoniques échappent à cette conception de la consonance basée sur la fusion spectrale.

Nous avons tenté de relativiser certains modèles universalistes de consonance, notamment ceux construits sur des concepts psycho-acoustiques tels que la dissonance sensorielle ou la fusion spectrale, et ceux justifiés par des sondages. S'ils ont des objectifs définis, ces modèles opèrent souvent par glissement de sens quant à leur objet d'étude : la *dureté* devient une *consonance sensorielle* puis une *consonance musicale*[59]. Ils conservent certes leur valeur et la prétention d'un raisonnement déductif rigoureux, mais renvoient chacun à des modèles de consonance liés à des paradigmes plus larges, propres à une époque : physique des battements et de la mécanique des fluides de la fin du XIXe siècle, paradigme de la synthèse additive spectrale des années 70. Or, si on considère que l'écoute d'un agrégat renvoie à une représentation mentale de schèmes cognitifs virtuels, assimilés culturellement, intuitivement ou physiologiquement par l'auditeur, la dimension du contexte de l'écoute comme de la culture de l'auditeur ne peuvent être délaissés[60]. Un même objet paraîtra plus ou moins consonant selon ce qui le précède ou le suit, la conduite des voix, le timbre, l'heure d'écoute, le confort du siège, ou la concentration du voisin.

Epistémologiquement, cette position relativiste considère les différents modèles positifs de consonance et de calcul des intervalles comme des *représentations formelles d'une convention culturelle.* Toute argumentation universaliste, acoustique

59. Dans leur article « Individual differences reveal the basis of consonance », *Current Biology 20*, June 8, 2010, p. 1035-1041, les chercheurs Josh McDermott, Adriana Lehr et Andrew Oxenham testent par sondage des intervalles présentés sans contexte, en demandant aux auditeurs s'ils sont « plaisants », termes qu'ils identifient immédiatement à la consonance. Un plaisir reste-t-il plaisant quel que soit son contexte, et peut-il être testé comme échantillon de laboratoire ? Science sans conscience n'est que ruine de l'âme.

60. Les travaux psychoacoustiques traitant de la dissonance spectrale cognitive comme de la dissonance sensorielle gardent d'ailleurs cette approche de la confrontation d'une réalité à une notion mentale, même si les schèmes mentaux sont réduits à des mécanismes acoustiques hors contexte. L'apport du mot « cognitif » n'y résout rien…

ou mathématique n'est qu'une légitimation et une scientifisation a posteriori de ce modèle. La réelle justification est la proximité du modèle avec la convention culturelle qu'il tente de formaliser, c'est-à-dire sa consonance avec la perception des auditeurs de son époque. Le système zarlinien s'est par exemple imposé et justifié parce qu'il représentait mieux que le système pythagoricien, à partir du XVe siècle, l'intégration culturelle de la tierce majeure dans les relations de consonance (musique polyphonique de la Renaissance). Le fait qu'il se fonde sur les six premiers entiers (*senario*) ou a posteriori sur une tierce « juste » ne le rend pas plus universel. L'apparition du système tempéré, pourtant issu d'aucun constat acoustique, s'est imposé comme plus consonant[61] dans la culture occidentale, parce qu'il favorisait, plus que le système de Zarlino, le principe de transposition dans tous les tons. Cette position relativiste est aussi celle qui nous permet de défendre la propriété *d'apriorisme inductif* de Cairnes, un modèle étant a posteriori justifié par sa consonance avec la culture qu'il formalise (ou par l'intérêt de l'œuvre qu'il engendre, dans le cas de modèles prospectifs).

Une approche conceptualisée mais relativiste de la consonance

Un modèle formel d'aperception culturelle des intervalles de hauteurs

Il semble possible de construire des indices formalisés de dissonance cognitive intégrant plus de facteurs culturels, même si l'approche reste réductrice. Certes, aucune démarche positive ne peut appréhender les notions complexes de tension / détente, de stabilité harmonique, de consonance mélodique ou d'autres concepts discursifs. L'indice mathématique qui suit n'est donc qu'un paradoxe et un essai primitif de formalisation tentant d'établir qu'une approche scientifique peut aussi s'interroger sur la notion de culture, sans la cerner évidemment totalement.

La construction d'une échelle en fractions rationnelles comme principe d'aperception culturelle d'un intervalle

Les mathématiques sont un langage de représentations formelles qui permettent des raisonnements déductifs et réfutables sur ces mêmes représentations, mais qui nécessitent des réductions pour les construire. Nous nous intéresserons ici à l'expression d'un intervalle de fréquences en fraction rationnelle et non en nombre. La représentation sous forme de ratio contient en effet certaines informations sur la façon dont une culture considère aperceptivement l'intervalle. Les différentes échelles non tempérées (zarliniennes, pythagoriennes, d'Euler, Srutis indiens, échelles arabes) ont un principe commun : elles décomposent un intervalle en une combinaison d'intervalles simples et connus, intégrés par la culture (combinaison de tierce juste, quinte juste, octave juste, etc.). Dans le cas où les échelles ne sont pas purement théoriques mais intégrées par la culture, par exemple par les luthiers et dans les systèmes d'accordage, nous considérerons l'écriture de l'intervalle sous forme de fraction

61. Aujourd'hui, pour beaucoup d'auditeurs, un intervalle de septième juste (au sens du septième partiel acoustique) sonne plus « faux » que celui de septième mineure.

comme un signe[62] reflétant *l'aperception culturelle d'un intervalle*, ce que nous nommerons, comme au chapitre précédent, *chemin d'aperception.*

Plus précisément, nous supposerons, à la suite de Carl Stumpf, que les auditeurs entendent sans difficulté les intervalles constituant les premiers partiels d'un spectre harmonique : octave, quinte juste, quarte juste, tierce majeure juste, septième juste. L'auditeur décompose ensuite inconsciemment un intervalle plus complexe comme combinaison de ces intervalles simples : combinaison de quintes abaissées de plusieurs octaves, etc. L'expression d'un intervalle en fraction rationnelle exprime cette construction : l'intervalle [*do-mi*] sera, pour un auditeur « pythagoricien » un empilement de cinq quintes (tierce majeure pythagoricienne $81/64=3^4/2^6$), ou au contraire une tierce juste (5/4) pour l'auditeur de culture « zarlinienne ».

Figure 72 : *Principe d'aperception d'une tierce majeure par un auditeur « pythagoricien » (tierce =81/64 = $[(3/2)^4/2^2]$) et par un auditeur « zarlinien » (tierce=[5/4] =$[5/2^2]$).*

Le tableau ci-dessous présente les différentes descriptions traditionnelles des intervalles de la gamme chromatique occidentale selon quatre échelles à intervalles "justes"[63] : l'échelle spectrale[64], l'échelle pythagoricienne[65], l'échelle

62. Note mathématique annexe : L'idée mathématique de la démarche consiste à plonger la gamme dans un sous-groupe G multiplicatif des rationnels Q+*. En effet, tout sous groupe de Q+* de rang supérieur à 1 est dense dans Q+*, donc dans R+*. Dém : Si G est de rang supérieur à 1, il existe deux éléments r et s de G multiplicativement indépendants. Donc ln(r) et ln(s) sont linéairement indépendants dans Q. Or le théorème de Kronecker-Hardy affirme que l'ensemble des nombres de la forme m.ln(r)+n.ln(s) pour (m, n) de Z2 est dense dans R. Donc <r, s>=(rm.sn; (m, n) de Z2) est dense dans R+*. (c.q.f.d.).

63. Plus généralement, on appelle *genre d'Euler* le principe d'exprimer tout intervalle selon des fractions décomposables en un nombre fini de nombres premiers. Voir Jean Lattard, *Gammes et tempéraments musicaux*, Paris, Masson, 1988, p. 33.

64. Dans l'échelle *spectrale*, chaque note est considérée comme une harmonique du fondamental (ici *do*), désoctaviée plusieurs fois. *Fa* est par exemple défini comme la 21e harmonique de *do* abaissée de quatre octaves (*fa*= $21/2^4$). Sur le plan perceptif, un auditeur de type « spectral » aperçoit tout intervalle comme l'harmonique exacte d'un fondamental abaissée de plusieurs octaves.

65. L'échelle *pythagoricienne*, qu'il faudrait plus exactement appeler *philolaossienne*, interprète les intervalles à un degré cognitif plus élevé que l'échelle *spectrale* : l'auditeur pythagoricien reconstitue un

zarlinienne[66], l'échelle des septièmes[67], ainsi que la gamme tempérée, représentant cinq comportements culturels d'aperception des hauteurs[68].

	unisson	**2 nd mineure**		**2nd Maj**	**3ce min.**	**3ce maj.**	**quarte**
Echelle de Pythagore	1	(1° augm.) $3^7/2^{11}$	(2 nd min.) $2^8/3^5$	$3^2/2^3$	$2^5/3^3$	$3^4/2^6$	$2^2/3$
Echelle de Zarlino	1	(1/4ton) $5^2/3.2^3$	(3/4ton) $3^3/5^2$	$3^2/2^3$	2.3/5	$5/2^2$	$2^2/3$
Echelle des septièmes	1	(1°augm.) 3.5/2.7	(2 nd min.) $3^3/5^2$	$2^3/7$	2.3/5	$5/2^2$	$2^2/3$
Echelle « spectrale »	1	$17/2^4$		$9/2^3$	$19/2^4$	$5/2^2$	$21/2^4$
Tempérament égal	1,000	1,059		1,1225	1,1892	1,2600	1,3348

	Quarte augm.		**Quinte**	**6 te min.**	**6 te maj.**	**7 e min.**	**7 e maj.**	**8 ve**
Echelle de Pythagore	(4te augm.) $3^6/2^9$		3/2	$2^7/3^4$	$3^3/2^4$	$2^4/3^2$	$3^5/2^7$	2
Echelle de Zarlino	(4te+1/4ton) $5^2/2.3^2$	(5e dim.) $5.3^2/2^5$	3/2	$2^3/5$	5/3	$3^2/5$	$3.5/2^3$	2
Echelle des septièmes	(5te dim.) 7/5		3/2	$2^3/5$	5/3	(7 te juste) $7/2^2$	$3.5/2^3$	2
Echelle « spectrale »	(4te+1/4ton) $11/2^3$	(5e-1/4ton) $23/2^4$	3/2	(5e+1/4ton) $25/2^4$	(6e-3/4ton) $13/2^3$	(7e juste) $7/2^2$	$15/2^3$	2
Temp. égal	1,4142		1,498	1,5874	1,6818	1,7818	1,8877	2,00

Tableau 7 : *Valeur relative des intervalles*[69] *dans les échelles de Pythagore, Zarlino, des septièmes, spectrales, et à tempérament égal.*

intervalle quelconque par des combinaisons de quintes et d'octaves justes. Ainsi, le chemin d'aperception de l'intervalle [*do*/*la*] est tel que *la* est perçu comme le résultat de trois successions de quinte de *do* (numérateur : 3^3), désoctavié quatre fois pour rester dans la même octave ($3^3/2^4$).

66. Avec *L'échelle de Zarlino*, un auditeur idéal de type « zarlinien » assimile, tout comme l'auditeur idéal de type « pythagoricien », les octaves justes (x2) et les quintes justes (x3), mais aussi les tierces justes (x5). Par exemple, l'intervalle [*do*/*la*] zarlinien (=5/3) correspond à la tierce abaissée d'une quinte (5/4x4/3=5/3), que l'on peut aussi apercevoir comme la tierce de la quarte (4/3 x 5/4=5/3).

67. L'échelle des « *septièmes* » ajoute les septièmes justes (x7) aux autres intervalles acceptés dans les mécanismes d'aperception des échelles précédentes.

68. Notons que, mathématiquement, aussi complexe puisse être un système pythagoricien, l'écriture de chacun des degrés sera toujours sous forme de fractions composées exclusivement de puissances de 3 et de 2. En d'autres termes, une oreille culturelle de type « pythagoricienne » apercevra toujours un intervalle comme combinaison de quartes, de quintes et d'octaves. Il en est de même pour tout intervalle zarlinien, qui sera toujours exprimé par des puissances de 2, 3 et 5, des échelles des septièmes, et plus généralement par tout genre d'Euler. Mathématiquement, un système d'échelle qui est construit sur un nombre fini de nombres premiers définit *un sous-groupe propre du groupe des rationnels, dense dans l'espace des réels.*

69. D'après Lattard, *Gammes et tempéraments musicaux, op. cit.*, 1988. Pour plus de commodité de lecture, les noms des intervalles sont approximés au quart de ton, mais cette approximation n'intervient pas dans les calculs. Le tableau présente des échelles à douze degrés mais cette méthode de calcul peut s'appliquer à d'autres divisions de l'échelle. Dans son étude, Yves Hellegouarch présente par exemple une gamme pythagoricienne à quarante et un degrés (Yves Hellegouarch, « Gammes naturelles », in *Musique et Mathématiques*, Revue de l'Association des Professeurs de Mathématiques de l'Enseignement Public, n°53, 1983).

Ces descriptions formalisées de l'aperception cognitive d'un intervalle permettent de différencier la réception culturelle d'intervalles relativement similaires acoustiquement, exprimés en cents, mais d'écriture différente lorsqu'ils sont exprimés en fraction de puissances de nombres premiers. Ces représentations induisent des chemins d'aperception propres à chaque culture : un auditeur idéal « zarlinien » aperçoit une tierce majeure comme le cinquième harmonique abaissé de quatre octaves alors que l'auditeur idéal « pythagoricien » aperçoit le même intervalle comme la quadruple quinte juste abaissée de deux octaves. Le chemin d'aperception de la tierce majeure parcouru cognitivement par l'auditeur « pythagoricien » est donc « plus long » que celui parcouru par l'auditeur « zarlinien », ce qui reste conforme à la perception historique d'une tierce. En définissant la complexité d'aperception d'un intervalle comme la longueur de ce chemin d'aperception, l'aperception d'une tierce majeure par un auditeur idéal « zarlinien » est en conséquence moins *complexe*, moins « dissonante », que celle d'un auditeur idéal « pythagoricien ». Ainsi, pour cet indice, comme pour la complexité de Kolmogorov-Chaitin, ce n'est pas l'objet physique mais sa représentation mentale qui crée la complexité aperceptive.

La longueur du chemin d'aperception comme indice de complexité aperceptive d'un intervalle

Il existe ensuite, dans la pratique, de nombreuses méthodes pour calculer la longueur du chemin d'aperception. Nous en évoquerons trois : l'indice d'Hellegouarch[70], celui d'Euler et celui de Tenney, même si les résultats sont similaires.

70. Selon le mathématicien français Yves Hellegouarch (*ibid.*, 1983), la distance harmonique $d(f_1, f_2)$ entre deux fréquences f_1 et f_2 est calculée en prenant le logarithme népérien de la hauteur (définie comme celui du numérateur ou du dénominateur qui est le plus grand) d'une fraction irréductible, fraction obtenue en simplifiant f_1/f_2 : $d(f_1, f_2)=\ln[h(f_1/f_2)]$ avec $h(f_1/f_2)= \sup(f_1, f_2)$ et f_1 et f_2 premiers entre eux.

L'écriture logarithmique de cette distance signifie, sur un plan psychoacoustique, que la combinaison cognitive d'un grand nombre d'intervalles basiques (octave, quinte) est plus ardue à percevoir ou imaginer que la combinaison d'un petit nombre d'intervalles moins basiques (tierce, septième, …). Par exemple, la représentation mentale de la combinaison de cinq quintes (3^5) est relativement plus difficile que celle de trois tierces (5^3). Pour anecdote, Hellegouarch a élaboré cette distance en travaillant sur le théorème de Fermat. La distance d'Hellegouarch est en fait le logarithme de la « hauteur naïve » (ou hauteur de Weil) d'un point rationnel de l'espace projectif.

Distance harmonique D'Hellegouarch	Echelle de Pythagore	Echelle de Zarlino	Echelle des septièmes	Echelle spectrale
ln[2187]	1e augm.			
ln[729]	4te augm.			
ln[256]	2nd min.			
ln[243]	7e maj.			
ln[128]	6te min.			
ln[81]	3^{ce} maj.			
ln[45]		5te dim.		
ln[32]	3^{ce} min.			
ln[27]	6te maj.	3/4ton	2nd min.	
ln[25]		4te+1/4ton et 1/4ton		5te +1/4ton
ln[23]				5te -1/4ton
ln[21]				Quarte
ln[19]				2nd augm.
ln[18]				
ln[17]				1^{e} augm.
ln[16]	7^{e} min.			
ln[15]		7^{e} maj.	1^{e} augm. et 7^{e} maj.	7^{e} maj.
ln[14]				
ln[13]				6te - 1/4ton
ln[12]				
ln[11]				4te augm .
ln[10]				
ln[9]	2nd maj.	7^{e} min. et 2nd maj.	6te maj. et 2nd maj.	2nd maj.
ln[8]		6te min.		
ln[7]			5te dim. et 7te juste	7te juste
ln[6]		3^{ce} min.	3^{ce} min.	
ln[5]		6te maj. et 3^{ce} maj.	6te maj. et 3^{ce} maj.	3^{ce} maj.
ln[4]	Quarte	Quarte	Quarte	
ln[3]	Quinte	Quinte	Quinte	Quinte
ln[2]	Octave	Octave	Octave	Octave
ln[1]	Unisson	Unisson	Unisson	Unisson

Figure 73 : *Hiérarchie des dissonances des intervalles selon la distance harmonique d'Hellegouarch.*

Les résultats obtenus pour la *distance harmonique*[71] *d'Hellegouarch* sont assez conformes à certaines conventions culturelles : pour les échelles de Pythagore, de Zarlino et des septièmes, les trois intervalles les plus consonants restent l'octave, la quinte puis la quarte (les intervalles fondateurs de la pensée pythagoricienne). L'échelle dite « de Pythagore » privilégie ensuite l'intervalle de seconde (le ton pythagoricien [9/8]) bien avant les tierces majeures et mineures. Ceci est conforme aux théories grecques et médiévales qui favorisaient la quarte et excluaient la tierce comme intervalle consonant. La hiérarchie des consonances de l'échelle de Pythagore correspond en fait au cycle des quintes. L'aperception de l'échelle de Zarlino et de celle des septièmes admet au contraire assez rapidement les tierces et les sixtes comme consonances, que celles-ci soient majeures ou mineures, bien avant la seconde majeure.

Dans son ouvrage sur la géométrie dans la musique, Guerino Mazzola cite succinctement, dans le chapitre consacré à la dissonance théorique, la fonction

71. Nom donné par son auteur Hellegouarch.

d'Euler[72]. Son principe est relativement similaire à la *distance harmonique d'Hellegouarch* mais son calcul en diffère quelque peu. Le compositeur James Tenney a lui aussi proposé une formule[73], relativement proche des deux autres, mais toutefois plus simple que la fonction d'Euler et plus symétrique que l'indice d'Hellegouarch. Les résultats obtenus par ces trois indices restent cependant quasiment identiques[74].

Valeur d'Euler	**Echelle de Pythagore**	**Echelle de Zarlino**	**Echelle spectrale**	**Autres intervalles historiques**
36				[31/18] ; [31/24]
30				[30/23] ; [40/23]
29				[76/45]
27				majeur perse [81/68]
26	apotome/demi-ton pyth. [$3^7/2^{11}$]		[$3^7/2^{11}$]	
25				[19/15]
24		[400/243]		[320/189] ; [256/147]
23			[19/16]	[256/147] ; [320/189]
22	4te augm.		[$3^6/2^9$]	[56/33]
21			[17/16]	
20		comma enharmonique [128/125]		[40/33] ; tiers de ton de Safiy ad-Din [14/13] ; cinq-quarts de ton de Al-Hwarizmi [81/70]
19	limma pythag./demi-ton diatonique [256/243]	demi-ton diatonique [256/243] ; [100/81]		[44/27] ; [80/63]
18	7^e maj.		[243/128]	3^{ce} neutre [27/22] (variante) ; [14/11]
17		comma syntonique [81/80]		[64/49]
16	6^e min.			2^e intervalle du partage aliquote de la quarte [11/10] ; [18/11]
15	3^{ce} maj.		[81/64]	3^{ce} neutre de Zalzal [11/9] ; 3^e intervalle du partage aliquote de la quarte [12/11] ; 3^{ce} neutre [16/13] (variante)
14		demi-ton min. /chromatique [25/24] ; [40/27]	[11/8]	[28/18] ; [32/21]
12	3^{ce} min.			[14/9]
11	6te maj.	demi-ton maj. /diatonique [16/15]	[27/16]	3^{ce} du genre fort conjoint premier [9/7] ; 6te du genre fort conjoint premier [12/7]
10		7e maj. ton min. [10/9]	[15/8]	cinq quart de ton épimore [7/6] ; 2nde complémentaire du genre fort premier [8/7] ;
9	7e min.	7e min.	[7/4]	
8	ton	ton 3^{ce} min. 6e min.	[9/8]	
7		3^{ce} maj. 6e maj.		
5	4te	4te		
4	quinte juste	quinte juste	[3/2]	
2	octave	octave	octave	
1	unisson	unisson	unisson	

Figure 74 : *Hiérarchie des consonances calculée avec la fonction d'Euler, pour quelques intervalles historiques (pythagoriciens, zarliniens, genres d'Al-Farabi et de Safiy ad-Din, …).*

72. Soit un nombre entier a que l'on peut décomposer en facteurs premiers : $a = p_1^{e1}. p_2^{e2}. p_3^{e3}.... p_n^{en}$ la fonction d'Euler Γ se définit par

Plus généralement, pour un nombre rationel x/y, la fonction d'Euler présente la propriété suivante, qui permet son calcul : Γ(x/y) = Γ(x.y) (Guerino Mazzola, *Geometrie der Töne. Elemente des Mathematischen Musiktheorie*, Berlin, Birkhaüser, 1990).

73. La complexité d'un intervalle a/b, avec a^b, est, selon Jammes Tenney le logarithme du produit de a et b : ln(a.b) (Tenney, *A history of "consonance" and "dissonance"*, *op. cit.*).

74. La distance d'Euler établit, pour le système pythagoricien, les mêmes hiérarchies de consonance que la distance d'Hellegouarch, et la distance de Tenney observe seulement l'intervalle de seconde mineur comme plus consonant (aussi consonant que la sixte mineure). Les hiérarchies de consonance restent à peu près les mêmes chez Tenney, Hellegouarch et Euler pour le système zarlinien et l'échelle spectrale. Le résultat précis des différents calculs est présenté dans Fabien Lévy, *Complexité grammatologique et complexité perceptive*, Thèse de doctorat, février 2003, EHESS, p. 324-327.

Comparaison avec les indices de consonance sensorielle

Ces indices de consonance cognitive fondés sur l'expression des intervalles en fraction rationnelle présentent certainement certains défauts, au minimum deux : d'une part, ils ne prennent a priori pas en compte les propriétés acoustiques du timbre. On pourrait cependant imaginer une généralisation timbrique de l'indice en calculant l'indice partiel après partiel, comme pour Helmholtz, et en imaginant une règle de superposition liée à l'influence des différents partiels dans le spectre. De plus, la musique occidentale a construit différentes théories des consonances indépendamment des timbres utilisés. D'autre part, ces indices de consonance se calculent sur des intervalles et non sur des accords (comme la dissonance sensorielle de Helmholtz). On peut cependant généraliser le calcul à un accord de plus de trois sons [75].

Ces longueurs de chemins d'aperception harmonique sont donc des indices conceptuels de consonance, *a priori* sans fondement acoustique ni test sur auditeur. Ils se basent néanmoins sur des notions de fractions de nombres premiers qui sont des représentations mathématiques efficaces des battements acoustiques entre deux partiels. De plus, cette représentation fractionnelle permet d'aborder la « discontinuité partout » de la notion acoustique de battement sans chercher à en prolonger les phénomènes de battement par continuité.

Remarquons enfin que ces calculs de longueur du chemin d'aperception se rapprochent *a posteriori* des principes de la courbe d'Helmholtz, puisque la dissonance cognitive augmente lorsque les chiffres premiers du numérateur ou du dénominateur sont élevés, c'est-à-dire pour des partiels harmoniques élevés. D'ailleurs, en appliquant la distance d'Hellegouarch *aux seuls intervalles zarliniens et pythagoriciens* et en reliant ces points par continuité, on retrouve globalement la courbe d'Helmholtz.

---

75. Hellegouarch a proposé un mode de calcul pour un accord, basé sur la *distance de Weil* dans son article « Propriétés élémentaires des hauteurs », 1981. Il écrit : « *l'idée de base est que la consonance d'un accord est une "notion projective" : elle ne dépend que du point projectif de coordonnées homogènes (f1, f2, ..., fn), c'est-à-dire qu'elle ne concerne que l'oreille relative. Lorsque les fréquences f1, f2; ..., fn sont des nombres rationnels (échelle naturelle), le point projectif (f1, f2, ...fn) est le même que le point projectif (n.f1, ... n.fn) pour tout n différent de zéro. Si l'on prend pour n le plus petit dénominateur commun de f1, ..., fn, alors le dernier point possède des coordonnées entières. Par définition la* hauteur de Weil *de ce point est la plus grande de ses coordonnées : c'est un entier. Lorsque n=2* [intervalle de deux notes], *le logarithme de cette hauteur de Weil est la distance harmonique des deux notes de l'intervalle. Lorsque N est quelconque* [accord], *ce logarithme est un candidat tout trouvé pour définir la consonance de l'intervalle* » (mail privé du 6/12/01).

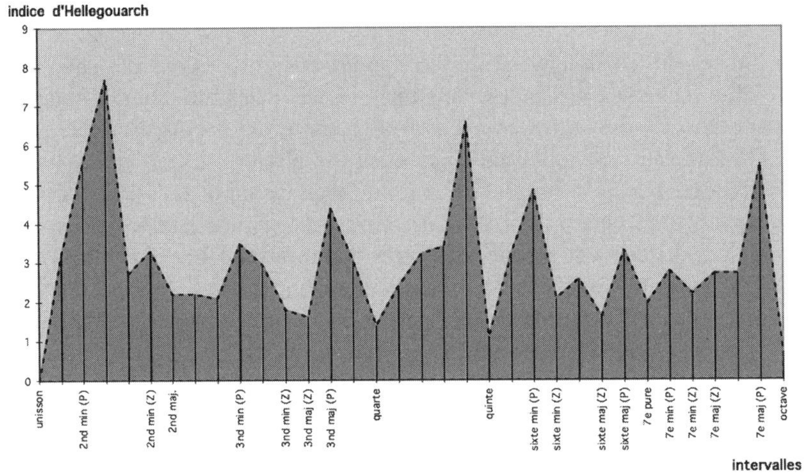

Figure 75 : *Distance d'Hellegouarch calculée pour les seuls intervalles des échelles pythagoricienne et zarlinienne, et reliés par continuité.*

LA CONSONANCE : UNE CONSTRUCTION MENTALE ?

Les indices de consonance fondés sur des longueurs de chemin d'aperception des intervalles ont le mérite d'une prise en compte formalisée et calculable de la perception culturelle des intervalles. La description des chemins d'aperception est cependant fortement réductrice (conception intervallique et verticale de la consonance). Elle est également culturellement datée, puisque la polyphonie et les nécessités de modulation ont rapidement requis un tempérament des échelles. Notre perception s'y est peut-être adaptée : un accord parfait majeur ou mineur dans un tempérament égal paraît aujourd'hui parfaitement consonant à l'oreille de l'auditeur occidental (alors qu'il est mathématiquement dissonant à la fois pour les indices de dissonance sensorielle et ceux de dissonance spectrale).

Consonance cognitive

La sensation de consonance est subjective et culturelle [76]. Elle ne peut se résoudre à une consonance verticale des hauteurs, puisque le contexte, la conduite des voix, le

76. D'autres consonances de hauteurs semblent émerger dans d'autres cultures, comme nous l'avons indiqué avec les musiques des Iatmuls de Papouasie. Peu de théoriciens non occidentaux se sont cependant attachés à définir normativement, à notre connaissance, quels intervalles seraient dissonants ou non. Aucune autre culture n'a en effet autant cherché qu'en Occident à définir la consonance de façon si décontextualisée et normative. Dans son traité *Kitabu L-Musiqi Al-kabir*, Al-Farabi a consacré un chapitre à la consonance des intervalles qu'il classe ainsi : « *en premier rang, la consonance de l'octave; à sa suite viennent la quinte et la quarte. Ces consonances donnent naissance à d'autres; l'octave peut, en effet, s'ajouter à elle-même, ou à l'un des deux intervalles que nous venons de citer* » (traduit dans d'Erlanger, *La musique Arabe*, *op. cit.*, 1938, t. I, p. 68, voir aussi livre 3, t. II p. 6 à 17). Sont consonants pour Al-Farabi les intervalles en rapports épimores (t. I, p. 220, voir aussi la note 1 de d'Erlanger, t. I, p. 323). Al-Farabi précise : « *Quand à l'autre intervalle qui se rapproche du reste, c'est celui dont les degrés extrêmes, grave et aigu, ont*

timbre et le contexte d'audition restent autant de facteurs déterminants. C'est pourquoi nous privilégierons finalement les définitions métaphysiques de « consonance cognitive » et d'« aperception ». Con-sonner signifie qu'un élément musical sonne sans discordance cognitive pour celui qui l'écoute. Le psychologue et théoricien du behaviorisme Leon Festinger offre, il nous semble, la définition la plus adéquate de *dissonance cognitive*, même s'il ne la destinait originairement pas à la musique :

> Il y a consonance cognitive entre deux notions si l'une des deux découle de l'autre, ou autrement dit, si l'une des deux implique psychologiquement l'autre [77].

Est donc consonant ce qui paraît tel à l'auditeur, du fait de son état subjectif propre et des constructions historiques, culturelles, et personnelles qui l'ont conduit à cet état.

Postlude : mes consonances

Même si le paramètre des hauteurs n'a jamais été au centre de mes « obsessions musicales », l'utilisation d'instruments construits pour jouer *a priori* des sons de nature harmonique, même si parfois étendus, salis ou orchestrés, réclame, dans mes compositions, le choix d'un système d'organisation des hauteurs perceptivement clair et compositionnellement efficace (i.e. dépassant la recherche au cas par cas). Lorsque se sont affirmées mes préoccupations en matière de paradoxes de la perception, en particulier d'illusions entre la perception globale et celle de détail, se sont rapidement imposées des techniques de hauteurs privilégiant la fusion, afin d'obtenir une « couleur globale » de la mosaïque qui serait ensuite sculptée. Certaines techniques d'essence spectrale employant les approximations aux quarts de ton pour obtenir de meilleures fusions timbriques se sont en particulier révélées appropriées pour cet objectif.

Je souhaitais cependant éviter les spectres harmoniques fondés sur les premiers partiels, car leurs couleurs m'étaient trop communes, entre un accord tonal de septième de dominante et une séance de méditation hippie. Les techniques telles que les dilatations de spectre ou les modulations d'amplitude ne me convenaient pas non

---

pour rapport 1+1/15. Sa consonance est si évidente qu'elle est acceptée par tous. Elle est supérieure à celle de l'intervalle reste (...). Tout en tenant compte de ce que nous venons de dire, il ne faut cependant pas considérer les mélodies comme des lois ou des dogmes. Une loi, un dogme, sont des choses qui ont été imposées, à une certaine époque, à tous ou à la plupart des hommes. Ces derniers se les transmettent les uns aux autres par voix d'imitation; ils les admettent et les trouvent satisfaisants, tout comme on est satisfait d'une chose à laquelle on est habitué; il en va autrement de ce qui est naturel en musique. Si telle ou telle chose est adoptée ou rejetée dans cet art, elle ne l'est pas sans considération; mais nous la jugeons bonne ou mauvaise selon d'autres choses qui lui sont associées, et qui durent un certain temps. » (p. 69).

Safiy ad-Din est un peu plus direct en écrivant : « *Le rapport le plus noble est donc celui du double* (octave). *Puis vient celui de 3 à 2, soit celui qui ouvre la série des rapports superpartiels* (épimores); *nous avons déjà expliqué que le rapport de 3 à 2 est 1+1/2. Viennent ensuite le rapport 1+1/3 puis 1+1/4, puis tous les autres dans cet ordre* » (§ XIV, t. III, p. 19). Il ajoute : « *Quant aux intervalles emmèles, le plus consonant d'entre eux est celui dont le rapport est de 1+1/7* (8/7); *vient ensuite 1+1/8* (9/8); *puis à mesure que les intervalles deviennent plus petits, leur consonance s'affaiblit jusqu'à atteindre une limite où la différence entre les deux notes constituant l'intervalle cesse d'être perceptible* » (§ XXVI, p. 30). Cependant, aucun de ces deux théoriciens n'aura la velléité prescriptive d'un Johannes de Garlandia ou d'un Boethius.

77. Jean-Pierre Poitou, *La Dissonance Cognitive*, Paris, Armand Colin, 1974, p. 11.

plus. Après plusieurs recherches, l'idée d'élargir certaines propriétés du bas du spectre à un registre haut des partiels – au-dessus du vingtième harmonique – s'est révélée convaincante, offrant de belles couleurs qui s'adaptaient à l'usage que je voulais en faire. En d'autres termes, ces agrégats me sont personnellement consonants. J'utilise donc depuis une dizaine d'années deux types de techniques de hauteurs : à l'intérieur d'une zone délimitée et élevée dans le spectre harmonique (donc de fondamentale très basse, inaudible, de quelques hz), je choisis quelques partiels soigneusement filtrés, soit en ne gardant que ceux en nombres premiers (*spectres premiers*), soit en ne sélectionnant que les partiels selon un intervalle identique (par exemple, un agrégat de sept notes dont la note la plus basse *la*$_2$ correspondrait au 497 e harmonique d'un spectre harmonique de fondamentale très basse, et comprenant les harmoniques suivantes étagées tous les 598 partiels : [497 e, 1095 e, 1693 e, 2291 e, 2889 e, 3487 e, 4085 e harmoniques]. Les théoriciens trouveront peut-être les justifications théoriques à cette méthode, qui me permet en tout cas d'obtenir des couleurs intéressantes, cohérentes, originales, et qui sont « consonantes » avec ce que j'en fais et les images sonores que j'imagine.

Figure 76 : *Exemples d'accords obtenus par la technique de spectres en progression arithmétique espacée.*

Je reste néanmoins intimement convaincu que la consonance de hauteurs n'est ni un ensemble d'agrégats pris hors contexte et sonnant bien pour eux-mêmes, ni même un objet ou un principe sans rugosité ni violence. Depuis que « l'homme a croqué la pomme », il n'y a aucune satisfaction à vivre dans des décors roses pastel, à manger des plats peu épicés ou à vivre une sexualité insipide. La musique est une expression violente courbant le temps. Les harmonies de la musique tonale ont été soigneusement sélectionnées et intériorisées par les compositeurs à travers l'histoire pour leur couleur expressive et souvent équivoque, capables d'accidents, de violence ou d'ambiguïtés, que ce soient les analogies forcées majeures/mineures, les suspensions avant résolution de la musique baroque, les dominantes locales et emprunts éphémères à d'autres tonalités, les merveilleuses trouvailles ambiguës qu'ont représenté les sixtes napolitaines et les sixtes augmentées, les modulations chez Schumann, et évidemment ces jeux fin de siècle de double signification entre contrepoint et harmonie. En d'autres termes, la consonance est l'apprentissage d'une dissonance capable de faire sens.

Cette dernière assertion propose dans la pratique toute une discipline de la composition, qui commence par une introspection et un long apprentissage du créateur pour qu'il découvre chaque jour ce qui pourraient devenir ses consonances en se libérant de ses commodités culturelles passées. Je suis parfois étonné, en enseignant la composition, de la confiance aveugle qu'ont de nombreux jeunes compositeurs en leur idée initiale, en leur première consonance, sans chercher à dépasser ce qui n'est souvent qu'une influence de leur environnement. Très souvent, la leçon de composition se résume à forcer l'apprenti-compositeur à ne pas rester à cette première étape de la trouvaille, mais à prendre le temps et à avoir le courage de prospecter d'autres solutions (que cela s'applique au projet général de l'œuvre ou à des détails de réalisation, des choix de hauteurs, d'orchestration, ou de forme). Il est primordial pour un artiste d'éduquer et de violenter son monde de consonance, d'imaginer, dans une deuxième étape, tous les autres possibles à son idée, et, dans une troisième et ultime instanciation, de finalement choisir la solution la plus audacieuse, la plus ingénieuse, celle qui se révélera être un choix irréversible, en d'autres termes finalement et personnellement consonante, même si elle restait inimaginée et inimaginable lors de la première ébauche[78]. Ces trois étapes représentent, il me semble, la démarche absolument nécessaire, d'une part pour remettre sur le métier le matériau jusqu'à en obtenir la solution la plus singulière, et ce de manière optimalement irréversible, d'autre part pour gagner du temps dans l'activité de composition, car cette méthode[79], qui peut paraître fastidieuse au début, permet sur le long terme d'avancer sans trop de regrets sur ses choix passés, de découvrir et d'éduquer ses propres consonances, et finalement de construire sa propre cathédrale.

---

78. Pour expliciter cette méthode à mes étudiants, nommée « 1 st step, 2 nd step and 3 rd step », je prends souvent l'exemple du motif initial du *prélude à l'après-midi d'un faune*, où un jeune Debussy encore fasciné comme ses collègues par le prélude de *Tristan* le parodie en utilisant, comme chez Wagner, une monodie jouée par un instrument soliste, tonalement ambiguë (basée sur un triton chez Debussy -elle aurait pu être basée sur une quinte augmentée, une gamme par ton, ou un accord de sixte mineure-), et qui se résout sur un accord qui ne fixe pas pour autant la tonalité (du fait de ses différentes harmonisations chez Debussy - do dièse mineur ou ré majeur-). Le projet est on ne peut plus épigone. Or, parce que Debussy travaille son idée jusqu'à l'irréversibilité, en affinant par exemple la mélodie fondée sur le triton pour la rendre singulière (elle est exposée par petits puis par grands intervalles, et ce dans les deux directions), personne ne pense plus à Wagner en écoutant ce prélude, qui y gagne ainsi son aura et a certainement aidé Debussy à développer son style ultérieur.

Je cite également le premier mouvement de la *Sonate pour alto* de Ligeti, dont la mélodie diatonique apparemment naive est travaillée et singularisée dans tous ses détails : note mobile sur si (bémol ou bécarre selon la direction des intervalles); gestion de la forme et des hauteurs similaire à celles d'un *alap* dans un râga indien, avec le *do* pour *vadi*, le *sol* pour *samvadi*, et l'introduction successive de notes de plus en plus aigues à chaque phrase (*do*, puis *mi* bémol, puis *sol* bémol3, et enfin *do4*). Enfin, ultime ingéniosité, Ligeti introduit des modifications microtonales de la monodie par anticipation de la coda en harmoniques naturelles sur la corde de do. Cette œuvre apparemment simple est une quintessence d'un projet réalisé et épuisé dans son moindre détail, en particulier une forme parfaite qui réconcilie une structure stricte et une rélle stratégie des anticipations et des surprises de la surprise.

Il y a évidemment de nombreux autres exemples de ce travail en trois étapes, que je choisis toujours simples et pédagogiques, comme le surprenant traitement rythmique, très travaillé, des mélodies diatoniques primitives chez Berlioz (dans une stratégie assez « baroque » des tension temporelle) ou chez Moussorgski (afin d'accroitre l'aspect « folklorique » et non attendu). Mais c'est évidemment l'ensemble du répertoire des « chefs d'œuvre » qui pourrait servir d'exemple, où tous les aspects d'une œuvre, du projet au moindre détail de la réalisation, sont brillamment imaginés, puis ingénieusement travaillés et pensés jusqu'à atteindre une optimalité irréversible et inéchangeable.

79. Cette méthode d'introspection et de dépassement en trois étapes peut paraître évidente et naïve, commune à toute discipline de la vie. Cependant, du principe *d'économie poïétique* à l'utilisation de systèmes logocentriques non motivés, en passant par la confiance du compositeur en sa première idée, la « paresse » reste un enjeu critique en composition musicale qu'il faut apprendre à dépasser.

FORME, SURPRISE ET EXPÉRIENCE SENSIBLE

La forme musicale est souvent le premier accès à la réception d'une œuvre et ce qu'on en retient. Cependant, le compositeur, préoccupé par les rapports entre signes et sens, s'interroge : y a-t-il adéquation entre la structure sur le papier et la forme ressentie par l'auditeur ? Le temps est-il neutre face à l'information ? En d'autres termes, des éléments musicaux peuvent-ils par exemple être présentés dans un ordre quelconque ? Et des durées identiques sont-elles perçues égales si les matériaux diffèrent ? Comment alors gérer le flux des informations, des attentes et des surprises sans concept analytique établi ? Ce chapitre[1] *ne fournit pas de réponse technique définitive mais tente d'offrir quelques pistes de réflexion pour que le compositeur puisse trouver ses propres solutions.*

La musique comme expérience cognitive du temps

La musique est souvent définie en tant qu'art du son ou art du temps. Il semble plus approprié de la caractériser comme une *expérience existentielle du temps*, pour reprendre l'expression de Lachenmann, un temps courbé par la présence de signes cognitifs d'origine sonore (*sémioses réceptives cognitives*), c'est-à-dire un temps subjectif tantôt contracté, tantôt étiré, tantôt brusquement modifié, tantôt strié, tantôt lissé, tantôt anticipé, tantôt surpris. En ce sens, la musique est une expérience et non une essence et l'œuvre n'a pas de *niveau neutre*[2]. L'œuvre prend existence à travers la réception cognitive qu'en ont le compositeur, l'interprète, l'analyste ou l'auditeur.

Husserl[3] a montré que la réception d'un présent ne se limite pas à une instantanéité, mais est influencée par la rétention d'un passé (primaire ou secondaire selon que ce passé soit immédiat ou plus mémoriel), qui projette également une protention du futur. Ce couple [rétention / protention] définit la réception de chaque instant.

---

1. Une version préliminaire de la première partie de ce chapitre a été publiée en allemand sous le titre : « Form, Struktur und sinnliche Erfahrung », in *Musiktheorie, Zeitschrift für Musikwissenschaft*, Heft 3 : « Form in der Musik der Gegenwart », Markus Böggemann (dir.), p. 222-231, Laaber-Verlag, 2008. La seconde partie est inédite.

2. Pour reprendre et nuancer l'un des trois niveaux de la tripartition de Molino : *niveau poïétique, niveau neutre, niveau esthésique.*

3. Edmund Husserl, *Leçons pour une phénoménologie de la conscience intime du temps*, Paris, P.U.F., 1996.

La courbure qu'une œuvre imprime au temps présente néanmoins certaines spécificités propres à la musique :

La confrontation à un présent musical est, d'une part, comme l'a souligné Jankélévitch[4], une expérience irréversible et inénarrable du temps sans pour autant bouleverser l'expérience du réel. C'est *l'expérience esthétique.*

L'expérience musicale est, d'autre part, cognitive sans être sémantisable. Nous percevons une œuvre non comme un signal sonore continu mais comme une suite de sémioses réceptives hautement cognitives et discrétisées, et notre cerveau compresse et interprète ce signal sous forme de *schèmes cognitifs*, pour reprendre les termes développés par Piaget et exposés dans le second chapitre de cet ouvrage.

Notons que cette approche cognitiviste de la réception permet de mieux appréhender et catégoriser divers mécanismes de la perception des courbures du temps et de leurs attentes, comme nous le verrons ultérieurement. Cette perception du temps analysée en termes d'irréversibilité de l'expérience et de profondeur cognitive permet également de mieux saisir la distinction théorique entre « *musiques de divertissement* » et « *musiques savantes* » (avec les différents degrés intermédiaires qui s'imposent). La fonction d'une « musique de divertissement » est en effet, paradoxalement, de ne pas trop divertir les perceptions du temps des sources d'information qu'elle accompagne (paroles de chanson, narration et images d'un film, danse, discussion, boisson ou cigarette, achats en magasin, etc.). Les musiques dites « savantes » proposent au contraire, idéalement, une expérience irréversible et profondément intelligente du temps qui requiert une certaine attention. Il s'agit d'une question non de style ou de genre (musique instrumentale, musique pure), mais de profondeur et de renouvellement de l'écoute.

COMPOSER LA FORME

Forme versus structure

Cette nécessité d'intelligence et d'irréversibilité portée par l'expérience musicale fut souvent ressentie par les créateurs de « musique pure » comme une exigence historique à suivre[5]. C'est semble-t-il le statut spécifique de l'*auteur* en Occident et la place de l'écriture dans la musique savante occidentale qui déplacèrent ensuite l'exigence d'intelligence de la forme sensible vers celle de la structure analytique. La notion d'auteur induit en effet celle, stimulante, de *singularité*. Quant à l'écriture, elle implique, comme nous l'avons vu, la distanciation entre l'auteur et sa trace (la *différance* de Derrida) et la séparation des problèmes en problèmes plus réduits et indépendants, qui mènent à la rationalisation de la discipline.

Structures (que l'on appelle souvent *formes* en théorie musicale, preuve de cette réduction équivoque) et *formes sensibles* véhiculent pourtant des intelligences et des complexités distinctes. Certes, la perception est cognitive et l'oreille perçoit les analogies, les retours, les variations, les contrastes, les références et les détournements

4. Jankélévitch, *La musique et l'ineffable*, *op. cit.*

5. Quitte à volontairement refuser cette attitude dans le genre américain du *easy listening*, par défiance à la conception européenne de la musique savante.

contenus dans une structure. Bergson avait cependant critiqué une conception scientifique trop mécaniste du temps décrit comme succession d'instants identiques, extérieurs les uns aux autres, dénombrables et inincurvables. L'autonomisation des objets sur le papier ne transcrit en particulier ni leur rétention/protention, ni leurs interactions réciproques. La structure est une compréhension analytique de signes cognitifs individualisés à destination d'une future interprétation, alors que la forme résume la compréhension perceptive de l'interprétation de ces objets recontextualisés dans leurs interactions, leur réseau de rétentions et de protentions, et leur propre violence. La structure est donc une écriture formaliste et stratégique employée par le compositeur pour développer son projet, alors que la forme incarne la résultante cognitive de ce voyage [6]. En d'autres termes, la *structure* est un âtre et la *forme* le brasier qui s'y consume.

Dans les années 70, en défiance aux méthodes structurales, de nombreuses disciplines ont opéré, comme nous l'avons vu dans le prologue, ce que le philosophe François Dosse [7] nomme un « retour à l'objet » sensible. La psychoacoustique, les sciences cognitives ou la sémiologie ont en particulier offert divers modèles et analogies aux compositeurs et théoriciens de la musique pour repenser le concept de forme musicale. Leonard Meyer [8] s'était dès les années cinquante inspiré des théories psychologiques de la *Gestalt* pour analyser les formes musicales selon les tensions nées des anticipations réalisées ou contredites lors de l'audition. Eugene Narmour [9] en déduit à la fin des années 70 des modèles d'implication/réalisation de l'écoute. À la même époque, dans la musicologie francophone, la tripartition de Molino/Nattiez [10] invitait à dissocier les compréhensions analytiques d'une œuvre de sa genèse (niveau poïétique) et de sa réception (niveau esthésique).

Concomitamment, en contestant la fixation excessive sur les structures, certains compositeurs « post-structuralistes » reconsidéraient la forme et imaginaient parfois des procédures jouant sur la flèche du temps, les anticipations et les surprises perceptives. Dans les œuvres de Gérard Grisey, la forme est non seulement induite par le matériau selon des principes complexes de tension/détente, mais elle lui est analogique selon des relations étroites entre micro- et macrostructure. De son côté, Steve Reich a opéré une synthèse entre les surfaces sonores de Morton Feldman et les répétitions minimalistes de Terry Riley en créant des musiques aux processus temporellement orientés. Dans les premières œuvres de Steve Reich comme dans certains procesus utilisés par Gérard Grisey, le compositeur semble, pour l'auditeur, écrire une œuvre en train de se composer comme si l'auditeur, penché sur son épaule, observait en temps réel le créateur générer son matériau.

---

6. Cette distinction est proche de celle que faisait Gérard Grisey entre *squelette du temps* et *chair du temps* (Grisey, « Tempus ex machina », *Écrits*, *op. cit.*, p. 57 et p. 75). Gérard Grisey s'appuyait cependant dans la pratique sur des structures très calculées, qu'il ne modifiait pas quelle que soit la violence de son matériau (structure fractale de *Vortex Temporum*, raccourcissement des sections selon un processus logarithmique dans *Partiels*).

7. Dosse, *Histoire du structuralisme*, *op. cit.*, t. II, p. 256.

8. Leonard B. Meyer, *Emotion and Meaning in Music*, Chicago, Chicago University Press, 1956.

9. Eugene Narmour, *Beyond Schenkerism : The Need for Alternatives in Music Analysis.*, Chicago, University of Chicago Press, 1977.

10. Nattiez, *Fondements d'une sémiologie de la musique*, *op. cit.*

Ces approches compositionnelles et théoriques post-structuralistes avaient le mérite de la clarté et de la réappropriation systémique de la perception dans le processus compositionnel, c'est-à-dire de l'esthésique dans le poïétique. Cependant, en s'intéressant de façon analytique aux mécanismes de perception, ces principes retournaient parfois à une vision mécaniste du temps qui pouvait réduire les objets sonores à des sous-unités unidirectionnelles sans équivoque, sans gestion inattendue de la violence et sans rhizome. De plus, les conceptions du temps qui en découlaient prenaient le risque de figer les différentes catégories perceptives. Ainsi, *Partiels* [1975] de Grisey, œuvre maîtresse quant aux nouveaux idiomes qu'elle a ouverts, échoue un peu, il me semble, sur le plan de la forme que l'on perçoit paradoxalement comme sectionnelle, alors que la structure est précisément pensée comme une succession continue de tensions et de détentes qui s'accélèreraient[11]. Ceci est dû, d'une part, à la nature à chaque fois différente des processus engendrant ces tensions (spectres de plus en plus inharmoniques suivis de formules mélismatiques, puis de boucles), qui créent à chaque processus des textures différentes. Ceci semble lié, d'autre part, à la technique du processus unidirectionnel qui simplifie par systématisme les couples de rétention et de protention et ne gère pas efficacement la violence de l'instant. Cela n'empêche que chaque processus, chaque section, reste dans cette œuvre une merveille sonore.

J'appartiens certainement à une autre génération, une génération de compositeurs qui souscrit au principe de téléologie musicale mais ne cherche pas à la définir *a priori*, une génération qui préfère les paradoxes aux processus trop démonstratifs et qui considère l'usage des formalismes nécessaire pour créer certains matériaux mais insuffisant pour finaliser la forme. Affectionnant en particulier les paradoxes de l'analytique et de la perception cognitive, mes propres compositions jouent parfois sur des ambiguïtés entre forme et structure, du moins entre différents niveaux cognitifs de perception de la structure. Dans *Les deux ampoules d'un sablier peu à peu se comprennent* pour harpe solo [1996], la structure sur le papier semble tripartite alors que la « forme » s'appuie sur un mouvement continu de glissando sans fin (la pièce est dédiée à Jean-Claude Risset). Dans *Coïncidences* pour orchestre de 35 musiciens [1999], j'emprunte comme dans d'autres pièces la technique du *canon de Vuza*. Les canons de Vuza sont des canons isorythmiques pour lesquels deux éléments appartenant à deux voix différentes ne se superposent jamais, et pour lesquels, une fois toutes les voix rentrées, aucun « vide », aucun silence n'apparaît. La perception devient alors ambiguë : un auditeur se concentrant sur la polyphonie écouterait plutôt l'entrée et l'identité de chaque voix, alors que celui se focalisant sur l'ensemble entendrait plutôt une monodie continue. Dans les faits, l'oreille est confrontée à la fois aux similitudes perceptives des voix isorythmiques et à l'interaction entre les différents éléments, d'où découle par cette ambiguïté polyphonie/monodie un foisonnement structuré, monodique, mais imprévisible.

11. Calculée selon un processus logarithmique strict de racourcissement des durées (Baillet, *Gérard Grisey*, *op. cit.*, p. 114).

Ces différentes techniques permettent de jouer sur des niveaux variés de perception de la structure et de la forme. La forme semble toutefois se situer à un autre niveau, inaccessible par un travail uniquement « formaliste », car induite par des interactions entre les différents éléments, par leur organisation rétentionnelle et protentionnelle, et par la violence propre qu'ils dégagent. Elle est une vie révélée par la compréhension et l'interprétation auditive de la structure.

Formes « optimales »

La difficulté, pour un compositeur, consiste à « sentir » la forme, c'est-à-dire à composer les attentes, à constamment faire naître la vie des différents matériaux en interaction, à gérer les violences qui en découlent et ce, jusqu'à « l'épuisement » du projet musical. Ceci exige du compositeur de dépasser la simple lecture des objets sur le papier, de rester malgré son manque de distance son premier et meilleur auditeur, de constamment contrôler la courbure du temps que les rétentions et interactions impliquent, d'élaborer des stratégies optimales d'anticipation, de surprise de l'anticipation, puis de surprise de la surprise de l'anticipation, et de continuellement alterner son attention entre le détail et le tout, bref de tenir l'écoute en haleine sans l'ennuyer par la redite ni la frustrer par des développements trop précocement interrompus.

L'architecture s'intéresse depuis longtemps à systématiser des formes qui respireraient de façon « optimale ». Les principes structurels les plus immédiats conditionnant la forme sont évidemment, en architecture, d'ordre fonctionnel. Cependant, cette discipline aime à jouer de la forme de façon plus subtile en usant de principes non fonctionnels qui agissent sur l'expression sensible (usage de symétries, de figures géométriques, ou de relations optimales comme le nombre d'or). L'architecture fait également usage de principes structurels moins formalistes qui accentuent le sensible (accroissement du sentiment de verticalité par l'emploi de colonnades incrustées, ou au contraire du sentiment d'horizontalité par l'emploi des lignes comme dans le style « prairie ») ou le perturbent (usage de trompes l'œil, de fausses perspectives, de décorations, de stucs et de cassettes, ...). Antoni Gaudi a franchi une nouvelle étape en concevant la forme *a priori*, sans considération de la structure ni des fonctions architecturales exigées. Comme tout créateur créant un nouvel espace de liberté, il dut imaginer une contrainte analogique, *une archi-écriture*, afin de créer ces formes pures. Il eut l'idée d'élaborer des formes inspirées par la nature (formes végétales, osseuses, etc.) ou par des lois naturelles. Son « hanging model » reprend par exemple les lois de la gravitation appliquées à des poids variés qui génèrent des surfaces flexibles complexes que Gaudi renverse ensuite verticalement.

Figure 77 : *« Hanging model » de Gaudi* [12].

Les architectes Frei Otto et Heinz Isler se sont inspirés des « formes naturelles » de Gaudi pour construire des surfaces inspirées de principes biomorphiques comme par exemple des imitations de surfaces de « film de savon », d'étoffes suspendues, ou de formes végétales.

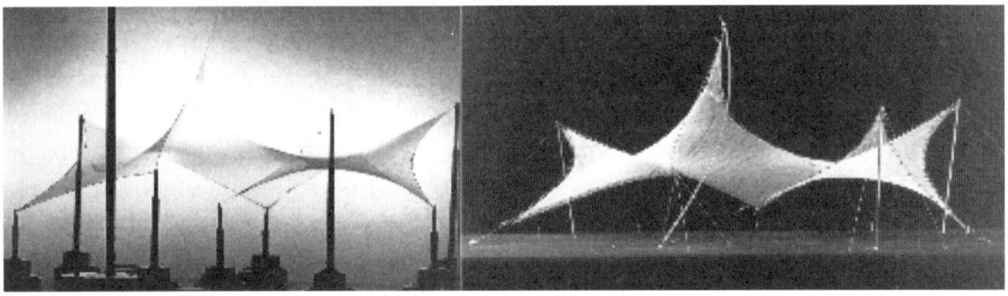

Figure 78 : *Modèle générateur de « surface minimale »* [13] *pour une tente, généré à gauche en film de savon, et à droite en matière plus rigide.*

Ces recherches architecturales peuvent éclairer les compositeurs, car, d'une part, elles partent directement de la forme et ne s'intéressent qu'à celle-ci, en tentant de l'adapter à la fonction. D'autre part, elles déduisent leurs structures de principes sensibles et pseudo-« naturels » de tension et de détente. La démarche est proche de celle de Grisey et Murail mais gère directement la forme globale sans s'aider du processus (au contraire, par exemple, d'un Calatrava). Ces formes « naturelles » restent néanmoins abstraites, dans le sens où elles ne prennent pas en compte la nature et la

12. Photo avec permission : Bob Hawbaker, Cannon Falls, Minnesota, USA, http://www.hawbaker.org/1/public/spain/Gaudi/290.html [03/08/2007].

13. Photo empruntée à David Wendland, « Model-based formfinding processes : free forms in structural and architectural design », texte de conférence du séminaire », *Eduardo Torroja – From the Philosophy of Structures to the art and science of building*, Politechnico di Torino, Facoltà di Architettura, 2000, téléchargeable à http://www.kunst.uni-stuttgart.de/wendland/index.html [03/08/2007], emprunté à Siegfried Gaß, *Experimente* (Form Kraft Masse 5), Stuttgart : Institut für leichte Flächentragwerke (IL 25), 1990.

« violence » (ou la « présence ») de leurs matériaux constitutifs, ni leur interaction. Elles travaillent dans un espace décontextualisé et, même si elles s'attachent directement à la perception globale, elles restent de type « psycho-formaliste ».

Composer l'attente

Gérer la surprise de la surprise, et écouter la forme

Il paraîtrait ainsi impossible de systématiser les stratégies compositionnelles qui aboutiraient en musique à une « forme optimale ». De façon générale, la banalité d'une information sans autre fonction que son énonciation, tout comme des répétitions trop prévisibles, semblent matière à frustration. Frustration et ennui semblent en effet les deux écueils que tout compositeur cherche à éviter. Cependant, plus que de diversifier, de développer ou de surprendre, le défi le plus complexe pour le compositeur est de gérer l'après-surprise, c'est-à-dire le niveau cognitif que doit atteindre une surprise de la surprise pour préserver à la fois l'intérêt perceptif qu'avait créé la surprise précédente et l'unité du projet. Il semble à l'expérience qu'engendrer une nouvelle surprise de même niveau cognitif (par exemple, une nouvelle rupture de matériau ou de processus) ne soit pas suffisant pour combler l'attente d'un auditeur. La surprise de la surprise doit apparemment se situer à un niveau cognitif différent (par exemple, l'introduction non pas d'un nouveau matériau, mais d'un matériau suscitant un nouveau sentiment de forme ou de procédure, ou encore une rupture de matériau dans une temporalité nouvelle, plus courte ou plus tardive que la précédente rupture).

L'autre défi semble être de toujours rester à l'écoute de la forme sans se circonscrire à composer la structure. La plupart des musiques occidentales des siècles passés [14], peut-être du fait de leur héritage antique fondé sur le logos, se sont plutôt restreintes à imaginer des principes prospectifs gérant les structures et non les formes. Une reconsidération de la forme issue de son contenu et non de son seul contenant, de la seule structure, réapparaît dès le milieu du XVIIIe siècle en Occident, et ce, dans de nombreuses formes artistiques. En contraste avec les jardins à la française, inspirées par des structures symétriques de conception architecturale, sont privilégiés les jardins à l'anglaise, de conception pittoresque et picturale, mettant en forme les détails de la nature (une colline devient belvédère, un enfoncement une grotte, et chaque plante devient centre de ce qui doit être observé et non une partie d'une architecture supérieure). À la même époque, en littérature, Friedrich Schlegel et Goethe créent le genre de *l'arabeske* (parfois nommée *Groteske*), pour lequel « *d'une structure apparemment chaotique, semblable à la nature, émerge une forme caractéristique* » [15]. La forme littéraire dérive ici du contenu du récit, sans respect des règles classiques contraignantes du XVIIe et du début du XVIIIe siècle, ni nécessité de proportionnalité

14. Au contraire, par exemple, des musiques d'Extrême-Orient, et plus généralement de certaines musiques de tradition orale présentant des formes longues et discursives non contraintes par des structures.

15. « *durch scheinbar chaotische, naturähnliche bezeichnet Strukturen gekennzeichnete Form* » in Friedrich Schlegel, « Gespräch über die Poesie », *Athenäum 1800*, p. 58-128, wissenschafliche Buchgesellschaft Darmstadt, 1973. Voir aussi Johan Wolfgang von Goethe, « von Arabesken », *Gesamtsausgabe*, München, Dtv, t. 33, p. 30-33, 1789 reed. 1974.

entre la longueur de la narration et la durée de ce qui est narré. Le genre *Arabeske* libère ainsi la littérature grâce à ses « *déplacements fantasques de forme et de contenu* » [16] et par la primauté donnée à la vie sur les structures trop rigides de l'ancien régime. Le romantisme de Herder et de Goethe, dans son opposition au classicisme des lumières, insuffle à la musique un esprit de liberté et une meilleure appréhension du sensible.

En musique, les principes les plus usés, telles les formes de danse, s'inspiraient auparavant de figures de *symétries*, souvent binaires ou ternaires, indépendamment du contenu [17]. A la fin du XVIIIe siècle, les formes sonate et Aria da Capo vont symboliser cette libération, plusieurs décennies avant l'apparition des formes romantiques totalement libres telles que la rhapsodie ou le poème symphonique. Comme l'a en effet brillamment montré Charles Rosen [18], la forme sonate romantique n'est pas la structure bithématique à laquelle Adolphe Marx l'a ensuite réduite. Cette forme incarne avant tout un conflit de tonalités et de matériaux, conflit d'abord exposé puis développé sur une durée nécessitée par la résolution progressive de cette violence. La réexposition, qui énonce les différents matériaux dans une même unité conciliatrice, symbolise non une répétition mais l'apaisement de cette violence. Ceci explique d'ailleurs pourquoi, dans la sonate romantique, la reprise du premier thème, qui n'apporte pas de nouvelles informations, est souvent abrégée ou modifiée, au contraire de l'énonciation à l'identique du second thème qui, lui, apparaît pour la première fois dans la tonalité unificatrice.

Beethoven reste en cela le modèle toujours actuel du compositeur gérant la forme sans se sentir contraint par la structure et développant son projet jusqu'à l'épuiser. Prenons l'exemple, bien que banal et très étudié, du premier mouvement de l'*Eroica* [19], car cette œuvre marque certainement un tournant historique dans la gestion et l'épuisement d'un projet [20], grâce à des développements d'une longueur et d'une complexité exceptionnelles pour l'époque. Le projet du compositeur est ici, comme souvent chez Beethoven, de gérer sur la grande forme un élément motivique extrêmement réduit et provocateur (un arpège, quelques notes, un court motif insignifiant, un groupe

---

16. « (...), *so spielt das Groteske mit wunderlichen Versetzungen von Form und Materie* » in Friedrich Schlegel, *Athenäum 1798*, p. 259, wissenschafliche Buchgesellschaft Darmstadt, 1973.

17. Certains compositeurs majeurs dépassant évidemment cette dichotomie. La gestion des variations (ordre, développement du matériau, transition entre chaque variation, etc.) de la passacaille BWV 582 en do mineur de J.S. Bach est ainsi un contrexemple brillant. Lorsque Bach épuise enfin, et si brillamment, l'exploration de cette basse, il nous surprend encore en entreprenant une double fugue.

18. Charles Rosen, *Sonata forms*, Norton (ed.), 2nd ed., 1988; Charles Rosen, *The Romantic Generation*, Cambridge, Harvard University Press, 1998.

19. Sans même aller chercher des œuvres de Beethoven plus tardives, on aurait pu ici étudier les autres mouvements de cette symphonie : le projet du second mouvement est ainsi risqué – écrire une marche funèbre traditionnelle, avec thème à quarte ascendante à la trompette et accompagnement à la caisse claire –. Beethoven déconstruit brillamment ce projet en énonçant le thème non à la trompette mais aux cordes et au hautbois et en simulant les roulements de caisse claire d'abord par des mélismes bruités de contrebasse solo dans son registre grave puis par des triolets de triples croches aux cordes tutti. La timbale ne prend « son » rôle percussif qu'entre les mesures 200 et 208, puis est rapidement réincorporée de façon équivoque au thème principale en participant à la mélodie (ch. 238), qui se déconstruit ensuite rythmiquement et mélodiquement, de façon très provocatrice dans la coda.

20. Le projet de « musique pure » semble assumé par le compositeur et *l'Eroica* fut la première œuvre de « musique savante » accompagnée d'une note de programme lors de sa création.

d'accords, etc.). Le noyau du projet est, pour ce mouvement, un motif de huit notes construit à partir des harmoniques 3 à 6 du cor naturel (arpège de mi bémol). Cette idée génère la matière du premier thème mais aussi l'un des principaux motifs du second thème. Les contraintes organologiques du cor inspirant le projet, cet instrument reste central dans ce mouvement, où Beethoven cherche à le départir de sa fonction classique de résonance de l'harmonie pour lui confier un rôle thématique, nouveau à l'époque. Le compositeur, stratège, se garde cependant de dévoiler d'emblée son projet. Il présente le thème d'abord aux violoncelles, ensuite aux cors doublés par les clarinettes et les flûtes, puis à l'ensemble des cuivres naturels – cors et trompettes – doublés aux vents. Se limiter au seul projet et l'épuiser sans redite ni évidence explique aussi, par contraste, la nature plus mélodique et en mouvements conjoints du pont (que l'on peut également considérer comme le début du second thème puisqu'il est directement introduit à la dominante et sera énoncé sans mutation dans la reprise). La gestion formelle du projet jusqu'à épuisement explique également la longueur du développement et sa nature (développement dans différentes tonalités, différentes dynamiques, différentes textures, différents contrepoints, dont des fugati basés sur les thèmes initiaux, différentes modalités dont un premier thème minorisé, énoncé par les cors, ce qui implique d'altérer l'embouchure du cor naturel pour obtenir le [*sol*]). C'est ce refus de l'évidence, cette nécessité de surprendre l'auditeur qui incite également Beethoven à énoncer le premier thème au cor quelques mesures avant la reprise, sur la pédale de dominante[21], puis de le réénoncer aux cors lors de la réexposition, comme l'auditeur aurait pu l'anticiper, mais, surprise de la surprise, dans une tonalité déroutante de fa majeur (par raccourcissement du tube de l'instrument). C'est, enfin, ce contrôle des attentes des auditeurs qui encourage Beethoven à ne pas conclure la réexposition par une coda traditionnelle mais à moduler par parallélisme brusque et peu académique – en *Ré* bémol majeur puis en *Do* majeur – à amorcer un nouveau développement très contrasté (passant du guilleret à l'emphase tragique) et, surprise de la surprise de la surprise, à achever ce second développement, tout aussi épuisé que l'auditeur, par une fin abrupte et « déconcertante ».

Un autre modèle de forme et de gestion des attentes me paraît être Lachenmann. Sa pensée semble être entièrement orientée par la forme sans préoccupation préalable de la structure. L'acte compositionnel de Lachenmann est en cela informel, au sens d'Adorno[22]. De plus, les objets à écouter dans cette *musique concrète instrumentale* ne sont pas tant les éléments sonores eux-mêmes, dont la profondeur cognitive me semble limitée, que leur agencement local, leurs interactions et la violence que leur rapprochement engendre. Rappelons ce qu'écrit Lachenmann lui-même, « *la composition ne vise pas à utiliser des sons, mais à les épuiser dans toutes leurs ressources* », épuisement sans frustration ni redite. Observons par exemple l'accumulation de la tension jusqu'à l'arrivée ultime des « Kinderspiel » à la mesure 48 de *Mouvement (-vor der Erstarrung)* pour ensemble [1983-84]. La progression est régulièrement interrompue par des détentes intermittentes (mes. 27 par exemple) qui contribuent à la « relancer »[23]. De plus, l'introduction d'un nouveau matériau procède soit d'une préparation

21. Au grand étonnement de son assistant Ferdinand Ries qui croyait à une erreur du corniste.
22. Theodor W. Adorno, *Quasi una fantasia*, *op. cit.*, p. 294.
23. Un peu comme un véhicule que l'on freine par à-coups successifs.

perceptive (les courts triolets de la mes. 9 sont annoncés par les trilles des mesures 5 et 7), soit d'une surprise qui n'est jamais gratuite dans la forme générale (les « Holzkante » subites de la mesure 42 préparent la « surprise de la surprise » que sont les arrivées des Kinderspiele). Lachenmann maîtrise de façon efficace la courbure du temps et les anticipations des auditeurs, surprenant sans frustration et enrichissant à chaque fois leurs attentes.

Ces modèles montrent combien la forme est avant tout une réception globale d'un projet dévoilé par différentes stratégies locales de répétition, de dérivation, de mémorisation, d'attente et de surprise[24]. En ce sens, les principes de forme sont difficilement formalisables, si ce n'est verbalisables. La maîtrise de la forme peut certes s'appuyer sur différents principes d'organisation de la structure, que ce soit par l'usage de combinatoires spéculatives détachées de la nature du matériau dans le but de perturber localement la perception tout en contrôlant la direction globale (fugue, canons de Vuza, procédures sérielles, ...) par l'emploi de structures plus perceptives aux propriétés analytiques simples et remarquables (symétries binaires ou ternaires, structures sectionnelles, répétitions et reprises, processus), ou par l'utilisation de transformations visuelles de la flèche du temps (rétrograde, augmentation, « fixation » du temps, etc.). Ces stratégies formelles, en offrant une distanciation analytique ou visuelle efficace, sont des *archi-écritures* des courbures du temps. Cependant, ces stratégies ne se révèlent efficaces que si elles sont compensées par un contrôle direct et intuitif de la forme, dans lequel le compositeur devient son premier auditeur.

Différents types d'anticipation et de surprise

Les sciences cognitives[25] proposent néanmoins de nombreuses notions et classifications des mécanismes d'anticipation et de surprise pouvant intéresser le compositeur. Abraham Moles[26] différencie ainsi l'écoute *inintelligible*, lorsque celle-ci n'offre aucune compression/compréhension cognitive (on parlera également d'écoute *aléatoire*, au sens de Solomonov – Chaitin, équivalence scientifique exposée dans le troisième chapitre de ce livre), l'écoute *banale*, lorsque toute anticipation est réalisée, et une écoute *possible* ou *prédictive non banale* lorsque l'écoute est cognitive mais les anticipations parfois contrées.

Le concept d'écoute cognitive, tel que nous le concevons dans l'ensemble de cet ouvrage, n'est pas celui d'une simple adaptation sans apprentissage lorsque l'oreille adapte par exemple son ouïe pour distinguer un son faible dans le bruit (ou lorsque l'œil adapte sa vision à la distance). L'écoute cognitive d'un élément nouveau suppose une réception d'information et un changement d'état. En outre, l'écoute cognitive n'est pas passive : l'auditeur anticipe l'information, ce qui provoque, selon que

24. Ce n'est pas un hasard si le paradigme structuraliste a encouragé les compositeurs à surtout s'intéresser aux dérivations de matériau, comme si la musique se résumait à une fonction (au sens mathématique).

25. Pour une synthèse de ces travaux appliqués à la musique : Arshia Cont, *Modeling Musical Anticipation; from the time of music to the music of time*, Ph. D. *in* Computer Music and Acoustics, Signal Processing and Computer Science Applied to Music, University of California San Diego and Université Pierre et Marie Curie (Paris VI), 2008.

26. Moles, *Théorie de l'information et perception esthétique*, *op. cit.*, 1958.

l'anticipation soit réalisée ou non, banalité, surprise ou incompréhension (quand la surprise n'est pas assimilée).

Le couple anticipation / réalisation

S'inspirant du modèle d'anticipation du logicien Charles Peirce, Leonard Meyer [27] a développé une théorie de l'émotion musicale basée sur la non-réalisation de certaines anticipations, dont il tire des outils analytiques prolongationnels d'attente / réalisation pour différents paramètres musicaux [28]. Ce modèle a été repris par Eugene Narmour [29] sous la forme de modèles d'implication/réalisation en musique. Notons cependant que la théorie de Narmour, de nature musicologique, construit son modèle d'anticipation sur le signe (analyse note à note, direction de l'intervalle, etc.), c'est-à-dire que les implications sont contenues dans le matériau musical, que ce soit au niveau local (« *idiostructure* ») ou général (« *style-structure* »), et ce, indépendamment du contexte de l'écoute. Il s'agit d'une théorie générale du style plutôt que de la perception. De plus, ce modèle d'implication/réalisation prétend à une certaine universalité des mécanismes psychologiques qu'il oppose aux contextes culturels [30].

Nous ne croyons pas à une séparation entre psychologie et comportements culturels. En particulier, les mécanismes d'anticipation et de surprise d'une part, et les mécanismes d'accommodation d'autre part sont liés. Le couple anticipation / réalisation reste au cœur des stratégies de composition, mais il s'agit d'un problème de perception et de conduite de la forme pour lesquelles le compositeur se doit d'être son premier auditeur. C'est pourquoi nous nous inspirerons aussi, en tant que compositeur, de certains concepts tirés des théories de la communication.

Les trois étapes de la perception : anticipation, accommodation, assimilation

Le psychologue Jean Piaget a construit ses modèles d'acquisition du langage par analogie avec des mécanismes physiologiques, biologiques ou thermodynamiques [31]. Comme en biologie, l'équilibre psychologique du récepteur est perturbé lors de la réception d'une information nouvelle jusqu'à atteindre un nouvel équilibre. L'aperception devient une succession d'équilibres fondés sur des anticipations, chaque équilibre étant toujours plus riche car il améliore l'équilibre précédent.

---

27. Meyer, *Emotion and Meaning in Music, op. cit.*, 1956.

28. Selon Ian Bent, les théories de Meyer ont une seconde ambition, non informationnelle : en cherchant à mettre au jour ce que l'œuvre comporte de singularité, Meyer cherche à fonder une analyse critique qui se substitue à une musicologie classique « positiviste » afin de créer une sorte de forme supérieure de critique musicale (Ian Bent, *l'analyse musicale, histoire et méthodes*, traduit de l'anglais par Annie Cœurdevey et Jean Tabouret, Paris, Main d'Œuvre, 1987, p. 124).

29. Eugene Narmour, *The analysis and cognition of basic melodic structures. The implication-realization model*, Chicago, The University of Chicago Press, 1990.

30. « *To be sure, one cannot believe that we understand music only in terms of implication; there is, for instance, that rather large or crucially influential arena that musicologists call cultural/historical context. No one in his right mind denies the importance of this sphere. Nevertheless, as these volumes set out to show, implication, realization, and denial are then most important syntactic ways that human beings perceive melody in particular and, by extension, music in general* » (Narmour, *ibid.*, p. 13). Les théories de Léonard Meyer ont également pour ambition de définir des universaux de la perception musicale (Leonard Meyer, « Un univers d'universaux », *Philosophie n°59*, « L'objet musical et l'universel », Paris, Minuit, sept. 98).

31. Lestage, « Complexité et structures cérébrales », *op. cit.*

Piaget distingue trois processus d'équilibre cognitif lors de la confrontation à une information nouvelle : une *anticipation*, réalisée ou non, suivie d'une *assimilation*, puis d'une *accommodation* de l'équilibre interne aux éléments extérieurs [32]. L'assimilation est une incorporation de l'élément extérieur alors que l'accommodation est une altération des résistances et des conventions et une acceptation du contexte. Ceci signifie en particulier que l'accommodation est active et dépend du contexte : pour s'adapter à certains contenus de connaissance, le sujet doit posséder les instruments appropriés de connaissance et une disposition à accepter d'être déséquilibré, c'est-à-dire une certaine curiosité. L'assimilation est un acquis de nouvelle culture qui est rendu possible par l'accommodation. Comme nous le verrons, il y a simultanément accommodation des schèmes existants à s'ouvrir à de nouveaux objets ou de nouveaux schèmes et assimilation des nouveaux objets ou schèmes aux schèmes cognitifs préexistants.

À un niveau ultérieur, l'extension de la sphère de connaissance du récepteur n'est possible, selon Piaget, que par une réorganisation des schèmes ou des conduites de l'auditeur après internalisation de ces nouveaux objets. Il s'agit de mécanismes d'accommodation et d'assimilation qui relient non pas un objet extérieur à un schème interne mais modifient les schèmes internes par d'autres schèmes.

Quatre types d'anticipation / réalisation

Le courant « symboliste » [33] des sciences cognitives, qui étudie l'acquisition d'informations symboliques, distingue trois types de réalisation des attentes : *la réalisation par induction*, *par analogie* et *par ajout de connaissance*. L'école « sub-symbolique » des sciences cognitives (réseaux de neurones) y ajoute *la réalisation par accoutumance*.

Considérons par exemple [34] la séquence des deux mots « *dessous* → *dessus* ». Anticipons l'expression qui devrait succéder au mot « *debout* →? » par une logique similaire. Deux réponses sont possibles : « *début* » ou « *assis* », selon que le mécanisme d'anticipation est *analogique* (ici basé sur les sonorités du signifiant) ou *inductif* (ici basé sur les signifiés).

L'induction est, plus exactement, un raisonnement logique, conscient ou inconscient, qui généralise un concept à partir de cas éparpillés ou qui découvre des schémas dans des ensembles d'observation apparemment chaotiques.

> Il n'est pas possible de savoir par la démonstration *[= par déduction]* sans connaître les principes immédiats. Il est donc évident que c'est nécessairement l'induction qui nous fait connaître les principes, car c'est de cette façon que la sensation elle-même produit en nous l'universel

32. Piaget, *L'équilibration des structures cognitives*, *op. cit.*

33. Yves Kodratoff, R.S. Micholski, J.G. Carbonek – T.M. Mitchell, *Apprentissage symbolique : une approche de l'intelligence artificielle*, traduit par Yves Kodratoff, Paris, Cepadues, 1993.

34. L'exemple est tiré des « Dossiers scientifiques : Sciences Cognitives », *Le courrier du C.N.R.S. n°79*, oct. 1992.

écrit Aristote[35]. La réalisation par induction s'appuie donc sur des schèmes cognitifs passés et les étend pour anticiper un futur[36].

La réalisation *par analogie* est, elle, un transfert d'expériences du passé ou de propriétés d'un certain contexte vers de nouvelles situations, par identification de deux contextes ou signaux qui paraissent proches. Contrairement à l'induction, ce ne sont pas des schèmes mais des contextes, des objets musicaux, des signes, qui sont directement rapprochés.

La réalisation *par ajout de connaissance*, ou *réalisation consciente*, est construite sur l'apport conscient d'informations externes ou sur des raisonnements conscients.

Dans la réalisation *par accoutumance*, les expériences passées, qu'elles soient des événements musicaux ou des schèmes plus cognitifs, ne permettent pas d'anticipation mais seulement une accoutumance : l'accommodation ne conduit à aucun apprentissage, à aucun changement d'état ou de connaissance. Il n'y a donc aucune incidence de la mémoire passée sur l'anticipation et la réception de l'objet, ni aucune incidence réelle de l'objet sur la mémoire future. Les mécanismes de réalisation par accoutumance sont une écoute sans réelle compréhension/compression cognitive. Ils sont malheureusement communs à de nombreux concerts de musique d'aujourd'hui, qu'une culture musicale approfondie ne permet pas mieux d'appréhender et qui ne laissent aucune trace après écoute.

Notons que le mécanisme d'accommodation *par accoutumance* est de profondeur cognitive extrêmement faible et que le mécanisme d'anticipation et d'assimilation *par analogie* est de niveau cognitif plus faible que celui par *induction*. De plus, les réalisations *par accoutumance*, *par analogie* et *par induction*, sont inconscientes contrairement à l'anticipation/réalisation *consciente*.

Reprenant les catégories du psychoacousticien Jamshed Bharucha[37], David Huron propose quatre types d'anticipation/réalisation en musique[38], de dénominations différentes, mais de définitions assez similaires aux quatre précédentes :

– l'anticipation/assimilation *véridique* (*Veridical Expectation)* est fondée sur le souvenir d'un événement donné (*Episodic Memory*), d'un vécu passé, d'une expérience. Il s'agit en fait de l'anticipation/assimilation *par analogie*.

35. Aristote, *Oganon IV, les Seconds Analytiques*, traduit du latin par J. Tricot, Paris, Vrin, 2003, livre II, chap. 19.

36. Selon le linguiste Charles Peirce, l'induction (mais aussi l'analogie) est *ampliative* (la conclusion va au-delà des données), *faillible* (la conclusion peut être démentie par des observations plus étendues) et *graduelle* (la conclusion est d'autant plus sûre que les données en sa faveur sont nombreuses et variées). Cette approche est donc probabiliste (on « confirme » le concept par des prévisions). On nomme *inférence prédictive* l'opération qui permet de passer des propositions exprimant la connaissance d'objets appartenant à un certain ensemble aux propositions sur un ensemble de taille différente.

37. Jamshed Bharucha – Peter Todd, « Modelling the Perception of Tonal Structure with Nets », *Computer Music Journal*, vol. 13, n°4, p. 44-53, Cambridge, MIT Press, 1989; Timothy Justus – Jamshed Bharucha, « veridical expectancy / schematic expectancy », *Journal of experimental psychology, human perception and performance*, n°27, 2001; Jamshed Bharucha : « Tonality and Expectation », *in* Rita Aiello (ed.), *Musical Perceptions*, Oxford, Oxford University Press, p. 213-239, 1994.

38. David Huron, *Sweet Anticipation, Music and the Psychology of Expectation*, Cambridge, MIT Press, 2006, p. 222.

– l'anticipation/assimilation *schématique* (*Schematic Expectation*) se fonde sur une mémoire plus sémantique, plus cognitive, liée à des schèmes. Elle est donc proche de l'anticipation/assimilation *par induction.*

– l'anticipation/assimilation *dynamique adaptative* (*Dynamic Adaptative Expectation*) est une réalisation de court terme fondée sur les événements immédiatement précédents (par exemple la répétition d'objets musicaux, même s'ils sont nouveaux et non attendus). Ce mécanisme est similaire à l'anticipation/assimilation *par accoutumance.*

– l'anticipation/ assimilation *consciente* (*conscious expectation*) est fondée sur une réflexion consciente, sur des apports externes d'information, ou sur un *ajout explicite de connaissance.*

Exemples musicaux

Assimilation par induction (assimilation schématique)

Dans les anticipations de nature inductive, l'auditeur tente d'élargir ses schèmes cognitifs internes par la confrontation inconsciente à un schème extérieur. Une réalisation musicale est alors *inductive* lorsque l'assimilation s'appuie sur un schème cognitif existant, en le généralisant éventuellement. L'auditeur de culture tonale qui écoute la cadence de la première *Valse Noble et Sentimentale* réadapte son écoute en faisant sienne un schème élargi de cadence, à partir de sa connaissance antérieure de la cadence tonale.

Figure 79 : *Maurice Ravel, première Valse Noble et Sentimentale ; cadence.*

Anticipation par induction (anticipation schématique)

L'induction peut également concerner un mécanisme d'anticipation. La *surprise par induction* procède d'une anticipation par induction qui sera finalement contredite.

La cadence rompue, qui s'appuie sur l'anticipation démentie d'une cadence parfaite, est un exemple classique de surprise par induction. C'est aussi le cas de l'extrait du final de la *symphonie n°80* de Joseph Haydn, déjà donné au chapitre sur les rétrogrades (fig. 56), où la métrique contredit la pulsation fondamentale induite par l'auditeur.

Figure 80 : *Joseph Haydn, Symphonie n°80, Final.*

Citons ci-dessous une surprise inductive au niveau harmonique, où la main gauche contredit un schéma harmonique anticipé par l'auditeur (renforcé par le si# de la main droite) :

Figure 81 : Frédéric Chopin, *premier nocturne op. 27 n°1.*

Anticipation/assimilation par analogie (anticipation véridique)

L'anticipation/assimilation par analogie est basée sur une mémoire « épisodique », une expérience passée. Elle est courante en musique, notamment dans des répertoires utilisant des « formules ». C'est le cas de nombreuses œuvres de Messiaen, comme le *Saint-François d'Assise*, où des formules orchestrales répétées dans un certain contexte permettent leur anticipation quand elles sont à nouveau reproduites, et leur assimilation. Plus généralement, une reprise de thème mélodique crée une anticipation par analogie. Comme nous l'avons pointé auparavant, les mécanismes d'écoute *par analogie* font intervenir des rétentions secondaires et agissent sur les protentions secondaires, au contraire des mécanismes *par accoutumance* qui n'interviennent sur le couple rétention/protention qu'au niveau primaire.

Assimilation par analogie

L'assimilation *par analogie* est une assimilation inconsciente d'un objet musical nouveau à l'intérieur d'un schème cognitif connu et internalisé, sans anticipation, apprentissage ou extension de nouveaux schèmes (mais générant un apprentissage de nouveau matériau). L'assimilation des accords bitonaux de Stravinsky par la connaissance du langage tonal peut être considéré comme un mécanisme *par analogie*, alors que la compréhension de ses métriques impaires et irrégulières serait plutôt, il nous semble, de type *inductif*. Le fait d'adapter sa réception à la première écoute de *Psappha* de Xenakis par connaissance implicite des percussions africaines, ou de la section D de *Répons* de Boulez par celle de la musique balinaise, l'adaptation perceptive à *Stimmung* de Stockhausen par connaissance implicite des traditions hindous ou bouddhistes des *mantras*, de la modulation en anneau ou de la musique pour chœur, sans création de nouveaux schèmes, sont d'autres exemples d'assimilation par analogie.

Surprise par analogie (surprise véridique)

La *surprise par analogie* procède d'un raisonnement inconscient qui anticipe par analogie mémorielle une séquence connue, dont la réalisation s'avérera finalement différente.

Figure 82 : *Giuseppe Verdi : Missa da Requiem, n°5 Agnus Dei.*

La surprise par analogie peut également surgir de l'irruption non anticipée d'un objet analogiquement connu, mais hors contexte.

Figure 83 : *Gyorgy Ligeti : 1 er quatuor à cordes (ed. Schott).*

Niveau cognitif des mécanismes d'écoute

Notons que les mécanismes d'analogie, que ce soit les surprises, les emprunts ou les assimilations par analogie, sont relativement employés par les compositeurs dits « postmodernes ». L'agacement d'un certain public envers ces musiques vient de ce que ces mécanismes d'écoute n'entraînent aucun apprentissage de schème cognitif nouveau mais seulement d'objets nouveaux intégrés par analogie à des schèmes connus. Au contraire, la fatigue envers une certaine musique « moderniste » d'aujourd'hui viendrait du fait que beaucoup d'œuvres de musique savante d'aujourd'hui prétendent inventer des mécanismes d'écoute *par induction* (intention d'inventer de nouveaux langages), qui se révèlent finalement inintelligibles et ne proposent au mieux qu'une écoute *par accoutumance*, sans réelle expérience cognitive. Notre plaidoyer pour une écoute cognitive est donc aussi un désir, peut-être idéaliste, de revenir à des mécanismes d'écoute par induction qui ne soient ni de la seule analogie, ni de la seule accoutumance.

Par définition, les anticipations peuvent se voir non réalisées (c'est une des taches classiques du compositeur que de réaliser les attentes plus subtilement et ingénieusement que ce que l'auditeur pourrait anticiper et d'en déduire ainsi un discours formel -voir l'analyse de la Danse Sacrale du *Sacre du printemps* dans le prochain chapitre). Plus exactement, les mécanismes d'anticipation et d'assimilation peuvent être de catégorie cognitive différente. On peut imaginer l'anticipation d'un schème musical (l'anticipation d'une cadence, par exemple), qui se révélera non réalisée par ce schème mais par un élément de nature plus mémorielle (assimilation par analogie). Face à une surprise, on obtient donc différentes réalisations énoncées dans le schéma suivant :

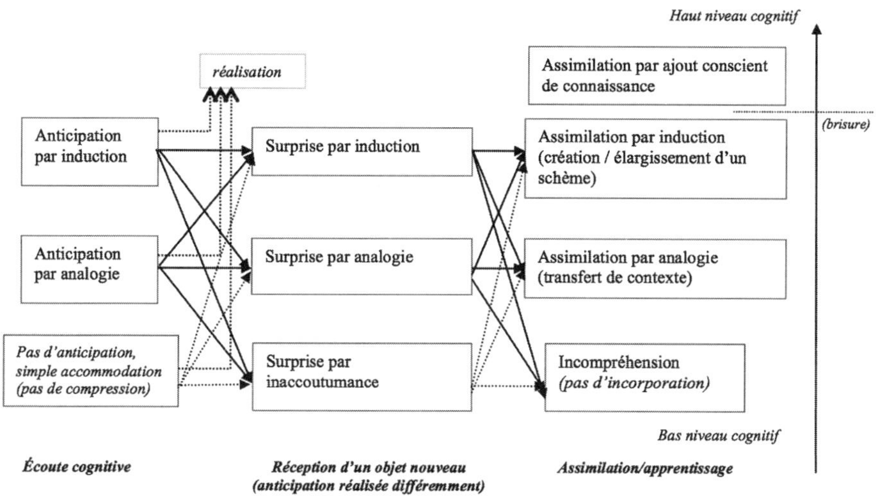

Figure 84 : *Mécanismes de l'écoute cognitive en présence de surprise.*

Analogie avec les processus créatifs

Si les mécanismes d'anticipation/assimilation lors de l'écoute peuvent clairement se classer en quatre catégories (par accoutumance, par analogie, par induction, conscients), une distinction comparable se retrouve dans les mécanismes de création artistique. Un processus créatif ouvrant à de nouvelles idées musicales peut se produire soit par simple découverte d'un objet trouvé, soit par analogie avec un contexte, soit par recherche prospective par induction, soit par réflexion consciente et logico-textuelle.

Les techniques de multiplication d'accords de Boulez sont ainsi issues d'une recherche consciente ou par induction de systématisation des transpositions. Les techniques spectrales sont apparues par analogie avec des modèles acoustiques mais ont été développées inductivement. On peut imaginer que les traits instrumentaux reprenant des chants d'oiseaux ont été élaborés par Messiaen par analogie, puis suivis d'un travail d'analyse permettant de systématiser par induction ce trait stylistique.

Même si la logique occidentale a voulu leur substituer le principe de causalité, les découvertes par analogie sont certainement les plus communes en composition, lorsque le compositeur tâtonne heuristiquement, sans direction précise. Boulez écrit :

> Dans Rituel, par exemple, je me sers d'une cellule rythmique employée par Stravinsky dans sa *Symphonie pour instruments à vent*, mais personne ne peut deviner que c'est emprunté à Stravinsky. J'aime beaucoup les influences par filtrage : la combinaison chimique avec ce que vous prenez fait que le résultat est complètement différent de la source. Mais les sources sont toujours là [39].

Il semble que Wagner n'ait pas cherché à analyser explicitement les rencontres harmoniques provoquées par les mouvements conjoints permettant de passer d'un accord à un autre avec ambiguïté harmonique, que ce soit dans *Tristan* ou dans *Tanhaüser*, mais ait plutôt élargi, analogiquement et non-explicitement, des principes contrapuntiques de mouvements contraires conjoints. Un siècle plut tôt, l'abbé Vogler (1749-1814) avait pourtant effectué une recherche explicite et inductive de ce type de modulation par mouvement conjoint [40].

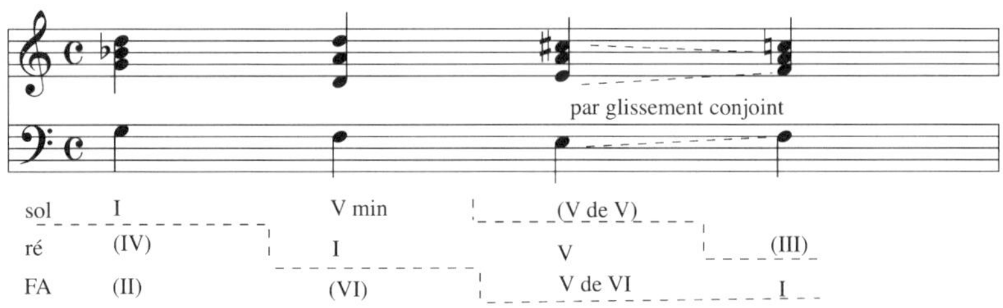

Figure 85 : *Richard Wagner, enchaînement d'accords* [41] *dans* Tanhaüser.

39. Pierre Boulez, « Prenons garde à la démagogie », *Revue des deux mondes : à quoi sert la musique contemporaine*, Paris, janvier 2001, p. 33.

40. Georg Joseph Vogler, *Tonwissenschaft und Tonsezkunst*, Hildesheim, Georg Olms, 1776 ; rééd. 1970, par exemple le cercle p. 87 ; Georg Joseph Vogler, *Gründe der Kuhrpfählzichen Tonschule*, Livre des exemples, Microfilm Fot. 33618, Staatsbiliothek Berlin, 1776, ex. 19, 20 et 38 du tableau XXIII pour ce type de modulations, et la figure en cercle XXVIII pour les mouvements conjoints. Wagner avait cependant étudié les partitions de Weber, élève de Vogler. De plus, Wagner connaissait probablement les théories de Carl Friedrich Weitzmann, un ami de liszt, sur l'accord augmenté (*die übermässige Dreiklang*, 1853).

41. Nous proposons ici une analyse harmonique parmi d'autres, peu riemannienne. Au XIXe siècle, à partir de Schumann, les tonalités relatives (ici *ré* et *FA*) fusionnent, et on peut analyser ce passage en tant que cadence rompue dans une tonalité (*ré/FA*) sans passer par *sol*.

La présence d'un si bécarre de la mesure 14 du *deuxième Intermezzo* de Brahms (op. 117), à la place d'un do bémol (7 du VIe degré en fa mineur) semble peut-être indiquer que Brahms n'a pas cherché à analyser consciemment ses modulations, et qu'il y soit arrivé *par analogie*, ou au contraire qu'il ait consciemment analysé cet accord comme sixte augmentée allemande.

Figure 86 : 2e *Intermezzo de Johannes Brahms, op. 117, mes. 14.*

L'écriture enharmonique rigoureuse des *Valses Nobles et Sentimentales* semble montrer que Ravel tentait de contrôler par induction son langage harmonique[42] (c'est-à-dire à en comprendre musicalement les schèmes sous-jacents).

Ces quatre stratégies créatrices partagent ensemble l'activité quotidienne du compositeur : le compositeur voyage continuellement entre intuition, réflexion et aubaine. Cependant, le compositeur de « musique savante » trouvant une nouvelle idée par analogie aura plutôt tendance à tenter d'en comprendre inductivement, si ce n'est parfois consciemment, les schèmes, puis s'y accoutume au point de rendre cette idée instinctive dans son écriture[43]. L'écriture du *Grand Macabre* de Ligeti, certainement assez instinctive du fait de la longueur de l'opéra, est relativement proche du langage d'œuvres antérieures comme les *études pour piano*, issues de recherches plus inductives, plus calculées, sur le rythme et les polymétries influencées par les techniques des pygmées Aka et les rythmes Aksak d'Europe centrale. La composition de l'opéra a semble-t-il été rendue possible par une assimilation instinctive progressive par Ligeti de son propre langage.

Composer : une stratégie formelle

Les subterfuges de « rhétorique musicale » que le compositeur use pour assurer la réussite de son théâtre musical sont donc multiples. Personnellement, j'essaie de conserver en mémoire, lors de ma pratique quotidienne d'écriture, quelques grands principes qui gouverneraient ces artifices et que je tente de classer ici selon leur implication temporelle :

42. Ces assertions ne sont évidemment que des hypothèses difficiles à « prouver ». Elles dépeignent surtout différentes attitudes créatrices.

43. Au contraire du compositeur de musique de divertissement, qui reste souvent au niveau d'un apprentissage et d'une découverte d'objets nouveaux par analogie ou par accoutumance, mais rarement par induction, encore moins par réflexion consciente. La notion de compositeur de « musique savante » ou de « musique de divertissement » n'est, en ce sens, associée à aucun style ni qualité du résultat, mais plutôt à une pratique « réfléchie » (verbalisée ou non) de la création.

– l'aura[44] propre à l'objet. Elle peut référer à un objet culturellement connu (citation) ou à sa profondeur et sa beauté plus cognitives[45].

– sa capacité à procurer une double écoute, une ambiguïté cognitive, une illusion

– la surprise (analogique, si possible inductive)

– la surprise de la surprise et plus généralement les stratégies sur les protentions secondaires

– la gestion plus globale de la violence du discours et, finalement, l'intelligence de la forme et de l'expérience esthétique de l'œuvre dans sa durée.

Pour chacune de ces stratégies, j'essaie, lorsque cela est possible, d'atteindre un niveau cognitif de réception dépassant les simples analogies ou accoutumances.

Figure 87 : *Hector Berlioz,* Symphonie Fantastique, *motif initial de III. – Scène aux champs.*

Figure 88 : *Richard Wagner,* Tristan und Isolde,
fin du prélude, transition avant la scène 1 (levé de rideau)[46].

44. *Aura* au sens premier de Walter Benjamin : « *l'unique apparition d'un lointain, si proche soit-il* » (*in* Walter Benjamin, « L'œuvre d'art à l'époque de sa reproductibilité technique » [version de 1939], *Œuvres*, t. III, traduit de l'allemand par M. de Gandillac, P. Rusch et R. Rochlitz, Paris, Gallimard, 2000, p. 278).

45. Rappelons les quatre catégories sonores formant le terreau compositionel chez Lachenmann, en tout cas pour le compositeur de musique occidentale : a) la tonalité en tant que tradition, b) l'expérience acoustique du son, c) la structure, pas seulement en tant qu'ordre, mais aussi en tant qu'apprentissage du désordre, d) l'aura, en tant que royaume des associations, du souvenir et des archétypes (in Helmut Lachenmann : « zum Problem des strukturalismus », *Musik als existentielle Erfahrung, op. cit.*, p. 88).

46. Cet exemple court, anodin, à peine perceptible, situé à la fin du prélude à forte aura, dans le registre grave et feutré des violoncelles et des contrebasses joués piano, aurait évidemment pu être remplacé par l'ensemble du célèbre prélude, proposant des stratégies formelles locales et globales extrêmement précises et efficaces.

FASCINATION DU SIGNE ET DE LA FIGURE REMARQUABLE EN ANALYSE MUSICALE

L'analyse musicale est, au sens large, une explicitation dans un métalangage logico-textuel de certains aspects d'une œuvre, de sa production, ou de ses réceptions. Tout comme l'audition, l'analyse musicale est une réception et une interprétation de l'œuvre en un système de signes. L'objectif de l'analyse est double : éclairer et modifier par le langage logico-textuel les autres modes de réception de l'œuvre ou d'un concept musical, et créer ou expliciter de nouvelles catégories musicales en généralisant certains principes musicaux. Le compositeur est souvent confronté à une mise en signe de sa musique « au-delà de la brisure du signe », à l'intérieur du métalangage logico-textuel. L'objectif de ce chapitre[1] *est de mieux comprendre cette mise en signe, en particulier les chants des sirènes que représentent les raisonnements bien construits, les figures remarquables et autres fascinations des signes, au risque d'en perdre sens. L'analyse d'une œuvre musicale particulière est présentée pour exemplification, également en tant qu'application des concepts de surprise et d'attente vus au chapitre précédent.*

L'ANALYSE MUSICALE : DU SON AU SIGNE

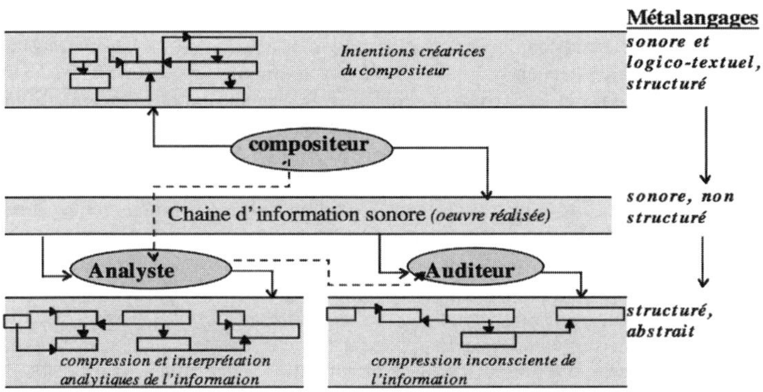

Figure 89 : *Rôle intermédiaire de l'analyste dans le processus d'écoute de l'auditeur.*

1. Ce chapitre reprend avec quelques corrections l'article « Fascination du signe et de la figure remarquable en analyse musicale », *in* Chouvel – Lévy, *Observation, analyse, op. cit.*, p. 261-286.

Quelle analyse pour quelle musique?

Les experts de cette discipline mettent en exergue différents types d'analyse : historique, stylistique, herméneutique, socio-culturelle, systématique, etc. Concernant l'analyse systématique, ils distinguent trois formes [2] :

i) *L'analyse génétique*, c'est-à-dire l'interprétation explicite de la genèse de l'œuvre et de ses procédures, que ce soit à partir des esquisses du compositeur, ou en situant l'œuvre par rapport à un corpus d'œuvres et un langage; ii) L'interprétation explicite de l'organisation interne de l'œuvre [3]; iii) L'analyse des mécanismes de réception de l'œuvre.

2. Dans une perspective sémiologique issue de la tripartition de Molino distinguant les niveaux *poïétique* (production), *neutre* (œuvre) et *esthésique* (réception), Jean-Jacques Nattiez affine ces trois catégories et propose six types d'analyse : i) *L'analyse immanente* (niveau neutre) ne s'attache ni aux stratégies poïétiques, ni aux mécanismes de perception. L'analyse du *Sacre du Printemps* faite par Boulez est, pour Nattiez, typiquement immanente. ii) *L'analyse poïétique inductive* (du niveau neutre au poïétique) essaie de retrouver la genèse de l'œuvre à partir de la partition. iii) *L'analyse poïétique externe* (du niveau poïétique au niveau neutre) tente de retrouver la genèse de l'œuvre à partir des esquisses et écrits d'intention du compositeur. iv) *L'analyse esthésique inductive* (du niveau neutre à l'esthésique) tente de décrire comment l'œuvre est perçue (par exemple la théorie de Lerdahl et Jackendoff). v) *L'analyse esthésique externe* (du niveau esthésique au niveau neutre) étudie la perception des auditeurs (la psychoacoustique expérimentale par exemple). vi) Enfin, *l'analyse considérant les trois niveaux égaux* (en tant que théorie analytique normative, l'analyse schenkerienne, par exemple) (Jean-Jacques Nattiez, *Musicologie générale et sémiologie*, Paris, Christian Bourgeois, 1987).

Nattiez remarque à juste titre que l'analyste reste au niveau esthésique mais tente d'approcher les trois niveaux. Le compositeur, au contraire, croit parfois atteindre un niveau esthésique (l'écoute intérieure de son œuvre), mais reste clairement, pour Nattiez, au niveau poïétique (ce que nous contestons, puisque nous considérons que le compositeur compose avant tout des réceptions). Si l'application de la sémiologie à la théorie musicale est apparue en opposition au structuralisme musical afin de dépasser le seul niveau d'immanence de l'œuvre, cette distinction stricte entre œuvre, réception, et pratique compositionnelle reste néanmoins d'essence structuraliste en postulant l'existence autonome de chacun de ces niveaux, notamment celle du niveau neutre, qui pose souvent problème. À la même époque, les pratiques spectrales et répétitives révélaient une poïétique fondée sur la perception (élaboration de grammaires compositionnelles nouvelles issues de recherches psychoacoustiques) et une esthésique de l'acte créateur (dans le « processus » spectral et répétitif, « l'objet à écouter » est non pas un matériau relativement neutre mais le processus en train de le modifier, c'est-à-dire un compositeur virtuel en train de composer). Plus généralement, le compositeur est aussi son premier auditeur, l'analyste et l'auditeur sont des interprètes de l'œuvre, et le niveau neutre n'existe que par la représentation que s'en font les producteurs et récepteurs de l'œuvre.

3. Célestin Deliège admet trois étapes pour les analyses internes d'une œuvre : i) Une *analyse syntaxique* (ou plus exactement *lexicographique*) crée au préalable un vocabulaire irréductible. Célestin Deliège distingue ensuite deux méthodes de découpage syntaxique : les *méthodes taxinomiques*, qui tentent de faire apparaître des unités autonomes (l'analyse harmonique par exemple), et les *méthodes prolongationelles*, qui regardent comment un élément se prolonge et se résout (les analyses de mélodie chez Leonard Meyer ou les analyses schenkeriennes par exemple); ii) une *segmentation* explicite ensuite des zones cohérentes d'analyse; iii) Enfin, une *analyse paradigmatique*, au sens large, met en relation les segments constitués d'un vocabulaire irréductible, éclairant ainsi la construction et le parcours de l'œuvre. La *Set Theory* de Allen Forte est par exemple un chiffrage permettant l'analyse paradigmatique de certaines musiques atonales basées sur des permutations d'intervalles. Dans la pratique, on assiste souvent à un aller-retour entre ces trois étapes afin d'ajuster efficacement les opérateurs (vocabulaire, segment, ou relations) aux objectifs recherchés par l'analyse (Célestin Deliège, *structures de la musique tonale*, Paris, Jean-Claude Lattès, 1984, p. 109).

Jean-Jacques Nattiez[4] souligne que l'analyse, en tant que traduction dans un métalangage logico-textuel, est interprétative car elle porte les contraintes de son langage de destination (méthodes et syntaxes utilisées). Elle est à la fois esthésique (elle est une réception d'œuvre), et dans une certaine mesure poïétique (elle est une création de signes puis de sens par l'interprétation d'autres signes). Cette création de signes doit-elle être contrainte par un système validé de règles afin de limiter les biais de cette traduction ? Sans ces règles, comment dépasser la simple description textuelle de l'œuvre sans être trop subjectif? Pour certains théoriciens, l'analyse d'une œuvre n'est possible que lorsqu'une théorie ou un système éprouvés supportent le métalangage d'analyse. « *L'analyse, contrairement à la description, a besoin d'une théorie pour exister* »[5]. Pour d'autres, l'analyse est au contraire une recherche de méthodes propres à l'œuvre tentant d'expliciter les procédures de composition ou de langage et d'en préciser les particularités. Yizhak Sadaï différencie *l'analyse herméti-que*, ou analyse pour l'analyse, « *tributaire d'une méthode, d'un protocole, qui impose à l'analyste une série de procédures prédéterminées* », et l'analyse ouverte qui « *se penche, outre sur le formel, sur (...) le spatial, l'énergétique, le gestuel* »[6]. Dans le premier cas, il est fréquent que l'œuvre éclaire la théorie (l'analyse Schenkerienne, par exemple, et plus généralement une tradition universitaire américaine de la théorie). Dans l'autre, l'analyse ouverte est certes subjective mais explore les particularités de l'œuvre, quitte à y déceler ensuite les points communs d'un répertoire, puis d'un style.

> Tu as bien trouvé la série de mon quatuor à cordes (...) Cela a dû représenter un gros effort et je ne crois pas que j'aurais eu cette patience. Crois-tu donc que cela soit utile de la connaître ? (...) Je ne saurais trop te mettre en garde contre le danger qu'il y a à surévaluer ces analyses (...). Je ne répéterai jamais assez : mes œuvres sont des <u>compositions</u> dodécaphoniques et non des compositions <u>dodécaphoniques</u>[7].

Qui, du marin-explorateur ou de l'officier du cadastre, est le meilleur géographe ?

> Dans ses classes d'analyse, *[Messiaen]* posait sur les œuvres un regard d'inventeur ; ce qui, dans la pédagogie habituelle, n'est souvent qu'activité de comptable, devenait ici incitation à découvrir. L'œuvre regardée devait moins se révéler à vous, que vous révéler à vous-même : moins un objet d'entomologie qu'un miroir magique de votre futur[8].

4. Nattiez, *Musicologie générale et sémiologie, op. cit.*, p. 28. Nattiez privilégie pour cette raison la définition donnée par Peirce du signe comme interprétation d'un autre signe, plutôt que la théorie plus statique de Saussure.

5. Nicolas Meeùs, *Liste internet Musisorbonne*, message du 14 fév. 2000.

6. Yizhak Sadaï, « De l'analyse pour l'analyse et du sens de l'intuition (quelques réflexions sur le paradigme d'une science de la musique) », *Musurgia*, vol. II, n°4, Paris, 1995, p. 62-63.

7. Arnold Schönberg, « Lettre du 27/07/1932 à R. Kolish », *Briefe*, Schott Söhne, Mainz, 1958, p. 178-179, traduit de l'allemand par F. Lévy, cité également par Y. Sadaï, *op. cit.*, 1995, p. 66.

8. Pierre Boulez, préface à Olivier Messiaen, *Traité de rythme, de couleur et d'ornithologie*, Paris, Leduc, 1995, p. V, t. II.

Dans le cas des répertoires dont les méthodes d'analyse ne sont pas encore clairement éprouvées (musiques d'aujourd'hui, musiques improvisées ou musiques de tradition orale, par exemple), le risque d'une simple description paradigmatique basée sur une syntaxe de premier niveau (signes de la partition, enregistrement, etc.) ou celui de l'élaboration d'une méthode trop personnelle peuvent parfois engendrer le risque plus grand que l'analyse révèle autant les convictions et la culture de l'analyste que celle de l'œuvre, et que l'analyse soit dépendante de la syntaxe choisie laissant apparaître, lorsque celle-ci n'est musicalement pas significative, des relations d'ordre arbitraire.

L'étude qui suit s'attache au problème de l'interprétation des signes et de la détermination de figures remarquables en analyse musicale à travers l'exemple d'une œuvre célèbre du répertoire dont la grammaire du compositeur n'a pas été clairement révélée, ainsi que celui d'une analyse tout aussi célèbre qui lui est liée. La réflexion épistémologique aurait été identique avec des exemples pris dans d'autres répertoires, d'autres analyses, telles que les recherches de nombre d'or dans les préludes de Debussy ou de relations fractales chez Schubert. Il ne s'agit pas ici de critiquer une démarche analytique originale mais de replacer sa pertinence dans un contexte historique donné et de montrer que la qualité d'une analyse peut se révéler autant dans la démarche créatrice qui accompagne cette interprétation d'une œuvre dans un métalangage logico-textuel que dans la pertinence et l'objectivité de sa réception.

UNE ANALYSE CÉLÈBRE D'UNE ŒUVRE CÉLÈBRE

Une œuvre énigmatique

On ne connaît pas grand-chose des intentions compositionnelles de Stravinsky, lorsque celui-ci composa en 1912, à Clarens, la *Danse Sacrale* du *Sacre du Printemps*. Les esquisses présentent au début de certains systèmes de portée des signes étranges, ressemblant à des mélanges de lettres cyrilliques et de symboles mathématiques. Ces signes sont parcimonieux et un même signe peut apparaître à deux mesures dissemblables.

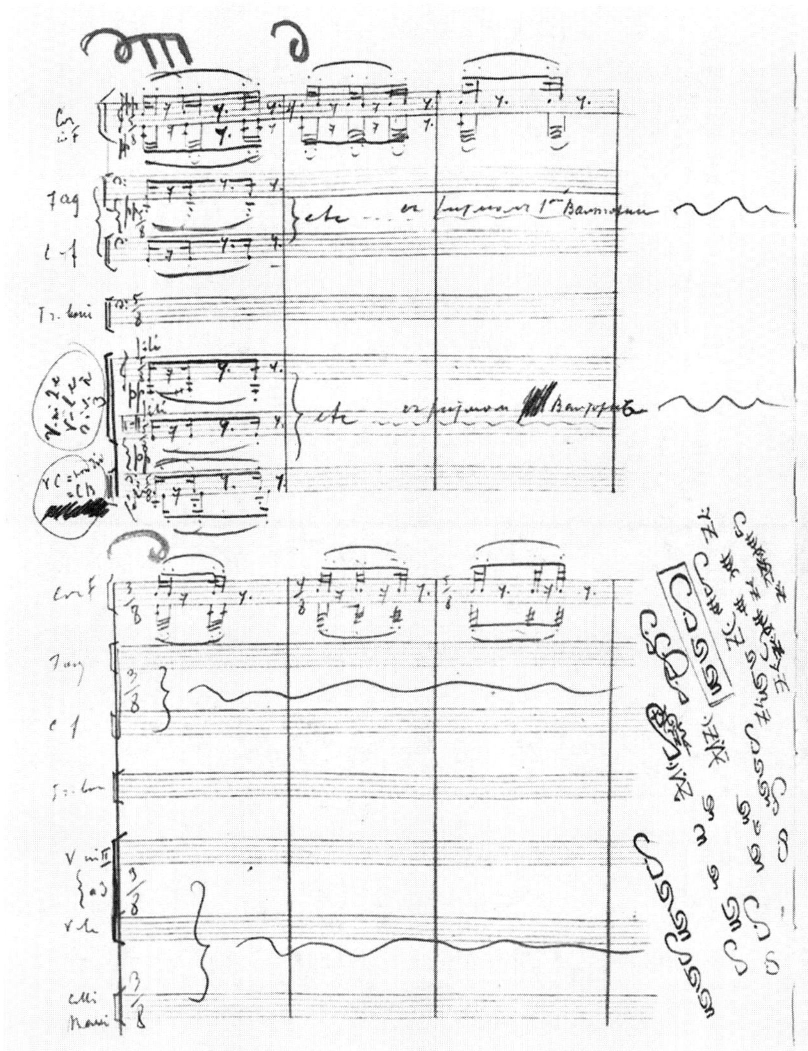

Figure 90a : *Esquisses du Sacre du Printemps*[9], *chiffres 149 à 152.*

9. Igor Stravinsky, *Le Sacre du Printemps, sketches 1991-1913*, Boosey and Hawkes, 1969, p. 90-91.

Figure 90b : *Esquisses du Sacre du Printemps, chiffres 149 à 152.*

Le passage qui nous intéresse, chiffré 149 à 167, constitue la partie B de la forme rondo [A – B – $A_{\text{1/2ton inférieur}}$ – C – $A_{\text{début}}$ – D – A’] de la *Danse Sacrale.* Stravinsky y développe une « mélodie de rythmes » basée sur la succession irrégulière de deux valeurs : [♪𝄾] et [♪𝄾𝄾]. Dans les esquisses du compositeur, ces deux valeurs rythmiques sont combinées par deux ou par trois et regroupées dans une mesure. On ne sait si ces groupements correspondent seulement à des coups d’archet ou à une intention compositionnelle réelle.

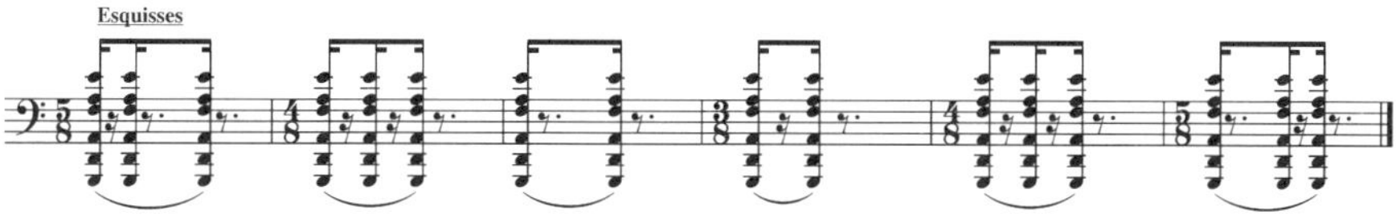

Figure 91 : *Écriture des groupements et de la métrique dans les esquisses.*

Dans l'autographe de 1913 et sa publication en 1921, les groupements sont préservés mais les mesures ont des métriques plus courtes et de deux sortes seulement (2/8 et 3/8, et non 3/8, 4/8 et 5/8), ce qui simplifie en particulier la battue du chef.

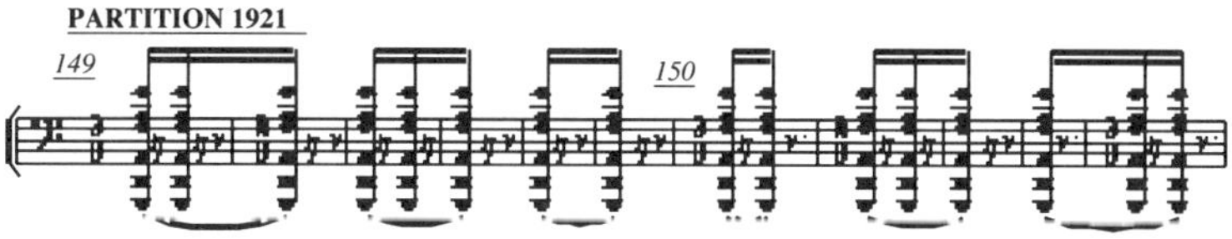

Figure 92 : *Écriture des groupements et de la métrique dans la partition de 1921.*

Dans ses corrections de 1943 [10], Stravinsky supprime les groupements et modifie les chiffres de répétition et leur placement :

Figure 93 : *Corrections de 1943 des groupements, de la métrique et du chiffrage* [11].

Ce passage de la *Danse Sacrale* suscita de nombreuses analyses. Dans le *Traité de rythme, de couleur et d'ornithologie*, Messiaen commence son explication de la technique des *personnages rythmiques* par l'analyse paradigmatique de cette partition singulière [12]. Son analyse se fonde sur une syntaxe rythmique binaire où A est un personnage commençant par la ïambe [♪♩] et B un personnage construit à partir de noires régulières, au besoin monnayées en croches. Cette syntaxe est assez semblable à celle qu'utilisera Boulez, certainement influencé par son professeur. Cependant, à la différence de Boulez, Messiaen ne tient aucunement compte des barres de mesure. L'analyse de Messiaen consiste plus à montrer ses propres techniques des personnages rythmiques que celles de Stravinsky :

> C'est une de mes découvertes préférées. Comme cela se passe dans beaucoup de découvertes, je n'ai fait que retrouver une chose qui existait en puissance sinon en fait [13].

10. *Microfilm R46.764* et *manuscrit 17.946* de la Bibliothèque Nationale, Paris.
11. Voir aussi Pieter C. van Den Toorn, *Stravinsky and the Rite of the Spring : the beginning of a musical language*, Oxford University Press, 1987, p. 52-53.
12. Olivier Messiaen, *Traité de rythme, op. cit.*, p. 93.
13. *Ibid.* p. 7.

Notons que Messiaen, connaissant certainement l'analyse de son élève, proposa une deuxième analyse, irréductible à la précédente, tenant compte des barres de mesure « *pour les esprits routiniers* » [14] et fondée sur une analyse en rythmes grecs [15].

Stravinsky demeure

En 1951, à l'âge de 26 ans, vraisemblablement influencé par son professeur, Pierre Boulez rédige une analyse brillante de plusieurs passages du *Sacre du Printemps*. Cette analyse fut publiée en 1953 dans le premier tome de *Musique Russe* (P.U.F.) et fut ensuite reprise dans les *relevés d'apprenti* sous le titre « Stravinsky demeure » [16]. Dans cette analyse, Boulez étudie en détail l'agencement sériel de cellules, notamment de cellules rythmiques, dans des passages tels que l'*introduction*, les *augures printaniers*, la *glorification de l'élue*, ou la *danse de la terre*.

Une des analyses les plus élaborées, qui n'occupe cependant que quatre [17] des soixante-dix pages de cette étude magistrale, concerne la combinaison de cellules rythmiques du passage incriminé de la *Danse sacrale* (ch. 149 à 167). Boulez y segmente en quatre cellules élémentaires, de façon sérielle, la succession de [♪𝄾] et de [♪𝄾𝄾] (que Boulez note ♪ et ♩), reprenant les groupements de Stravinsky de la version de 1921 (Boulez ne connaissait vraisemblablement pas la version de 1943) :

* 1 croche, une noire	ā3 : [♪♩] et son rétrograde ā3 [♩ ♪]
* 1 croche, 2 noires	ā5 : [♪♩ ♩], son rétrograde ā5 [♩ ♩ ♪], et le non rétrogradable a5 [♩ ♪♩]
* 2 croches, 1 noire	b̄4 : [♪♪♩], son rétrograde b̄4 [♩ ♪♪], et le non rétrogradable b4 [♪♩ ♪]
* 2 noires	c4 : [♩ ♩]

Figure 94 : *Vocabulaire employé par Boulez pour son analyse.*

Muni de cette syntaxe, Boulez segmente le passage en six périodes, justifiées perceptivement par le changement d'accords et de textures (période A : ch. 149; période B : ch. 154; période C : ch. 157; période D : ch. 159; point culminant et « *élimination de l'accord* » : ch. 161; période E : ch. 162; période F : ch. 165). Boulez segmente enfin chaque période en fragments selon le chiffrage de la partition dans sa version 1921.

14. *Ibid.*, p. 130 et 145.
15. *Ibid.*, p. 134.
16. Pierre Boulez, *Relevés d'apprenti*, *op. cit.*, p. 75-145.
17. *Ibid.*, p. 95 à 98.

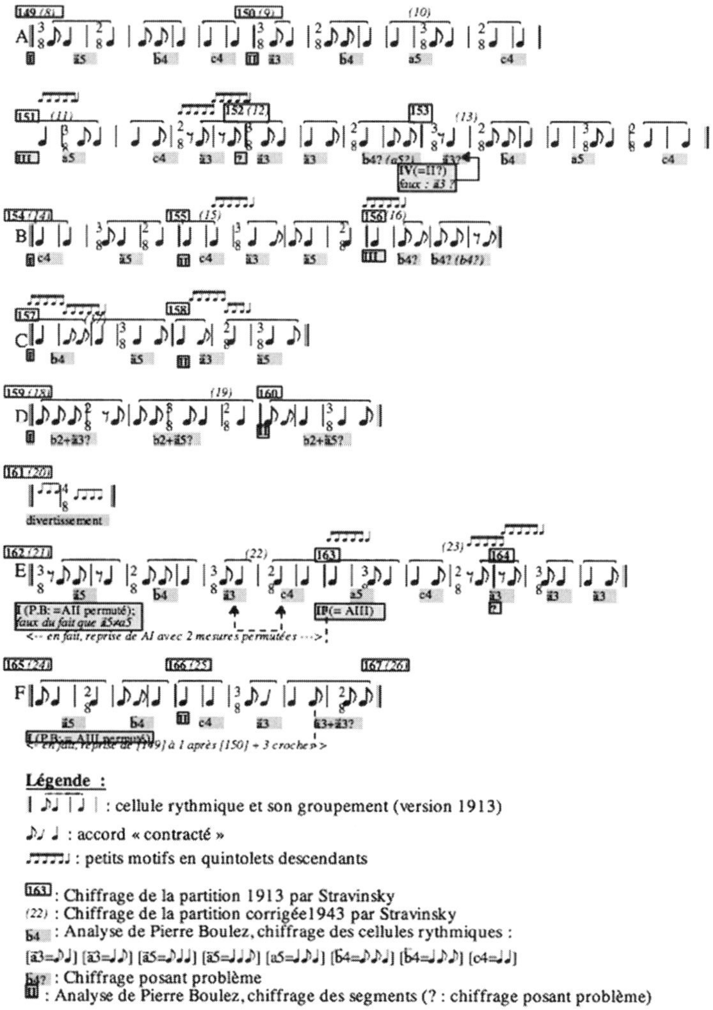

Figure 95 : *Analyse de la Danse Sacrale (ch. 149 à 156) par Pierre Boulez.*

Signes et figure remarquable

Dans son analyse, Boulez procède à quelques petits « arrangements » par rapport à la syntaxe qu'il s'est fixée : les chiffres 152 et 164 ne marquent pas de nouveau fragment afin de ne pas interrompre les groupements. Certains groupements de Stravinsky, qui ne correspondent à aucune des syntaxes établies par Boulez, sont réinterprétés : aux chiffres 159 et 160, les groupements [♪♪♩ ♪], [♪♪♪♩ ♩] et [♪♪♩ ♩ ♪] sont chacun fragmentés en deux cellules, respectivement [b2 + $\overleftrightarrow{a}$3], [b2 + $\overleftrightarrow{a}$5] et [b2 + $\overleftrightarrow{a}$5]. Au chiffre 153, [𝄾♩] est chiffré $\vec{a}$3, ce qui permet ensuite l'analogie entre A_{IV} et A_{II}. Au chiffre 156, [♩ ♪♪ ♪♩ ♪] devient $\vec{b}$4 + $\vec{b}$4 (et non b4). Au chiffre 166, le groupement [♩ ♪♪♪] est analysé comme $\overleftrightarrow{a}$3 + $\overleftrightarrow{a}$3 du fait du point d'orgue sur la dernière croche.

Il faut aussi noter l'importance que cette analyse, en particulier la segmentation, accorde aux barres de mesures et aux chiffres de répétition de la version 1921, reflétant la fidélité de Boulez, plus généralement la fidélité d'une génération et d'une époque, au signe. Messiaen comparera cette pratique à sa propre analyse du Sacre :

> J'ai eu, parmi mes élèves, des gens qui ne pouvaient admettre que les notes graves soient en dehors du rythme *[ceci concerne la première partie, le refrain, de la Danse Sacrale]*, qui ne comprenaient pas mon attribution des silences au son précédent, et qui tenaient compte des barres de mesure [18].

En apparence contradictoire, les arrangements qu'opère localement Boulez reflètent cette importance accordée aux signes, que ce soit ceux de la partition ou ceux de la syntaxe qu'il s'est choisie pour l'analyse : ces conciliations préservent le sens donné tant aux chiffres de répétition qu'aux groupements dans la partition puisque, d'une part, les incompatibilités locales entre ces deux niveaux de segmentation sont ignorées, d'autre part les groupements singuliers sont adaptés à la syntaxe que Boulez s'est créée.

Une seconde problématique concerne la notion de figure remarquable. Les adaptations syntaxiques et de segmentation permettent à Boulez d'obtenir de son analyse paradigmatique une figure géométrique symétrique et singulière [19] (figure ci-dessous, schéma de gauche), qui, sans les arrangements locaux et en conservant rigoureusement les mêmes syntaxes et grammaires d'analyse, perdent leur régularité visuelle (schéma de droite) :

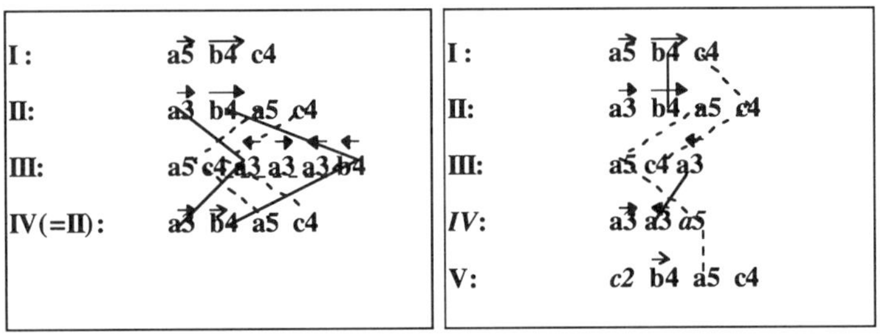

Figure 96 : *Figures issues de l'analyse de la première période (à gauche : version de Pierre Boulez avec arrangements ; à droite : version refaite sans arrangement).*

Supposons, à l'extrême, que la figure de gauche s'obtienne sans correction. Que deviendrait l'analyse de cette première période sans la présence de cette figure remarquable ? Une figure géométrique singulière valide-t-elle une analyse ? En 1928, le mathématicien, philosophe et économiste anglais Frank Ramsey montra qu'un ensemble d'objets suffisamment grand comporte au moins une structure régulière [20].

18. Olivier Messiaen, *Traité de rythme*, *op. cit.* p. 130.

19. Pierre Boulez, *Relevés d'apprenti*, *op. cit.*, p. 95.

20. Le théorème de Ramsey montre que toute suite de nombres aléatoire et suffisamment grande possède une sous-suite de nombres régulière en relation harmonique (la différence entre un nombre et le suivant est constante). Le théorème général de Ramsey stipule ensuite que tout ensemble suffisamment grand d'objets, unis deux à deux par une relation spécifique, contient nécessairement un sous ensemble d'objets tous couplés par la même relation.

En d'autres termes, on peut toujours faire apparaître une figure remarquable dans un texte comportant un grand nombre de signes, quel que soit leur type (représentations animales ou thèmes astraux dans le ciel étoilé, nombre d'or dans un annuaire téléphonique, dans la Bible ou dans des sonates de Beethoven, etc.). Cette recherche de figure remarquable en analyse musicale traduit une confusion : certes, une analyse est un éclaircissement interprétatif d'une œuvre dans un métalangage logico-textuel, c'est-à-dire par d'autres signes, interprétation qui débouche parfois sur des formalisations. Cependant, cette formalisation n'est pas un argument de validité ou de réfutation. Un chiffrage peut être « vrai » ou « faux » par rapport aux règles syntaxiques fixées, mais il ne constitue que le transcodage préliminaire à l'analyse et non son objet lui-même. La régularité d'un ensemble de signes ne devient intéressante que par ce qu'elle en dit musicalement. En d'autres termes apparemment tautologiques, le signe n'a de sens non par lui-même mais par le sens qui en découle.

Boulez demeure

Dans le cas de l'analyse de la *Danse Sacrale* par Boulez, l'intérêt est ailleurs. Notons tout d'abord que Stravinsky ne contesta jamais cette analyse, dont il prit peut-être connaissance dès sa parution en 1953, alors qu'il manifestait à cette époque un regain d'intérêt pour les techniques sérielles après la mort de Schönberg en 1951 (*Agon* [1954], *Canticum Sacrum* [1955], *Threni* [1958]). De plus, la question de savoir si Stravinsky a composé la *Danse Sacrale* en utilisant des procédures combinatoires inconscientes ou conscientes n'est pas celle que pose Boulez, comme il le précise lui-même dans son texte [21]. En terme d'analyse génétique, on peut aussi s'interroger sur la présence de symboles énigmatiques dans les esquisses et sur l'importance que Stravinsky accorde à ses groupements et aux chiffres de répétition dans les différentes versions du *Sacre*. Stravinsky écrit toutefois :

> Je n'étais guidé par aucun système quel qu'il soit dans le Sacre du Printemps. Quand je songe à d'autres compositeurs de ce temps qui m'intéressaient – Berg qui est synthétique (dans le meilleur sens), Webern qui est analytique et Schönberg qui est l'un et l'autre – combien leur musique paraît plus théorique que le Sacre ; et ces compositeurs étaient supportés par une grande tradition, tandis qu'il n'y a que très peu de tradition en arrière-plan du Sacre du Printemps. J'avais seulement mon oreille pour m'aider, j'entendais et j'écrivais ce que j'entendais. Je suis le canal à travers lequel le Sacre passait [22].

Boulez, en montrant l'existence de procédures sérielles au sein du *Sacre du Printemps*, réhabilite surtout le travail de Stravinsky dans ses propres recherches (« Stravinsky demeure »). Encouragée par les *Modes de valeurs et d'intensité* [1949] de Messiaen, la jeune génération du sérialisme généralisé cherchait en effet à justifier des procédures rythmiques équivalentes à celles utilisées pour les hauteurs. Alors que Stockhausen trouve une validation de la sérialisation des rythmes par une équivalence

21. Boulez, *Relevés d'apprenti*, *op. cit.*, p. 142.

22. Igor Stravinsky – Robert Craft, *Conversations with Igor Stravinsky*, Los Angeles, University of California Press, 1980, p. 147-148.

temps-fréquence[23], Boulez découvre dans le *Sacre du printemps* une inspiration pour son propre travail rythmique. En ce sens, l'analyse de la *Danse Sacrale* par Boulez propose un outil prospectif théorique important sur le rythme mais aussi un éclairage musicologique sur les œuvres de Boulez lui-même, notamment sur sa *Sonatine* [1949], qui reprend cette organisation en trois cellules rythmiques formant par combinaison un thème rythmique, ensuite développé par éliminations et permutations[24].

> La seule analyse que j'aie publiée, celle du Sacre, était liée à mes préoccupations de l'époque : je crois que Stravinsky n'a jamais pensé, en écrivant l'œuvre, aux permutations de valeurs que j'y ai trouvées et que je voulais y trouver. J'ai d'ailleurs dit, à l'époque, qu'une analyse ne pouvait réussir que si elle était subjective !

reconnaîtra Boulez une vingtaine d'années plus tard[25].

Une analyse informationnelle de l'écriture du temps

Comment analyser ce passage de la *Danse Sacrale* ? Peut-on analyser autre chose que les signes de cette partition, dont l'organisation semble dénuée de principe formel d'écriture ? Ce deuxième couplet de rondo, lui-même de forme ternaire, développe sans régularité apparente un thème rythmique dans un rapport de plus en plus présent de croches sur les noires jusqu'au point culminant (chiffre 161), avant une quasi-reprise. Au niveau mélodico-harmonique, un motif descendant de six notes apparaît de plus en plus fréquemment, à partir du chiffre 151, jusqu'au point culminant, accompagné d'harmonies stables de plus en plus aiguës, le tout en mouvement mélodico-harmonique contraire et convergent.

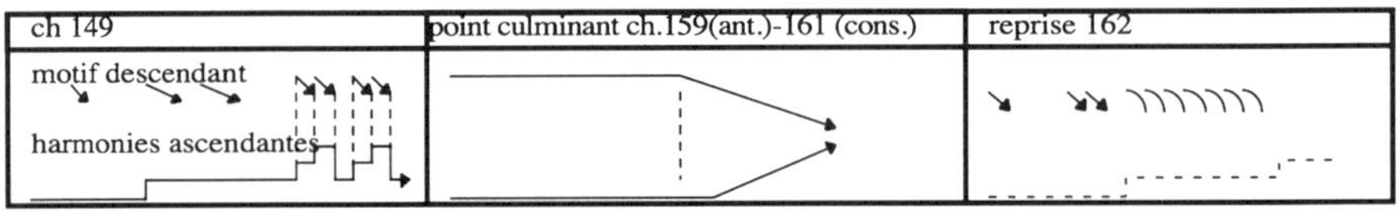

Figure 97 : *Mouvements mélodico-harmoniques contraires et convergents.*

Des accords « contractés »[26] servent parfois d'anacrouse et de relance de la séquence rythmique. Il semble néanmoins qu'aucune analyse systématique ne puisse totalement éclairer le passage (validation de l'analyse par la resynthèse). L'organisation de la séquence rythmique alternant croches et noires paraît aléatoire, complexe, c'est-à-dire peu compressible. C'est pourquoi les analyses existantes

23. Karlheinz Stockhausen, « … wie die Zeit vergeht … », *Die Reihe*, n°3, 1957, p. 13-42.

24. Julien Copeaux, *Une comparaison des analyses de la Danse Sacrale par Messiaen et par Boulez*, mémoire d'analyse du Conservatoire National Supérieur de Musique de Paris, 1998, non publié.

25. Pierre Boulez – Philippe Albera : « Entretien avec P. Boulez », propos recueillis par Philippe Albera, *Musiques en création*, Festival d'automne à Paris, 1989, p. 75.

26. Ces accords contractés sont notés en italique dans la figure 95, en petit dans la figure 98 et entre parenthèse dans la figure 105.

(Messiaen, Boucourechliev, Boulez, Copeaux, Set theory[27], van den Toorn, etc.), proposent chacune un éclaircissement singulier, subjectif et partiel.

Figure 98 : *Parcours harmonique de la Danse Sacrale.*

Tentons à notre tour une ébauche d'analyse interprétative inspirée par les théories de l'information, c'est-à-dire non pas en terme de structures organisées mais de perception d'une irrégularité dans un temps fléché et irréversible. La théorie de l'information fut établie en 1948 par le mathématicien Shannon, mais eut surtout des conséquences esthétiques en musique à partir des années 60 et 70, notamment auprès des compositeurs dits « répétitifs » (Reich, Riley, etc.) et l'« école spectrale » (Grisey, Murail, etc.), pour ces derniers à travers la lecture des travaux scientifiques d'Abraham Moles (anticipation et surprise) et de Prigogine (temps fléché et irréversible). Une analyse informationnelle pour Stravinsky n'est pas un total contresens : si les

27. Allen Forte, *The harmonic Organization of the Rite of Springs*, New Haven and London, Yale University Press, 1978, p. 114-120.

intentions compositionnelles de ce compositeur restent inconnues, Stravinsky est célèbre pour son plaisir de casser une règle, un processus, et de s'approprier et dérouter un matériau connu dans une vision « cubiste », que ce soit dans sa « période du Sacre », dans celle où il emprunte des langages divers (*Rag Music* de 1919), ou dans sa « période néoclassique » (la « fugue » du dernier mouvement de la *Symphonie en trois mouvements* de 1945).

Sur un plan informationnel, la répétition régulière d'une note reste le processus rythmique le plus naturel pour le psychologue Paul Fraisse[28], le plus prévisible pour Moles, et de complexité cognitive minimale au sens de Kolmogorov-Chaitin. De plus, à tempo lent, les pulsations métrique et minimale[29] d'une suite de noires régulières sont identiques à sa pulsation unitaire.

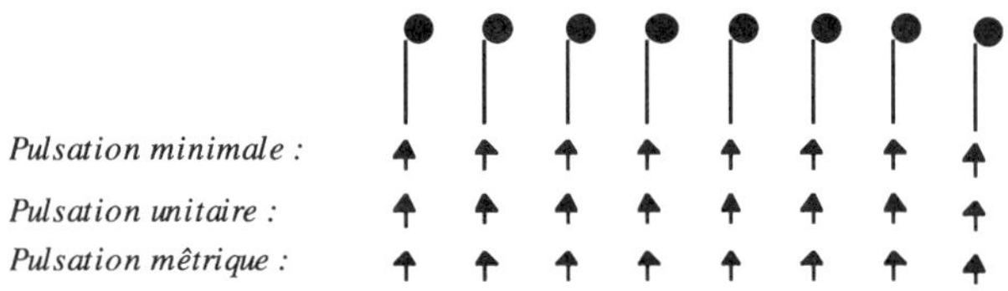

Figure 99 : *Lors de la répétition régulière de noires à tempo lent, les pulsations minimale, unitaire et métrique sont identiques.*

Considérons une perturbation locale et aléatoire de cette régularité par une valeur deux fois plus rapide :

28. Par exemple chez Paul Fraisse, *Psychologie du rythme*, Paris, P.U.F., 1974.

29. Dans leur *Théorie générative de la musique tonale* (*op. cit.*), Fred Lerdahl et Ray Jackendoff montrent que la perception du temps dans la musique classique occidentale s'appuie sur une stratification en différents niveaux d'articulation. Si l'on tente de regrouper ces diverses strates en trois catégories, un premier niveau serait la *pulsation métrique*. L'unité de cette pulsation est souvent égale, dans la pratique, à la durée minimale d'un cycle complet de temps faibles et de temps forts. La pulsation métrique est, plus théoriquement, l'unité de durée correspondant au plus petit multiple commun aux valeurs rythmiques utilisées. De niveau de subdivision intermédiaire, la *pulsation unitaire*, ou *métronomique*, représente l'unité de battue (le tactus par exemple). Niveau le plus subdivisé, la *pulsation minimale* correspond « grosso modo » à la plus petite valeur rythmique utilisée, ou, plus exactement, au plus grand diviseur commun entre les différentes unités de rythme.

Les psychoacousticiens s'accordent aujourd'hui sur l'existence dans la plupart des musiques de ce maillage cognitif qui facilite et oriente la perception des rythmes et des durées. Dans les faits, l'auditeur chercherait à évaluer une pulsation fondamentale, située entre la pulsation minimale et la pulsation métrique, afin de structurer sa perception cognitive. Dans cet objectif, l'auditeur chercherait inconsciemment la valeur critique qui partage les valeurs rythmiques de division (partition du discours) et les valeurs rythmiques de multiplication. Selon Christopher S. Lee (« The rhythmic Interpretation of Simple Musical Sequences : Toward a Perceptual Model », *Musical Structure and Cognition*, I. Cross et R. West (dir.), Academic Press Inc. Ltd, Londres, 1985), l'auditeur se fonde sur la recherche de temps forts et de temps faibles, ainsi que sur les pôles de régularité et de périodicité. Cette recherche correspond chez Lerdahl et Jackendoff aux lois *MWFR3* et *MWFR4*, et plus généralement aux lois MPR en ce qui concerne la musique tonale.

C'est donc la détermination i) des phénomènes de périodicité, ii) des « accents » (valeurs plus longues, accents rythmiques, valeurs coïncidant avec un retour de cycle de périodicité, etc.) et iii) du multiple de la pulsation minimale, qui induira l'auditeur dans la recherche de cette pulsation fondamentale, de « *tactus perceptif* ». Bien entendu, cette réduction des différents feuilletés perceptifs du temps en trois types, alors que les frontières entre les strates sont variables, reste simplificatrice.

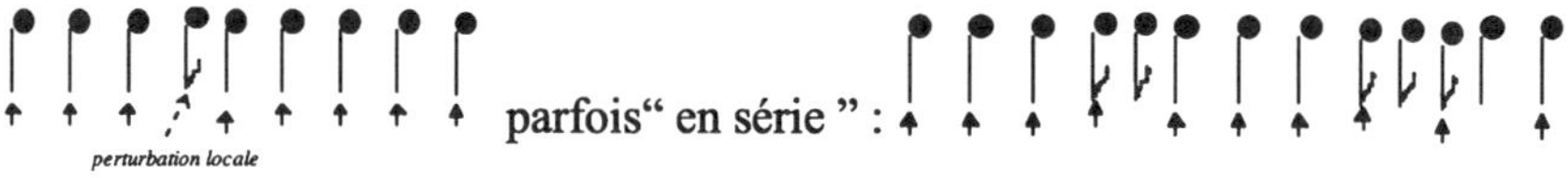

Figure 100 : *Perturbation d'une répétition régulière de noires à tempo lent.*

L'irruption de cette croche rompt la pulsation métrique mais également les pulsations unitaire et minimale, provoquant une surprise et un accroissement de la KC-complexité perceptive. Une métaphore simple de cette perturbation serait, par exemple, une roue crantée dont certaines dents seraient endommagées. A leur contact, le clapet glisserait, engendrant un bruit plus court. A ce premier niveau, le calcul de la densité « d'accidents » (que nous appellerons ici *densité chaotique*) par période montre qu'elle s'accroit avec la tension du discours :

Période	**Alternance des accidents**	**Densité chaotique**	**similitudes formelles**
Période A :	′2″3′1″2′4′4″2′1′2″2′3	37 %	
Période B :	2′5″3‴1′	39 %	
Période C :	1″2′1′2′	50 %	
Période D :	″1″″2″2′	64 %	
Point culminant	″″″′	100 % (=0%[29])	
Période E :	′2″1′4′4″2′	38 %	=[′2″1]+[′4′4″2′] issues de A
Période F :	′2″3′2‴	50 %	=[′2″3′] issue de A+{[2‴]} " *coda* "

(lecture : ′= un accident, ″ = deux accidents, ***4****= quatre pulsations fondamentales régulières)*

Figure 101 : *Calcul de la "densité chaotique"*

Il faut noter que l'irruption d'une croche est, à ce tempo lent, moins perçue comme un rythme que comme une perturbation des trois niveaux de pulsation qui rompt la stabilité du discours et l'accélère sous forme d'anacrouse informationnelle. La croche et la noire ne sont ici ni des signes abstraits comme dans l'analyse de Boulez, ni même deux valeurs rythmiques quantitatives dont l'une serait la moitié de l'autre.

Figure 102 : *Tension informationnelle que crée la croche dans une répétition lente de noires.*

Considérons maintenant deux matériaux caractérisés par deux anacrouses informationnelles différentes : l'élément [a] : [♪♩ ♩ …] et l'élément [b] : [♪♪♩ ♩ …] Cette segmentation rappelle l'analyse en personnages rythmiques de Messiaen. Toutefois, en termes informationnels, [b] est ici le signe décrivant une désinence informationnelle de [a] formant deux ruptures, d'une part la rupture de l'anticipation d'une pulsation régulière de noires, d'autre part la rupture de l'anticipation de la rupture d'une croche unique, c'est-à-dire de la répétition éventuelle de [a] (contrairement à [a], la pulsation métrique n'est finalement pas décalée dans [b]). En d'autres termes, [b] précédant [a] aurait eu un tout autre sens musical, beaucoup moins surprenant que la succession [a] [b], comme le fait Stravinsky.

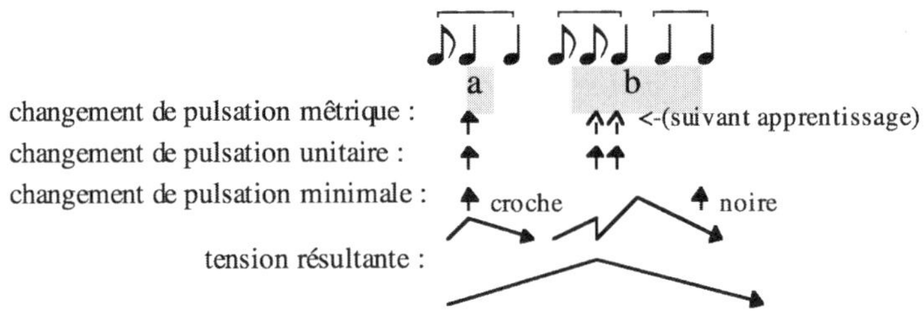

Figure 103 : *Tension informationnelle que crée le motif [b] à la suite de [a].*

Stravinsky utilise dans ce passage trois types « d'anacrouse informationnelle » : la croche (notée ↗), les motifs de quintolets descendants (notés ¬), généralement suivis d'une résonance, et les « accords contractés » (notés entre parenthèse : (↗)), parfois doublement contractés (chiffre 158).

La surprise naît généralement d'une anticipation déroutée[30]. Une fois exprimée la succession [a b], sa répétition reste une attente banale possible. Comment, pour Stravinsky, créer la meilleure « surprise de la surprise » ? La répétition modifiée de [a b], [a] étant écourtée d'une noire afin que la double rupture de [b] survienne antérieurement, devient alors une surprise efficace (ch. 150 : [♪♩ ♪♪♩ ♩]).

Ayant ensuite épuisé ces surprises de surprises par répétition modifiée, Stravinsky fait finalement intervenir d'autres anacrouses informationnelles telles que le motif de quintolet suivi d'une résonance au cor (ch. 151), la syncope (2 avant ch. 152), puis le double motif en quintolet avec résonance de trille (ch. 152), qui s'achève par un point culminant local aux timbales. La détente informationnelle par la reprise (ch. 153) prépare ensuite la surprise de la seconde période (accord plus large, irruption des premiers violons).

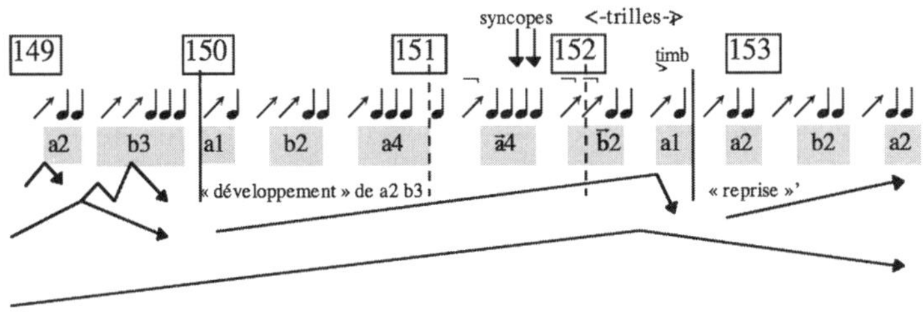

Figure 104 : *Interprétation informationnelle de la première période de la* Danse Sacrale.

Les principes de développement par anticipation contrariée exposés ci-dessus restent les mêmes sur l'ensemble du passage. Les secondes et troisièmes périodes font en effet surgir de nouvelles anacrouses informationnelles : accords contractés puis doublement contractés, trois croches successives, puis combinaisons de plus en plus denses de ces différentes anacrouses, jusqu'au point culminant du chiffre 161 (pulsation unitaire courte), que suit une reprise.

30. Surprise *par induction*, dite aussi *schématique*. Voir chapitre précédent.

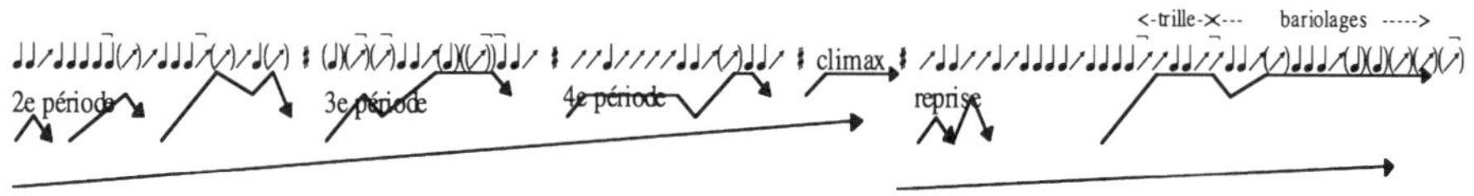

Figure 105 : *Description informationnelle simplifiée des autres périodes.*

On peut certes contester à une analyse de type informationnel la fragilité de la notion de surprise, qui disparaît par apprentissage, par exemple après plusieurs écoutes. C'est oublier que ces surprises se réfèrent à des mécanismes culturels et naturels quasi-permanents d'anticipation cognitive de haut-niveau, dites *surprises par induction* (voir chapitre précédent). Ici, Stravinsky utilise des objets musicaux d'aura relativement faible. C'est plutôt par une gestion optimale des attentes qu'il crée, finalement, un discours musical de forme optimale.

On peut également objecter qu'une analyse informationnelle ne s'attache pas à l'œuvre mais à sa seule réception (elle serait une *analyse esthésique inductive*, selon les catégories de Nattiez). Or, nous restons convaincus qu'un compositeur compose avant tout l'écoute. En d'autres termes, les stratégies formelles d'anticipation et de surprise restent au centre de la préoccupation du compositeur, particulièrement chez Stravinsky. En outre, l'analyse informationnelle de la *Danse Sacrale* est tout aussi immanente que celle de Boulez, proche du signe. En effet, les objets « anacrouses informationnelles » sont dans cette analyse, au même titre que les objets « chiffres de répétition » dans l'analyse de Boulez, des *representamen* symboliques qui renvoient à d'autres signes, et porteurs, après interprétation, de sens pour les conclusions de l'analyse (et une éventuelle re-synthèse de l'œuvre).

Enfin, on nous a reproché de n'avoir pas soumis les résultats de cette analyse informationnelle à un test sur échantillon d'auditeurs. Il est en effet courant de distinguer les analyses *immanentes* des analyses *réceptives*, ces dernières devant être accompagnées de sondages validant les résultats sur la réception des auditeurs. Les natures de ces deux types d'analyse sont pourtant les mêmes et leur distinction fragile. Dans les deux cas, il s'agit de la relecture dans un métalangage logico-textuel d'aspects d'une œuvre ou d'un phénomène musical par des auteurs qui émettent des intuitions et des hypothèses subjectives qu'ils cherchent à valider scientifiquement. Dans le cas de l'analyse dite *immanente*, les critères de scientificités seraient établis par la « propreté » du raisonnement inductif qui naît de l'écriture et de son *epistemé*. Pour l'analyse réceptive, la démonstration par test statistique de l'acception des résultats par d'autres personnes, généralement contemporaines à l'auteur et partageant des conventions similaires, ne ferait qu'établir un peu plus, comme le montre aussi Bourdieu[31], des résultats à l'epistemé souvent peu novatrice en montrant que « d'autres les ont aussi acceptés » (*paradoxe de Duhem*). La lourde méthodologie de validation est souvent incluse dans la proposition logico-textuelle qui porte le discours analytique. De plus, ce mode de validation refuse l'hypothèse relativiste en présupposant d'éventuels universaux de la perception, ce que nous contestons lorsqu'il s'agit de musique. Notre objectif d'analyse doit être clair : l'analyse a-t-elle un sens par les catégories

31. Pierre Bourdieu, Jean-Claude Chamboredon – Jean-Claude Passeron, *Le métier de sociologue*, Paris, Mouton Bordas, 1968.

nouvelles qu'elle propose, ou parce qu'elle décrit mieux ceux qui les partagent? Dans les deux cas, l'analyse est une réception d'un phénomène dans un métalangage logico-textuel, dont la valeur est de dégager de nouveaux sens, permettant une autre compréhension et réception de l'aspect de l'œuvre analysé. En d'autres termes, je ne dénie pas l'utilité pour d'autres de la perception subjective d'un compositeur sur cette œuvre.

DU SENS AU SIGNE, AU SIGNE, AU SENS : L'ANALYSE EST UNE TRADUCTION INTERPRÉTATIVE

L'analyse est donc à la fois une réception et une interprétation/création, menant du signe (musical) au signe (logico-textuel), puis du signe au sens. Elle porte à la fois les biais des transcodages menant d'un système de signes à un autre, et ceux des décodages menant du signe au sens. L'analyse est subjective et *ampliative* (les conclusions vont au-delà des données étudiées). Elle reste donc autant liée à l'auteur et au contexte de l'analyse qu'à l'œuvre analysée. L'analyse de Boulez comme l'analyse informationnelle de la *Danse sacrale*, par exemple, restent toutes deux tributaires des obsessions de leur époque, l'une se concentrant sur le signe graphique, l'autre s'obstinant sur la perception en tant qu'outil de création. Méthode de réception comme d'interprétation, une analyse peut donc présenter une valeur soit dans sa phase réceptive, soit dans sa phase créative. Les méthodes interactives qu'a élaborées Simha Arom en ethnomusicologie ont ainsi permis, grâce à leur rigueur scientifique, d'échapper à notre propre subjectivité (plutôt que d'atteindre une objectivité absolue) et de proposer de nouvelles compréhensions des répertoires d'Afrique Centrale. Sans posséder cette rigueur dans la phase de réception de l'œuvre, l'analyse du *Sacre du Printemps* par Boulez tire sa force et sa pertinence des outils opératoires prospectifs nouveaux qu'elle met en place.

En d'autres termes, l'analyse musicale n'est pas une discipline. Si on peut certes caractériser des méthodes telles que l'analyse schenkerienne, le chiffrage harmonique ou la Set theory, on ne peut définir un ensemble de méthodes propres à la discipline *analyse musicale*, méthodes indépendantes de celui qui la fait. L'analyse n'est donc qu'un discours sur la musique au-delà de la brisure du signe, discours plus ou moins scientifique, plus ou moins compressif, plus ou moins subjectif, plus ou moins créatif, dont l'utilité et la qualité résident uniquement dans le sens qui en découle et dans sa capacité à dépasser à la fois la description de la simple grammatologie logico-textuelle de l'écriture musicale et son propre logocentrisme.

ET MAINTENANT ?

(CODA PROSPECTIVE)

Ce n'est pas la théorie qui pense l'art, c'est l'art qui englobe la théorie en tant que fiction.

Denis Huisman, *L'esthétique*

CHRONIQUE DIURNE D'UN INSECTE NAGEUR

Bien avant d'être une réflexion théorique, la déconstruction des grammatologies du musical est une source d'inspiration. Cette attitude sur le matériau a très tôt accompagné mon travail de composition, même si elle restait à ses débuts instinctive, si ce n'est inconsciente. Ce n'est que bien plus tard que j'ai pu la comprendre. Loin de prétendre que ma musique incarne l'aboutissement d'une telle démarche (il faut dans le futur approfondir les grammatologies du son complexe), il me semble cependant nécessaire et honnête d'en donner quelques exemples afin de mieux éclairer cette approche et d'en montrer son caractère prospectif[1]. *Nous essaierons également, malgré la difficulté et la subjectivité de l'exercice, de problématiser l'activité de composition dans le double contexte actuel d'une défiance postmoderne envers les méthodes structuralistes et d'une certaine crise de l'écoute et de l'esthétique.*

NUAGES

Avant de verbaliser différents aspects de mon travail, tentons de le situer. Partagé entre son indépendance et sa présence médiatrice, un compositeur est un animal sensible aux flux et aux reflux de l'histoire des idées, anticipant ou remontant involontairement les courants d'espoir et de crise de son époque. Mes « grands-parents musicaux » avaient fêté leurs vingt ans au sortir de la deuxième guerre mondiale, dans la vague stimulante de la reconstruction. Tout était à repenser. L'atmosphère était centrifuge. La communauté des hommes, mue par une confiance renouvelée dans la rationalité occidentale et l'esprit universaliste des lumières, ce qui les conduisit en particulier aux méthodes structurales, exigeait de ses créateurs de réinventer selon ce paradigme et leur prêtait une attention soutenue. Les *trente glorieuses*[2] furent logocentriques, structurales, fécondes et inspiratrices, que ce soit artistiquement ou scientifiquement.

Mes « parents-compositeurs » ont célébré leurs vingt ans dans le sursaut de mai 68, qui allait involontairement, et paradoxalement, clôturer les trente glorieuses. Dans un esprit de décolonisation, de croissance persistante et d'utopie, ils ont contesté les valeurs de la génération précédente et ont en particulier interrogé les limites de la

1. Ce chapitre reprend en l'étendant l'article « chronique diurne d'un insecte nageur », *Filigrane n°4*, « Nouvelles sensibilités », Jean-Marc Chouvel (dir.), Paris, Delatour, II/2006.

2. Ce terme, inventé par Jean Fourastié, désigne dans le langage courant la période de croissance économique et démographique allant de 1945 à 1975.

pensée combinatoire occidentale, la pertinence objective des structures et les conditions culturelles et historiques de leur construction. Ces réflexions sur les opérateurs de la modernité occidentale posaient les premières pierres de la postmodernité. Leurs œuvres retournaient à l'objet dans une utopie collective demeurée toutefois universaliste, logocentrique et constructive. Certains choisirent l'empirisme, d'autres le minimalisme, la nouvelle simplicité, d'autres le physicalisme scientiste, d'autres un travail sur la réception, les répétitions, les attentes et les surprises, et d'autres, enfin, l'inspiration des folklores populaires ou extra-occidentaux.

Quant à ma génération, effectuons en premier lieu une simple observation arithmétique : vingt-cinq années de crise économique et de relativisation des systèmes la séparent de celle qui a entamé sa vie d'adulte dans les revendications estudiantines, comme vingt-cinq années de prospérité séparaient cette génération de celle des « 1925 ». Autre équidistance, moins remarquée : un peu plus de quarante années éloignent ma génération de celle de Boulez, Stockhausen et Ligeti, tout comme un peu plus de quarante ans les dissociaient eux-mêmes de Stravinsky, Berg ou Bartok ; à la différence qu'aucune guerre mondiale n'a, depuis 1945, interrompu le mouvement des idées. Ainsi, plutôt que de construire sur des tables rases, les compositeurs d'aujourd'hui semblent incités à quelque peu « prolonger » l'œuvre de leurs aînés. Autre trait marquant, ma génération a fêté ses vingt ans dans une atmosphère de chute du mur de Berlin et d'explosion du chômage, ce qui a indubitablement freiné certains créateurs dans leur conquête de nouvelles utopies.

L'époque actuelle semble elle-même caractérisée par deux traits dominants :

D'une part, sur le plan de la réception, la référence aux anciens comme incarnation d'une certaine modernité imprègne encore aujourd'hui le public et les institutions. Les « grands-parents musicaux », confirmés après la guerre dans leur rôle de « révolutionnaires de la musique classique et romantique », avaient créé la *musique contemporaine* ; les parents l'avaient ensuite consolidée, proposant quelques variantes dans une opposition plutôt conciliante. « *Faites de la musique contemporaine* » (si ce n'est de la musique du XXᵉ siècle) semblent aujourd'hui insister les journalistes, les ensembles dédiés ou les programmateurs. « – *Et si je préférais composer de la musique d'aujourd'hui ? (mais quelle est-elle ?)* ».

D'autre part, en ces temps de crispation des repères et des utopies, on semble assister à un repli sensible de l'écoute politique et artistique de l'altérité, à une crainte intellectuelle et politique grandissante de penser l'avenir, et à un retour de normes et de références anachroniques présentées comme salutaires. La modernité avait acquis dans le siècle passé ses références, le bon métier également. Entre Boulez et Chostakovitch, nous suffirait-il aujourd'hui de choisir ?

La génération des moins de cinquante ans, celle qui travaille au XXIᵉ siècle, offre pourtant, il me semble, une esthétique propre, même si elle s'inscrit plus clairement dans des références passées et ne semble pas présenter d'unité médiatisable (table rase et médiatisation ayant certainement été les deux principes de sociologie esthétique inventés par le XXᵉ siècle). Il me semble personnellement, avec quelques autres, avoir hérité de mes « grands-parents musicaux » la volonté de construire de nouvelles grammaires et partager avec mes « parents-compositeurs », dans le même temps, le rêve d'élaborer de nouveaux concepts allant au-delà du signe et de la pensée analytique. Cependant, en cette époque dite « postmoderne », un trait relativement commun à certains compositeurs de ma génération, et que l'on observe plus rarement dans les générations précédentes, reste la méfiance envers les notions de progrès stylistique auxquelles sont préférées celles de sincérité et d'originalité, et la défiance envers les notions d'universels de la perception auxquelles sont préférées celles de conventions culturelles d'écoute à interroger et à déconstruire. Je préfère ainsi, personnellement, les paradoxes aux formes et processus trop démonstratifs.

Je ne crois donc pas que nous soyons aujourd'hui confrontés à un individualisme et à un relativisme qui ne mèneraient nulle part. Lyotard caractérisait l'ère technologico-moderne des années 50 à 70 comme une tentative de normer par des métadiscours scientifiques et politiques ce qui est vrai et ce qui est juste [3], auxquels on adjoindrait ce qui est beau, ou tout du moins ce qui possède un sens esthétique. Dans la remise en cause d'une certaine « téléologisation de l'art », l'individualisme et la recherche de la singularité deviennent alors nécessaires, non comme refus de l'histoire, mais comme possibilité de dissonance et de liberté.

FÊTES

Avec peine, je dois tenter d'être plus précis sur ma propre démarche. Il est pourtant difficile pour un artiste d'être à la fois insecte et son propre entomologiste, même pour celui dont la plume (organe inhabituel chez les insectes) est volubile. Les obsessions musicales d'un compositeur appartiennent au non-dit sémantique et au domaine du choix plutôt qu'à celui de la contrainte. La forme sonate n'a-t-elle pas été explicitée quand elle n'intéressait plus les créateurs ?

De plus, mon propre travail compositionnel se concentre avant tout sur des catégories ineffables de la musique, des paradoxes de l'analytique et de la perception, et des doubles- et contre-sens, qu'il est délicat d'expliciter dans un métalangage logico-textuel clos par sa propre logique.

Mais plongeons.

Inflexions musicales et procédures ineffables

C'est certainement à la lecture de Jankélévitch, il y a maintenant quinze ans, que j'ai pu commencer à me retourner sur mon cheminement et à en comprendre certaines motivations. J'ai en effet découvert, à travers ses écrits, que ma démarche n'était pas indépendante de mon histoire personnelle, familiale [4] et environnementale.

---

3. Jean-François Lyotard, *La condition postmoderne*, Paris, Minuit, 1979, p. 20.

4. À l'issue de la deuxième guerre mondiale, beaucoup de familles françaises juives intégrées, c'est-à-dire profondément laïques et républicaines, furent incitées, parce que la collaboration et les exterminations les avaient stigmatisées, à se réinterroger sur leur identité. Certains épousèrent un communautarisme religieux artificiel que leur parents auraient dénigré, d'autres s'engagèrent en art ou en politique afin de bâtir de nouveaux mondes, d'autres, comme Jankélévitch, rejetèrent violemment la plupart des héritages germaniques (notamment la priorité donnée à la culture sur la civilisation) pour entamer une recherche philosophique originale sur l'humanisme et l'altérité, et d'autres, enfin, – ce fut le cas de ma famille –, traduisirent les leçons de la tragédie en une croyance dans la connaissance, la rationalité et l'humanisme, en une nécessité vitale de se réconcilier avec l'Allemagne, mais également en une grande sensibilité envers les cultures non occidentales et une certaine défiance envers les systèmes qui écoutent peu leur corps et leur cœur. Mon choix de la classe de Gérard Grisey au Conservatoire de Paris et mes intérêts

L'acte de composition serait-il une thérapie involontaire ? Ma méfiance relative envers les systèmes trop analytiques ne date d'ailleurs pas de mon entrée au Conservatoire. Je me souviens, alors que j'étudiais les mathématiques, avoir partagé quelques pensées naïves et exaspérées contre une utilisation excessive des techniques combinatoires sur les signes, par exemple contre les techniques sérielles (pour lesquelles je ne saisissais alors ni les implications esthétiques, ni ce que des compositeurs comme Webern ou Berg en avaient brillamment extraits). Cette distance envers les systèmes musicaux trop directement issus de réflexions analytiques sémantisables ne se transforma que tardivement en des propositions esthétiques réellement constructives.

Ce n'est qu'à partir de 1996 que j'ai cherché à traduire musicalement et consciemment la notion *d'inflexion musicale*, c'est-à-dire une tension musicale où l'action resterait sensible, mais non intelligible, non analysable, et en particulier non réductible à une transformation fonctionnelle sur l'un ou l'autre des paramètres du musical. Il s'agissait, en d'autres termes, de construire des *presque rien* et des *je ne sais quoi* musicaux. Dans ce but, je transposais instrumentalement un principe acoustique associé au fonctionnement des échantillonneurs, liant dans un même rapport la fréquence de transposition et la vitesse de pulsation. Cette technique a également été employée par Karlheinz Stockhausen (*Mantra, Kontakte*) [5], avec pour objectif que la différenciation sérielle des hauteurs se reflète dans celle des rythmes. Dans ma musique, ce principe permet au contraire de brouiller l'origine paramétrique d'un phénomène. Une variation infime de hauteurs, par exemple une transposition d'un quart de ton d'un élément, est systématiquement accompagnée d'un changement de même ordre sur les autres paramètres, par exemple une modification infime et dans le même rapport de vitesse de la répétition rythmique de cet élément. L'accumulation et le nombre de ces inflexions minimes appliquées à tous les paramètres créent ensuite, théoriquement, une tension sans que l'on en perçoive la cause analytique.

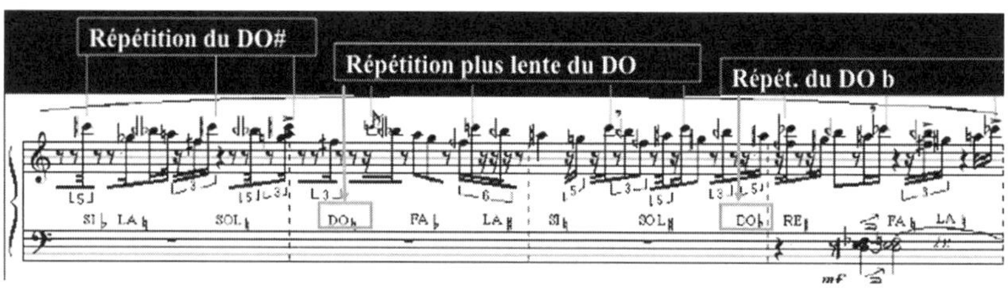

Figure 106 : *Technique d'« inflexion musicale transparamétrique ». Extrait de* Les deux ampoules d'un sablier peu à peu se comprennent *[1996], pour harpe solo amplifiée (éditions Billaudot).*

Cette technique a été utilisée pour la première fois dans une œuvre pour harpe solo, *Les deux ampoules d'un sablier peu à peu se comprennent* [1996], pièce quelque peu austère, mais qui représente une étape importante dans mon travail, un « degré zéro » de mon écriture actuelle. Cette œuvre comportait d'ailleurs d'autres paradoxes

futurs pour les musiques des autres cultures ne sont certainement pas étrangers à cet environnement familial.

5. Karlheinz Stockhausen, « Wie die Zeit vergeht », *op. cit.*, p. 13-42.

sur l'analytique : des jeux sur des intervalles quasi-identiques mais différenciés microtonalement; un instrument détourné sonnant « exotique » et démultiplié en une myriade d'instruments élémentaires; et, comme dans de nombreuses œuvres qui suivirent, une inadéquation entre la structure analytique observée sur le papier (ici une structure tripartite) et la forme perçue (un glissando continu paradoxal inspiré de celui de Jean-Claude Risset, à qui la pièce est dédiée).

Illusions sur l'unité et ses multiples, cross-rhythms

Les pièces qui suivent, généralement écrites pour musique de chambre ou petit orchestre, avec ou sans électronique, ont repris et étendu ces paradoxes sur l'analytique par l'emploi de techniques particulières d'instrumentation, de contrepoint et de mise en relation paradoxale entre détail et totalité.

Dans les contrepoints de la musique occidentale de tradition écrite, la superposition des différentes voix est souvent liée à son écriture. Un quatuor à cordes classique, par exemple, est généralement écrit à quatre voix, chacune étant allouée à l'un des quatre instruments du quatuor et transcrite sur quatre systèmes. Les façons de conduire les voix, de la fugue baroque aux techniques d'orchestration de Schönberg, sont souvent construites sur un principe de confrontation de voix distinctes, accumulées et de poids équivalents. Dans les musiques de tradition orale présentant un niveau élevé d'organisation contrapuntique, la contrainte de la partition disparaît et les différentes voix se distribuent généralement plus subtilement parmi les différents musiciens. Dans les musiques pour trompes des Banda Linda de Centrafrique ou dans le répertoire pour clarinettes *Tule* des Indiens Wayâpi de Guyane, chaque aérophone ne joue qu'une hauteur à l'intérieur de lignes rigoureuses et complexes, distribuées à différents musiciens, lignes dont l'intérêt se situe au niveau de la totalité. Dans les chants polyphoniques des pygmées, le nombre des voix musicales est indépendant du nombre de chanteurs et chaque musicien interprète des cellules motiviques élémentaires qui ne s'entendent pas en tant que telles mais s'agencent comme des pierres finement sculptées à l'intérieur d'une mosaïque complexe.

Dans mon quatuor de saxophones *Durch, in memoriam Gérard Grisey* [1998], comme dans la plupart des œuvres qui lui succèdent, la musique n'est jamais la somme de ses parties. Selon le degré de focalisation de l'audition émerge d'abord une figure homogène d'un seul tenant et en perpétuelle évolution, construite à partir de surfaces harmoniques fusionnées[6]. À un degré de focalisation perceptive plus fine, la figure devient une mosaïque constituée d'instruments élémentaires simples agencés régulièrement. Au niveau le plus fin, chacun de ces instruments élémentaires laisse paraître une identité propre caractérisée par une granulation sonore autonome ciselée par l'écriture et les modes de jeu, au sein d'une ligne mise en perspective par un contrepoint dense de couleurs, de rythmes et d'espace.

6. Pour atteindre la fusion harmonique donnant une couleur d'ensemble, j'emploie généralement des techniques spectrales personnelles, en allant chercher dans le haut du spectre des partiels ayant entre eux des relations particulières : rapports deux à deux identiques, partiels premiers (voir le « postlude » du chapitre « de quoi la consonance est-elle le nom ? », p. 197).

L'interprétation de l'œuvre est analogue à son écriture : chaque interprète doit se décomposer en de nombreux instruments virtuels élémentaires (un peu comme ces jeux d'enfant où il faut simultanément frapper d'une main une partie de son visage et frotter de l'autre son abdomen, puis alterner). Dans le même temps, chacun de ces instruments virtuels élémentaires doit être d'intonation et de morphologie identiques pour chacun des quatre interprètes. La réalisation instrumentale de ce genre de techniques est donc ardue, exigeant des interprètes une grande agilité, et d'un rendu délicat. Elle se concentre à la fois sur la précision des petits objets et sur la fusion de l'ensemble. Je suis très reconnaissant aux différents interprètes qui acceptent de réaliser ces jeux de décoordination véloce.

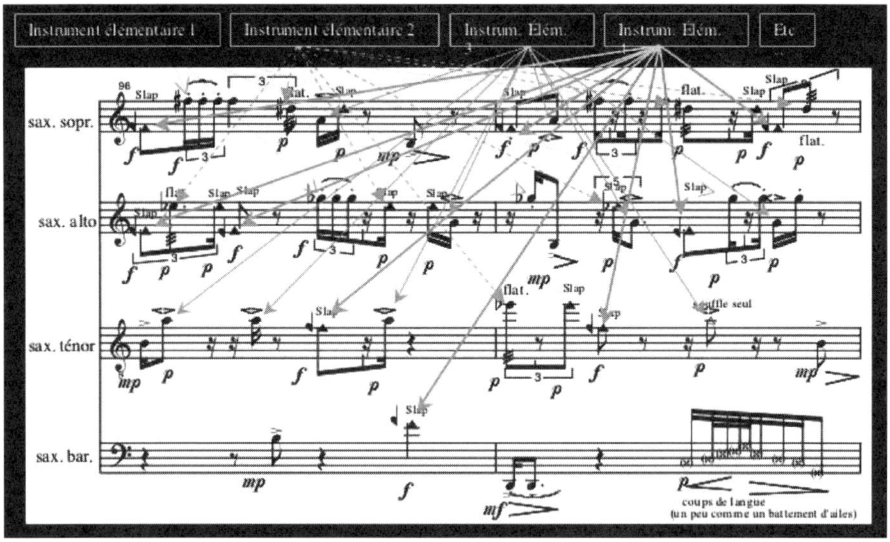

Figure 107 : *Durch, in memoriam Gérard Grisey [1998], pour quatuor de saxophones, (mes. 96-97, partition en sons réels, éd. Billaudot). Chaque instrument joue une multitude d'instruments virtuels élémentaires. Chaque instrument élémentaire trace une ligne partagée entre les quatre instruments réels.*

Dans *Hérédo-ribotes*, pour alto solo et cinquante et un musiciens d'orchestre [2001], cette technique atteint un certain paroxysme, puisque l'alto n'est jamais un soliste confronté à un orchestre mais tantôt un ensemble de plusieurs instruments virtuels élémentaires, tantôt l'une des composantes d'une mosaïque plus large formée par les cinquante et un instrumentistes de l'orchestre, tous solistes, si ce n'est plus (chaque instrumentiste de l'orchestre se décomposant lui-même en plusieurs instruments élémentaires). Cette technique est également intensivement employée dans *Tre volti del volubile Ares*, pour orchestre professionnel d'harmonie [2006], ou dans les pièces solistes où l'instrumentiste se décompose en différents instruments virtuels élémentaires (*L'air d'ailleurs-bicinium* [1997] pour saxophone alto et bande, *Lexèmes Hirsutes* [2007] pour violoncelle solo, *à peu près de* [2010] pour deux trompettes).

Figure 108 : Tre volti del volubile Ares *pour orchestre d'harmonie, version pour 27 musiciens* (I- Inno*, mes. 12-16, éd. Ricordi Munich, 2006). Chaque musicien est soliste et les instruments virtuels élémentaires se répartissent parmi les musiciens.*

Plus généralement, la plupart des « matériaux de surface » utilisés dans mes œuvres tentent d'intégrer cette écoute paradoxale entre la perception d'une construction interne structurée et ciselée, qui excite l'oreille analytique, et l'écoute d'un rendu global fusionné en évolution continue, un peu à l'image d'un crépi dont on ne sait s'il faut en distinguer chacune des nervures ou en contempler la texture globale. Mon souhait est de créer une perception paradoxale, cognitive et intermédiaire, située entre différentes pratiques d'écoute.

Illusions polyphoniques, canons de Vuza

Des formalismes scientifiques complexes sont parfois employés pour nourrir d'autres paradoxes sur les notions de contrepoint et de polyphonie. Dans *Coïncidences* [1999] pour ensemble de trente-cinq solistes, dans la pièce *Pour la classe* du cycle de pièces pédagogiques *Où niche l'hibou* [2001], ou encore dans *Soliloque sur [x, x, et x]*, pour ordinateur en temps réel [2002], est utilisé un procédé contrapuntique singulier, le *canon de Vuza*, que j'ai découvert grâce aux travaux du théoricien Moreno Andreatta[7]. Les canons de Vuza, du nom du mathématicien roumain Theodor Vuza, sont des canons rythmiques parfaits, pour lesquels la superposition des différentes voix rythmiques n'implique ni superposition verticale de deux notes issues de deux voix différentes, ni espace vide. L'imbrication des voix est donc complète et complémentaire, ce qui induit que le pavage est *parfait*, au sens mathématique. Ce type de canon encourage une écoute paradoxale, puisque l'oreille analytique entend initialement différentes entrées polyphoniques d'un même motif rythmique, mais perçoit, lorsque toutes les voix sont entrées, une ligne monodique unique.

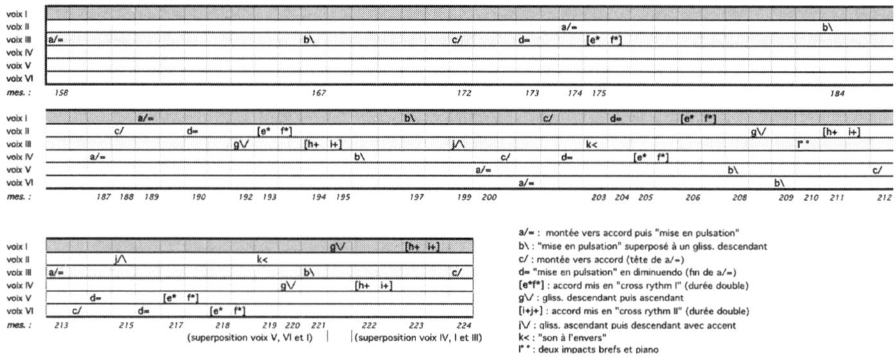

Figure 109 : *Plan du canon de Vuza dans* Coïncidences *[1999], pour ensemble de 35 solistes (mes. 158 à 226, ed. Billaudot). Le canon est à six voix rythmiques identiques (voix I à VI). Chaque colonne représente trois temps et chaque lettre symbolise un geste musical. Lorsque toutes les voix sont entrées, leur polyphonie génère paradoxalement une ligne monodique, sans superposition ni espace vide.*

Composer le son, déconstruire la notion d'œuvre finie

La graphémologie musicale traditionnelle semble aujourd'hui en crise. Toutefois, il manque encore, il me semble, une notation musicale de substitution offrant à la fois une représentation suffisamment détaillée du « son complexe » (comme le permettent déjà les représentations sonographiques du signal) et qui fournisse une abstraction symbolique et une fonctionnalisation de haut niveau permettant d'imaginer des grammatologies aussi complexes que celles imaginées en musique instrumentale, et non des assemblages intuitifs faisant uniquement confiance à une oreille locale. Les outils commencent à exister[8], mais les interfaces font encore défaut et il est surprenant que, plus de quarante années après les paradoxes de Jean-Claude Risset, aucune

7. Moreno Andreatta, *La Théorie Mathématique de la musique de Guerino Mazzola et les canons rythmiques*, Mémoire de DEA, Paris, Université Paris IV, EHESS-Ircam, 1999.

8. Il manque encore des descripteurs subtils du son complexe, permettant par exemple de le resynthétiser, et également de le représenter mentalement et paramétriquement, condition de la composition. A noter la librairie *Chroma* du logiciel *Open Music*, développée par Marco Stroppa et Jean Bresson, très prometteuse.

interface autre qu'une programmation fastidieuse en code ne propose des outils avancés de composition grammatologique du son. À défaut de ces interfaces d'avenir, les compositeurs doivent aujourd'hui improviser des solutions limites : utilisation de sons bruités et inharmoniques produits par des instruments acoustiques non conçus initialement pour les produire, effets complexes obtenus par orchestration, musiques mixtes, techniques de collages.

Soliloque sur [X, X, X et X][9], *commentaire par un ordinateur d'un concert mal compris de lui* [2002], est en partie né de ces constats. *Soliloque sur [X, X, X et X]* n'est pas à proprement parler une œuvre, mais plutôt une méta-œuvre que l'ordinateur génère en temps réel à partir d'extraits des autres pièces du concert. Ceci signifie qu'à chaque concert, l'œuvre produite est différente et unique, non seulement parce que le matériau constituant cette mosaïque est formé du souvenir des sonorités des autres pièces, mais aussi parce que l'organisation de cette mosaïque, c'est-à-dire l'algorithme engendrant la pièce, est elle-même composée en fonction des valeurs de certains paramètres musicaux calculées par une analyse acoustique des échantillons. À chaque réalisation, la « partition » et les « instruments » de cette méta-œuvre électronique sont renouvelés.

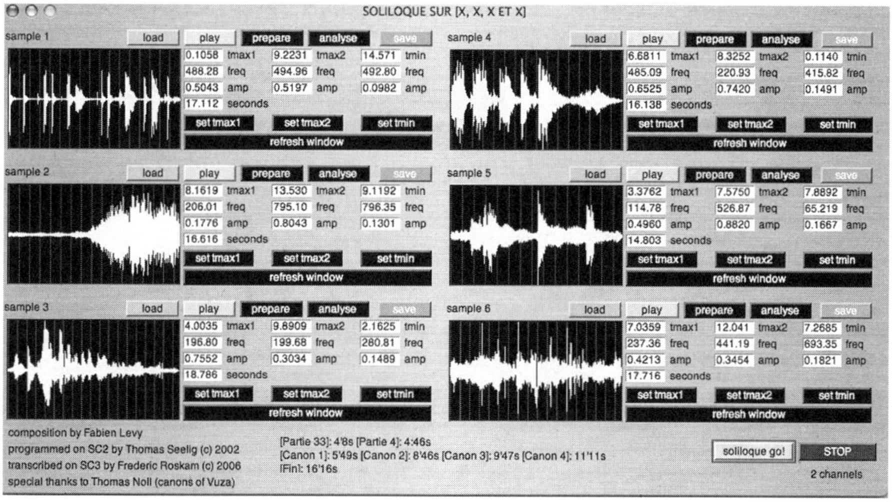

Figure 110 : *Interface utilisateur de* Soliloque sur [X, X, X] *avec les six échantillons issus d'autres œuvres jouées au même concert et, pour chacun d'eux, les données de l'analyse permettant de créer l'algorithme de réalisation.*

Ce projet d'une méta-œuvre m'a permis de développer plus avant, et de façon abstraite, des techniques de composition de haut niveau symbolique issues non d'une grammatologie sur le signe traditionnel mais sur le phénomène sonore. Les procédures en temps réel de déclenchement et de transformation des échantillons agissent non pas sur des hauteurs mais sur des objets sonores, non pas sur des rythmes mais

9. Les « X » du titre doivent être remplacés par les prénoms des autres compositeurs joués au même concert : *Soliloque sur Ludwig van, Igor, Karlheinz, Salvatore et Orlando.* L'application permettant d'écouter cette pièce est librement téléchargeable sur Internet :
http://www.fabienlevy.net/Compositions/SOLILOQUE.html.

sur des positions de lecture et des durées, non pas sur des intervalles mais sur des vitesses de lecture, non pas sur des nuances mais sur des intensités, des filtrages et des effets d'espace. Ces procédures sont entièrement déterministes [10] et dépendantes des échantillons. Autre détournement des catégories classiques, *Soliloque* est à la fois une composition dans le sens où la méta-structure abstraite est relativement fixe, où les possibles sont contrôlés par le compositeur, mais également une méta-composition ouverte, dans le sens où la réalisation est à chaque fois différente et interprétée par le contexte (ce qu'une « écriture » sur ordinateur permet de réaliser, contrairement à la fixation sur papier).

Déconstruire pour composer

Dans *Pour Orchestre* [2008], j'ai tenté de repenser l'objet historique « orchestre » : comment cet objet singulier, inventé fortuitement par Lully en 1664 à l'occasion des *plaisirs de l'Isle enchantée*, en analogie avec les formes de pouvoir de son roi soleil (création d'un chef « silencieux » coordonnant ses sujets, sujets qui restent disposés selon une géographie et une hiérarchie strictes, mouvements synchronisés des archets) a-t-il subsisté à toutes les révolutions et autres tables rases [11] ? En quoi cette géographie particulière (cordes devant et en masse, percussions derrière [12]) influence-t-elle l'orchestration et limite-t-elle la précision rythmique ?

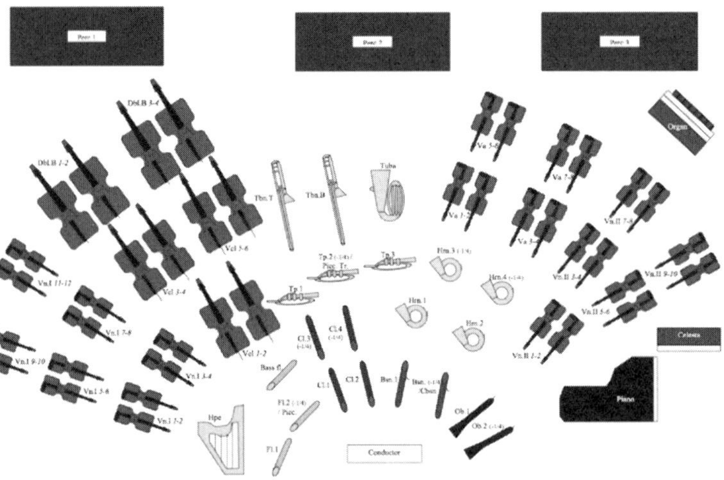

Figure 111 : *Disposition instrumentale dans* Pour orchestre *(2008, Ricordi Munich). Les cordes sont placées derrière les vents.*

10. La « partition » informatique déclenche au total plusieurs centaines de procédures symboliques agissant sur les différents échantillons.

11. La révolution française, le renouveau de l'opéra, l'impressionnisme, l'expressionnisme, le néo-classicisme ou la table rase de 1945 ont chacun fait évolué l'orchestre en taille, en disposition par rapport à la scène et en proportions internes, mais aucun de ces événements historiques ne l'a, paradoxalement, aboli.

12. Les orchestres de Gagaku placent au contraire les percussions devant, les quelques instruments à son non-entretenu immédiatement derrière et les instruments à son entretenu à l'arrière plan, afin de favoriser la perception des attaques avant celle des « ombres du son » et des hétérophonies.

Ces méthodes de déconstruction comme démarches préliminaires inspiratrices pour la composition ne sont pas des exercices déguisés de musicologie mais une approche personnelle instinctive, parfois inconsciente, du matériau. A partir du moment où l'objet est sous observation, j'aime le distordre volontairement mais indiciblement, et lui demander : « qui es-tu ? d'où viens-tu ? ». Ces interrogations débutent souvent avec l'instrument lui-même : qu'est-ce qu'un violoncelle (et le violoncelliste qui le joue) ? Est-ce que deux trompettes sont réellement deux trompettes ? Quel est le rapport entre un saxophone et une bande magnétique ? « *Fabriquez votre instrument* » conseille Lachenmann.

Sirènes

Les environnements politico-culturels sont devenus, pour l'artiste, inertiels, si ce n'est centripètes. Il paraît nécessaire, individuellement, de s'en libérer. Nos aînés avaient profité de la curiosité et du soutien des politiques [13] et du public pour ce qui était artistiquement innovant. Bien que les curiosités se soient émoussées, ce statut d'artiste public, moderne et visible dans la cité reste encore, pour certains artistes, notamment en France [14], un modèle. Il semble que l'on revienne pourtant à des modes d'activité artistique similaires à celles qu'avaient connu Varèse, Bartok ou Webern, plus isolés dans leur travail de franc-tireur. Pour les artistes qui croient encore à cette époque glorieuse de soutien public, en d'autres termes pour ceux qui cherchent à affirmer un nom et un statut autant que des œuvres, la survie culturelle et institutionnelle astreint à des attitudes sociologiques diverses mais symptomatiques d'une époque en crise : discours a-musicaux cultivés et parfois faciles ; mise en exergue de titres, d'appartenances ou de compétences musicales ; figure d'artiste cultivé et de bonne compagnie ; scientisme ; etc. Ces positions sont parfois accompagnées de stratégies musicales d'allégeance : musiques grises sonnant « contemporaine » ; musiques lointainement modales, au son propre, éventuellement légitimées par des héritages déclarés (on se fait redevable de la « sérialité », de la « spectralité », de Xenakis ou de la « néo-tonalité ») ; copie de style ; musique composée « pour » festival ou concours. On ne crée alors plus pour vivre sa vie d'insecte et chatouiller l'oreille, mais pour conforter un sentiment d'appartenance ou de distinction, ce qui permet certes de

13. L'intérêt était réciproque. De Gaulle et Pompidou avaient compris, comme nombre de gouvernants du passé, que la culture pouvait devenir une arme de propagande à faible coût pour l'image extérieure d'un pays.

14. La France reste l'un des pays occidentaux les plus centralisés, où le jugement de l'autre s'appuie largement sur des instances de délégation comme les diplômes ou les avis experts. Une des révolutions humaines les plus importantes est, j'en suis de plus en plus convaincu, l'invocation de Martin Luther à ce que chacun se fasse sa propre idée du Livre. L'environnement français en paraît encore loin (certainement du fait du système éducatif), déléguant trop souvent les jugements à des experts et autres notables, nécessitant des idoles pour référence sans toujours créer un environnement stimulant et en curiosité (Boulez dut d'ailleurs lui-même s'exiler jusqu'en 1977, et doit sa « prise de pouvoir » également à ses appuis politiques. Certains le déplorent, mais sans l'approbation et la défense énergique de Boulez, un Ligeti, moins iconique, possédant moins de signes de distinction, aurait-il pu émerger dans l'hexagone ? C'est grâce à des pays étrangers que Xenakis a pu faire connaître sa musique). On connaît la célèbre boutade de Berlioz : « *les français adorent la musique, mais ils ne l'aiment pas* ».

survivre et d'être joué (ce qui est primordial pour un compositeur), mais finit par faire fuir la partie du public mélomane et encore friande de nouveautés.

Plaidoyer pour une esthétique positive, sans snobisme, ni éthique, ni logocentrisme.

Dans la *critique de la raison pratique* [15], Kant distingue comme moteur du jugement éthique les *facultés autonomes* de jugement, causées par la seule liberté de conscience (ce qui conduit à *l'impératif kantien*), des facultés *hétéronomes* qui sont contraintes par la loi et le regard d'autrui. Le philosophe élargit cette distinction au jugement esthétique [16]. Certes, le jugement purement autonome de l'œuvre d'art existe rarement en dehors de sa dialectique avec des facteurs hétéronomes : on juge d'abord si ce n'est toujours en surface (la profondeur d'une œuvre est en cela infinie) et l'on éduque ses goûts par ses goûts, c'est-à-dire par des choix rarement purement esthétiques.

Le philosophe Benedetto Croce [17] a précisé, au début du XXe siècle, les principales hétéronomies qui menaceraient le goût artistique, notamment à l'époque actuelle de « crise de l'esthétique » (pour paraphraser Jacques Rancière [18] ou Arthur Danto) :

– La première hétéronomie serait d'ordre *économique*. C'est celle dénoncée par Adorno à travers son concept d'*industries culturelles*, lesquelles influencent nos goûts par leur matraquage médiatique subtil.

– Une autre hétéronomie serait *éthique* : nous nous intéressons parfois à une œuvre d'art parce qu'elle est issue d'un groupe culturel en souffrance ou parce qu'elle touche notre conscience morale. L'esthétique n'est jamais dépourvue d'éthique. La question est cependant de savoir si cette magnanimité permet de mieux comprendre l'œuvre ou, au contraire, la folklorise en incitant à écouter le style plutôt que l'œuvre.

– Une troisième hétéronomie, largement répandue, serait d'ordre *sociologique* : nous adhérons inconsciemment à une œuvre d'art entre autres par souci d'appartenance ou de distinction par rapport à un groupe social donné. Cette adhésion, qui devient à l'extrême un snobisme, a été en détail décrite par Pierre Bourdieu [19].

---

15. I § 8.

16. Marc Jimenez (*Qu'est-ce que l'esthétique*, Paris, Gallimard, 1997, p. 421-424) différencie la « *logique esthétique* », qui explore des critères d'appréciation d'une œuvre pour elle-même, et la « *logique culturelle* » qui, dans un monde de plus en plus dominé par les industries culturelles dont l'objectif demeure le profit immédiat, tente d'imposer d'autres critères de légitimation (adhérence à un groupe ou à une image, modes, significations sociales du goût, délégation du jugement à des experts).

17. Benedetto Croce, *Historical materialism and the economics of Karl Marx [Materialismo storico ed economia marxistica]*, 1900, traduit de l'italien par C.M. Meredith, New York, Frank Cass & Co, 1966, p. 172-173.

18. Dans *Le Partage du sensible* (Paris, La Fabrique, 2000, p. 27-31), Jacques Rancière identifie trois régimes historiques des arts : le régime éthique, pour lequel « *l'art n'est pas identifié tel quel mais se trouve subsumé sous la question des images* », le régime poétique – ou représentatif –, qui « *identifie le fait de l'art – ou plutôt des arts – dans le couple* poiesis/mimesis », et le régime esthétique « *parce que l'identification de l'art ne s'y fait plus par une distinction au sein des manières de faire* ». Dans le régime esthétique, l'œuvre d'art induit une pensée. Le logos rejoint un pathos. Ce régime coïncide avec la naissance de l'esthétique (Baumgarten et Kant).

19. Dans *La distinction, critique sociale du jugement* (Paris, Minuit, 1979), Pierre Bourdieu interprète les goûts et jugements esthétiques selon des stratégies non intentionnelles d'adhérence ou de distinction d'une personne à un groupe précis. Les principes de distinction se construisent en particulier par rejet des goûts d'un groupe voisin auquel la personne souhaiterait échapper, alors qu'elle s'y voit potentiellement

– Benedetto Croce énonce une quatrième hétéronomie : le *logocentrisme*, qui incite à parfois échapper à l'œuvre pour se réfugier dans des formalismes analytiques et pseudo-scientifiques et se contenter de particularités logico-textuelles. Ces amours hétéronomes sont relativement appréciées des universitaires et autres professeurs d'analyse, qui justifient ainsi la scientificité de leur discipline et leur position au sein de l'académie. L'hétéronomie logocentrique a fait l'objet d'une attention particulière dans cet ouvrage.

Chacune de ces non-écoutes hétéronomes, qu'elles soient logocentriques, éthiques, sociologiques ou économiques, implique, pour reprendre le concept d'Adorno, une *réification des consciences*[20], par laquelle l'œuvre musicale devient un objet interchangeable (l'éthique nous incite à écouter sans préférence un musicien ou un autre appartenant au même groupe faisant appel à notre compassion – j'aime la musique « africaine » – ; la logique nous fait étudier une œuvre parmi d'autres de même intérêt systémique – j'aime la musique « sérielle » ou « spectrale » –, etc.). L'œuvre écoutée, lorsqu'elle est réifiée, est fétichisée[21] : échantillon du chercheur, catalogue du vendeur, carte de visite du snob ou justification de sa bonne conscience.

Les musiques « savantes » d'aujourd'hui sont en particulier le vecteur de deux types de fascinations hétéronomes : la pensée analytique en Occident d'une part, qui stimule l'engouement pour les constructions hautement spéculatives et le logocentrisme ; la distinction du goût d'autre part, par laquelle l'intérêt pour un phénomène esthétique complexe dépend de la distinction ou de l'appartenance que l'on souhaite exhiber avec un groupe social ou culturel donné. Un ultime travers de l'art moderne serait la délégation du goût à des experts, qui confine parfois à l'idolâtrie[22].

---

rattachée (le bourgeois tente de se distinguer du petit-bourgeois, qui, lui, désire différencier ses goûts de ceux de la classe moyenne ; l'émigrant assimilé cherche à se distinguer des émigrants fraîchement arrivés ou, à l'inverse, de ses nouveaux compatriotes ; l'adolescent tente de se distinguer de ses aînés ou au contraire d'affirmer son entrée dans le monde adulte). Bourdieu écrit : « *Les goûts obéissent ainsi à une sorte de loi d'Engel généralisée : à chaque niveau de la distribution, ce qui est rare et constitue un luxe inaccessible ou une fantaisie absurde pour les occupants du niveau antérieur ou inférieur, devient banal et commun, et se trouve relégué dans l'ordre de ce qui va de soi par l'apparition de nouvelles consommations, plus rares et plus distinctives ; cela, encore une fois, en dehors même de toute recherche intentionnelle de la rareté distinctive et distinguée* » (p. 275).

L'économiste Harvey Leibenstein avait déjà montré en 1950 que le consommateur, en présence d'incertitude, pouvait perdre son autonomie et adopter des comportements sociaux mimétiques en se référant parfois à des experts. Il montrait que les comportements mimétiques sont de deux types : soit d'imitation du groupe (*bandwaggon effect*), soit au contraire de distinction (*snob effect*) (Harvey Leibenstein, « Bandwagon, Snob and Veblen Effects in the Theory of Consumer Demand », *Quarterly Journal of Economics*, vol. 64, n°2, 1950, p. 183-207). L'économiste Dominique Sagot-Duvauroux a adapté ces catégories à l'appréciation de l'art dans « Incertitude qualitative et fonctionnement des marchés artistiques », colloque *approches comparatives en économie de la culture*, IGREC-ADDEC, 28-30 mai 1995.

20. « Verdinglichung des Bewusssein » (Theodor Adorno, *Théorie esthétique*, traduit de l'allemand par Marc Jimenez, Paris, Klincksieck, 1970 trad. 2011).

21. Theodor Adorno, « Einleitung in die Musiksoziologie : über den Fetischcharakter in der Musik und die Regression des Hörens », *Dissonanzen, Musik in der verwalteten Welt*, Göttingen, Vandenhoeck-Reihe, p. 9-44, 1938, reed. 1991.

22. Le sociologue et économiste Pierre-Yves Gomez a montré que, pour de nombreux « marchés de l'art », notamment pour l'art visuel moderne, les jugements sont peu indépendants et se font à travers des intermédiaires-experts (Pierre-Yves Gomez, *Qualité et théorie des conventions*, Paris, Economica, 1994). Pour Dominique Sagot-Duvauroux, la délégation à ces spécialistes « *tient à l'importance que joue le corps d'interprétation dans la convention d'originalité. Les interprétations des gens considérés comme informés*

Or, dans la crise actuelle que connaît l'esthétique, ce qui se traduit par une certaine primauté des appréciations de surface, a-musicales, plus culturelles qu'artistiques, les attitudes hétéronomes et les délégations semblent parfois plus vendeuses que les propositions et jugements autonomes[23]. Il me semble, en tant que compositeur et pédagogue, que ce n'est pas toujours la multiplicité des niveaux de perception, la créativité, ou la précision de l'écriture qui sont aujourd'hui encouragées mais plutôt, à l'heure des communications rapides, une complication de l'image au détriment d'une subtilité du contenu. Il est ainsi frappant de constater que l'arbitraire de l'écriture de certains compositeurs d'aujourd'hui (cela importe peu qu'il s'agisse, dans tel ou tel passage, d'une clarinette ou d'un hautbois, d'un *do* ou d'un *do* dièse, ou simplement de l'existence d'une intention compositionnelle), qui a certes toujours existé[24], puisse à ce point être parfois respecté par certains milieux « experts » lorsque l'image culturelle ou le système logico-textuel qui précèdent l'œuvre conduisent à une certaine perception positive de la complexité de l'œuvre. Pourtant, cette complexité n'est qu'hétéronome (sociologique ou logique)[25]. En tant que compositeur, je reste convaincu que la valeur intertemporelle d'usage d'une œuvre est *in fine* purement autonome, même si cette position paraitra à beaucoup très utopique.

En conséquence, en cette période de reflux, pour ceux qui veulent créer de l'art et non des produits culturels, pour ceux qui veulent prendre des risques (quitte à choquer les plus conservateurs), tout en prenant le risque que cela s'entende (quitte à provoquer les plus snobs), bref, pour ceux qui veulent laisser une œuvre et non imposer un nom, il faut remonter à contre-courant.

Sortir du structuralisme sans entrer en postmodernité

Comment composer, alors, en pure autonomie sans se laisser enfermer par son écriture et par les pensées paramétriques qui en découlent ? Comment constituer son langage en pointant au-delà du champ des épistémès compositionnelles, mais également auditives, que ces grammatologies induisent et ce, en produisant de l'art et non de la culture ?

(instances de légitimation) servent de signaux de qualité aux autres agents sur la valeur fondamentale de l'œuvre » (Sagot-Duvauroux, « Incertitude qualitative et fonctionnement des marchés artistiques », *op. cit.*, p. 12). Le sociologue Pierre-Michel Menger remarque, à propos de la confiance accordée par le public à Pierre Boulez lors des premiers concerts de l'Ensemble Intercontemporain, que « *l'autorité même de celui qui, en ayant accumulé toutes les espèces de crédits de notoriétés et de réputation capitalisables (ceux de chef d'orchestre, de théoricien, de stratège de l'organisation publique des affaires musicales, d'enfant chéri des mécènes de la bourgeoisie parisienne cultivée et/ou fortunée d'après guerre) étend la garantie de son nom – Pierre Boulez – à toute cette entreprise de concerts* » (Pierre-Michel Menger, « L'oreille spéculative : consommation et perception de la musique contemporaine », *Revue française de sociologie XXVII-3*, 1986, p. 445-479).

23. L'art n'a pas attendu le postmodernisme pour interroger la sociologie du goût, puisque Marcel Duchamp ou les artistes du Pop Art proposaient déjà une rhétorique fondée sur le goût populaire et les objets de consommation, mais dans un sens d'analyse critique et non de marketing populiste.

24. Néanmoins, dans un langage plus contraint comme le langage tonal, cet arbitraire ne créait, comme le rappelait Nadia Boulanger, que des pièces certes audibles mais « inutiles ».

25. Ceci s'explique en partie par le remplacement des expertises musiciennes par des expertises politiques. Ainsi, en dix ans, en France, la plupart des ensembles et festivals spécialisés, dirigés jusqu'alors par des compositeurs, le sont aujourd'hui par des administrateurs sans expérience créatrice, donc craignant le risque et le regard de l'autre.

Dès les années 60, la lassitude envers les méthodes et les résultats du structuralisme avait mené de nombreux artistes et intellectuels à revenir à des objets éprouvés par les traditions passées. Le *postmodernisme*, au sens pragmatique du terme, proposait et propose encore un retour aux valeurs multiculturelles, contre ce « style international du modernisme » dont l'élitisme apparaissait, en période de décolonisation, impérialiste et eurocentriste. Avec le postmodernisme, il s'agit d'abroger les frontières entre culture de masse et celle des élites, par exemple en se préoccupant de l'accessibilité et de l'acceptation des œuvres pour et par « le public », ou en refusant la notion d'auteur démiurge pour lui préférer des aptitudes plus humaines et plus démocratiques [26]. Ceci se traduit, entre autres, par l'importance actuelle donnée, selon les milieux, à l'artisanat (au « métier »), ou au contraire à une imagination ludique sans prétention, quasi-amateur (gratifiée de « *cool* » et de « *fun* »). Les artistes adhérant à cette attitude se doivent en conséquence d'utiliser, de manière virtuose ou déplacée, des moyens connus de tous, consonants, et de créer de l'inattendu par le discontinu, par de la surprise analogique et par la juxtaposition d'objets divers mais référencés, sans unité de style ni hiérarchie, à l'image d'un monde riche, approchable, conciliant et multiculturel.

Jean-François Lyotard [27] avait défini la *postmodernité* comme une interrogation sur les conditions de la modernité et du savoir dans un contexte de défiance envers les métathéories. Il semble toutefois important d'opposer, trente années après cette définition, la *déconstruction*, qui est une interrogation intellectuelle, historique et post-moderne (au sens premier) des critères de la modernité occidentale, avec un « anti- », un « pré-modernisme », un « retour à », c'est-à-dire, crûment dit, une idolâtrie quelque peu misologue, hyperrelativiste et anachronique de la référence et de la citation, permettant de se poser peu de questions, pensée assez faible qui semble aujourd'hui à la mode (et que des théoriciens de l'architecture comme Charles Jencks ont nommée, à la fin des années 70, « architecture postmoderne [28] »).

Les méthodes de la déconstruction sont en effet prospectives et constructives. Elles interrogent les rapports entre signifiant et signifié et portent un message politique de relativisation de la culture occidentale en tant que principe de distanciation et non de refus des hiérarchies et des acquis. Un certain postmodernisme, celui arborant volontairement son hyperrelativisme et son absence de profondeur historique et intellectuelle, propose au contraire bien souvent des solutions caricaturales, à la limite du cliché naïf, de la culture occidentale, attitudes qui se révèlent *in fine*, même si tel n'était pas leur objectif, eurocentriques et sourdes aux autres cultures (ou les folklorisant). Alors que la déconstruction appliquée à l'art tente de proposer des « œuvres d'art » [29], ces attitudes, dans leur fausse modestie, ne semble offrir que des pastiches de

---

26. La possibilité pour chacun d'être un artiste, que prônait Joseph Beuys, se prolonge aujourd'hui avec les réseaux sociaux tels que *Myspace* et *Facebook* (chacun de mes actes est publiquement intéressant), ou *Wikipedia* (l'auteur est anonyme, celui ou celle ayant effectué l'effort de recherche et de trouvaille ne devant pas être signalé), et avec le refus toujours plus important du public de reconnaître les droits des auteurs.

27. Lyotard, *La condition postmoderne*, *op. cit.*

28. Le choix du terme est lui-même « postmoderne », notamment le préfixe imprécis et anhistorique « post », pourtant souvent utilisé pour qualifier des genres et disciplines dans les années 80 et 90.

29. Notons que de nombreuses langues proposent les expressions « pièce de peinture » ou « pièce de musique » (*Musikstück*, *pezzo di musica*) mais, à l'exception de la langue américaine (« piece of art »), ne

culture, où sont énoncés des problèmes de style et de culture sans considération de singularité des œuvres et d'autonomie de l'art (autonomie qui, pour de nombreux intellectuels postmodernes, n'a jamais existé).

Le philosophe marxiste Fredric Jameson a dénoncé dans son ouvrage sur le postmodernisme[30] ces parodies de culture sans substance qui cherchent à faire passer pour traditionnel et populaire des objets qui sont avant tout des biens de consommations produits par des industries culturelles[31]. Pour ce philosophe, la nostalgie de l'ancien serait manipulée et la véritable substance serait la vente. Le reproche postmoderne éculé de l'absence de public[32] dans les arts dit « sérieux » et « élitistes » serait, selon Jameson, une des preuves d'une rhétorique de pure consommation[33], déconnectée d'un désir de substance et d'expérience sensible. Il n'existerait de valeur[34] que la valeur marchande portée par les médias (« *un million de spectateurs l'ont déjà vu. Et vous ?* »). En d'autres termes, le postmodernisme n'est pas un style mais une attitude[35] qui ne peut, par son principe, selon Jameson, qu'encourager la production d'objets médiocres et une starification de leurs acteurs, puisque son objectif est d'intégrer le champ de l'esthétique aux biens de consommation échangeables et éphémères[36]. Ce refus de la dissonance, ces jeux parodiques, ces collages diversifiés, ces références aux diverses cultures n'en seraient que des conséquences. Comme le montrait déjà Guy Debord[37], l'art devient un produit de consommation culturelle qui n'existe plus sans sa médiatisation.

---

parlent que « d'œuvre d'art » (*Kunstwerk, opera di arte*), soulignant ainsi que l'art n'est pas un objet mais un effort, un accomplissement (George Moliné parle de *processus d'artistisation* plutôt que d'œuvre d'art). Le postmodernisme tend au contraire à réduire l'œuvre à un objet consommable.

30. Fredric Jameson, *Postmodernism : the cultural logic of late capitalism*, Durham, Duke University Press, 1991.

31. Jameson montre par exemple que là où la citation d'objet populaire permet à des artistes comme Gustav Mahler ou van Gogh (*Les souliers aux lacets*) de créer de la substance artistique, « d'artistiser », et de procurer in fine une expérience esthétique, la parodie d'objets populaires chez de nombreux artistes postmodernes *est* la substance à « vendre » (rythmes pop dans certaines œuvres dites « sérieuses » ou chaussures peintes sans artistisation – *diamond dust shoes* – et utilisation directe de packaging industriels chez Warhol).

32. Voir par exemple Susan McClary, « Terminal Prestige : The Case of Avant-Garde Music Composition », *Cultural Critique n°12*, p. 57-81, University of Minnesota Press, Spring 1989.

33. « *Every position on postmodernism in culture – wether apologia or stigmatization- is also at one and the same time, and necessarily, an implicitly or explicitly political stance on the nature of multinational capitalism today* », Jameson, *Postmodernism*, *op. cit.*, p. 3.

34. L'économiste Adam Smith (« *Recherches sur la nature et les causes de la richesse des nations* », 1776), reprenant une remarque d'Aristote, distinguait à l'époque des lumières la *valeur d'usage*, qui exprime l'utilité d'un objet particulier, et la *valeur d'échange*, qui désigne la faculté que donne la possession d'un objet de l'échanger contre d'autres biens (l'eau a par exemple une grande valeur d'usage mais une faible valeur d'échange). Cette distinction sera ultérieurement abandonnée ou modifiée par la théorie économique : David Ricardo limite son analyse en 1817 aux seules marchandises, c'est-à-dire aux biens à la fois utiles et reproductibles, et la théorie économique néoclassique (début du XXe siècle) refuse toute distinction entre prix naturel et prix de marché, et entre prix et utilité sociale.

35. La position est partagée par Jonathan Kramer dans « The nature and origins of musical postmodernism », *Current Musicology n°66*, Spring 1999, p. 7.

36. Jameson note que l'art postmoderne touche avant tout les disciplines artistiques aux enjeux économiques : l'architecture d'abord, puis la video et certaines œuvres d'art autographes, puis la musique de film ou symphonique, c'est-à-dire celle touchant une large audience.

37. Guy Debord, *La société du spectacle*, Paris, Gallimard, 1967 ; rééd. 1992.

Sous cette définition, certes contingente, le concept de *postmodernisme* serait quasiment antinomique à celui de *déconstruction*. En 1987, Jean-François Lyotard[38] reniait d'ailleurs le terme de postmodernité qu'il avait lui-même contribué, dix années plus tôt, à conceptualiser. Il proposait en échange celui de *ré-écriture de la modernité* [*re-writing modernity*] et concluait sur ce manifeste : « *ré-écrire la modernité, c'est résister à l'écriture supposée post-moderne*[39] ». Ce serait également, il me semble, un programme indispensable en musique.

En deçà de la brisure du signe : l'art sans se préoccuper de culture

Comment parler plus avant de sa démarche artistique et de sa propre musique? Un effort d'introspection permet certes de tracer quelques lignes théoriques et d'énoncer des références musicales. Pour ma part, je saisis certaines de mes références à la lecture ancienne de Jankélévitch ou celle plus récente de Derrida; je ressens les nécessités et comprends les conséquences épistémologiques d'une remise en question des opérateurs logocentriques ou eurocentriques de la modernité musicale occidentale; je perçois dans ma musique certaines parentés avec des compositeurs comme Beat Furrer, Gérard Grisey, Helmut Lachenmann, Jean-Claude Risset ou Zhu Shi-Rui. Cependant, comme d'autres compositeurs de ma génération, et à la différence de nombreux compositeurs des générations précédentes, je refuse de me positionner a priori dans une Histoire, de confondre singularité et modernité, de me déterminer à l'intérieur d'une géographie de la *culture* contemporaine. Mon activité artistique consiste à faire éclore quelques pousses que *d'autres* prendront éventuellement soin, le temps aidant, de rapprocher des autres étamines, afin de tracer les possibles frontières d'un *champs* stylistique, d'une *culture*. Il faut faire de l'art sans se préoccuper de la culture qui s'en déduit (cette position est évidemment naïve et utopique, mais reste une nécessité artistique).

De plus, si j'éprouve la nécessité personnelle d'ébaucher une pensée musicale verbalisée – cela m'aidant en premier lieu à déplacer mes propres horizons musicaux et à pointer au-delà du champs de l'épistémè, pour reprendre les termes du programme derridien – mes œuvres dépassent certainement ce que j'en comprends. Elles ne se laissent pas résumer par les préoccupations qui les ont engendrées, encore moins par celles que je suis capable de verbaliser et dont je peux esquisser une unité théorique.

Ce refus du programme et de l'école esthétique, commun, me semble-t-il, à de nombreux compositeurs de ma génération, trouble certainement la vision qu'on aimerait se faire de notre époque. Cette opacité épistémologique brouille en effet une histoire linéaire structurée en unités, en mouvements artistiques et en étapes. De ces relations ambiguës et de cette absence apparente de nouveau groupe n'émergent alors, téléologiquement, que les post- (post-spectraux, post-bruitistes, post-tonaux, post-sériels, post-expressionistes ou post-minimalistes). Mais ils ne sont pas seuls. Si les critères du goût semblent un peu en crise, l'époque me paraît riche, bien que difficile

38. Jean-François Lyotard, « Re-Writing Modernity », *SubStance*, vol. 16, n°3, Issue 54, University of Wisconsin Press, p. 3-9, 1987.

39. « *To re-write modernity is to resist the supposedly postmodern writing* », *ibid.*, p. 9.

et indescriptible, offrant finalement deux choix à l'artiste : celui de perpétuer, dans une logique de production culturelle, ce que nos aînés avaient su créer de singulier avec le soutien actif des institutions et du public ; ou celui, dans une logique artistique, de tracer sa voie, avec autonomie et sans médiatisation, et d'ériger la dissonance et le dépassement comme principes essentiels de la démocratie.

INDEX DES CONCEPTS MENTIONNÉS

Remarque : Seuls les concepts récurrents et constitutifs de l'ouvrage sont listés. La page indiquée est celle où le concept est défini.

INDEX DES NOMS PROPRES

BIBLIOGRAPHIE

ADORNO Theodor, *Théorie esthétique*, (1970) trad. M. Jimenez, Paris, Klincksieck, 2011.

– « Einleitung in die Musiksoziologie : über den Fetischcharakter in der Musik und die Regression des Hörens », *Dissonanzen, Musik in der verwalteten Welt*, Göttingen, Vandenhoeck-Reihe, p. 9-44, 1938 ; rééd. 1991.

– *Quasi una fantasia*, trad. J.-L. Leleu, Paris, Gallimard, 1982.

ADORNO Theodor – HORKHEIMER Max, *Dialektik der Aufklärung*, Frankfurt, Suhrkampf, 1981.

AGLIETTA Michel, *Régulation et crises du capitalisme : l'expérience des États-Unis*, Paris, Calmann-Lévy, 1976.

ALEXANDRE-JOURNEAU Véronique, *La cithare chinoise Qin*, Mémoire de DEA de musique et musicologie, Université Paris IV-Sorbonne, 2001.

– *Les gestes pour le jeu de la cithare qin, Matériau de thèse*, Université Paris IV-Sorbonne, mars 2002.

ANDREATTA Moreno, *La Théorie Mathématique de la musique de Guerino Mazzola et les canons rythmiques*, Mémoire de DEA, Paris, Université Paris IV, EHESS-Ircam, 1999.

ARISTOTE, *Oganon IV, les Seconds Analytiques*, trad. J. Tricot, Paris, Vrin, 2003.

AROM Simha, *Polyphonies et polyrythmies instrumentales d'Afrique Centrale*, Paris, SELAF, 1985.

AROM Simha – LÉOTHAUD Gilles – VOISIN Frédéric, « Experimental ethnomusicology : An interactive approach to the study of musical scales », *Perception and cognition of music*, Irène Deliège et John Sloboda (dir.), London, Psychology Press, 1997.

ATKINSON Charles M. « L'évolution modale, une perspective du παραπτερον », *Études grégoriennes*, XXVI-1998, p. 95-110, Abbaye Saint-Pierre de Solesmes, 1998.

BADDELEY Alan *et alii*, « Sentence comprehension and phonological memory : some neuropsychological evidence », in *Attention and Performance vol. XII : The Psychology of Reading*, Mahwah, Lawrence Erlbaum, p. 509–529, 1987.

BAILLET Jérôme, *Le langage musical d'André Jolivet dans ses œuvres d'avant-guerre*, Maitrise de musicologie, Lyon, Université Lumière Lyon II, sept. 1993.

– *Gérard Grisey, fondement d'une écriture*, Paris, l'Itinéraire-l'harmattan, 2000.

BARKER Andrew, *The science of harmonics in Classical Greece*, Cambridge University Press, 2007.

BECKER Howard, *Les mondes de l'art*, trad. J. Bouniort, Paris, Flammarion, 1988.

BÉLIS Annie, *Aristoxène de Tarente et Aristote, le traité d'harmonique*, Paris, Klincksieck, 1986.

BENJAMIN Walter, « L'œuvre d'art à l'époque de sa reproductibilité technique » [version de 1939], *Œuvres*, tome III, trad. M. de Gandillac, P. Rusch, R. Rochlitz, Paris, 2000.

BENT Ian, *l'analyse musicale, histoire et méthodes*, trad. A. Cœurdevey et J. Tabouret, Paris, Main d'Œuvre, 1987.

BENTHEM Jaap van, « La magie des cris trenchantz : Comment le vray trésorier de musique échappe à la trappe du très terrible satrappe », *Théorie et analyse musicales 1450-1650.* Actes du Colloque international de Louvain la Neuve, Louvain, Université catholique de Louvain, 2001.

BENVENISTE Émile, *Problèmes de linguistique générale*, Paris, Gallimard, 1966.

BERLIOZ Hector, *Les soirées de l'orchestre*, Paris, CNRS/Gründ, 1852, rééd. 1968.

BERIO Luciano, *Entretiens avec Rossana Dalmonté*, trad. M. Kaltenecker, Paris, J.-C. Lattès, 1983.

BEYHOM Amine, « des critères d'authenticité dans les musiques métissées et de leur validation : exemple de la musique arabe », *Filigrane n°5*, Paris, 1 er semestre 2007.

BHARUCHA Jamshed, « Tonality and Expectation », *in* Rita Aiello (ed.), *Musical Perceptions*, Oxford, Oxford University Press, p. 213-239, 1994.

BHARUCHA Jamshed - TODD Peter, « Modelling the Perception of Tonal Structure with Nets », *Computer Music Journal*, vol 13, n°4, p. 44-53, Cambridge, MIT Press, 1989.

BHARUCHA Jamshed - JUSTUS Timothy, « veridical expectancy / schematic expectancy », *Journal of experimental psychology, human perception and performance*, n°27, 2001.

BOETHIUS Anicius Manlius Severinus, *De institutione musica (Fundamentals of Music)*, 524, trad. C. Bower, New Haven, Yale University Press, 1989.

BOUCKAERT Laurence, *La production de la musique concrète à Paris de 1948 à la fondation du GRM en 1958*, Mémoire de maîtrise sous la direction de Jean-Marc Chouvel, Université de Lille III, 1998.

BOULEZ Pierre, *Penser la musique aujourd'hui*, Paris, Gallimard, 1963.

– « Au près et au loin », publié en 1954, republié dans *Relevés d'apprenti*, Paris, Seuil, 1966.

– « Recherches maintenant », republié dans *Relevés d'apprenti*, Paris, Seuil, 1966.

– « Donc on remet en question », *La musique en projet*, IRCAM/Gallimard, Paris, 1975.

– « Le système et l'idée » dans *Inharmonique n°1*, « Le temps des mutations », Paris, IRCAM/Christian Bourgeois, 1986.

– *Jalons (pour une décennie)*, Paris, Christian Bourgeois, 1989.

– « Prenons garde à la démagogie », Revue des deux mondes : à quoi sert la musique contemporaine, Paris, janvier 2001.

BOULEZ Pierre - ALBERA Philippe, « Entretien avec P. Boulez », propos recueillis par Philippe Albera, *Musiques en création*, Festival d'automne à Paris, 1989.

BOURDIEU Pierre, *La distinction, critique sociale du jugement* Paris, Minuit, 1979.,

BOURDIEU Pierre - CHAMBOREDON Jean-Claude - PASSERON Jean-Claude , *Le métier de sociologue*, Paris, Mouton Bordas, 1968.

BOYD Malcom, « "BACH", bach », *Oxford Composer Companions*, Oxford, 1999.

BOYER Carl, *A history of Mathematics*, New York, John Wiley & sons, 1989,

BRAILOIU Constantin, *Problèmes d'ethnomusicologies*, Genève, Minkoff Reprint, 1973.

BUCH Esteban, *Histoire d'un secret. À propos de la* Suite Lyrique *d'Alban Berg*, Arles, Actes sud, 1994.

BUCI-GLUCKSMANN Christine - COHEN-LEVINAS Danièle, *L'idée musicale*, Saint-Denis, P.U.V, 1993.

CAGE John, *Silence : Lectures and Writings*, Middeltown, Wesleyan University Press, 1961.

CASTANET Pierre-Albert, « Impacts et échos des événements de 1968 dans la musique populaire et la musique savante », Université de Rouen, *Cahiers du CIREM n°14-15*, déc. 1989-Mars 1990.

CHABRIER Jean-Claude, « Éléments d'une approche comparative des échelles théoriques arabo-irano-turques », *Revue de musicologie*, t. 71 (1/2), 1985.

CHAIGNET Anthelme Edouard, *Pythagore et la philosophie pythagoricienne*, Paris, Didier et Cie, 1874.

CHEMILLIER Marc, *Structure et Méthode algébriques en informatique musicale* (thèse), L.I.T.P. Paris, Institut Blaise Pascal, 1990.

CHEMILLIER Marc – PACHET François (dir.), *Recherches et applications en informatique musicale*, Paris, Hermes, 1998.

CHOUVEL Jean-Marc, *Esquisses pour une pensée musicale, les Métamorphoses d'Orphée*, Paris, L'Harmattan, 1988.

CHOUVEL Jean-Marc – LÉVY Fabien (dir.), *Observation, analyse, modèles : peut-on parler d'art avec les outils de la science. Actes du deuxième colloque international d'épistémologie musicale*; Les cahiers de l'Ircam, Paris, L'Harmattan/Ircam, 2002.

CHOWNING John, livret du disque monographique – *Turenas, Stria, Phoné, Sabelithe*, Disque Wergo 2012-50, Schott, 1988.

COLETTE Marie-Noelle – POPIN Marielle – VENDRIX Philippe, *Histoire de la notation du Moyen Âge à la Renaissance*, Paris, Minerve, 2003.

COLLOQUE DE CERISY, *Les théories de la complexité ; Autour de l'œuvre d'Henri Atlan*, Françoise Fogelman Soulié (dir.), Paris, Seuil, 1991.

CONT Arshia, *Modeling Musical Anticipation ; from the time of music to the music of time*, Ph. D. in Computer Music and Acoustics, Signal Processing and Computer Science Applied to Music, University of California San Diego and Université Pierre et Marie Curie (Paris VI), 2008.

COPEAUX Julien, *une comparaison des analyses de la Danse Sacrale par Messiaen et par Boulez*, mémoire d'analyse du Conservatoire National Supérieur de Musique de Paris, non publié, Paris, 1998.

CROCE Benedetto, *Historical Materialism and the Economics of Karl Marx* [*Materialismo storico ed economia marxistica*], 1900, trad. C.M. Meredith, New York, Frank Cass & Co, 1966.

DAHLHAUS Carl, *La tonalité harmonique, étude des origines*, Liège, Pierre Mardaga, 1967, trad. 1993.

– « Plaidoyer pour une théorie actuelle de la musique », in *Quoi, Quand, Comment, La recherche musicale*, Paris, Christian Bourgeois, IRCAM, 1985.

DALBAVIE Marc-André, « Notes sur Gondwana », *Entretemps n°8* consacré à Grisey et Murail, Genève, sept. 1989.

DANHAUSER Adolphe, *Théorie de la musique*, Paris, Editions Henry Lemoine, 1929.

DEBORD Guy, *la société du spectacle*, Paris, Gallimard, 1967, réed. 1992.

DELAHAYE Jean-Paul, *Information, complexité et hasard*, Paris, Hermes, 1994.

DELIÈGE Célestin, *structures de la musique tonale*, Paris, Jean-Claude Lattès, 1984.

– « En exil d'un jardin d'Eden, essai sur la relation entre l'invention musicale et ses théories », *Revue de musicologie n°81/1*, Paris, 1995.

VAN DEN TOORN Pieter C. Stravinsky and the Rite of the Spring : the beginning of a musical language, Oxford University Press, 1987.

DERRIDA Jacques, *De la grammatologie*, Paris, Minuit, 1967.

DESCARTES René, *Discours de la méthode*, 1637, réed. Paris, Vrin, 1989.

DIELS Hermann, *die Fragmente der Vorsokratiker*, Berlin, Weidmannsche Verlagsbuchhandlung, 1956.

DOSSE François, *Histoire du structuralisme*, Paris, La Découverte, 1992.

DUFOURT Hugues, « Pierre Boulez, musicien de l'ère industrielle », *Inharmonique n°1*, « Le temps des mutations », Paris, IRCAM/Christian Bourgeois, 1986.

– « musique spectrale », *Musique, pouvoir, écriture*, Paris, Christian Bourgeois, 1979, réed. 1991.

– « Les origines grecques du concept d'Harmonie », *Les cahiers des philosophies du Langage n°3*, « Philosophie et Musique », A. Soulez, Y. Sebestik, F. Schmitz, Paris (dir.), 1998,

– *Mathesis et subjectivité. Essai sur les principes de la musique*, t. 1, Paris, Éditions MF, 2006.

DUHEM Pierre, *La théorie physique, son objet, sa structure*, 1911, réed. Paris, Vrin, 2007.

DURING Jean, « Théories et pratiques de la gamme iranienne », *Revue de Musicologie n°71* (1-2), Paris, 1985.

ECO Umberto, « Pensée structurale et pensée sérielle », *Musique en jeu n°5,* « Sémiologie de la musique », 1971/IV, Paris, Seuil, 1971.

D'ERLANGER Rodolphe, *La musique Arabe*, Paris, Librairie orientaliste Paul Geuthner, 1935.

FERNEYHOUGH Brian, *Collected Writing*, édité par James Boros et Richard Toop, Amsterdam, Hardwood academic Publishers, 1995.

– « entretien avec Philippe Albera », *Contrechamps n°8*, Lausanne, L'âge d'homme, 1988.

– *Entretemps n°3*, Paris, 1987.

FERREIRA Manuel Pedro, « Proportions in Ancient and Medieval Music » in *Mathematics and Music*, Gérard Assayag, Hans Georg Feichtinger, José Fraincisco Rodrigues (dir.), New York, Springer, 2000.

FORTE Allen, *The harmonic Organization of the Rite of Springs*, New Haven and London, Yale University Press, 1978.

FOUCAULT Michel, *Les mots et les choses*, Paris, Gallimard, 1966 ; réed. 1994.

FRAISSE Paul, *Psychologie du rythme*, Paris, P.U.F., 1974.

FRANCÈS Robert, *La perception de la musique*, Paris, Vrin, 1958, réed. 1984.

FREUD Sigmund, *Le moi et le ça*, trad. S. Jankelevitch, réed. Paris, Payot, 1968 libre accès document rtf électronique à http://classiques.uqac.ca/classiques/freud_sigmund/essais_de_psychanalyse/Essai_3_moi_et_ca/moi_et_ca.html [03/11/2011], 1923.

FUBINI Enrico, *Les philosophes et la musique*, trad. D. Pistone, Paris, Honoré Champion, 1983.

GINESTE Marie-Dominique, *Analogie et cognition. Etude expérimentale et simulation informatique*, Paris, P.U.F., 1997.

GASTON-GRANGER Gilles, *Pensée formelle et science de l'homme*, Paris, Aubier-Montaigne, 1967.

GLAZERSON Matityahu, *Building blocks of the soul, studies on the letters and words of the hebrew language*, Lanham, Jason Aronson ed., 1996.

GOETHE Johan Wolfgang von, « von Arabesken », *Gesamtsausgabe*, München, Dtv, T. 33, 1789 reed. 1974.

GOGUEN Joseph, « Complexity of hierarchically organized systems and the structure of musical experiences », *International Journal of General systems*, vol. 3, London, Gordon and Breach Science Publishers, 1977.

GOMEZ, Pierre-Yves, *Qualité et théorie des conventions*, Paris, Economica, 1994.

GOODY Jack, *The domestication of the savage Mind*, Cambridge University Presse, Cambridge-New York, 1977.

– *The Interface between the Written and the Oral*, Cambridge, Cambridge University Presse, 1987.

GRISEY Gérard, « Tempus ex machina », *Neuland Jahrbuch n°3*, 1982-1983, Darmstadt, repris dans *Contemporary Music review*, 1987 vol. 2, part. 1, et dans *Entretemps n°8*, Genève, sept. 89.

– *Écrits ou l'invention de la musique spectrale*, édition établie par Guy Lelong, Paris, Musica Falsa, 2008.

GUÉRIN Gérard, *Réflexions sur la notion de complexité*, Paris, La pyrasphère, 1995.

GÜNTHER Ursula, « Das Ende der Ars Nova », *Die Musikforschung n°16*, 1963.

GUT Serge, *Le groupe jeune France*, Paris, Champion, 1977.

– *La tierce harmonique dans la musique occidentale, origines et évolution*, Paris. Heugel et Cie, 1969.

HELLEGOUARCH Yves, « Gammes naturelles », in *Musique et Mathématiques*, Revue de l'Association des Professeurs de Mathématiques de l'Enseignement Public, n°53, 1983.

HELMHOLTZ Hermann von, *Die Lehre von den Tonempfindungen als physiologische Grundlage für die Theorie der Musik*, Hildesheim, Georg Olms Verlagsbuchandllung, 1868 reed. 1968 ;

trad. angl. : *On the Sensations of tone*, New York, Dover, 1954; trad. fr. *Théorie physiologique de la musique*, Sceaux, Jacques Gabay, 1990.

HENCK Herbert, *Karlheinz Stockhausen's* Klavierstück X : *Ein Beitrag zum Verständnis serieller Kompositionstechnik : Historie, Theorie, Analyse, Praxis, Dokumentation*, second edition, revised and expanded, Köln, Neuland Musikverlag, 1980.

HOWAT Roy, *Debussy in Proportion : A musical analysis*, Cambridge, Cambridge University Press, 1983.

HUFFMAN Carl, *Philolaus of Croton, pythagorean and Presocratic*, Cambridge, Cambridge University Press, 1993.

– *Archytas of Tarentum : Pythagorean, philosopher, and mathematician king*, Cambridge, Cambridge University Press, 2005.

HUME David, *Of the standard of taste*, 1757; *Essai sur l'art et le goût*, trad. fr. M. Malherbe, Paris, Vrin, 2012.

HURON David, *Sweet Anticipation, Music and the Psychology of Expectation*, Cambridge, MIT Press, 2006.

HUSSERL Edmund, *Leçons pour une phénoménologie de la conscience intime du temps*, Paris, P.U.F., 1996.

HUTCHINSON William – KNOPOFF Leon, « The acoustical component of western consonance », *Interface*, vol. 7, 1978.

IMBERTY Michel, *Entendre la musique*, Paris, Dunod, 1979.

JAMESON Fredric, *Postmodernism or The Cultural Logic of Late Capitalism*, Durham, Duke University Press, 1991.

JAMEUX Dominique, *Berg*, Paris, Solfèges/Seuil, 1980.

JANKÉLÉVITCH Vladimir, *La musique et l'ineffable*, Paris, Seuil, 1961.

JIMENEZ Marc, *Qu'est-ce que l'esthétique*, Paris, Gallimard, 1997.

KAMEOKA Akio – KURIYAGAWA Mamora, « Consonance theory, part I : Consonance of dyads » ; « Consonance theory, part II : Consonance of complex tones and its computation method », *Journal of the Acoustical Society of America*, vol. 45, n°6, 1969.

KANT Immanuel, *Critique de la raison pure*, analytique transcendantale, 2 e édition, 1787.

KLINKENBERG Jean-Marie, *Précis de sémiotique générale*, Paris, De Boeck et Larcier, 1996.

KODRATOFF Yves – MICHOLSKI R.S. – CARBONEK J.G. – MITCHELL T.M., *Apprentissage symbolique : une approche de l'intelligence artificielle*, trad. Y. Kodratoff, Paris, Cepadues, 1993.

KÖNIG Werner, *Der erste Satz der Lyrischen Suite von Alban Berg und seine fast belanglose Stimmung. Ein Deutungversuch*, Tutzing, Hans Schneider, 1999.

KORNAÏ Janos, *Economics of shortage*, North Holland publishers Company, 1980.

KRAMER Jonathan, « The nature and origins of musical postmodernism », *Current Musicology n°66*, Spring, 1999.

LACHENMANN Helmut, « *Musik als existentielle Erfahrung* » *in* Écrits (1966-1995), Wiesbaden, Breitkopf und Härtel, 1996.

LATTARD Jean, *Gammes et tempéraments musicaux*, Paris, Masson, 1988.

LEIBENSTEIN Harvey, « Bandwagon, Snob and Veblen Effects in the Theory of Consumer Demand », *Quarterly Journal of Economics*, vol. 64, n°2, p. 183-207, 1950.

LEIBNIZ Gottfried Wilhem, *Monadologie*, 1714, § 17, édition Delagrave, 1881, Bibliothèque Universelle : http://abu.cnam.fr/cgi-bin/go?monadologie1, 21, 40

LÉOTHAUD Gilles, *Acoustique musicale*, Documents de cours, DMU1D1B, Paris, Université Paris IV-Sorbonne, 2004/2005.

LERDAHL Fred – JACKENDOFF Jay, *A generative theory of tonal music*, Cambridge, The MIT Press, 1983.

LESTAGE Philippe, « Complexité et structures cérébrales : Piaget et Prigogine », *Les défis de la complexité. Vers un nouveau paradigme de la connaissance*, Denys de Bechillon (dir.), Paris, L'Harmattan, 1994.

LÉVI-STRAUSS Claude, *Le cru et le cuit*, Paris, Plon, 1964.

– *Les Structures élémentaires de la Parenté*, 2ᵉ édition, Paris, Mouton and Co et Maison des Sciences de l'homme, rééd. 1967.

LÉVY Fabien, « Trente ans d'évolution des théories économiques à l'épreuve des faits », *Cahiers de Sociologie et de Démographie Médicale, XXXIV/4*, Paris, C.S.D.M, oct.-déc. 1994.

– « Plaidoyer pour une oreille subjective et partisane. Une approche "pythagoricienne" de la perception culturelle des intervalles », *Cahiers des philosophies du langage n°3*, « Philosophie et musique », A. Soulez, Y. Sebestik, F. Schmitz (dir.), Paris, L'Harmattan, 1998.

– *Complexité grammatologique et complexité perceptive*, Thèse de doctorat, EHESS, février 2003.

– « Le tournant des années 70 : de la perception induite par la structure aux processus déduits de la perception », in *Le temps de l'écoute : Gérard Grisey ou la beauté des ombres sonores*, Paris, L'Harmattan/L'itinéraire, 2004.

– « Chronique diurne d'un insecte nageur », *Filigrane n°4*, « Nouvelles sensibilités », Jean-Marc Chouvel (dir.), Paris, Delatour, II/2006.

– « Mutations (1969) : une écriture déjouée par des paradoxes », *Portrait Polychrome n. 2, Jean-Claude Risset*, Paris, INA/CDMC, nouvelle édition 2008.

– « Form, Struktur und sinnliche Erfahrung », *Musiktheorie, Zeitschrift für Musikwissenschaft*, Heft 3 : « Form in der Musik der Gegenwart » Markus Böggemann (dir.), p. 222-231, Laaber-Verlag, 2008.

– « Inintelligible, injouable, incompréhensible : la complexité musicale est-elle analytique, instrumentale, perceptive ou héténome ? », *Itamar, revista de investigacion musical*, Rosa Iniesta (dir.), Valencia, Universidad de Valencia, Dec. 2008.

– (dir.), *Les écritures du temps*, Paris, L'Harmattan/Ircam, 2001.

LEVY Kenneth, *Gregorian Chant and the Carolingians*, Princeton, New Jersey, Princeton University Press, 1998.

LÉVY-BRUHL Lucien, *Les fonctions mentales dans les sociétés inférieures*, Paris, Felix Alcan, 1910.

LYOTARD Jean-François, *La condition postmoderne*, Paris, Minuit, 1979.

– « Re-Writing Modernity », *SubStance*, vol. 16, n°3, Issue 54, University of Wisconsin Press, p. 3-9, 1987.

MACHABEY Armand, *Guillaume de Machault*, Paris, Richard Masse, 1955.

MAALOUF Shireen, *History of Arabic Music Theory : Change and continuity in the tone systems, genres, and scales*, Jounieh, Liban, CEDLUSEK, Université Saint-Esprit de Kaslik ed. 2002.

MANIK Liberty, *Das arabische Tonsystem im Mittelalter*, Leiden, Pays-Bas, E.J. Brill, 1969.

MASHINTER Keith, « Calculating sensory dissonance : Some discrepancies arising from the models of Kameoka – Kuriyagawa, and Hutchinson – Knopoff », *Empirical Musicology Review*, vol. 1, n°2, 2006.

MAZZOLA Guerino, *Geometrie der Töne. Elemente des Mathematischen Musiktheorie*, Berlin, Birkhaüser, 1990.

MCADAMS Steve, « Audition : physiologie, perception et cognition », *Traité de psychologie expérimentale*, M. Richelle, J. Requin et M. Robert, (dir.), Paris, P.U.F., 1994.

MCADAMS Steve – DELIÈGE Irene (dir.), *La musique et les Sciences Cognitives*, Liège, Mardaga, 1988.

MCCLARY Susan, « Terminal Prestige : The Case of Avant-Garde Music Composition », *Cultural Critique*, no. 12, p. 57-81, University of Minnesota Press, Spring, 1989.

MCDERMOTT Josh – LEHR Adriana – OXENHAM Andrew, « Individual differences reveal the basis of consonance », *Current Biology 20*, p. 1035-1041, June 8, 2010.

MENGER Pierre-Michel, « L'oreille spéculative : consommation et perception de la musique contemporaine », *Revue française de sociologie XXVII-3*, p. 445-479, 1986.

MESSIAEN Olivier, *Traité de rythme, de couleur et d'ornithologie*, Paris, Leduc, 1995.

METZGER Heinz-Klaus (dir.), *Musik-Konzept n°61/62*, numéro consacré à « Helmut Lachenmann », Münich, oct. 88.

MEYER Leonard, *Emotion and Meaning in Music*, Chicago, Chicago University Press, 1956.

– « Un univers d'universaux », *Philosophie n°59*, « L'objet musical et l'universel », Paris, Minuit, sept. 1998.

MEYER-EPPLER Werner, *Grundlagen und Anwendungen der Informationstheorie*. Kommunikation und Kybernetik in Einzeldarstellungen, t. 1, Berlin, Springer-Verlag, 1959.

MOLES Abraham, *Théorie de l'information et perception esthétique*, Paris, Flammarion, 1958.

– « Théorie informationnelle de la musique », *Bulletin du Groupe d'Acoustique Musicale n°5, 25/05/64*, Paris, Université de Paris, 1964.

MORRIS Charles W., *Signs, Language and Behavior*, Prentice-Hall, Inc, Englewood Cliffs, trad. *Zeichen, Sprache und Verhalten*, Düsseldorf, Pädagogischer Verlag Schwann, 1946.

MOUTSOPOULOS Evanghélos, *La musique dans l'œuvre de Platon*, Paris, P.U.F., 1re éd. 1959, rééd. 1989.

NARMOUR Eugene, *Beyond Schenkerism : The Need for Alternatives in Music Analysis*, Chicago, University of Chicago Press, 1977.

– *The Analysis and Cognition of Basic Melodic Structures. The implication-realization Model*, Chicago, The University of Chicago Press, 1990.

NATTIEZ Jean-Jacques, *Fondements d'une sémiologie de la musique*, Paris, 10/18, 1975.

– *Musicologie générale et sémiologie*, Paris, Christian Bourgeois, 1987.

NICOLAS François, « Questions de logique : Ecriture, dialectique et stratégie musicale », en anglais dans *Mathematics and Music, A Diderot Mathematical Forum*, G. Assayag, H.G. Feichtinger, J.F. Rodrigues ed. Londres, Springer, 2002, accessible en français à : http://www.entretemps.asso.fr/Nicolas/TextesNic/QuestionsDeLogique.html

NIETZSCHE Friedrich, « Nachgelassene Fragmente 1887-1889 » *in* Giorgio Colli und Mazzino Montinari (dir.), *Sämtliche Werke. Kritische Studienausgabe*, Munich, DTV, 1980, t. 13, 18[6], voir aussi http://www.nietzschesource.org/texts/eKGWB/NF-1888, 18%5B6%5D [21/10/11].

NONNENMANN Rainer, *Angebot durch Verweigerung, die Ästhetik instrumentalkonkreten Klangkomponierens in Helmut Lachenmanns Orchesterwerken*, Mainz, Schott, 2000.

PACHET François, « Computer Analysis of Jazz Chords Sequences : is Solar a blues ? », *Readings in music and artificial intelligence*, E. R. Miranda (dir.), Amsterdam, Harwood academic publishers, 2000.

PARNCUTT Richard, « Commentary on Keith Mashinter's « Calculating Sensory Dissonance : Some Discrepancies Arising from the Models of Kameoka – Kuriyagawa, and Hutchinson – Knopoff » », *Empirical Musicology Review*, vol. 1, n°4, 2006.

PÄTZOLD Cordula, *Carceri d'Invenzione von Brian Ferneyhough Kompositionstechnische und höranalytische Aspekte*, thèse de doctorat, Freiburg, Albert-Ludwigs-Universität, 2002.

PERLE George, « Das geheime Programm der Lyrischen Suite », *Alban Berg, Kammermusik 1, Musikkonzepte 4*, München, 1968.

PIAGET Jean, *L'équilibration des structures cognitives. Problème central de développement*, Paris, P.U.F., 1975.

– *Le structuralisme*, Paris, P.U.F., 1987.

PICARD François, « Chine : le *xiao*, ou souffle sonorisé », *Cahiers de musiques traditionnelles*, 4 « Voix », Genève, 1991.

PLOMP Reinier, *Aspects of Tone Sensation*, London, Academic Press, 1976.

PLOMP Reinier – LEVELT Willem, « Tonal consonance and critical bandwidth », *Journal of the Acoustical Society of America*, vol. 38, 1965.

POITOU Jean-Pierre, *La Dissonance Cognitive*, Paris, Librairie Armand Colin, 1974.

POPPER Karl, *La Connaissance objective*, Paris, Aubier, 1972.

POSNER Roland, « Balance of Complexity and Hierarchy of Precision : two Principles of Economy in the Notation of Language and Music », *Semiotic Theory and Practice*, Proceedings of the third international Congress of the IASS, 1984, p. 909-919, Berlin, Mouton de Gruyter, 1988.

PRESSNITZER Daniel, MC ADAMS Steve, WINSBERG Suzanne, FINEBERG Joshua, « Tension et rugosité dans la musique non-tonale », *Les cahiers du GREYC n°4*, 1996, Caen, C.N.R.S.-URA 1526, 1966.

PRIGOGINE Ilya – STENGERS Isabelle, *Entre le temps et l'éternité*, Paris, Fayard, 1988.

PTOLEMAEUS Claudius, *Harmonics*, trad. J. Solomon, Leiden, Pays-Bas, Brill, 1989.

RAMEAU Jean-Philippe, *Traité d'harmonie*, 1772; Fondation Singer-Polignac, Paris, Méridiens-Klincksieck, réed. 1986.

RANCIÈRE Jacques, *Le Partage du sensible*, Paris, La Fabrique, 2000.

RASCH Rudolf – PLOMP Reinier, « The perception of musical tones », *in* Diana Deutsch, *The Psychology of Music*, London, Academic Press, 1982.

REICH Steve, *Music as a Gradual Process*, 1968, accessible sur internet, par exemple à http://www.austere.org/ProcessMusic.shtml
ou http://ccnmtl.columbia.edu/draft/ben/feld/mod1/readings/reich.html [18/11/10].

RIEMANN Hugo, « Ideen zu einer Lehre von den Tonvorstellungen », *Jahrbuch der Musikbibliothek Peters 21/22*, Leipzig 1914/15.

RIOTTE André, *Enseignement sur les formalisations des structures musicales*, Cours de DEA « musique et musicologie du XXe siècle », Paris, Ircam, 1994.

RISSET Jean-Claude, *An introductory catalogue of Computer Synthesized Sounds*, CD + livret, Computer Music Currents, Wergo, 1969, réed. 1995.

– « Problèmes d'analyse : quelques clés pour mes premières pièces numériques, Little Boy et Mutations », *Analyse en musique électroacoustique*, Bourges, Actes de l'Académie internationale de Musique Electroacoustique, 1996.

– « The liberation of sound, art-science and the digital domain : contacts with Edgard Varèse », *Contemporary Music Review, Special issue on Varèse*, vol. 23, n°2, p. 27-54(28), Routledge, June, 2004.

ROSEN Charles, *Sonata forms*, 2nd ed., New York, Norton, 1988.

– *The Romantic Generation*, Cambridge, Harvard University Press, 1998.

SADAÏ Yizhak, « Le musicien-cognitiviste face au cognitiviste-musicien », *Analyse Musicale n°26*, Paris, févr. 1992.

– « De l'analyse pour l'analyse et du sens de l'intuition (quelques réflexions sur le paradigme d'une science de la musique) », *Musurgia*, vol. II, n°4, Paris, 1995.

SAGOT-DUVAUROUX Dominique, « Incertitude qualitative et fonctionnement des marchés artistiques », Colloque : *Approches comparatives en économie de la culture*, IGREC-ADDEC, 28-30 mai 1995.

AUGUSTIN Saint, *De Magistro*, trad. B. Jolibert, Paris, Klincksieck, 2002.

SCHAEFFER Pierre, *Traité des objets musicaux*, Paris, Seuil, 1966.

– « De l'expérience musicale à l'expérience humaine », *La Revue Musicale*, Paris, 1971.

– *La musique concrète*, Paris, P.U.F., 1973.

SCHLEGEL Friedrich, « Gespräch über die Poesie », *Athenäum 1800*, p. 58-128, Wissenschafliche Buchgesellschaft Darmstadt, 1973.

SETHARES William, *Tuning, timbre, spectrum, scalee*, Londres, Springer, 1998.

SHEPARD Roger, « Circularity in judgments of relative pitch », *Journal of the Acoustical Society of America*, n°36, 1964.

SCHÖNBERG Arnold, *Traité d'harmonie*, trad. G. Gubisch, Paris, Media Musique, Lattès, 1922 rééd. 1983.

– « lettre du 27/07/1932 à R. Kolish », *Briefe*, Schott Söhne, Mainz, 1958.

SHILOAH Amnon – BERTHIER Annie, « à propos d'un "petit livre arabe de musique" », *Revue de Musicologie n°71* (1-2), Paris, 1985.

SLOBODA John, *L'esprit musicien : la psychologie cognitive de la musique*, trad. M.I. Callart, Paris, Mardaga, 1988.

STOCKHAUSEN Karlheinz, « ... wie die Zeit vergeht ... », *Die Reihe*, n°3, Wien, Universal Edition, 1957.

STRAVINSKY Igor, *Le Sacre du Printemps, sketches 1991-1913*, Boosey and Hawkes, 1969.

STRAVINSKY Igor – CRAFT Robert, *Conversations with Igor Stravinsky*, Los Angeles, University of California Press, 1980.

SZENDY Peter (dir.), *Brian Ferneyhough*, Paris, L'Ircam/L'Harmattan, 1999.

TENNEY James, *A history of "consonance" and "dissonance"*, New York, Excelsior Music Publishing Company, 1988.

TERHARDT Ernst, « Pitch, consonance, and harmony », *Journal of Acoustical Society of America*, vol. 55, n°5, May 1974, p. 1061-1069.

TOOP Richard, « Contre une théorie de la (nouvelle) complexité musicale », *Textes d'étude du Séminaire de l'ESCOM : Musique contemporaine : théorie et Philosophie*, Bruxelles, draft 18-19 mars 2000.

THURNWALD Richard, « Im Bismarckarchipel und auf den Salomoinseln 1906-1909 », *Zeitschrift für Ethnologie*, 42(1) : 140-1, Berlin, 1910.

VEITL Anne, *Politiques de la musique contemporaine*, Paris, L'Harmattan, 1997.

VALLESPIR Mathilde, KURTS Lia, MASSON Anne, WATINE Anne, « Trame pour une trans-sémiotique de l'artistisable », *groupe trans-, recherche en transsémiotique des arts*, Draft, Paris, 2002.

DE VITRY Philippe, *Ars Nova* (1320), trad., American Institute of Musicology, Stuttgart, Hänssler, 1964.

VOGLER Georg Joseph, *Tonwissenschaft und Tonsezkunst*, Hildesheim, Georg Olms, 1776 réed. 1970.

– *Gründe der Kuhrpfählzichen Tonschule*, Microfilm Fot. 33618, Staatsbiliothek Berlin, 1776.

WALLISER Bernard, *L'intelligence de l'économie*, Paris, Odile Jacob, 1994.

WEBER Max, *Sociologie de la musique. Les fondements rationnels et sociaux de la musique*, (1972), trad. de l'Allemand J. Molino et E. Pedler, Paris, Métailié, 1998.

WENDLAND David, « Model-based formfinding processes : free forms in structural and architectural design », texte de conférence du séminaire », *Eduardo Torroja – From the Philosophy of Structures to the art and science of building* », Politechnico di Torino, Facoltà di Architettura, 2000, téléchargeable à http://www.kunst.uni-stuttgart.de/wendland/index.html [3. 8. 2007].

WERSINGER Anne Gabrielle, « Les mesures de l'infini (remarques sur la musique grecque ancienne) », *Philosophie n°59*, « L'objet musical et l'universel », Paris, Minuit, sept. 98.

WILL, Udo « La baguette magique de l'ethnomusicologue. Repenser la notation et l'analyse de la musique », in *Noter la musique, cahiers de musiques traditionnelles*, Genève, Georg, 1999.

XENAKIS Iannis, *Musiques formelles*, Paris, Stock Musique, 1963.

– « Vers une philosophie de la musique », *Revue d'esthétique*, « Musiques nouvelles », Paris, 1968.

ZARLINO Gioseffo, *Istitutioni harmoniche*, 1573; trad. allemande M. Fend, Frankfurt, Peter Lang, 1989.

TABLE DES MATIÈRES

CONTEXTES HISTORIQUES
(PROLOGUE)

LE SIGNE ET LE SENS
(ENJEUX THÉORIQUES)

LA CARTE ET LE TERRITOIRE

(APPLICATIONS MUSICALES)

ET MAINTENANT ?

(CODA PROSPECTIVE)

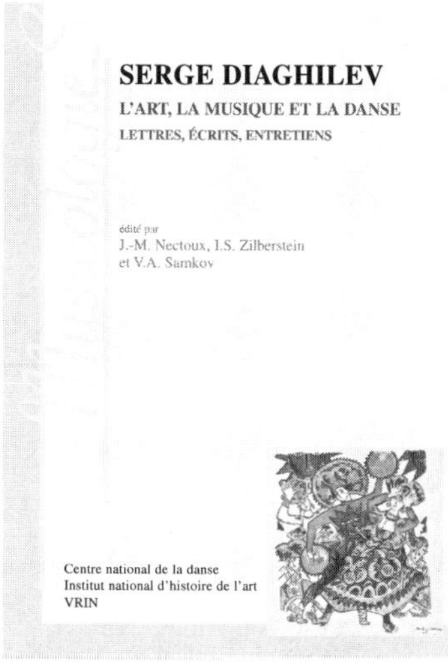

SERGE DIAGHILEV
L'art, la musique et la danse
Lettres, écrits, entretiens

édité par

J.-M. Nectoux

Le centenaire des Ballets russes a de nouveau attiré l'attention sur l'extraordinaire personnalité de Serge Diaghilev. De nombreux livres de témoins ont évoqué l'œuvre de cet animateur de génie ; on songe ici aux mémoires, en langue anglaise le plus souvent, de ses principaux chorégraphes et danseurs, comme aux importantes biographies récemment publiées. Tous ont évoqué les facettes de cette aventure unique où entrèrent à parts égales mythes, légendes, musique, chorégraphie et peinture décorative.

Le propos du présent livre est tout autre : il donne à lire des documents originaux qui retracent le parcours singulier de Serge Diaghilev dès son apparition dans les milieux artistiques de Saint-Pétersbourg, capitale culturelle d'une Russie encore tsariste, puis son action sur la scène culturelle internationale.

Ses chroniques ici rassemblées sur la peinture, le théâtre et l'opéra sont restées généralement inconnues à l'Ouest, de même que sa correspondance qui fait ici l'objet d'un vaste choix de lettres adressées à ou reçues de personnages aussi divers que Tchekhov, Rilke, Picasso, Braque, Falla, Satie, Debussy, Stravinsky, Poulenc, Cocteau, Lifar, Misia Sert… Quant à son activité de directeur des Ballets russes, elle est évoquée par lui-même dans ses brefs mémoires, de nombreux entretiens ici rassemblés, parus dans la presse française, russe, anglaise ou américaine. Ces textes sont enrichis d'une soixantaine d'illustrations en noir et en couleurs choisies dans les grandes collections publiques russes, françaises, anglaises ou américaines.

Ce livre est la version française de deux volumes parus à Moscou, en 1982, édités par les historiens de l'art Ilia Samoïlovitch Zilberstein et Vladimir Alexeïevitch Samkov ; cet ensemble est largement enrichi de lettres et documents inédits. Cette édition a été préparée sous la direction de Jean-Michel Nectoux, musicologue, auteur de divers ouvrages et catalogues d'exposition consacrés, notamment, à G. Fauré, C. Debussy, S. Mallarmé, V. Nijinski et les Ballets russes.

« *MusicologieS* », 542 pages, 69 illustrations, 2013, 45 €

www.vrin.fr

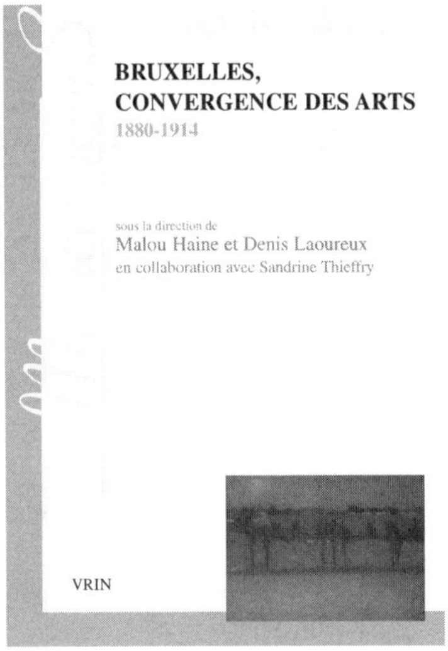

BRUXELLES, CONVERGENCE DES ARTS 1880-1914

sous la direction de

M. Haine et D. Laoureux

en collaboration avec Sandrine Thieffry

Les relations entre les arts constituent un des traits marquants du vaste courant de renouvellement esthétique qui traverse l'Europe durant la fin de siècle et trouve à Bruxelles une scène particulièrement propice. Aucun ouvrage n'avait encore été exclusivement consacré à cette foisonnante convergence des arts par laquelle artistes, compositeurs et écrivains se trouvent emportés dans un même mouvement qui aboutit à des œuvres raffinées où la musique et la littérature acquièrent une présence sensible. Ce volume collectif se propose ainsi d'étudier les modalités explicites et implicites de l'intermédialité. La notion de convergence prend également une seconde signification. L'histoire culturelle a analysé le rôle des grandes capitales dans l'essor de la fin de siècle. Si Paris, Berlin, Londres et Vienne ont fait couler beaucoup d'encre, en revanche, peu d'ouvrages ont étudié la place de Bruxelles dans la circulation des œuvres d'art et dans le rayonnement des artistes sur l'échiquier européen. La capitale belge est ainsi envisagée comme un acteur historique à travers lequel les courants, les réseaux relationnels, les artistes trouvent un point de convergence situé au cœur de l'espace européen.

Cet ouvrage collectif est dirigé par Malou Haine et Denis Laoureux, tous deux professeurs à l'Université Libre de Bruxelles et auteurs de nombreuses publications sur la musique et l'art en Belgique. Ils ont rassemblé un panel international de plus de vingt spécialistes venant de divers horizons disciplinaires.

« *MusicologieS* », 404 pages, 114 illustrations, 2013, 38€

www.vrin.fr

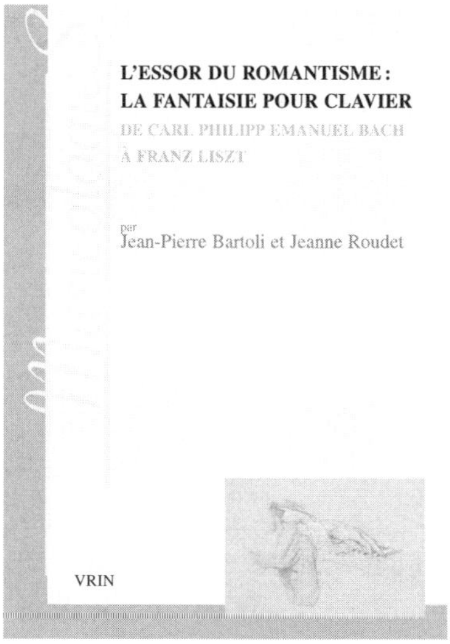

L'ESSOR DU ROMANTISME : LA FANTAISIE POUR CLAVIER

De Carl Philipp Emanuel Bach
à Franz Liszt

par
J.-P. Bartoli et J. Roudet

Les *Fantaisies* de Mozart, Chopin et Schumann, la *Wandererfantasie* de Schubert sont aujourd'hui bien connues et font partie du répertoire des virtuoses. Ce n'est que l'infime partie d'une impressionnante production d'œuvres pour clavier qui ont pris pour modèle la pratique de l'improvisation, capitale au tournant des XVIIIe et XIXe siècles. Ce livre propose de redécouvrir la richesse d'un genre en observant non seulement les œuvres les plus célèbres, mais encore des partitions oubliées et pourtant passionnantes.

Au-delà de l'histoire du genre, il s'agit ici de percevoir en cinq récits parallèles l'essor inexorable d'une esthétique qui nourrit la création pendant une centaine d'années. L'esprit de fantaisie et l'écriture improvisatrice pénètrent les autres genres, à commencer par les sonates les plus significatives de Haydn, Beethoven et Schubert, et propagent une pensée musicale nouvelle : celle du romantisme.

Ce volume remet en cause nombre d'idées reçues et présente une relecture de la période trop souvent décrite en une succession de ruptures. Plus que tout autre genre instrumental, la fantaisie, où se sont rencontrées l'expression de la spontanéité et celle de la singularité, a été continûment le lieu d'élection du génie, paradigme de la création constamment invoqué depuis l'époque de Rousseau jusqu'à celle de Hoffmann et Victor Hugo.

Jean-Pierre Bartoli est Professeur à l'Université Paris-Sorbonne. Membre de l'équipe de recherche Patrimoines et langages musicaux, il est notamment l'auteur de *L'Harmonie classique et romantique* publié chez Minerve.

Jeanne Roudet est Maître de conférence à l'Université Paris-Sorbonne, membre de l'équipe de recherche Patrimoine et langages musicaux. Ses publications se concentrent sur l'esthétique musicale des XVIIIe et XIXe siècles et sur l'articulation entre les sources et l'interprétation.

« *MusicologieS* », 400 pages, 2013, 32€
www.vrin.fr